法律和社会文丛　苏力 主编

司法治国

英国法庭的政治史（1154—1701）

于明 著

法律出版社
LAW PRESS · CHINA

要一点理论自信（代序）

苏　力

一

解决人们日常生活的纠纷，这是司法的最显著特点，也是普通人对司法最直观的常常是非政治的理解。但在解决纠纷之外，并且以解决纠纷为基础，普通人还关注规则的治理，这也就是法治（rule of law）的基本含义或初衷。这因为纠纷当事人都要求得到起码是同等的对待——和其他灵长类一样，生物性决定了人都渴望比他人优越，但实践又不可能，就只能退而求其次了。而规则的治理对于那些授权解决纠纷的人来说，免去了一事一议，不必每次都从头来过，无论是立法还是判例上的“萧规曹随”，都更有效率；而从国家和社会层面，即治国理政的层面，司法的规则治理就有了强烈政治的意蕴和功能。

但在这两点之外，于明的《司法治国》，集中关注了（英国历史上）司法的另一重要功能，他简称为

"治国",其实是欧洲近代民族国家的创建和治理——通过治理来创建,在创建过程中治理。这也是意味更为强烈的政治功能。

简单说来,据前人的研究,欧洲早期国家的基本形式是城邦和帝国。前者是经济文化高度同质的小共同体,"小国寡民";后者则主要是通过军事征服甚至靠军事将领间的私人关系组织勾连起来的多种经济文化混杂的大型政治体,历史表明那都是些很容易分裂的疆域大国。欧洲中世纪各地的封建制,尽管纷繁复杂,却大致可以视为这两种国家形式间的不同组合或变换。

这两种基本国家形式各自有各自的麻烦,长期无法解决。小国国力孱弱,相互间容易且常常发生战争,而一场大战就可能灭国,想想古希腊的那些先后辉煌过的城邦,无论是雅典还是斯巴达或底比斯,基本都是一战成名,也都是一战衰落。帝国避免了城邦小国的国力孱弱的问题,对外抗争有了回旋余地,可以保持相对长期稳定的政体;但没有相对统一的经济文化支持,中央政府很难对各地实现有效的政治治理,很难获得各地民众的广泛认同,这样的帝国就很容易解体,最后还是陷入分裂和战乱。

12世纪后,从欧洲历史的混乱中逐渐浮现出来的现代民族国家可以说开始整合了城邦和帝国的各自"优点"——其实是特点:城邦内民众普遍的政治文化认同,其最典型的标记之一就是公民,以及帝国内辽阔疆域内的和平,不仅有能力抵抗外敌,在疆域内也有能力实现政治协调。

正是在这个历史演变的当口,在中世纪的英格兰,司法在民族国家的产生中扮演了重要角色。大致说来,英国国王从朝廷向各地派出了自己身边的亲信大臣,到各地审理案件,解决社会各种纠纷,不仅在当地通过遵循先例来规则化地治理各地,还通过上诉审来协调统一各地的规则。这实际上是,以司法审判为形式,同各地领主展开了政治治理的竞争,逐渐成形的普通法因此培养了民众对于国王和国王代表的法院的信赖,各地社会生活对统一的普通法的依赖,以及与这两者相伴的民众的政治文化忠诚。随着在国王统治下,这种规则化的治理日益拓展、深入人心和强化,这也逐渐整合了英格兰各地的经济、政治、文化,使得治理跨越了地方,使司法和治理的常规化,会同其他因素,创造了英国这个最早的民族国家。

于明的这本书,因此,不仅有关法治,也有关政治;在相当程度上,我认为,作者从史料中恢复了(retrive)英国历史上法治与政治的交集、纠结、互动和共生。

二

但以上只是我对这本书主题的概括。概括会有省略,因此不可能准确;但更大的问题是,读者千万不要按照语文教学的习惯——总喜欢概括中心思想——来理解本书。仅此理解,你会以为这是一本理论著作;而这本书,是一本法律史的学术著作,必须阅读后才能知道它的真正好处。

因为,如今容易产生"思想",尤其是搞理论的。在家随便想一个观点,到外国文献中找某个词,甚或直接挪用社会流行的某个高大上的概念或语词,不必分析,不顾逻辑,也无需经验论证,朝着主题,一路"裸奔",就形成一篇文章甚至一本书了。这本书是基于扎扎实实的英国法律史料研究展开的。全书1100多个注释,中英文参考文献400余种,其中英文文献近200种,这说明不了太多,但即便不足以表明作者的思考、严谨和博学,至少也部分表明了作者的认真和努力。

上一节对该书中心思想的概括,是作者通过英国法律史以及相关的政治史和社会史的史料逐步梳理分析展开的,不是"挂"在"思想"上的,而是从资料中"渗"出来的,有一系列细致甚至精细的辨析,也有绵密的论证。真正的阅读,不能也不应将这些有关历史的叙述和作者的分析完全放在一边,相反,有时我甚至认为,读者可以将作者的一些结论暂时放在一边,跟作者首先在密密的丛林中走一趟,会更有意思,也更有收获。你不可能因为知道某名川大山,甚或只是看了几张图片,就自以为“曾经沧海难为水”,或是可以“一览众山小”了。至少从我的经验来看,真正有意思的永远是阅读本身。概括只能给你一个梗概,一个阅读预期,阅读本身才可能给予你快乐。通常来说,人们更多为快乐所驱动。除了应对考试或测验,谁关心任何一本书或一篇文章的中心思想或段落大意?若剧目梗概就能替代得了,那也就没人一集一集地来回看电视剧了。

还必须解说一下这本书中的“历史”。这不是传统的编年史或史料汇编,作者没用史料来演绎某个政治理论命题,阐释某个伟大的历史潮流或某个伟大的法治理念。历史不是单线前行的:人类朝着某个客观或主观预先确定的伟大目标迈进,如广场阅兵,步伐整齐且坚定;这里的历史没有初衷(original intent),没有目的,没法辨识或因此没法辨识历史行动者的善恶。深受马克思、尼采和福柯的知识谱系学研究传统的影响,作者于明努力展示着社会和历史的复杂性和非必然性,努力展示历史中丰茂的游移、微妙、卑微甚至卑贱——请原谅我在此使用这些并不适合用来修饰历史的词。

例如,关于英国的司法独立传统的产生,作者断然拒绝了法官同王权长期坚持斗争最终获得胜利这种有关司法独立的外部视角下的简单故事;也拒绝了道德与职业水准低下的坏法官与不畏强权、坚守独立且业务精良的好法官之间相互竞争,好人最终胜出的司法职业化内部视角的故事。通过分析“天主教阴谋”案的审理,作者表明,无论是法官与国王的关系,还是英国党争中托利党人和辉格党人对待司法的态度,都远比传统的解说更复杂。作者指出,那些在传统解释中被认为是坚定捍卫司法独立的法律人,较之那些依附国王的法律人,即便是更“高尚”和“勇敢”,他们的选择,与支持国王的托利党人同样,也是出于“政治考量”,是基于政治立场。

这样的历史告知,或可能告知的,就不仅丰富,而且会有内在的组织和系统,这需要细致阅读,也值得细细阅读。

三

也因此,我强调这是一部法律史的学术著作,有别于一般的更注重法律史料汇集的著作,以及那些看起来从不关心理论问题,其实还是按照时下通行的学术框架来编排叙述法律历史事件的著作,包括教科书。法律史的著作应当多样,学者会有偏好,也各有擅长,这我都理解。但就个人阅读来说,我还是希望能从历史中看到作者的分析和发现,看到作者思考的印记,特别是力量。

因为,尽管历史就是历史,独立于我们个人的感知,但任何历史研究,在我看来,不可能是对独立于我们个人感知之历史的完整拷贝。历史研究和撰写,一定有研究者自己对材料的理解、发现、筛选以及组织,即便他真诚追求也完全相信自己忠实于历史,但在他所选用的材料上,在他对历史的叙述和阐释上,多多少少,还是会也一定会留下他的个人印记。这不是历史不可知论或虚无主义,这是人类认知的必然。在历史著作中,留下了作者个人的学术印记不是一件糟糕的事,而是必定发生的。因此,真正值得拷问的问题是,留下的这个印记是否有意义、有启发、对后来者有价值,乃至我们需要并可以将之标记为学术印记或某人的学术印记。

这话听起来有点空,其实是我需要这个铺垫,才能说另一些话。这就是,我私下认为,也许是无心,而且即便是无心,或尽管是无心,作者在一定程度上还是把他自己——一位 21 世纪初的中国法律学人——主要基于现代中国司法和国家治理的经验和理解而产生的智识关切带入了他的英国史研究,因此才有了英国法律史研究的这一新视角以及相关的叙述。

这一点比较突出地反映在书的结尾,他对英国、欧陆国家以及美国的治理与司法的比较研究和分析。简单说来,作者大致认为,英国先是司法治国——司法是国家治理权力向下延伸的主渠道,然后才逐渐形成了议会至上的国家治理,司法的位置才相对边缘化了;在欧陆国家,近代的国家治理先是借助了绝对君主作为主权者,然后,随着民主化时代的到来,才由新的主权者——人民选举的议会——形成了议会至上的治理体制,司法因此在这些国家的治理中扮演的角色并不那么重要,更多是贯彻立法的渠道;而由于其联邦制以及种族大熔炉等因素,尽管有众议院这一民主的立法机关,但美国在一定程度上保留了司法治国的传统,特别是着重关注了如何整合各州成为一个完美的联邦,以及对联邦统一的其他一些重要的社会治理方面,如州际贸易、正当程序和同等保护。

作者没有明确提是历史的还是现代的中国,但我还是隐约地感到,作为这一研究的学术背景或知识参照系的,却被作者甚或是有意省略的,是历史中国中央集权、以行政主导的只达到县这一层级(因此不包括乡村治理)的国家治理,和现代中国的建国——统一的多民族国家的创建以及司法于其中扮演的复杂或可能的角色。

说了我只是感到,因此算是猜测。但如果这一猜测不错,那么,作者的这一研究也就具有了另一层面的学术意义。这会是一个启示:中国的历史和传统,不仅如同我们通常认为的那样,只是我们研究的原料;而且可能,甚或应当,作为中国学人的学术前见或学术参照系,会形成我们的学术视野、学术关切和研究视角,有助于研究外国法律制度、社会和历史,成为一种潜在的学术可能,一种甚或可以出口的学术可能。

这种说法听起来有点不可思议。其实从存在论的阐释学——有别于教义论的阐释学——层面上看,这是必然,也是实然;伽达默尔的《真理与方法》对此有雄辩详尽的分析阐述。从经验上看,也有大量成功或不成功的例证。典型的是国际上的汉学家,其中有不少人无论人种还是文化上都不是中国人,但他们的一些研究往往会令中国学人眼前一亮,其中有些研究即便牵强,也会令中国学人感觉其视角独特,即便不接受,也会让人另眼相待。原因是多样的,有但不全是“远来的和尚会念经”,重要的原因之一是他们毫无怯懦和羞涩地把各自的文化视野带入了各自的汉学研究,例子之一是孔飞力的《叫魂》。①

我不是说《司法治国》相当于《叫魂》。我不打算在此评判甚或暗示——在我心中——两者的高下,任何书写,包括研究作品,它的流传就是对自身的最好辩护,最终由长时段的市场定断,②《司法治国》也不例外。我在此想说的不过是,随着中国学术研究的发展,中国学人也许应当适当关注,如何将我们的存在塑造的、我们的学术关切和视野带入我们的研究,包括——如同于明所做的——对外国法律制度的研究。我们这样做或许会别有收获。

当然也有风险,任何追求和渴望都一样。我承认,这类不安分,完全可能引出一些粗制滥造、令人惨不忍睹的"中国文化视角下的××"之类的成果。但也许可以想开一点。第一,千万不要以为今天中国学人放逐这种渴望和追求,中国就会产出更多的学术精品,无论是研究中国问题还是外国问题,也无论是否用这类标签。劣质产品的生产和生产者不需要新理由。需要吗?第二,我也只是由此想到学人的自觉,首先是自己。这种自觉或许会使一些不甘心的学人,更清醒也更严谨地面对在外国(其实是异文化)问题或跨文化研究中任何研究者无法逃避的问题。有这么一点自觉,早一点自觉,比没有或晚有,会更好。

也许这就是理论自信;那——就要那么一点理论自信!

苏　力

2014年12月25日

2015年1月2日改定于北大法学院陈明楼

① [美]孔飞力:《叫魂:1768年中国妖术大恐慌》,陈兼、刘昶译,上海三联书店1999年版。

② 文学作品最典型。请看,奥威尔:"李尔王、托尔斯泰和弄臣",载[英]《奥威尔文集》,董乐山译,中央编译出版社2010年版。约翰逊和休谟也持这种观点。

目录

导　言

一、问题与意义

司法，何以“治国”？

在经典理论中，司法，首先是指法院或法庭对于案件的审判活动，①是一个“解决纠纷”的过程。除此之外，司法还可能具有“立法”或“造法”的功能，通过审判与判决来形成与发展法律的规则，尤其是在以判例法为主要渊源的英美法系，司法造法是一个基本的传统与事实。因此，纠纷解决与创制规则，长期以来一直被视作司法或审判的主要功能。

但司法的功能并不仅限于此。实际上，已有不少学者指出，司法的功能，不仅仅是经典理论界定的纠纷解决与规则确定，同时至少在历史上，还担负着构建民族国家的政治性功能；②或者说，作为国家机构之一部分的法院，在争议解决（conflict

① “司法”在中文语境中有广义和狭义之分，广义的“司法”，不仅包括法院的审判，还包括检察、律师等制度在内；但本书的“司法”是狭义的，仅指以审判为中心的法院与法官活动的总和。

② 苏力：《送法下乡——中国基层司法制度研究》，中国政法大学出版社2000年版，第53页。

resolution)和造法(lawmaking)的功能之外,还承担了类似于行政的社会控制(social control)的政治治理职能,因而可能在很大程度上不同于中立第三方的社会逻辑。[③] 还有学者将以法庭技术为代表的司法审判看作现代国家拥有的一种较之传统惩罚技术更为精巧、隐蔽和高效的治理策略。[④] 这些观点都大大拓展了我们对于"司法"或"法庭"的理解与想象,使我们看到了作为纠纷解决方式的司法在更为宏大的国家治理[⑤]中所可能扮演的角色;[⑥]但同时,这种司法的政治功能,也给传统的理论带来了一些新的问题。

首先是有关司法治国的形成及其进路。我们知道,在现代的政治架构中,往往存在立法、行政和司法的权力划分,并且相互地分立与制衡。[⑦] 可为什么以纠纷解决为主要职能的司法,又往往在事实上承担着类似于行政的"治理"职能?这种司法治理或司法治国,在历史上是如何发生的?它的形成受到哪些历史因素的制约?同时较之立法与行政,司法还具有"不告不理"和"具体问题具体解决"等消极性特征,因而难以通过积极的立法与执法来完成国家治理。这就需要特别关注司法治理的路径,看一看,在个案裁决的同时,法庭与司法是通过怎样的途径来实现国家治理的目标;它具有哪些不同于立法和行政的特点;在实施

---

③ 关于法院的"政治控制"功能,参见[美]夏皮罗:《法院——比较法上和政治学上的分析》,张生、李彤译,中国政法大学出版社2005年版,第25~41页。

④ 强世功:《惩罚与法治——当代法治的兴起(1976—1981)》,法律出版社2009年版,第203~210页。

⑤ "治理"(Governance)一词的含义具有多重性。较为晚近的与特殊意义的"治理"是与"统治"(Government)相对的概念,强调非政府主体的参与和建立在公共利益认同与合作基础上的上下互动的管理过程。但本文采用的是"治理"的原初内涵,即一般意义上的统治与管理的总称,或者说是统治者或管理者通过公共权力的配置与运作,管理公共事务,以支配、影响和调控社会的活动总称。关于治理的概念,参见徐勇:《Governance:治理的阐释》,载《政治学研究》1997年第1期。

⑥ 尽管达玛什卡将司法区分为"纠纷解决"与"政策实施"两种类型,但它们都共同承担了整合社会与国家的政治使命,只不过作用的方式有所不同。参见[美]达玛什卡:《司法与国家权力的面孔——比较视野中的法律程序》,郑戈译,中国政法大学出版社2004年版,第111~112页、第131~135页。

⑦ 参见[美]汉密尔顿、杰伊、麦迪逊:《联邦党人文集》,程逢如等译,商务印书馆1997年版。

的过程中,又可能遇到怎样的困难;以及如何解决这些问题。

更进一步,这种司法的政治治理,还带来了法官与主权者的关系问题,或者说是司法独立的难题。如果法院或司法同样服务于主权者的国家治理的整体目标,那么这是否意味着作为中立第三方的法院应有的"独立"地位处于危险之中?担负政治治理职能的法院,是否还可能完全独立于君主或议会所代表的主权者呢?是否还可能像理论所设想的那样构成对于主权者权力的约束呢?⑧ 在此基础上,我们还有理由进一步追问:现代法治理念中的司法独立究竟是如何发生的?它与司法的职业化有着怎样的关联?而一旦面对重大的政治纷争,我们真的能寄希望于职业化的法官对之作出中立的裁决吗?

本书尝试回答这些问题,并试图对于现有的司法与政治的理论有所推进。但本书的意义不仅仅是"理论"的,它同样有"实践"上的追求。至少在我看来,这些问题的回答可能有助于澄清当下中国对于司法与政治问题的理解中存在的一些困惑,在一定程度上甚至可能有益于我们当下的司法改革与实践。

当代中国的司法问题发端于三十年前的改革。在经历了建国三十年的探索后,20世纪80年代的中国进入了改革的新时期。从经济领域开始,整个经济运行结构和国家治理方式都发生了深刻的转型;在法律的领域,则表现为大规模立法的开始和公检法等司法机关的重新运作。以对于"林、江集团"的审判为开端,以公开的法庭技术为标志的司法逐渐成为了国家治理的主要方式;⑨随之而来的,是独立审判原则的确立、⑩抗辩制

---

⑧ 有学者认为,司法遭遇的最大悖论,即来自司法作为中立第三人的"社会逻辑"与事实上由政府的一个分支来担任司法者的"政治逻辑"之间的冲突;作为国家政权一部分的法院和法官,如何能够真正维持自身的中立性,甚至形成对于主权者权力的制约,成为司法史上的关键问题。参见[美]夏皮罗:《法院——比较法上和政治学上的分析》,张生、李彤译,中国政法大学出版社2005年版;或参见[美]威廷顿:《司法至上的政治基础——美国历史上的总统、最高法院及宪政领导权》,牛悦译,北京大学出版社2010年版。

⑨ 参见强世功:《惩罚与法治——当代法治的兴起(1976—1981)》,法律出版社2009年版。

⑩ "人民法院依照法律规定独立行使审判权,不受行政机关、社会团体和个人的干涉"(1982《宪法》第126条)。

的改革[11]和法官的专业化队伍建设。[12] 尤其是在1999年以来的两个《五年纲要》的指导下,司法改革开始了由最高法院领导的“自上而下”的推进型改革的新阶段。[13] 改革的成就是巨大的。在司法职业化的主旋律下,法官培训与统一司法考试使得法官的学历水平和专业素质有了大幅提升,[14]法官们拿起了法槌、穿上了法袍,也更多地作出判决而不是调解。一支具有相当职业化水平的法官、检察官和律师队伍已经初步建立起来。

可问题依然存在。一方面,较之职业化的大发展,司法公正并没有明显的提高;不仅上诉率与申诉率始终居高不下,当事人对于涉诉上访等诉讼外救济的寻求也明显增多,司法权威与终局性被削减。司法腐败的密集型增长也进一步损害了司法的公信力,侵蚀了民众对于司法的信赖。另一方面,“观念先行”与“自上而下”的改革模式将注意力集中在一些“与国际接轨”的目标上,而较少关注中国政治与社会的自身逻辑与特殊性,从而导致了改革理想与结果之间的差距与冲突;特别是对中国作为政治经济发展不平衡的大国国情的忽视,使得一些理论上很好的做法在实践中的实际效果并不理想。[15]

基于这些问题,近十几年来,学界有关司法职业化与司法民主化的争论始终不曾停止;如何处理“法律人”与“人民”在司法中的位置,如

---

[11] 王亚新:《论民事、经济审判方式的改革》,载《中国社会科学》1994年第1期。

[12] 2001年6月通过了《法官法》的修改,把出任法官的学历标准提升到大学本科;规定国家对初任法官和取得律师资格实行统一的司法考试;并且从通过国家统一司法考试取得律师资格的人员中择优选任初任法官。对于统一司法考试的效果分析,参见苏力:“法官遴选制度的考察”,载《法学》2004年第3期。

[13] 对前两轮司法改革的历史阶段的简要回顾,可参见夏锦文:《当代中国的司法改革:成就、问题与出路——以人民法院为中心的分析》,载《中国法学》2010年第1期。

[14] 直至20世纪90年代中期,在全国范围内,大专学历程度以下的法官仍然接近一半,具有法学本科的更不足十分之一。但到2004年,全国法官达到大专以上学历的已有90%,具有本科学历的也从1995年的5.6%上升至2007年的65.29%。参见王禄生:《对本土制度语境下法官职业化的回顾、反思与展望——以三十年法院人事制度改革为分析样本》,载《四川大学学报》2010年第2期。

[15] 此前改革的成就与问题,参见左卫民:《十字路口的中国司法改革:反思与前瞻》,载《现代法学》2008年第11期;夏锦文:《当代中国的司法改革:成就、问题与出路》,载《中国法学》2010年第1期。

何理解司法制度在国家治理现代化的总体目标中的立场与地位，如何在即将到来的新一轮司法改革中实现独立、制约与责任的统一，都成为摆在法学研究者面前的重大问题。[16] 在司法政治学的问题上，当代中国正处于一个需要重建基本共识的时代。因此，在当下的语境中，将“司法”的问题重新置于“国家治理”的视域之中加以考察，重新讨论现实国情与政治对于司法的塑造和制约，重新厘清国家转型背景中的司法与政治的复杂关系，就成了回应中国法律实践问题的一个必要。

二、为什么英国？

但我并不打算一般地展开理论，更不追求面面俱到。相反，好的理论应当且可以从细致的经验描述中自然流露，本书的写作也同样尝试从个例的解读入手。

我选择的个例是中世纪后期到近代早期的英国（1154—1701 年）。[17] 通过对于这一时间段的英国司法史的考察，我试图具体地讨论法院和司法在国家治理中的功能与作用，从历史细节的描述中理解“司法治理”的基本逻辑与技术特点，并尽可能地展现司法与政治在宏大的历史变迁中所面临的复杂问题及其解决。

之所以选择英国，并不只是因为资料获取的相对便利（较之欧陆或其他国家），或是作者本人的语言（只懂中文和英语）与先期投入（之前

---

⑯ 2014 年，第三轮司法改革正式启动。2014 年 2 月，中央全面深化改革领导小组（以下简称中央深改组）第二次会议审议通过《关于深化司法体制和社会体制改革的意见及贯彻实施分工方案》；6 月，中央深改组第三次会议审议通过《关于司法体制改革试点若干问题的框架意见》；10 月，十八届四中全会通过《关于全面推进依法治国若干重大问题的决定》，其中第四部分《保证公正司法，提高司法公信力》正式提出第三轮司法改革的一揽子方案。相关解读，可参见张文显：《全面推进法制改革，加快法治中国建设——十八届三中全会精神的法学解读》，载《法制与社会发展》2014 年第 1 期；王亚新、李谦：《解读司法改革——走向权能、资源与责任之新的均衡》，载《清华法学》2014 年第 5 期。

⑰ 本书所讨论的英国，更准确地说是英格兰。今天的英国还包括威尔士、苏格兰和北爱尔兰，但这些地区的法律不在本书的讨论范围之内。本书的讨论集中于作为英国司法史主体的英格兰的法庭及其历史变迁。

较多关注英国法律史);更重要的是因为,较之欧洲大陆的“立法中心主义”,以司法为中心的英国法律史,⑱更典型地展现了法庭与司法在国家治理中的功能与特征,其有可能作为一只经典的“麻雀”,成为我们理解司法与政治治理之间复杂关系的切入口。

英国的典型性,还体现在司法的“原生性”。与中国等后发国家自上而下的“外源型”改革不同,英国的司法制度基本上是从本土实践中“自发”地生长出来的;⑲加之对罗马法继受的排斥,及其相对稳定的历史延续性,英国的法律发展模式也没有像法、德等欧陆国家那样由立法主导,其制度的自生性也更为纯粹。正是在这种“自生”的司法制度中,我们有可能更典型地展现具体时空下的司法制度对于国家治理问题的回应,以及现实政治资源对于司法的型塑与制约。也正由于缺乏外力的塑造,英国司法制度的演进呈现出明显的经验主义特征,它既未遵循某种事先的设计与建构,也很少彻底否定或变革先前的制度,更多是在反复“试错”之上的微调与改进。在这一自生、缓慢的历史演进中,有关司法与政治的“原始”信息得以在历史的层层累积中更完整地保存。英国的个案,也由此成为司法制度史上少有的未经太多“污染”的经典样本。

另一个重要的原因,还在于英国在很大程度上构成了我们今天所追求的“司法职业化”与“司法独立”的典范。⑳ 在西方历史上,尽管古

---

⑱ 关于英美普通法中的“司法中心主义”,参见李红海:《司法地解读普通法》,载[比]卡内冈:《英国普通法的诞生》,李红海译,中国政法大学出版社2003年版,译者序第18~21页。

⑲ 哈耶克将人类的活动区分为“建构”与“进化”这两张模式,前者蔑视传统、习俗与历史,相信人仅凭理性就能重构社会,而后者则认为个人理性是不完全的,相信制度的形成并不是人类智慧预先设计的产物,而是一种自生自发的进化。在哈耶克看来,英国的普通法传统,最为典型地体现了自生自发的进化论演进道路。参见[英]哈耶克:《法律、立法与自由》(第一卷),邓正来、张守东、李静冰译,中国大百科全书出版社2000年版,第5~21页。

⑳ 正如夏皮罗所指出的,尽管司法独立的神话几乎存在于所有法律体系之中,但“这一观念特别与英美法院系统的发展联系在一起”。[美]夏皮罗:《法院——比较法上和政治学上的分析》,张生、李彤译,中国政法大学出版社2005年版,第90页。关于英国的司法职业化与司法独立,还可以参见陈绪纲:《法律职业与法治——以英格兰为例》,清华大学出版社2007年版;程汉大、李培峰:《英国司法制度史》,清华大学出版社2007年版;李栋:《通过司法限制权力——英格兰司法的成长与宪政的生成》,北京大学出版社2011年版。

罗马已经出现了专业的法官，但具有共同职业训练的职业阶层却远未形成。[21] 中世纪早期的司法依然以王廷和领主法庭等封建集会的形式完成，法庭的参与者毫无或具有很少的法律专业学识。[22] 这一状况的结束首先发生于13世纪的英格兰。随着常设的专门法庭的形成，一些王室官员开始固定地担任专门的法官；[23]尤其是随着14世纪的律师会馆[24]和"律师晋升法官"原则的确立，[25]出现了一个由法官、律师和法律学徒共同组成的具有相同职业训练和利益的排他性的"普通法职业阶

---

[21] 关于古罗马的裁判官，及其相对治权而独立的审判权，参见[意]格罗索：《罗马法史》，黄风译，中国政法大学出版社1994年版，第155~156页。

[22] 英国早期的郡法院和王室法院都具有明显的"封建集会"特征。王室法院由国王的直属封臣组成，一切案件的判决均由这些非专业的封臣们集体作出，国王只是以最高领主的身份参与并主持法院。特纳对于12世纪后期的普通法法官的研究还表明，即便在民事高等法院与王座法院形成之初，也并不具有固定的专职法官；法官往往是由王室政府官员兼任的，不仅任职时间很短，也难以和一般的行政官员区别开来。Ralph V. Turner, *The Enlish Judiciary In The Age of Glanvill and Bracton, 1176 - 1239*, Cambridge University Press, 1985, p. 1.

[23] 到约翰王时期(1199—1216年)，这一情况开始改变，在现有资料记载的17名出席王室法庭较多的法官中，只有3人在财政署兼职，其余14名法官几乎全部专职从事司法审判。而到了亨利三世时期(1216—1272年)，普通法法院的法官队伍更是几乎全部由"专职"法官组成；一个显著的标志就是原本位列法官之首的政法官开始退出法官队伍，不再直接从事审判。参见Ralph V. Turner, *The Enlish Judiciary in the Age of Glanvill and Bracton, 1176 - 1239*, Cambridge University Press, 1985, pp. 126 - 137, 192。

[24] 到爱德华一世时期(1272—1307年)，职业律师的人数开始明显增加。同时也形成了作为律师会馆(Inns of Court)前身的"法庭学徒"(apprentices of the Common Bench)的职业律师培养模式。此后，以中殿(Middle Temple)、内殿(Inner Temple)、格雷(Gray)和林肯(Lincoln)为代表的四大律师会馆也在14世纪相继形成，这更是使得法律职业教育有了统一的类似于"封建行会"的管理机构，律师的行业准入资格被严格地限定下来。参见W. S. Holdsworth, *A History of English Law*, Vol. II, Methuen & Co. Ltd., 1924, p. 494。

[25] 现有研究表明，在1316年之后，除了首席法官哈维(Hervey)外，再也没有法官助手或书记员被任命为民事高等法院法官；1320年后，王座法院的情形也大体如此。从这一时期开始，从御用高级律师中选拔民事高等法院和王座法院法官，已经成为了一项常规的做法。G. O. Sales, ed., *Select Cases in the Court of King's Bench*, Selden Society, Vol. 5, pp. xlvi - xlvii; A. Musson and W. M. Ormrod, *The Evolution of English Justice: Law, Politics And Society In The Fourteenth Century*, MacMillan Press Ltd, 1999, p. 33.

层”。[26] 更重要的是,这一阶层所拥有的共同学识与专业技术,以及行会式的封闭组织,为普通法司法“注入了独立的品格”,从而可能抵御包括专制王权在内的外来干预。[27] 正是在此基础上,“司法独立”的原则首先在1701年的《王位继承法》中得以确认。此后经过美国的继承与发展,普通法传统已然成为了当代世界“司法职业化”与“司法独立”的典型;中国当下司法改革中的职业化和精英主义话语,也往往奉英美的“普通法法治”为正宗。因此,对英国司法史的考察和讨论,将可能有助于我们从源头上理解这一传统的形成与利弊。

也因此,在当下中国学界,英国法律史的研究已然成为了一个局部的“热点”。[28] 但这不意味本书是想“搭便车”,恰恰相反,之所以选择英国,我还试图反思中国现有的英国法律史研究中的一些问题。有如前述,在对待司法与政治的问题上,英国往往被视作司法独立的典型;一个有关“司法独立”或“普通法法治”的英国故事,长期支配着中国学者对于西方政治与法律的想象。本书也同样坚持法治的理想,也将其视作当代中国应当努力追求的目标;但真正的目标追求,需要在山野之间选择甚或开拓具体的路径,而不能停留于在起点和目标之间画上一道直线。而在我看来,现有研究在对待普通法司法的问题上,却或多或少地存在一

---

[26] 关于这一职业阶层的形成,参见[英]布兰德:《英格兰律师职业的起源》,李红海译,北京大学出版社2009年版;或参见陈绪纲:《法律职业与法治——以英格兰为例》,清华大学出版社2007年版。

[27] 许多研究都倾向于认为,封闭自主的法律职业阶层及其复杂的知识体系,有助于抵制来自罗马法或是专制王权的进攻,因而构成了捍卫独立、自由传统的天然屏障。参见[美]斯托纳:《普通法与自由主义理论——柯克、霍布斯及美国宪政主义之诸源头》,姚中秋译,北京大学出版社2005年版;或参见程汉大主编:《英国法制史》,齐鲁书社2001年版,第144~148页、第339~340页。

[28] 即便不考虑论文与译著,近十余年来出版的有关英格兰法律史的中文专著即为数不少。例如,何勤华主编:《英国法律发达史》,法律出版社1999年版;程汉大主编:《英国法制史》,齐鲁书社2001年版;李红海:《普通法的历史解读——从梅特兰开始》,清华大学出版社2003年版;陈绪纲:《法律职业与法治——以英格兰为例》,清华大学出版社2007年版;程汉大、李培峰:《英国司法制度史》,清华大学2007年版;李栋:《通过司法限制权力——英格兰司法的成长与宪政的生成》,北京大学出版社2011年版。

些简单化的倾向。[29] 本书的研究将表明，真实的历史图景或许并非这样简单；在思想传统或职业主义的因素之外，政治权力的追逐与国家治理模式的转型依然是更为根本的决定性力量。尽管这种努力可能在一定程度上损害了曾经“完美”的理想图景，但却可能使我们更清醒地面对司法变革中的问题与困难，更冷静也更审慎地应对改革的挑战。

三、研究现状的回顾

从表面上看，在既有文献中，直接讨论司法治国或司法政治的论著并不多。[30] 但如果不关注“词”而是关注“物”，就不难发现，在许多看似并不直接相关的论著中，这一问题的讨论已经存在了。甚至由于“政治”的无所不在，几乎所有司法理论的论著中，都可能或多或少涉及这一主题。因此，要对于已有的全部研究作一综述几乎是不可能的，我只能就与本书主题直接相关的论著作些回顾。

本书核心的主题是司法在国家治理中的功能。对于这一问题，最初引发我思考的是苏力的《送法下乡》。通过对于一起陕北农村的下乡收贷案的考察，苏力细致地分析了法院“炕上开庭”所代表的国家权

---

[29] 许多研究要么将英国的“司法独立”视作日耳曼古代自由传统在历史中的逻辑展开，或是“古代宪制”(Ancient Constitution)、“普通法心智”(Common law mind)在历史中的展开；要么将其描绘为具有“独立品格”的职业法律人不懈斗争的革命成果。参见程汉大主编：《英国法制史》，齐鲁书社 2001 年版，第 8 章；陈绪纲：《法律职业与法治——以英格兰为例》，清华大学出版社 2007 年版，第 7 章；程汉大、李培峰：《英国司法制度史》，清华大学出版社 2007 年版，第 138～155 页。

[30] 从标题上看，最为贴近司法与政治这一主题的专著是胡伟教授的《司法政治》与高其才教授的《政治司法》。但从内容上说，前者主要是从政治学角度讨论司法的一般历史、原则与类型，更多地关注司法在三权分立和权力制约中的作用，而较少涉及司法的政治治理功能。后者与本文的主题更为切近，但讨论的对象主要是 1949 年到 1961 年间的陕西省华县人民法院，借助深入的法律社会学调查，细致地考察了人民法院的运作与历次政治运动的内在关联。这两部著作对作者写作本文都有较多的启发，但因为视角的不同，更多是间接性的影响。参见胡伟：《司法政治》，三联书店(香港)有限公司 1994 年版；高其才、左炬、黄宇宁：《政治司法——1949—1961 年的华县人民法院》，法律出版社 2009 年版。

力的运作方式,及其引发的权力/知识关系。在此基础上,苏力认为,“送法下乡”实际上构成了国家权力以司法方式建立或强化自身权威的一种努力;是21世纪以来建立中国现代民族国家的基本战略的一种延续。这一事实也挑战了传统的司法功能理论,指出在“纠纷解决”与“规则之治”的基本功能之外,司法还承担着构建现代民族国家的政治功能。㉛ 此外,冯象的《政法笔记》、㉜强世功的《惩罚与法治》㉝和高其才的《政治司法》㉞等著作都从不同的视角展现了司法与法庭的程序技术在近现代中国的政治治理中所扮演的重要角色。

西方学者对此也有所论述。在《法院》一书中,夏皮罗(Martin Shapiro)指出,在“争议解决”(conflict resolution)与“造法”(lawmaking)之外,法院还担负了“社会控制”(social control)职能,这一点在国家建构与社会转型时表现得尤为明显。在这些社会中,司法、医疗等机构可能成为统治者进入乡村地区的重要途径;通过中央法院与地方争议解决方式的竞争,国家权力得以进入到那些地方习惯控制的区域。在这个意义上,纠纷解决的过程本身也成为了执行国家政策的一部分。㉟ 在另一本比较

㉛ 苏力:《送法下乡——中国基层司法制度研究》,中国政法大学出版社2000年版,第53页。

㉜ 司法,尤其是以法庭为中心的程序技术,越来越成为现代社会所面临的复杂政治问题的“蒙眼布”与“晚礼服”,其主要的功能在于妥协与“掩饰”,以控制冲突,使社会矛盾“法治化”。参见冯象:《政法笔记》,江苏人民出版社2004年版,第156~159页。

㉝ 强世功的研究表明,在当代中国法治的兴起过程中,以公开审判的“法庭技术”为代表的司法,在国家治理策略的转型中扮演了关键性的角色。通过法官的“职业化”和法庭的“仪式化”,国家权力获得了超然中立的权威与合法性,也获得了一种较之传统的“运动技术”更为精致、隐蔽也更为节省、高效的治理策略。强世功:《惩罚与法治——当代法治的兴起(1976—1981)》,法律出版社2009年版,第203~210页。

㉞ 高其才、左炬、黄宇宁:《政治司法——1949—1961年的华县人民法院》,法律出版社2009年版。

㉟ [美]夏皮罗:《法院——比较法上和政治学上的分析》,张生、李彤译,中国政法大学出版社2005年版,第33页。当然,作为美国“政治法理学”(Political Jurisprudence)的代表人物,夏皮罗在其他有关司法的一系列论著中,也都贯彻了“将法院与法官视作政治性的机构与政治上的行动者”的基本立场。关于政治法理学的主要观点,可参看Martin. Shapiro, Political Jurisprudence, *Kentucky Law Journal*, 52 (1964), 294. 或参看 Martin Shapiro, *Law and Politics in Supreme Court: New Approaches to Political Jurisprudence*, The Free Press of Glencoe, 1964。

司法的著作《司法和国家权力的多种面孔》中，达玛什卡(Mirjan Damaska)也发现，无论是在"回应型国家"还是"能动型国家"，司法都将扮演至关重要的角色。在前一种类型中，统治者主要通过司法和法院来实现社会的整合与国家的建构，甚至国家本身也首先且主要被视作审判机构；[36]而在后一种类型中，司法与行政高度融合，审判活动的本身都带有行政的色彩，司法的目的在于将国家政策贯彻到审理的案件之中。[37]

一些政治史和社会史的学者在处理"国家治理"、"国家形成"或"国家建构"等主题时，也都或多或少地触及了司法在其中扮演的关键角色。这一方面，早期的代表是现代国家理论的开创者斯特雷耶(Joseph R. Strayer)1961年在普林斯顿的讲座《现代国家的中世纪起源》。[38] 在斯特雷耶看来，西欧现代国家的进程在近代之前的12世纪就开始了；其中，促成这一结果的关键就是永久的专门化的司法机关，"司法成为了增加国王或大领主的权威的主要方式"。[39] 安德森(Perry Anderson)在《从古代到封建主义的过渡》中也多次指出，在中世纪的政治架构中，政府的本质是"司法"的执行者；"司法是政治权力的核心形态"，"政治权力被看作完全解释和运用现存法律的单一的司法职能"。[40] 这种关注也从政治史、社会史的领域扩展到了法律史。在伯尔曼的《法律与革命》、[41]帕多瓦－斯奇奥帕(Antonio Padoa

---

[36] 例如，在近代欧洲，"君主们通过普通法院来整合散沙般的社会，并主要被视为法官"。[美]达玛什卡：《司法与国家权力的面孔——比较视野中的法律程序》，郑戈译，中国政法大学出版社2004年版，第111页。

[37] 同上注，第129～130页。

[38] Joseph Strayer, *On the Medieval Origins of the Modern State*, Princeton University Press, 1970.（中译本可参见[美]斯特雷耶：《现代国家的起源》，华佳、王夏、宗福常译，格致出版社2011年版。）

[39] Ibid., p. 31.

[40] [美]安德森：《从古代到封建主义的过渡》，郭方、刘健译，上海人民出版社2001年版，第156页。

[41] 在讨论中世纪英格兰、法兰西、德意志诸国的王室法的发展时，伯尔曼较多地涉及了王室法院对于国家权力扩展的作用。参见[美]伯尔曼：《法律与革命——西方法律传统的形成》，贺卫方、高鸿钧、张志铭、夏勇译，中国大百科全书出版社1993年版，第495～622页。

Schioppa)的《立法与司法》[42]和哈丁(Alan Harding)的《中世纪法与国家基础》[43]等著作中,都用了较多篇幅讨论这一主题。

对于西方历史中的司法与国家治理,国内学者也有很好的研究。李猛的《除魔的世界与禁欲者的守护神》在谈及英格兰普通法的形成时,明确指出"普通法作为国家治理的工具,最初正是为了解决早期现代国家面临的治理问题"。[44] 正是通过亨利二世以来的巡回法庭和中央王室法庭的建构,早期国家治理的"超人身化"(depersonalization)和"跨地方化"(translocalization)得以实现,[45]国家权力得以渗透至社会的底层,并获得连续稳定的载体。陈颐的《立法主权与近代国家的建构》,[46]则首次系统地讨论了法律与国家建构的主题,依循从"司法主权"到"立法主权"的线索,陈颐勾勒了司法与立法这两种不同的治理模式在法国国家建构中的功能与变迁。尤其是在第一章中,其较深入地讨论了巴黎高等法院(巴列门)在统一与整合国家的历史中的重要地位。

就本书的研究材料"英国法律史"来说,中英文的文献也十分充裕。高鸿钧[47]、何勤华[48]、程汉大[49]、李红海[50]、魏建国[51]、陈绪纲[52]、周

---

[42] 该书为 Antonio Padoa Schioppa 主编的《欧洲近代国家的起源,13—18 世纪》系列丛书中的第三卷,分别讨论了立法与司法在中世纪至近代早期国家形成中的不同作用。参见 C. Theme, *Legislation and Justice*, European Science Foundation: Clarendon Press, 1997。

[43] Harding, *Medieval Law and the Foundations of the State*, Oxford University Press, 2002.

[44] 李猛:《除魔的世界与禁欲者的守护神:韦伯社会理论中的英国法问题》,载《韦伯:法律与价值》,上海人民出版社 2001 年版,第 111 ~ 241 页。

[45] 同上注,第 195 页。

[46] 陈颐:《立法主权与近代国家的建构:以近代早期法国法律为中心》,法律出版社 2008 年版。

[47] 高鸿钧:《英国法的主要特征——一个比较观察》,载《比较法研究》1991 年第 1 期。另,高鸿钧教授在此基础上撰写了长文《英国法的主要特征——与大陆法相比较》,分(上)、(中)、(下)连载《比较法研究》2012 年第 3、4、5 期。新近出版的高鸿钧教授主编的《英美法原论》(北京大学 2013 年版)更是可以被视作近三十年来中国的英美法研究的集大成之作。

[48] 何勤华主编:《英国法律发达史》,法律出版社 1999 年版。

[49] 程汉大主编:《英国法制史》,齐鲁书社 2001 年版。

[50] 李红海:《普通法的历史解读——从梅特兰开始》,清华大学出版社 2003 年版。

[51] 魏建国:《宪政体制形成与近代英国崛起》,法律出版社 2006 年版。

[52] 陈绪纲:《法律职业与法治——以英格兰为例》,清华大学出版社 2007 年版。

威[53]、咸鸿昌[54]、冷霞[55]、屈文生[56]、李栋[57]、杨松涛[58]等人的中文论著，将原本深奥复杂的英国法律史已经转化成了条理化的、可交流的知识体系，大大便利了本书的写作，也省去了文中许多背景知识的陈述。尤其是程汉大教授的《英国法制史》和《英国司法制度史》[59]，在这一领域的研究堪称是开拓性的。尽管本书的一些结论试图挑战传统的研究，但本书的写作无疑极大地受益于这些重要的知识积累。此外，蒋孟引[60]，马克垚[61]、王觉非[62]、钱乘旦[63]、孟广林[64]、蔺志强[65]、李云飞[66]等历史学者对英国政治史、宪政史的研究也使

---

[53] 周威：《英格兰的早期治理——11—13 世纪英格兰治理模式的竞争性选择》，北京大学出版社 2008 年版。

[54] 咸鸿昌：《英国土地法律史——以保有权为视角的考察》，北京大学出版社 2009 年版。

[55] 冷霞：《英国早期衡平法概论——以大法官法院为中心》，商务印书馆 2010 年版。

[56] 屈文生：《普通法令状制度研究》，商务印书馆 2011 年版。

[57] 李栋：《通过司法限制权力——英格兰司法的成长与宪政的生成》，北京大学出版社 2011 年版。

[58] 杨松涛：《十八世纪英国治安法官司法实践》，载《历史研究》2013 年第 4 期。

[59] 程汉大、李培峰：《英国司法制度史》，清华大学 2007 年版。

[60] 蒋孟引主编：《英国史》，中国社会科学出版社 1988 年版。

[61] 马克垚：《英国封建社会研究》，北京大学出版社 1992 年版。

[62] 王觉非：《近代英国史》，南京大学出版社 1997 年版。

[63] 钱乘旦、陈晓律：《在传统与变革之间——英国文化模式溯源》，浙江人民出版社 1991 年版；钱乘旦、许洁明：《英国通史》，上海社会科学院出版社 2007 年版。

[64] 孟广林：《英国封建王权论稿——从诺曼征服到大宪章》，人民出版社 2002 年版。孟广林教授近年来关于中世纪宪政史的系列论文，对于理解西方学界的研究趋势具有重要价值，参见孟广林：《英国中世纪宪政史研究的回顾——访问普利斯维奇教授》，载《史学理论研究》2006 年第 5 期；孟广林：《中古英国政治史研究的路径选择与中西比较——与牛津大学马蒂科特院士的学术对话录》，载《清华大学学报》2007 年第 1 期；孟广林：《中古英国政治史研究的新理路——与阿莫诺教授的学术对话录》，载《中国人民大学学报》2007 年第 2 期；孟广林：《回归或突破——英美史学家有关中世纪英国宪政史研究的新动向》，载《世界历史》2010 年第 6 期；孟广林：《王在法下的浪漫想象：中世纪英国法治传统再认识》，载《中国社会科学》2014 年第 4 期。

[65] 蔺志强：《13 世纪英国的国王观念》，载《世界历史》2002 年第 2 期；蔺志强：《一二五八至一二六七年英国贵族改革运动》，载《历史研究》2004 年第 6 期；蔺志强：《中古英国的幼主托孤与王权运作——以亨利三世时代早期为主的考察》，载《历史研究》2009 年第 2 期。

[66] 李云飞：《从高效到超载：中世纪英格兰巡回法庭的兴衰》，载《世界历史》2012 年第 4 期；李云飞：《中世纪英格兰巡回法庭的运作机制探析》，载《暨南学报》2012 年第 7 期。

我获益匪浅。

英文的相关著作更是难以计数。就一般的英国法律史来说,主要参考了梅特兰(F. W. Maitland)[67]、霍茨沃斯(W. Holdsworths)[68]、普拉克内特(T. F. Plucknett)[69]、贝克(J. H. Baker)[70]、卡内冈(R. van Caenegem)[71]、哈德森(John Hudson)[72]等人的研究,以及梅特兰[73]、斯塔布斯(W. Stubbs)[74]、莱昂(B. Lyon)[75]等人有关英国宪政史的研究;对于英国的法律与治理,理查德森(H. Richardson)和塞尔斯(G. Sayles)的《中世纪英格兰的治理》对我有较多启发。[76]

更直接的材料,还来自于一些英国司法史的论著。特纳(Ralph V. Turner)对于12、13世纪的英格兰法官及其与国王关系的系列研究,[77]

---

[67] F. Pollock & F. Maitland, *History of English Law Before the Time of Edward I*, Cambridge University Press, 1968.

[68] W. S. Holdsworths, *A History of English Law*, Methuen & Co. Ltd., 1923.

[69] T. E. T. Plucknett, *A Concise History of the Common Law*, Little, Brown, 1956.

[70] J. H. Baker, *An Introduction to English Legal History*, Fourth edition, Oxford University Press, 2007.

[71] R. C. Van Caenegem, *The Birth of the English Common Law*, Cambridge University Press, 1988. ([比]卡内冈:《英国普通法的诞生》,李红海译,中国政法大学出版社2003年版。)

[72] J. Hudson, *The Formation of The English Common Law: Law and Society of England from Norman Conquestto Magna Carta*, Addison Wesley Longman Limited, 1996. ([英]哈德森:《英国普通法的形成——从诺曼征服到大宪章时期英格兰的法律与社会》,刘四新译,商务印书馆2006年版。)

[73] F. W. Maitland, *The Constitutional History of England: A Course of Lecture*, Cambridge University Press, 1908. ([英]梅特兰:《英格兰宪政史——梅特兰专题讲义》,李红海译,中国政法大学出版社2010年版。)

[74] W. Stubbs, *The Constitutional History of England: in its Origin and Development*, Clarendon Press, 1903.

[75] B. Lyon, *A Constitutional and Legal History of Medieval England*, Norton, 1980.

[76] H. G. Richard and G. O. Sayles, *The Governance of Medieval England: From the Conquest to Magna Carta*, Edinburgh University Press, 1963.

[77] R. V. Turner, *The English Judiciary In The Age of Glanvill and Bracton, 1176 - 1239*, Cambridge University Press, 1985; R. V. Turner, *The King and His Courts: The Role of John and Henry III in the Administration of Justice, 1199 - 1240*, Ithaca, Cornell University Press, 1968.

斯坦顿(*D. M. Stenton*)对于诺曼征服至大宪章时期的司法研究,[78]哈丁(A. Harding)对中世纪英格兰法院的整体研究,[79]勃兰德(W. C. Bolland)对总巡回审的研究,[80]缪森(A. Musson)和阿莫诺(M. Ormrod)对十四世纪的司法演进与政治社会的研究,[81]波威尔(E. Powell)关于十五世纪的王权与刑事司法的研究,[82]布兰德(P. A. Brand)对法律职业阶层的研究,[83]普瑞斯特(W. R. Prest)对于17世纪法律人与政治的研究[84]以及琼斯(W. J. Jones)对法官与英国内战的研究,[85]都为本书相关内容的展开提供了直接、丰富的研究基础。

在一些更具体的领域,卡内冈[86]、密尔松(S. F. Milson)[87]、萨瑟兰(D. W. Sutherland)[88]、比安卡拉纳(J. Biancalana)[89]等人对于"新近侵占

[78] D. M. Stenton, *English Justice between the Normand Conquest and the Great Charter, 1066 - 1215*, American Philosophical Society, 1964.

[79] A. Harding, *The Law Courts of Medieval England*, Allen & Unwin, 1973.

[80] W. Bolland, *The General Eyre: lectures delivered in the University of London at the request of the Faculty of Law*, Cambridge University Press, 1922.

[81] A. Musson, W. M. Ormrod, *The Evolution of English Justice: Law, Politics And Society In The Fourteenth Century*, MacMillan Press Ltd, 1999.

[82] E. Powell, *Kingship, Law, and Society: Criminal Justice in the Reign of Henry V*, Clarendon Press, 1989.

[83] P. Brand, *The Origins of the English Legal Profession*, Blackwell Publishers, 1992. ([英]布兰德著:《英格兰律师职业的起源》,李红海译,北京大学出版社2009年版。)

[84] W. R. Prest, *The Rise of the Barrister: A Social History of the English Bar 1590 - 1640*, Clarendon Press, 1986.

[85] W. J. Jones, *Politics and the Bench: The Judges and the Origins of the English Civil War*, George Allen & Unwin Ltd, 1971.

[86] R. C. van Caenegem, *Royal writs in England from the Conquest to Glanvill: Studies in the early history of the common law* (The publications of Selden Society), W. S. Hein, 1997.

[87] S. F. C. Milson, *Legal Framework of English Feudalism*, Cambridge University Press, 1976.

[88] D. W. Sutherland, *The Assize of Novel Disseisin*, Oxford University Press, 1973.

[89] J. Biancalana, For want of justice: Legal reforms of Henry II, *Columbia Law Review*, 88 (1988), pp. 433 - 536.

令状”的研究,莫里斯(*W. Morris*)[90]、帕尔默(R. C. Palmer)[91]、缪森(A. Musson)[92]、哈丁(A. Harding)[93]、普特南(B. H. Putnam)[94]等人对于郡长和治安法官的研究,都对本书在这些专门问题上的讨论有直接的帮助。当然,作为对于这些间接文献的印证和补充,本书也部分使用了诸如卡内冈[95]、斯坦顿[96]、塞尔斯[97]等人编订的各种中世纪英格兰的“令状集”和“判例集”等更为原始的文献。

四、追求、理论与方法

就本书而言,上述研究还只是基础的“原材料”,要从中提炼出英国司法与国家治理的理论主题,要做的工作还有许多。本书的目标,也并非对于上述材料进行简单汇编,或是依据时间顺序进行串联;相反,无论是在“主题”上,还是在“材料”上,本书都有自己的追求。

首先,就“主题”而言,尽管既有的研究已提出司法和治理的问题,可大多只是在相关论著中有所论及,而缺乏围绕这一主题的自觉的系统论述。有如前述,苏力、强世功、夏皮罗、斯特雷耶等人的著作都是在

---

[90] W. A. Morris, *The Medieval English Sheriff to 1300*, The University Press, 1927.

[91] R. C. Palmer, *The County Courts of Medieval England, 1150 - 1350*, Princeton University Press, 1982.

[92] A. Musson, *Public Order and Law Enforcement: The Local Administration of Criminal Justice, 1294 - 1350*, The Boydell Press, 1996.

[93] A. Harding, *The Origins and Early History of the Keeper of the Peace*, Cambridge University Press, 1960.

[94] B. H. Putnam, The Transformation of the Keepers of the Peace into the Justice of the Peace 1327 - 1380, *Transactions of the Royal Historical Society, Fourth Series*, Vol. 12, 1929, pp. 19 - 48.

[95] *English Lawsuits from William I to Richard I*, edited for the Selden Society by R. C. van Caenegem, The Society, 1990 - 1991.

[96] *Pleas before the King or his justices*, 1198 - 1202, edited for the Selden Society by D. M. Stenton, B. Quaritch, 1952 - 67.

[97] *Select Csese in the Court of King' s Bench*, edited for the Selden Society by G. O. Sales, B. Quaritch, 1936 - 71.

处理其他更广阔的主题时触及了这一命题，但缺乏全面的展开；[98]李猛、陈颐的研究虽然更为切近主题，也更为自觉，但论著本身的主旨都并非司法的问题。[99] 因此，仅就国家治理中的司法问题而言，本书的研究可能在主题的深化上有所作为。但这仅仅是可能。要实现这一目标，就要求我的研究不只是停留在命题的本身，而应当更系统地展现与思考司法治理国家的原因、特点、困难及其解决等诸多更为细致与复杂的问题，并尽可能有理论上的提升。

此外，"材料"的运用上，本书也有所追求。尽管英格兰法律史的论著众多，但司法的专门研究却较少。特纳、斯坦顿、缪森、程汉大等人的著作可能是例外，但其在研究范围上与本书并不一致：前三者的研究都只是集中在较短的时间段；[100]而程汉大著作本身脱胎于课题的讲义，且时间跨度巨大，也难以细致展开分析。[101] 更关键的是，这些著作，因为其学科特点，更加侧重史料汇集和梳理，理论的自觉和展示较少，而后者则应更多由法学理论的研究承担。因此，本书从国家治理的视角

---

[98] 参见苏力：《送法下乡——中国基层司法制度研究》，中国政法大学出版社2000年版；强世功：《惩罚与法治——当代法治的兴起(1976—1981)》，法律出版社2009年版；[美]夏皮罗：《法院——比较法上和政治学上的分析》，张生、李彤译，中国政法大学出版社2005年版；[美]伯尔曼：《法律与革命——西方法律传统的形成》，贺卫方、高鸿钧、张志铭、夏勇译，中国大百科全书出版社1993年版；Joseph Strayer, *On The Medieval Origins of The Modern State*, Princeton University Press, 1970。

[99] 前者主要讨论的是英国法的理性化问题，而后者切入的角度是立法。参见李猛：《除魔的世界与禁欲者的守护神：韦伯社会理论中的英国法问题》，载《韦伯：法律与价值》，上海人民出版社2001年版；陈颐：《立法主权与近代国家的建构：以近代早期法国法律为中心》，法律出版社2008年版。

[100] 前三者主要集中在12世纪后期到13世纪早期这一百余年的历史，而缪森的著作则专注于14世纪。参见 R. V. Turner, *The Enlish Judiciary In The Age of Glanvill and Bracton, 1176 - 1239*, Cambridge University Press, 1985; R. V. Turner, *The King and His Courts: The Role of John and Henry III in the Adminstration of Justice, 1199 - 1240*, Ithaca: Cornell University Press, 1968; D. M. Stenton, *English Justice between the Normand Conquest and the Great Charter, 1066 - 1215*, American Philosophical Society, 1964。

[101] 就司法制度本身而言，本书的内容最为全面，不仅包括本文涉及的法院制度与法官制度，还包括律师制度、审判制度、检察制度、警察制度、刑罚制度、法律援助制度，全方位地展示了英格兰司法制度史的全貌。参见程汉大、李培峰：《英国司法制度史》，清华大学出版社2007年版。

切入，对于重构英国司法史的理论框架，可能是一次有益的尝试。不仅如此，视角和关注点的改变，也必定会引出“史实”问题或更有说服力的史实理解问题。在英格兰司法史的已有研究中，比如，巡回法庭的起源与运作、[102]巡回法官与治安法官的关系、[103]涉及国王案件的判决[104]这些关键史实，依然存在许多模糊与分歧之处。尽管本书不可能给出明确的解答，给出的解答也未必可作定论，但从这一特定视角将相关的最新成果与争论勾连和展现出来，或许有助于拓展中文英国法律史的研究视野，澄清一些似是而非的误解。

本书的推进又不仅限于“主题”与“材料”，同时还在于理论资源与方法的运用。从传统的研究来看，主要的理论背景来自两个领域：一个是西方政治学、社会学中的“国家理论”；另一个是英格兰历史学传统中的“宪政史观”。

在“国家理论”中，基本的观点是将现代国家的形成、构建与治理，视作人类历史上（至少是西欧历史）不可抗拒的趋势，各种因素的发展最终都趋向于国家治理的“理性化”。在这个进程中，司法成为了国家构建的重要途径，成功实现了国家权力的向下延伸与稳定运行，因而也

---

[102] 有关英格兰巡回法庭的起源与成型的时间，学界一直以来存在较多争论，本书的讨论，参见第三章第三节。对于1313年肯特郡总巡回审的个案考察，也将有助于我们了解巡回法庭的具体运作，参见该章第四节。

[103] 以地产之诉巡回（Assize Circuit）、刑事听审巡回（Oyer and Terminer）为代表的“特殊巡回法庭”几乎与治安法官同时存在于英格兰社会的基层司法之中，他们相互之间的关系如何，在英格兰学界一直存在广泛的争论，而国内则对此缺乏研究，本书的讨论参见第四章第三、四节。

[104] 在中世纪的理论中，一直存在所谓“王在法下”的传统，但另一方面，国王又不得为非，也不存在事实上更高的法官。因此，在真是的实践中，对于那些涉及王室利益的重大案件的处理，无疑是关系到我们认识司法与政治关系的重大问题。但关于这一问题，国内学界一直缺乏讨论。参见第五章第二、三节。

构成了"理性化"治理的基本载体。[105] 尽管这些理论视角各有不同，但基本的问题与思路却无疑来源于马克斯·韦伯的理论框架；[106]这在达玛什卡、李猛和陈颐的论著中有明显的自觉。而所谓"宪政史观"，则是在近代英国历史学中出现的一种研究范式，其基本的观点是"辉格党人"所主张的社会契约、天赋自由和王在法下等宪政理念，并试图从中世纪早期所谓"日耳曼传统"中去探寻宪政国家与理念的源头；而近代英格兰的宪政与法治的建成则在很大程度上被视作这些传统在历史中的逻辑展开。[107] 这一理论主要来自"辉格史学"，对于斯塔布斯等人

---

[105] 这一学术传统中的国家理论，以20世纪60年代斯特雷耶(Joseph Strayer)的研究为开端，此后，查尔斯·蒂利(Charles Tilly)、佩里·安德森(Perry Anderson)、西达·斯考切波(Theda Skopol)、迈克尔·曼和托马斯·埃特曼等历史社会学家和政治社会学家都参与到了这一宏大理论的构建之中，并提出了许多竞争性的解释。参见 Joseph Strayer, *On The Medieval Origins of The Modern State*, Princeton University Press, 1970; Charles Tilly (ed.), *The Formation of National States in Western Europe*, Princeton University Press, 1975; Perry Anderson, *Lineages of the Absolutist State*, New Left Books, 1974([美]安德森:《绝对主义国家的谱系》，刘北成、龚晓庄译，上海人民出版社 2001 年版)；Theda Skocpol (eds.), *Bringing the State Back In*, Cambridge University Press, 1985; Michael Mann, *The Sources of Social Power*, Cambridge University Press, 1986; Charles Tilly, *Coercion, Capital and European States 990 - 1990*, Basil Blackwell, 1990([美]查尔斯·蒂利:《强制、资本与欧洲国家 990 - 1990》，魏洪钟译，上海人民出版社 2007 年版)；Thomas Ertman, *Birth of the Leviathan: Building States and Regimes in Medieval and Early Modern Europe*, Cambridge University Press, 1997([美]埃特曼:《利维坦的诞生：中世纪及现代早期欧洲的国家与政权建设》，郭台辉译，上海人民出版社 2010 年版)。

[106] 在韦伯的视野中，国家治理的"理性化"，主要是从依赖于个人权威的"克里斯玛型"的统治模式向依据法律与理性的"官僚制统治"的转变，以超越统治者人身的束缚，实现国家治理的普遍化与常规化。参见[德]韦伯:《支配社会学》，康乐、简惠美译，广西师范大学出版社 2004 年版。

[107] "辉格史观"倾向于从近代西方的启蒙思潮中去摄取社会契约、自由平等、法权至上、权力分立等思想的营养，竭力回溯到中世纪西欧社会的所谓"日耳曼传统"中去探索近代宪政国家的源头。相关的综述与批评，参见孟广林:《英国封建王权论稿——从诺曼征服到大宪章》，人民出版社 2002 年版，第 4 ~ 8 页。柯克、赫德利、皮蒂特等辉格党人对英国历史上的所谓"法治传统"的建构，参见孟广林:《王在法下的浪漫想象：中世纪英国法治传统再认识》，载《中国社会科学》2014 年第 4 期；或参见 M. S. Zook, *Radical Whigs and Conspiratorical Politics in Late Stuart England*, The Pennsylvania State University Press, 1999, p. 67。

的宪政史和国内的英格兰法律史研究都有不同程度的影响。[108]

本书也同样受到这两种资源的制约,尤其是全文的理论框架,基本是在韦伯式的国家理论中展开的。但在我看来,这些不错的理论也可能存在一些潜在的问题。尽管两种理论在关注与路径上都有很大的不同,可相同的是,它们都倾向于把国家治理中的“理性”或“自由”视作一种先在的“必然”,过于强调“规律”的或“理念”的力量,而有意无意忽视了“特殊”与“偶然”的存在。在这个意义上说,无论是“国家理论”还是“宪政史观”,在运用的过程中,都可能导致一种可能自身并不赞成的单线进化的决定论倾向;并因此,可能在一定程度上抹杀了历史的丰富与真实,也掩盖了总体趋势之下涌动着的各种复杂的权力斗争与利益角逐。当然,这里说的只是可能性,重要的是理论的运用而不是理论本身;但考虑到这种潜在的危险,我们有必要保持清醒。

正是看到了可能的“不足”,在理论资源的选择上,本书的研究还在很大程度上汲取了尼采、霍姆斯和福柯以来的知识考古学/谱系学的方法。[109] 在接受韦伯式的国家理论的框架之下,本书不再将英格兰司法史看作一个坚定不移地迈向“理性化”目标的进化史,也并非“古代宪制”或“普通法法治”的思想传统在历史中的逻辑展开;本书并不试图构建单一的终极因所决定的历史,也并不打算探索某个制度的神圣起源。相反,本书更多关注历史演进中的细节与“意外”,关注制度设

---

[108] 斯塔布斯的研究最典型地展现了“宪政史观”对于法律史研究的影响。他竭力论证“日耳曼民主传统”对英国中世纪“宪政”制度形成的决定意义,将贵族和教会视作专制王权的天然反对派和自由法治的卫士。参见 W. Stubbs, *The Constitutional History of England:in its Origin and Development*, Clarendon Press, 1903。关于斯塔布斯及其宪政史观的影响,参见孟广林:《中古英国政治史研究的路径选择与中西比较——与牛津大学马蒂科特院士的学术对话录》,载《清华大学学报》2007 年第 1 期;孟广林:《中古英国政治史研究的新理路——与阿莫诺教授的学术对话录》,载《中国人民大学学报》2007 年第 2 期。

[109] [德]尼采:《论道德的谱系》,周红译,三联书店 1992 年版;[美]霍姆斯:“法律的道路”,载《法律的生命在于经验——霍姆斯法学文集》,明辉译,清华大学出版社 2007 年版;[法]福柯:《尼采·谱系学·历史学》,苏力译,载《学术思想评论》第 4 集,辽宁大学出版社 1999 年版;[法]福柯:《知识考古学》,谢强、马月译,三联书店 1998 年版。

计者的意图与效果之间的反差与悬殊。[110] 无论是巡回法庭的开始，还是令状的“司法化”，以及法官的“独立”，都并非历史中的行动者刻意追求的结果，而更多是一些针对具体问题的补救措施或意外事件，最终达到的效果，可能远在设计者的意料之外。但这并非否定人为的意义，相反，它可能给予行动者以希望：既然制度的形成可能从“异己”的形式中一点点建构出来，那么现有的“不完美”也同样可能在历史的碰撞与焙烤中生长出好的结果。[111]

当然，本书的方法也不只是韦伯与福柯的分析方法，马克思的历史唯物主义，以及与之融贯的“语境论”，[112]现代社会科学的经验主义和实证主义，同样是贯穿始终的分析方法；本书坚持司法和“法律”一样“没有自己的历史”，[113]强调物质生活关系对于司法的根本制约和互动。此

[110] ［法］福柯：《尼采·谱系学·历史学》，苏力译，载《学术思想评论》，辽宁大学出版社 1999 年版。

[111] 不仅是谱系学，福柯对于治理术的分析，在我看来，也可能构成韦伯理论的深化与补充。在福柯的理论中，自中世纪至近代以来，西欧国家的治理方式并不是单一的国王“统治权”的延伸与扩展，或是单纯的“惩罚技术”的运用，同时还出现了以“规训技术”和“治安技术”为代表的新的治理策略。这些新的策略中，国家权力的行使，越来越从赤裸的暴力或仪式化的剧场效应，转向了一种更为精致、隐蔽、渗透到毛细血管中的微观权力，这不仅使得统治权的运行更加严密，也有效地化解了被统治者的反抗，获得一种更节省也更高效的治理。本文所讨论的英格兰司法史的变迁也同样可以从中获得解说。在国家权力的“跨地方化”与“去人身化”的过程中，同样存在多种权力技术与治理方式的角逐。我们将看到巡回法庭代表的国家权力的下移并非一帆风顺，而看似地方化的治安法官却可能意味着一种更为精致、严密与低成本的治理技术的兴起。甚至在 17 世纪争取“司法独立”的斗争的背后，也同样隐藏了议会作为新的主权者的崛起，是更为隐蔽也更为高效的新的治理术的一次集中展现。福柯的理论，参见［法］福柯：《安全、领土与人口——法兰西学院演讲系列 1977—1978》，钱翰、陈晓径译，上海人民出版社 2010 年版，第 3～8 页、第 87～93 页；或参见［法］福柯：《规训与惩罚——监狱的起源》；刘北成、杨远婴译，三联书店 1999 年版。类似的分析，参见强世功：《惩罚与法治——当代法治的兴起(1976—1981)》，法律出版社 2009 年版，第 203～210 页。

[112] ［德］马克思：《德意志意识形态》，载《马克思恩格斯选集》(第 1 卷)，人民出版社 1995 年版；苏力：《语境论——一种法律制度研究进路和方法的建构》，载《比较法研究》。

[113] 原文为“不应该忘记，法和宗教一样，是没有自己的历史的”。［德］马克思：《德意志意识形态》，载《马克思恩格斯选集》(第 1 卷)，人民出版社 1995 年版。

外，实用主义的方法也贯穿其中，[14]在许多问题的讨论上，本书都更强调从效用出发、工具主义地研究问题，以超越从目标出发的价值判断，追求后果导向的开放性的思考。

五、本书的结构与脉络

借助以上资源，本书的叙事框架得以构建。从国家理论出发，本书的论述将首先从英国所面临的早期现代国家的治理难题开始，并依循治理的"普遍化"与"常规化"，分别从空间与时间的维度探讨王室法庭的司法对于英国国家治理的意义。为了凸显理论的主线，本书在结构的安排上，将全书主体部分按照原理、空间和时间分为三编，每编又各有两章。具体安排与概要如下。

第一编"原理与技术"，可视作全书的总论部分，旨在引出司法治理国家的问题、背景与进路。本书的第一章首先试图善意地重构英国王室司法所要回应的基本问题。依据斯特雷耶等人的国家理论，从 12 世纪开始，以英国为代表的一些西欧政治体（Polities）逐渐开始了迈向现代国家（Modern State）的历史进程；传统的"个人王权"越来越难以承担日益复杂的治理任务。如何实现治理的跨地方化（translocalization）和超人身化（depersonalization），追求国家权力的向下延伸（空间）和稳定（时间），成为了摆在统治者面前的"社会常规问题"。但这一治理问题的解决，又受到了物质基础与社会条件的制约。中世纪社会的治理技术与资源不足，决定了以消极解决纠纷为主要特征的司法，较之立法或行政，可能构成了一种更低成本的治理。巡回法庭在将国家权力延伸至地方（普遍化）的同时，也与常设的中央法庭一起，努力确保中央权力的平稳运行（常规化）。这里勾勒的空间与时间的两个维度，也成为建构本书的基本线索。

---

[14] 实用主义的分析方法，参见[美]波斯纳：《超越法律》，苏力译，中国政法大学出版社 2001 年版，第 4～18 页。

出于叙事方便,我将英国的法庭历史置于现代国家构建的宏大理论之中,使原本凌乱的事实可能在相对清晰的理论框架中展开。这是一种历史解释的理性重构,但却可能使读者产生误解,以为中世纪的统治者同样清楚意识到了这一宏大的历史变迁,甚至是刻意追求这些目标。而在我看来,这恰恰背离了历史的真实。

为澄清误解,在本书第二章,我还尝试从安茹改革中的“新近侵占令状”(Novel Disseisin)这一微观制度切入,进一步审视司法治理的制度演进模式。与传统观点将新近侵占令状视作国王用以争夺管辖权的精心设计不同,晚近的分析表明,这一令状最初只是在史蒂芬乱世之后打击犯罪的“临时”措施;只是在经历了数次尝试,尤其是在民众需求的压力下,才逐渐成长为常规的治理手段。并且随着当事人越来越多地主动提起诉讼,这一令状又很快“民事化”,从原本法官依职权提起的“刑事”措施转变成为当事人维护自身权益的“民事”救济。这里始终不存在总体的目标;相反,王室、法官与民众的各种需求与“意图”都以公开或隐蔽的方式参与到制度的构建之中,一次次重塑着制度的目标与路径,从而导致了意料之外的结果。在这个意义上,英国的司法治理,不仅不是精心设计的结果,而且最典型地展现了一种自生自发的经验主义的治理模式;尽管缺乏改革的“理想图景”,但它总是以后果为导向,追求反复试错之上的细微改进,最终结果也可能更有效、更细密地回应了本土的制度需求。

接下来的两编,分别围绕治理的“跨地方化”(空间)与“超人身化”(时间)这两个维度的问题展开。

第二编“中央与地方”,试图关注司法在治理的“跨地方化”中所扮演的角色,具体考察以法庭技术为载体的国家权力对于地方社会的渗透。这种关注同样是“语境化”的。在中世纪的物质条件下,国家权力的向下延伸必须是低成本的,但这同时可能导致代理人的“世袭化”,甚至形成威胁中央的地方权力中心。这就出现了一个代理“成本”与“风险”的两难问题。也正是围绕这一问题,先后出现了郡长、巡回法官和治安法官等多种形式的代理人;中央与地方也随之展开了多个回合的权力角逐。

第三章首先分析了郡长与巡回法官这两种不同类型的代理人。面对治理的“跨地方”问题，诺曼征服者最初尝试将土地分封给随从，并任命他们担任各地郡长与主持郡法庭，使之成为延伸王室权威的代理人。这种封建代理人的好处在于无需财政的负担，因而成本较低；但缺陷是存在职务的世袭化与可能的离心倾向。尽管安茹统治者采取了一些遏制措施，但潜在的危险并未消除。与此同时，一种将王室官员派往地方主持审判的新尝试出现了。尽管它的出现是偶然的，也并不固定，但最终在亨利二世后期发展成为常规的制度。通过对于历史和个案的考察，不难发现巡回法庭的优势十分明显：一方面，定期的公开审判的法庭技术，生动展示了王权的“在场”，促进了信息流动与权力下移；另一方面，由于巡回法官本身是中央官员的一部分，因而较之供养专门的地方官员队伍，无疑是低成本的选择；同时，这种临时性的权力授予，也很大程度降低了世袭化的危险与地方贵族的影响，因而无法构成对抗中央的地方权力中心。在这个意义上，“准官僚制”的总巡回法庭在当时无疑可被视作一种相对成功的治理技术，并与“准家产制”的郡长相配合，共同构成英格兰地方治理的二元结构。

但在一个世纪后，总巡回法庭与郡长并存的二元治理技术却逐渐走向衰弱，更专业化的特殊巡回法庭开始走上前台，郡长也逐渐为治安法官所取代。本书第四章分析了这一历史变迁。总巡回法庭的衰落，更多来自社会变迁引发的诉讼洪流，使得“剧场化”的总巡回法庭越来越难以应对诉讼需求，最终为专业化的特殊巡回法庭所取代。与此同时，随着郡长制的衰落，新兴的地方乡绅开始越来越多地接受王室委托从事治安管理与审判。到14世纪末，治安法官已经取代郡长与巡回法庭，成为最重要的地方代理人，从而形成了“控制型”的特殊巡回法庭与“自治型”的治安法官并存的新结构。这一现象也引发了司法中央集权化的趋势是否发生逆转的疑问。而进一步的分析表明，治安法官的人事构成是多元化的，并且与巡回法官存在很大程度的重叠，因此并不天然构成反对集权的力量，而更多扮演了王室与地方的“中介”；并在一定程度上构成了单纯的剧场化的“统治权技术”向更为多元、隐蔽也更节省、高效的新的治理技术的转型。

第三编“法官与主权者”,转向治理的“超人身化”问题。尽管前述地方代理人同样构成常规化治理的一个方面,但为了分析的简便与集中,这部分的讨论仅限于“民事高等法庭”和“王座法庭”这两个中央法庭。我的分析试图揭示,这些“去个人化”的中央法庭在推进治理“常规化”的过程中也并非单线的进化,它不仅始终受制于国王维持个人控制的努力,同时也在很大程度上受到整体的政治治理结构与权力格局的制约。

第五章集中于中央法庭诞生的12、13世纪。法庭的历史表明,尽管民事高等法庭与王座法庭最终都走向了“非个人化”的治理,但两者的初衷却并非一致,而实际上代表了围绕“个人化”治理的两种相反趋势的竞争。在此基础上,本书也质疑了那种认为安茹改革已经带来了独立于国王而“自主运行”的王室法庭的观点,个案的分析表明,尽管中央法庭的运行已经取得一定自主性,但由于治理问题的复杂,仅仅依靠法庭本身依然难以应对全部问题。因此,国王的个人化干预与“出场”不仅始终存在,而且往往在关键案件中具有决定性影响。即便在“德比公爵案”等表面上不利于王室利益的判决中,也实际上隐含了更深远的政治考量。在这个意义上,在法官与主权者之间,也就并非只是简单的“顺从”或“独立”,而依赖于具体语境中的细致考察。在本章的最后,我还简单勾勒了14世纪以来司法“职业化”的发展,以及由此带来的国王试图强化个人控制的“反弹”。这些现象的发生,使得法官与王权的关系更趋复杂,并预示了两者在17世纪的总体危机中的激烈冲撞。

因此,在最后一章,我将目光转向革命的17世纪。依据一般观点,这一段司法故事往往被视作为“独立”而斗争的历史:面对专制王权的扩张与司法独立传统的危急,坚持“独立”品格的职业法律人与议会联手抗争,最终取得了革命的胜利,在1701年确立了法官独立的原则。可本书的分析却表明,这些解说未免有些简单化了。仅仅是一些法官追求独立的事例,或是“宪政主义”与“职业主义”的理论解说,都并不足以支持法官独立传统的存在。而面对王权的压力,所谓的法律职业阶层也走向分裂,大批普通法法官倒向了国王的阵营;语境化的分析表明,这些生活于真实世界中的职业化法官,始终在很大程度上受制于王室政府官僚的政治角色,追求职位的晋升依然是影响他们的政治态度的关键。

甚至不仅是利益的诱惑;斯图亚特后期的政治发展也表明,在一个政治全然分裂的时代,王室法官也同样置身于政治纷争的漩涡之中,应有的中立地位更是丧失殆尽;在司法中立的问题上,辉格派的法官并不比托利派更优越。仅仅是选择支持或反对国王,都并不意味着法官道德或职业水准的高低,而更多的是派系斗争中的“站队”与权力角逐。最后,1701 年原则的确立,也并非普通法法院的胜利;相反,这个过程本身就是“反独立的”,议会选择新法官恰恰以牺牲旧法官的独立为代价。在这一政治的决断之后,实际上是议会作为新的主权者对于法官的支配地位的确立,也意味着新的治理方式的诞生。

最后是结语,视线延伸到 1701 年之后的西方世界。司法治国的故事在欧陆和英格兰都曾一度衰落,但却在大洋彼岸的美国得以幸存,并在 20 世纪后期开始重新影响世界。在司法治理的当代复兴中,美国版本的司法治国成为经典的范式,但却同时隐含着诸多问题与不足。因此,在对于当代司法治国的讨论中,我们仍然不应忘记英格兰的古老故事,及其中所蕴含的经验教训与智识启示。

第一编　原理与技术

第一章　司法治国的出场

本章是全书的引子。在重新厘清现代国家的构成理论的基础上,本书首先将目光投向中世纪的西欧,试图首先尝试重构这一时期的西欧政治体所面临的"社会常规问题"。[①] 在此基础上,我将简要回顾王室法庭的兴起对于回应这些治理难题的意义及其路径。同时本书还尝试着从中世纪社会历史条件的制约出发,初步探讨司法治理模式得以发生的历史成因。从总体来说,本章的叙述更多侧重于对既有理论的清理和宏观史实的勾勒,它意在引出问题、背景与初步的思考,而非给出结论。更细致的事实分析与理论阐释,交给接下来的篇章。

一、"现代"国家与传统

在一般的国家理论中,历史上形态各异的国家往往被置于类似于"传统"与"现代"的类型中加以

① 苏力:《语境论——一种法律制度研究进路和方法的建构》,载氏著:《也许正在发生——转型中国的法学》,法律出版社2004年版,第233~266页。

讨论。[②] 尽管这些定义与区分未免“专断”,并且隐含着导向单线进化的危险,但为了分析的简便,本书对于英国国家治理的理解同样借助这一理论资源。因此,在进入到具体的历史背景的重构之前,就有必要对于“现代国家”的出现作一理论上的简释。

依据斯特雷耶(Joseph Strayer)的理论,对于“现代国家”的理解,首先建立在对于传统国家形态的得失利弊的考察之上。[③] 而从西欧的历史来看,古代社会的传统国家形态主要是“城邦”(city - state)与“帝国”(empire);[④]前者有如古希腊的雅典和早期的罗马城邦,而后者则包括昙花一现的亚历山大帝国与横亘数百年的罗马帝国。显然,这是两种在地域上极端悬殊的国家类型:前者经常只是一个中心城市和附近的一些小村镇的集合;[⑤]而后者往往是建立在对外军事征服基础上的地域辽阔的大型政治体。[⑥] 也正是这种地域的反差和由此带来的人

② 例如,吉登斯将国家区分为“传统国家”、“绝对主义国家”与“民族国家”;又比如,波齐将国家划分为“封建国家”、“绝对主义国家”与“现代国家”(中译本译为近代国家)。参见[英]吉登斯:《民族—国家与暴力》,胡宗泽、赵力涛译,三联书店 1998 年版;[美]波齐:《近代国家的发展——社会学导论》,沈汉译,商务印书馆 1997 年版;[美]波齐:《国家:本质、发展与前景》,陈尧译,上海人民出版社 2007 年版。

③ Joseph Strayer, *On The Medieval Origins of The Modern State*, Princeton University Press, 1970。中译本参见[美]约瑟夫·斯特雷耶:《现代国家的起源》,华佳、王夏、宗福常译,格致出版社 2011 年版(书名准确的中译应为《现代国家的中世纪起源》)。

④ Ibid., pp. 10 - 13。实际上,在现代国家形成的过程中,城邦与帝国也依然是国家形态的竞争性选择之一。参见[美]蒂利:《强制、资本与欧洲国家 990—1990》,魏洪钟译,上海人民出版社 2007 年版。

⑤ 大约自公元前 8 世纪起,在希腊半岛至西西里、意大利南部再至北非沿岸这一广袤的世界,逐渐出现了数百上千个希腊城邦。以今天的眼光来看,这些城邦的面积都非常小。著名的雅典城邦,人口 30 万,面积只有 2500 平方千米,其他城邦的面积更小,据估计,当时希腊共有二百多个城邦,其中 90% 的小邦都是弹丸之地,人口不过几千,面积不过几十平方千米或更小。这些“袖珍”国家的规模还不如今日中国的一个中等乡镇。米辰峰主编:《世界古代史》,中国人民大学出版社 2001 年版,第 298 ~ 299 页。

⑥ 依据相关的定义,帝国是指国家的规模超出了原来的自然地理界限和民族界限,通过大规模扩张政府或其他手段实现的规模庞大的国家类型。帝国的形式,可以是君主制,也可以是共和制或联邦。例如,经过多年的战争与扩张,在公元前 2 世纪中叶的布匿战争与东方战争胜利后,尽管罗马城邦的共和政体没有改变,但从国家类型上说,其已经从城邦国家进入到了帝国时代。对于这一问题的讨论,参见李怀国:《古罗马共和制帝国刍议》,载《求是学刊》1999 年第 3 期。

员构成的不同，导致城邦与帝国呈现出各自不同却又互补的优点与不足。

城邦的优点很明显。在一个地域不大、人口不多的政治体内，全体具有公民权的国民都可能积极地参与到国家事务的管理之中，也使得国家权力能够作用于每一个公民的个体，从而获得对于国家的效忠与认同。这在雅典和早期罗马的城邦中都表现得尤为明显。在雅典的城邦中，公民大会是国家的最高权力机构，可以对关系到雅典生活的方方面面进行讨论和表决；每隔不到十天时间，雅典的公民就会聚集在一起，叽叽喳喳共商国家的大小事情，并表决作出决策。[7] 同时作为公民大会常设机构的五百人议事会也由公民抽签产生；甚至于法院的审判也无需专业的法官，同样由抽签产生的民众法庭作出裁决。[8] 虽然罗马城邦并非希腊意义上的民主制度，但公民也同样参与到了国家事务的管理之中。[9] 正是在这种高度紧密与同质的政治结构中，国民本身将自己视作国家的主人，对国家普遍具有高度的认同感。

但城邦也有缺点。城邦国家在维持领土狭小与内部同质化的同时，也带来了如何应对外敌入侵和如何吸纳新的领土与人口的问题。面对东方的波斯帝国和北方的游牧民族的威胁，希腊城邦的安全从一开始就处于危险之中。城邦的狭小，使得任何微小的动乱都足以带来整体的倾覆，而单个的城邦也往往无力独自对抗庞大帝国的进犯。[10] 为了克服这种危机，希腊开始尝试进行城邦之间的联盟，并取得了一定成功；但由于联盟内的各城邦的倾轧与不合、党争与内讧，历史最终证

---

⑦　王绍光：《民主四讲》，三联书店 2008 年版，第 4～5 页。

⑧　关于雅典民众法庭或陪审法庭的具体运作，可参见崔丽娜：《古典时期雅典的投票选举制度》，首都师范大学出版社 2007 年版。

⑨　在罗马共和政体下，平民并不直接参与国家事务，其权力主要体现在公民大会对于国家官吏的选举。执政官、行政长官和监察官等重要官员通过百人团大会选举产生。当然，国家大事如宣战、媾和一般也要通过公民大会。关于罗马城邦共和政体的政治参与，参见施治生：《从王政到共和——兼论罗马城市国家的形成过程》，载《世界历史》1987 年第 4 期；或陈可风：《罗马共和宪政研究》，法律出版社 2004 年版。

⑩　参见阮炜：《不民主的希腊》，上海三联书店 2009 年版，第 17～24 页。

明城邦联盟依然无法解决希腊的问题,[11]最后只能在自我消耗中为北方的马其顿帝国所征服。面对同样的威胁,罗马城邦选择了积极扩张的道路,但这同样无法为城邦的体制所容纳。随着新的领土与人口的增多,原本有效的城邦制度越来越无法维系政治的稳定;同盟战争之后公民权的扩大,使得以城邦为基础的共和政治卷入到了新旧贵族与公民的永无休止的权势纷争之中,也促使罗马城邦最终自我倾覆,[12]走向了军官帝制与行省制度相结合的军事帝国。

帝国也并非完美无缺。作为城邦的反面,帝国已经展现了巨大的优势:它可以带来强大的武力与征服,以及随之而来的安全、和平与富足。疆域辽阔的庞大帝国可能最大程度地消灭外在的敌人,也极大地保障了疆域内的商业与贸易的繁荣;但也正是这种地域的扩大,与种族构成的异质化,使得传统城邦中广泛的政治参与变得不再可能。国家的统治基础不再是国民的合作,而是对于异族的征服;不再是政治协商基础上的共识,而是武力的压迫与经济的掠夺。[13] 盛极一时的马其顿帝国在强人的离去和被压迫者的反抗下迅速地解体;罗马帝国虽然尝试扩大城邦的公民权利与自由,但最终却无法实现被征服地区的驯服与同化。依靠行省制度的帝国统治,在表面强大的军事控制之下,是国家权力的孱弱与治理的失败;被征服地区的信仰、文化与生活方式的巨大差异,都注定了帝国的分裂与动乱。[14] 直至帝国崩溃,被征服的异族都不曾形成对于罗马国家的忠诚与认同;过度的剥夺而非治理,也使得他们无法将帝国视作福祉的所在。无论帝国如何盛极一时,但最终也

---

⑪ 关于希腊帝国失败原因的讨论,参见王恒:《柏拉图的"克里特远征"——〈法篇〉与希腊帝国问题》,上海人民出版社2008年版,第188页。

⑫ 官秀华:《罗马:从共和走向帝制》,高等教育出版社2006年版,第137页。

⑬ 较之罗马人对于意大利半岛的统治,其对于行省的统治并不成功。行省对于罗马人的意义主要是以"包税制"为主要方式的财富掠夺,而缺乏实际有效的治理;行省官吏的贪污腐化程度更是令人难以置信。尽管奥古斯都时期的改革对行省的统治有所加强,但问题依然没有解决。参见杨共乐:《论共和末叶至帝国初期罗马对行省的治理》,载《北京师范大学学报》2001年第2期。

⑭ 罗马对于行省的压榨以及行省的反抗,参见官秀华、孙敏:《略论罗马国家对行省的盘剥》,载《东北师范大学学报》2004年第2期。

都难以摆脱分裂、解体或被新的帝国吞并的命运。[15]

问题似乎回到了原点。城邦的集中带来了国民的效忠与有效的治理,却无法应对外敌入侵与自身扩张,因而难以持久;而帝国在实现了扩张与安全的同时,却难以获得被征服地区的国家认同,也难以维持地方治理的平稳运行,同样无法避免最终的解体。因此,要真正获得一种长期稳定且成功的治理,就有必要在城邦与帝国之外,寻求一种新的国家形态,这种新的国家在维持外部安全与内部稳定的同时,还必须使得国家权力真正渗透到地方,并赢得国民的普遍效忠与认同。而在斯特雷耶等人看来,也正是在罗马帝国之后的中世纪的西欧,尤其是在12世纪之后这些新的"现代国家"逐渐地发展起来:

> 这种出现于1100年之后的欧洲国家在一定程度上综合了帝国与城邦的优点。它们的地域广大与力量强大,都足以确保自身得以长期存续——它们中的一些国家已经存在了千年,这是任何人类组织都值得尊敬的年龄。同时它们使得大部分人口都参加或至少是关注政治的进程,并成功地在地方社区中建立起共同的身份认同感(sense of common identity)。无论是通过政治活动还是社会活动,它们都从国民那里获得了远远超过帝国臣民的忠诚,尽管这些国民对于政治活动的参与远不如雅典这样的城邦……我们今天看到的所有的现代国家,都建立在1100年到1600年的西欧出现的新的国家类型的基础上。[16]

尽管在中世纪的历史条件下,早期的现代国家还不可能像它的成熟形态那样实现对于每一个人的直接控制,臣民对于国家的认同与对

---

[15] 对于罗马帝国衰亡的原因,自文艺复兴时期以来,在西方学界存在着许多的争论。吉本的"自然衰败"、博瑞的"偶然因素"、巴恩斯的"地理位置"和汤因比的"自杀理论"都从不同角度阐释了罗马帝国走向衰亡的原因。此外,蛮族的入侵、军队的蛮族化、奴隶制的衰亡、资源的短缺、商品经济的退化和气候、灾害、人种等多方面的原因也都被视作西罗马帝国覆灭的主要原因之一。但对于地方行省治理的失败和失控,无疑构成了罗马帝国覆亡的关键因素。对于罗马帝国衰亡原因的讨论,参见沈坚:《罗马帝国衰亡原因散论》,载《史林》1992年第3期;全面的综述,参见刘林海:《史学界关于西罗马帝国衰亡问题研究的述评》,载《史学史研究》2010年第4期。

[16] Joseph Strayer, *On The Medieval Origins of The Modern State*, Princeton University Press, 1970, p. 12.

于地方社区的忠诚同时存在;但重要的是,这一时期的国家理想已经发生了变化,它既不再满足于偏安一隅的城邦,也不再追求持续对外征服的大帝国,而是在一块较大的固定领土上,努力实现国家权力的向下延伸,并追求对于地方社会积极有效的治理,做一个负责任的统治者。[17]在这种新的"现代国家"中,由于国家领土远在城邦之上,全民性的政治参与已经成为不可能,国家权力也无法持续地作用于每一个国民;但同时领土的范围又不及帝国的广袤,使得国家可能将权力渗透到社会的底层,持续不断地向地方社会输送正义与福祉,而不是像帝国那样只是军事的控制与掠夺,因而可能培养出臣民有限的身份认同,凝聚起新的民族共识。

从国家权力的视角看,这里首先要实现的是国家"基础性权力"(infrastructual power)的扩展。依据迈克尔·曼(Michael Mann)的理论,所谓"基础性权力",与"专断性权力"不同,它不关注国家权力行使的范围或方式,而代表了国家通过税收、统计、警察等"基础设施"在领土范围内贯彻其决定的制度能力,是衡量国家权力对于底层社会辐射和渗透的指标。[18] 或者用蒂利的话来说,这是一个国家的"渗透能力"问题,即建立资源动员(税收、人力)的理性行政,维护公共秩序,协调集体努力(基础设施发展、紧急行动与防御)。[19] 由于这一权力的行使只关系国家能力的"强度",而不等同于权力的"范围"和性质,[20]所以

---

[17] Joseph Strayer, *On The Medieval Origins of The Modern State*, Princeton University Press, 1970, p. 12.

[18] [英]迈克尔·曼:《社会权力的来源》(第2卷),陈海宏等译,上海人民出版社2007年版,第69~71页。

[19] Charles Tilly ed., *The Formation of National States in Western Europe*, Princeton University Press, 1975, p. 609;对于国家基础权力理论的一个综述,可以参见黄冬娅:《转变中的工商所——1949年后国家基础权力的演变及其逻辑》,中央编译出版社2009年版,第42~65页;或参见欧树军:《国家基础能力的基础》,中国社科出版社2013年版。

[20] 福山区分了国家活动的"范围"(scope)和国家权力的"强度"(intensity)两个不同的概念。前者主要指政府所承担的各种职能和追求的目标,后者指国家制定并实施政策和执法的能力,也就是现在通常说的"国家能力"或"制度能力"。参见[美]福山:《国家构建——21世纪的国家治理与世界秩序》,黄胜强、许铭原译,中国社会科学出版社2007年版,第6~7页。

我们可以将国家政权性质与国家基础能力区分开来,[21]对国家基础权力与能力单独加以分析。因此,在这个意义上,“现代国家”的形成与治理,在很大程度上可以被视作国家基础权力及其基础设施的成长与培育的过程。

二、中世纪的“现代”起点

与许多学者将“现代”的起点放在16世纪不同,本书将这一历史进程回溯到了更早的12世纪。从历史上看,严格意义的现代民族国家,的确是伴随着宗教改革、文艺复兴和资本主义等一系列社会浪潮而兴起的,但这并不意味着这一进程的开启是历史瞬间的迸发;相反,正如哈斯金斯(C. H. Haskins)、布洛赫(Marc Bloch)与斯特雷耶等学者指出的,迈向“现代国家”的各种自觉或不自觉的努力,早在中世纪后期的12世纪就已经开始了,[22]尤其是在英、法这两个典型的国家,“现代国家”的许多要素都逐渐显现出来。

回到中世纪西欧的历史背景中,12世纪的“国家重建”也并非偶然。在经历了罗马帝国解体之后的数个世纪的动乱之后,西欧各政治体逐渐开始了重新寻求和平与繁荣的努力,尤其是在恢复帝国的努力一次次地落空后,创建新的国家的各种尝试成为了普遍的潮流。本书的主题即在这一背景中展开,这里我首先试图重构这一时期的宏观历史脉络,并从中探寻社会的基本需求与“常规问题”。

公元5世纪罗马帝国的解体,不仅结束了数个世纪以来对于帝国

---

[21] 关于国家的“政权形式”(regime type)与“国家能力”(state society)的区分,参见王绍光:“建立一个强有力的民主国家——兼论‘政权形式’与‘国家能力’的区别”,载氏著:《安邦之道——国家转型的目标与途径》,三联书店2007年版,第3~7页。

[22] 西欧在12世纪开始的历史变化,参见[美]哈斯金斯:《12世纪的文艺复兴》,夏继果译,上海人民出版社2005年版;[法]布洛赫:《封建社会》(下卷),李增洪、侯树栋、张绪山译,商务印书馆2007年版;[美]伯尔曼:《法律与革命——西方法律传统的形成》,贺卫方、高鸿钧、张志铭、夏勇译,中国大百科全书出版社1993年版;尤其是参见Joseph Strayer, *On The Medieval Origins of The Modern State*, Princeton University Press, 1970。

的崇敬与信仰,也使得一般的国家观念陷于沉寂,尽管经历了加洛林的短暂复兴,重建帝国的努力依然落空了。社会的失序与混乱、封建化浪潮的到来与地方势力的增长,都导致了政治权力的进一步分散;“较大的国家政权不断分裂成更小的政治体”,㉓构成了中世纪早期政治发展的基本趋势。“大多数社会关系都是极其地方性的,浓缩在一两个蜂巢式的共同体中,如修道院、村庄、采邑、城堡、城镇、行会、兄弟会等等。”㉔尽管这一时期在名义上仍然拥有国王甚至皇帝,但这些在日耳曼部落的基础上发展起来的王国“几乎完全是现代国家的反面”。㉕

由于持续数个世纪的征战与迁徙,这些国家大多缺乏长期稳定的“时—空”;一些国家存在的时间极为短暂,并在空间上迅速地移动。㉖与缺少稳定的“时—空”相一致的是常规的非个人的治理机构的缺乏。尽管名义上的国王依然负有对外作战与对内主持正义的双重义务,但事实上,由于征战的频繁,他们往往忙于军事而无暇管理国家。㉗这不仅导致了永久性的中央机构的缺乏,也使得国王对于地方的治理始终处于断断续续的状态;国家的存在往往依赖于国王人身的具体“在场”才得以维持。正如弗莱辛的奥拓在1157年写到的,

> 他(红胡子腓特烈)回到了阿尔卑斯山以北;他一来,法兰克人(即德意志人)就恢复了和平;他一走,意大利人就失去了和平。㉘

地方治理的软弱无力,也导致了混乱的加剧与底层民众对于国家

㉓ [法]布洛赫:《封建社会》(下卷),李增洪、侯树栋、张绪山译,商务印书馆2007年版,第632页。

㉔ [英]迈克尔·曼:《社会权力的来源》(第1卷),刘北成、李少军译,上海人民出版社2002年版,第510页。

㉕ Joseph Strayer, *On The Medieval Origins of The Modern State*, Princeton University Press, 1970, p. 13.

㉖ 例如,西哥特王国就从最初的波罗的海迁徙到黑海,又很快地转移到了大陆另一端的比斯开湾,并最终为阿拉伯帝国所消灭。参见[美]霍莱斯特:《欧洲中世纪简史》,陶松寿译,商务印书馆1988年版,第25~28页。

㉗ 早期日耳曼国家的王权状况,参见李秀清:《日耳曼法研究》,商务印书馆2005年,第103~104页。

㉘ [法]布洛赫:《封建社会》(下卷),李增洪、侯树栋、张绪山译,商务印书馆2007年版,第654页。

认同的缺乏。战争、暴力与杀戮的横行使得普通的民众始终处于无时不在的威胁与恐惧之中。沃姆斯主教伯查德在1024年左右曾写道：

在圣彼得教堂的依附者中间，每天都有人像野兽那样杀人。他们酗酒、狂妄或者毫无缘由地彼此攻击。一年当中，圣彼得教堂35个完全无辜的农奴被教堂的其他农奴杀害；杀人者不仅毫无悔意，而且以此为荣。[29]

与此同时，整个贵族与骑士阶层都以劫掠和压榨作为生活方式，对于底层民众的强取豪夺每天都在上演；而领主们掌握的地方法庭又进一步地将这些掠夺合法化。由于公共权威的缺乏与私人复仇的盛行，贵族家族之间的仇杀也引发了无数的悲剧。[30] 在这种情况下，底层民众的安全保障与正义获取不得不更多地依靠自身的家族或社区，或是依附于地方上更为强势的领主与骑士——尽管后者同样可能意味着沉重的封建义务与奴役。[31] 也因此，与现代国家所要求的对于抽象国家观念和非个人组织的忠诚相反，在中世纪的早期，底层的民众所拥有的更多是对于传统的家族、社区与领主等地方性共同体的认同与效忠。[32]

但有如前述，历史的转折发生于12世纪。国家的理想开始在欧洲人的观念中复兴，并且创造了第一批不同于传统帝国与城邦的新型领土国家。用布洛赫的话来说，“这是一个国家重建的时代”。[33] 对于这

---

[29] [法]布洛赫：《封建社会》（下卷），李增洪、侯树栋、张绪山译，商务印书馆2007年版，第657页。

[30] 参见[美]霍莱斯特：《欧洲中世纪简史》，陶松寿译，商务印书馆1988年版，第111～137页。

[31] 实际上，这也正是西方封建制与中国西周封建制之间的一大差别。例如，钱穆就曾指出，西周封建是一个中心向外扩展，由上层的政治势力来控制各地的社会形态。而西方中古时期之所谓封建，则是因为蛮族入侵和社会秩序崩溃，农民和小地主在混乱中无所依赖，各自向较强有力者投靠，要求保护，于是在保护者与被保护者间，成立了封建契约，因此是一种由下而上的演进。参见钱穆：“中国社会演变”，载氏著：《国史新论》，三联书店2005年版。

[32] Joseph Strayer, *On The Medieval Origins of The Modern State*, Princeton University Press, 1970.

[33] [法]布洛赫：《封建社会》（下卷），李增洪、侯树栋、张绪山译，商务印书馆2007年版，第671页。

一转变的原因,依据现有的研究,主要有三个方面。

首先,从国家治理的“时—空”来说,随着无主地区的减少与人口的增长,公元5世纪以来的大规模的民族迁徙、侵略与征服在11世纪末逐渐出现了停止的迹象,从而使得各地的领主与居民有关“时空连续性”的观念开始增长。[34] 这种时空观念的延续与稳定,为国家形成与社会规范的成长提供了基本的前提。大贵族们开始扎根于特定的地区,而不再四处巡游以寻求战利品;不同民族的居民在同一空间的长期定居,也使得他们获得了以地域为基础的语言和社会规范;而王国的统治者长期存在于固定的区域,开始更多地依赖固定土地与人口的产出获取赋税与收入,从而也获得了发展永久性治理机构的机会与动机;与此同时,征战的减少也使得国王有可能将更多的时间与精力投入到国家的内部治理之上。

另一个同样重要的因素,是民众和统治者对于结束暴力与混乱的需求。面对数个世纪以来的暴乱局面,“大多数人的最大愿望是获得和平与安全”;[35]随着征战与迁徙的结束,民众对于结束混乱、恢复和平的呼唤开始不断增长。在社会的各个阶层,都产生了强化国家与政府的压力和需求,以便于他们能够在最低限度上履行对外保卫国家和对内分配正义的职责。不仅是民众的呼声,作为统治者的国王同样渴望实现和平,他们“比任何人都更清楚地认识到这些暴行随后带来的灾难”;“祝愿国家和平”也成为了国王的加冕祷词中的核心内容。[36] 与此同时,随着统治者对于固定土地与人口的财富的依赖不断增强,即便是出于自利的原因,国王也开始努力维持国内的安全与和平,并在地方社区与王室法院之间建立起有组织的联系。显然,这种固定区域内的和平与控制,不仅有助于增加统治者的收入与威望,也增加了他将权力与

---

[34] [英]迈克尔·曼:《社会权力的来源》(第1卷),刘北成、李少军译,上海人民出版社2002年版,第567页。

[35] Joseph Strayer, *On The Medieval Origins of The Modern State*, Princeton University Press, 1970, p. 18.

[36] [法]布洛赫:《封建社会》(下卷),李增洪、侯树栋、张绪山译,商务印书馆2007年版,第658页。

职务传给后代的可能性。

最后，还有必要提及的因素是基督教的扩展与教会权威的兴起。[37]依据一般的观点，中世纪的教权往往被视作权力分立与封建分裂的诱因，并将现代国家的建构理解为世俗权威对于教会权威的压制与征服。但实际上，许多学者的研究已经表明，中世纪基督教的发展与教皇改革同样可能在很大程度上有利于世俗权威与国家的建构。这不仅体现在教会11世纪前后发起的上帝和平运动，在一定程度上抑制了欧洲的暴力与混乱，为秩序的恢复奠定了基础；[38]与此同时也体现在，11世纪末的格里高利七世的教皇改革，尽管削弱了国王的宗教权力，剥夺了国王的神职任免权，但同时也由于对自身独特性的强调，而导致了强化世俗权威的意外效果。[39]教皇改革对于教会权威与世俗权威的明确区分，不仅确立了自身的独立，也不经意地塑造了国家的观念与行事范围。而丧失了宗教职责的国王，也有可能将注意力更多地集中在臣民的保护与正义的维持之上；这不仅凸显了国王作为世俗秩序维护者的形象，也强化了底层民众对于世俗统治者的实际认同与效忠。

除此之外，受教育人数的增长、[40]文书档案制的确立[41]和罗马法复兴[42]等诸多因素也都与“现代国家”在12世纪的出现有着直接或间接的关联。但不可否认，推动国家重建的重要动力，依然来自于前述国家治理“时—空”的稳定，来自民众和统治者对于结束持续暴力与混乱的需求。从这个意义上说，对于人类基本秩序的追求，以及在此基础上的

---

[37] Joseph Strayer, *On The Medieval Origins of The Modern State*, Princeton University Press, 1970, p. 16.

[38] [法]布洛赫：《封建社会》(下卷)，李增洪、侯树栋、张绪山译，商务印书馆2007年版，第659～669页。

[39] 参见[美]伯尔曼：《法律与革命——西方法律传统的形成》，贺卫方、高鸿钧、张志铭、夏勇译，中国大百科全书出版社1993年版。

[40] 参见[德]埃利亚斯：《文明的进程——文明的社会起源和心理起源的研究》，王佩莉、袁志英译，上海译文出版社2009年版。

[41] 参见 Michael Clanchy, *From Memory to Written Record: England* 1066 – 1307, Wiley – Blackwell, 1993。

[42] 关于罗马法的复兴，参见[美]威格摩尔：《世界法系概览》，何勤华、李秀清、郭光东等译，上海人民出版社2004年版，第837～870页。

长期稳定的国家权威的重建，也就构成了12世纪西欧社会所面临的基本常规问题。

国家重建的方向又是多选择的。它们中既有小型城邦的建设，也有对于大型军事帝国的追求；但有如前述，更重要的，还是以英、法为代表的早期现代国家的形成。这种新的国家建设的目标，不仅要实现基本秩序的稳定，更追求国家权力在时空范围内的延展。首先，从空间上说，它追求超越城邦的更大领土的治理，但与帝国的军事征服不同，这种治理的目标还试图将国家权力延伸到地方社会，通过对于底层民众的直接保护与民众自身的参与，来建立对于抽象国家的认同与效忠。其次，从时间上说，早期现代国家追求比城邦与帝国更为长久的存续与稳定，既防止像孱弱的城邦一样被吞并，也努力避免因过分依赖军事首领的个人化统治而陷于混乱与崩溃；它追求的是永久的"非个人化"的国家机构与制度，以确保国家的治理能够超越统治者的"自然身体"的限制，[43]实现长期的稳定与安宁。

在这个意义上，12世纪的社会常规问题，也可以被理解为早期现代国家的治理问题；更具体地说，是如何实现国家治理的"跨地方化"（translocalization）与"去人身化"（depersonalization）的问题：[44]前者旨在实现国家权威在地域上的"普遍化"，而后者追求国家权力行使的"常规化"。换言之，早期现代国家的基本目标，就在于实现在较大范围地域内对于较大数量人口的"直接的"与"常规的"治理。从组织的形态来看，这种新兴的国家，既实现了国家权力在空间范围内的自上而下的延伸与渗透，从而成功地将底层民众"对于家族和地方共同体的效忠转移到了对于抽象国家的效忠之上"；[45]也确保了国家权力在时间维度上的长期存续与稳定，并为解决韦伯所提出的"克里斯玛型"

㊸ 李猛：《除魔的世界与禁欲者的守护神：韦伯社会理论中的英国法问题》，载李猛编：《韦伯：法律与价值》，上海人民出版社2001年版，第197页。

㊹ 同上注，第195页。

㊺ Joseph Strayer, *On The Medieval Origins of The Modern State*, Princeton University Press, 1970, p. 36.

(Charisama)统治向“法理型”统治过渡的问题提供了可能。[46] 当然,这些目标,只是我们作为研究者的历史回溯,而在真实的历史中,每一个统治者所面临的具体问题都不尽相同,实际情形也将更为复杂。

三、国家治理的“司法”路径

在重构早期现代国家治理的目标之后,接下来的问题是实现的方式与途径。可能的路径有许多。例如,在16世纪之后的欧洲,大规模的法典制定,或是科层官僚体系的创设,都可能成为现代国家构建的路径选择。[47] 在韦伯视域中,“形式理性法”与高度理性化的“官僚制”构建,也几乎成为了现代民族国家生成的必然道路,至少依据“法理型”统治的标准,这应当是最理性化的选择。

可回到12世纪的西欧,早期现代国家的建构却选择了另一条道路。在这一时期的国家治理中,我们首先看到的是一些与解决纠纷有关的王室司法活动,尤其是在英、法等国,一批驻扎在首都或是巡回于地方的被称作“王室高等法庭”的司法机构开始兴起。许多学者的研究都表明了这一点。佩里·安德森(Perry Anderson)曾指出,在中世纪的后期,司法是“政治权力的核心形态”,[48]而“强化政府的最佳方法”,就是“改进司法管理,说服或者强迫臣民服从法庭”;[49]而约瑟夫·斯特雷耶、迈克尔·曼的研究也表明,在12世纪最先出现的永久性机构中,

---

[46] [德]韦伯:《支配社会学》,康乐、简惠美译,广西师范大学出版社2004年版。

[47] 关于立法与官僚制在近代欧洲国家建构中的作用,参见陈颐:《立法主权与近代国家的建构:以近代早期法国法律为中心》,法律出版社2008年版。

[48] [美]安德森:《从古代到封建主义的过渡》,郭方、刘健译,上海人民出版社2001年版,第156页。

[49] Joseph Strayer and Hans Gatzke:《西洋近古史》,陆盛译,五南图书出版股份有限公司1990年版,第58页,转引自陈颐:《立法主权与近代国家的建构:以近代早期法国法律为中心》,法律出版社2008年版,第4页。

“高等法院与财税部门远在外交和国防部门之前”,[50]在“欧洲国家建设的第一阶段,最早稳定的国家机关是高等法院”。[51]

(一)西西里与法兰西

西欧政治体的历史也印证了这一观点。在中世纪的欧洲,第一个现代的地域性国家和王室法律体系出现在意大利南端的西西里岛。11世纪后期,在首领罗杰一世的带领下,来自北方的诺曼人征服了西西里岛,开始建设“一种新型国家和一种新型法律”。[52] 除同时出现的文秘署与财政署外,诺曼征服者创立的第一个新的官方机构就是专门的法院。1136年,罗杰二世(1112—1154年)任命了一位首席法官,由其负责受理案件和领导王室的司法机构。从王室法院派出的巡回法官到各地主持巡回审判。最终,巡回法官永久性地固定下来,巴勒莫的高等法院负责受理最终的案件。[53] 此外,罗杰二世在地方各省也任命了专业法官;许多身为主教和大主教的专业法官被安置到王国的各个分区。[54]在管辖权上,中央与地方的法院也没有明显的区别;“在王廷上提起的诉讼与提交给各省法官的诉讼之间的区别无法辨别,它们似乎只是同一王室管辖权的两种形式”。[55]

12世纪后期的法兰西,也见证了中央法院与早期现代国家的兴起。“法兰西第一位伟大的国王、现代国家和王室法律的创立者”是腓力二世(1180—1223年)。在他统治时期,司法与财政的职能开始从王廷中分离出来。在地方治理上,腓力通过被称作“邑吏”(prevots)的地方人士管理他们的领地,并创设了新型的“邑长”(baili)。这些邑长具

[50] Joseph Strayer, *On The Medieval Origins of The Modern State*, Princeton University Press, 1970, p. 27.

[51] [英]迈克尔·曼:《社会权力的来源》(第1卷),刘北成、李少军译,上海人民出版社2002年版,第566页。

[52] [美]伯尔曼:《法律与革命——西方法律传统的形成》,贺卫方、高鸿钧、张志铭、夏勇译,中国大百科全书出版社1993年版,第501页。

[53] 同上注,第502页。

[54] C. H. Haskins, "England and Sicily in the Twelfth Century", *English Historical Review*, Vol, 26, No. 103, 1911, p. 445.

[55] Ibid., pp. 447 - 448.

有类似于英格兰郡长和巡回法官的职能,被授权审理国王法院的王室(cas royaux)诉讼。[56] 邑长在当地邑吏和地方精英的协助下主持巡回审判;而对于邑吏法庭的判决不满也可上诉到邑长法庭。到13世纪,被称作"巴列门"(parlements)的中央王室法院开始定期举行司法审判会议;1250年后,巴黎高等法院(Parlement of Paris)最终成为了一个常设的司法机构,由全日制的专业法官正规地主持民刑事案件的审判,有时是初审案件,但大多是受理对邑长法庭判决的上诉。[57] 至此,一个从最底层的"邑吏法庭"到上级"邑长法庭",再到巴黎高等法院的上诉等级制度也正式确立下来。

这种科层化的上诉制度的出现,在法兰西的早期现代国家治理中扮演了关键的角色;它使得中央王室法院的司法活动开始超出了王室领地的边界,[58]并进一步强调了国王权威的唯一性以及领主法庭在司法上对王室法院的依附。也正是借由这一管辖权上移的技术,以巴黎高等法院为中心的王室法院系统实现了将王权扩张到王国之内的每一个地方、每一个人的目标。不仅是司法,巴黎高等法院还同时承担了部分行政和警察的职能,公共设施的维护、市场的管理、警长(lieutenant)及其属吏的领导都归属到它的管辖权之中。这一本质上属于司法式的常规治理,也使得国家的治理在相当程度上摆脱了君主个人意志的反复无常,"国王的专断意志和反复无常不得不限制在很小的范围"。[59] 总之,正是经由巴黎高等法院为代表的王室法院体系的努力,法兰西王国才真正成为一个统一的常规治理的国家。也正是在这个意义上,

---

[56] [美]伯尔曼:《法律与革命——西方法律传统的形成》,贺卫方、高鸿钧、张志铭、夏勇译,中国大百科全书出版社1993年版,第562~563页。

[57] 同上注,第564页;或参见A. Esmein, *A History of Continental Criminal Procedure: with Special Reference to France*, trans. by John Simpson, John Murray, Albemarle Street, 1914。

[58] J. H. Shennan, *The Parlement of Paris*, Ithaca: Cornell University Press, p. 58;或参见陈颐:《立法主权与近代国家的建构:以近代早期法国法律为中心》,法律出版社2008年版,第17页。

[59] J. Brissaud, *A History of French Public Law*, trans. by J. W. Garner, Little, Brown, and Company, 1915, pp. 334-335.

"中世纪晚期以来的国家建构是一个司法史的进程,而非政治史的进程"。[60]

(二)英格兰的法庭与治理

当然,除西西里与法兰西外,最为典型地展现这种"司法治理国家"的历史图景的,还是本书所关注的英格兰。由于岛国土地的相对狭小与周边政治压力的相对宽松,英格兰无疑在国家建构与治理上具有天然的优势;11 世纪的诺曼征服对于土地的重新分配,又造成了贵族对于土地和权力占有的分散,同样为中央王室的权力集中创造了有利的条件。[61] 当然,这些有利条件的存在,并不意味着英格兰的国家建构是一蹴而就的,它同样经历了许多的曲折;至少就 12 世纪而言,在亨利一世时代(1100—1135 年)的和平治理之后,由于封建内战的爆发,英格兰再次陷入了无序与混乱之中。[62]

对于斯蒂芬乱世(1135—1154 年)的起因,从表面上看,似乎是亨利一世死后王位继承不明而导致的贵族集团的王位之争;但如果从国家治理的视角进入,内战与混乱的产生,同样是由传统日耳曼王权的治理缺陷所造成的。尽管诺曼征服(1066 年)之后的英格兰已经实现了国家的基本和平,并在亨利一世即位(1100 年)后,初步开启了早期现代国家的治理,但这一时期的改革又十分有限。除财政署之外,大多数

---

[60] Aldo Mazzacane, *Law and Jurists in the Formation of the Modern State in Italy*, 转引自陈颐:《立法主权与近代国家的建构:以近代早期法国法律为中心》,法律出版社 2008 年版,第 26 页。

[61] 征服者威廉将原来数千个旧领地合并为若干大地产,分封给以诺曼贵族为主体的两百名左右的总封臣。这些总封臣的领地虽然庞大,却分散于各地而未相连。其既与威廉王的集权取向有关,但这也是土地分封与政府战争常同步进行的结果。这种相互交错的地产占有格局,遏制了封建贵族力量的集聚,也促进国王经常派遣官员管理各地的地产,从而加强了王权对地方的渗透。参见孟广林:《英国封建王权论稿——从诺曼征服到大宪章》,人民出版社 2002 年版,第 77 ~ 78 页。有关英格兰封建地产分散格局对国王集权的意义,还可参见 F. Pollock, F. Maitland, *History of English Law Before the Time of Edward I*, Vol. 1, Cambridge University Press, 1968, p. 185; W. S. Holdsworths, *A History of English Law*, Methuen & Co. Ltd., 1923, p. 177.

[62] 参见孟广林:《英国封建王权论稿——从诺曼征服到大宪章》,人民出版社 2002 年版,第 145 ~ 158 页。

的管理职能依然涵括在综合的“王廷”之中,并随着国王的巡游而四处周游;巡回法官的派出也是偶尔和间断的,基层的司法权仍然主要掌握在郡法庭或领主法庭的手中;[63]中央政权的政治治理仍然更多地依赖于“具有强大政治权威的强人”,需要借助国王的“具体在场”来确保中央政治权力的行使。[64]

在这个意义上,“亨利一世的政体是王权非常强大但常规的王室管理却十分有限的政体”;国王权力的存在“主要通过因事而设的临时措施(ad hoc measures)”而体现出来。[65] 国家治理的统一性与一贯性,都过多地受制于国王的“有形身体”的存在,因而与传统的日耳曼王权一样,存在着两方面的问题。首先,在空间上,由于国王个人时间与精力的有限,依靠“巡游王权”的地方治理不可避免地呈现出“不连贯”的特征,尤其是当国王个人因“懈怠”或“软弱”而停止巡游或减少巡游次数时,中央王室对于地方的控制也难以为继。其次,在时间维度上,国王的“个人化”治理,也使得国家治理受到国王本人的自然生命的限制,一旦国王的“有形身体”死亡,而又缺乏制度化的“不朽身体”来保证其治理的连续性,国家的治理与稳定则很可能因为“克里斯玛型”领袖的离去而崩溃。[66] 亨利一世逝世后的战争,正很好地说明了这一点。[67]

因此,在这个意义上,12 世纪的英格兰所面临的治理危机,就并不仅仅是一场王权继承的危机,也并非简单的封建贵族的叛乱;它同时也

---

[63] J. A. Green, *The Government of England under Henry I*, Cambridge University Press, pp. 107 - 109.

[64] 李猛:《魔的世界与禁欲者的守护神:韦伯社会理论中的英国法问题》,载李猛编:《韦伯:法律与价值》,上海人民出版社 2001 年版,第 197 页。

[65] [英]哈德森:《英国普通法的形成——从诺曼征服到大宪章时期英格兰的法律与社会》,刘四新译,商务印书馆 2006 年,第 129 页。

[66] 李猛:《除魔的世界与禁欲者的守护神:韦伯社会理论中的英国法问题》,载李猛编:《韦伯:法律与价值》,上海人民出版社 2001 年版,第 197 ~ 198 页。

[67] 正如哈德森的研究指出的,斯蒂芬乱世对于司法活动产生了明显的影响。尽管司法总体上仍在继续,但存在明显的中断。最严重的中断发生在斯蒂芬执政的中期,尤其是斯蒂芬与其政敌争夺权力基础的那些地方。参见[英]哈德森:《英国普通法的形成——从诺曼征服到大宪章时期英格兰的法律与社会》,刘四新译,商务印书馆 2006 年版,第 130 页。

是传统的"个人化"的"巡游王权"的国家治理模式所遭遇的挑战与危机。它的出现表明,尽管亨利一世的改革已经朝着现代国家的方向迈出了第一步,但国家治理的难题却远未得到解决。要真正摆脱传统王权隐含的危险,防止或减少类似的治理危机的重演,维持英格兰的长期有效治理,根本地解决相关难题,还必须从"空间"与"时间"的两个维度更深入地推进早期现代国家治理方式的转型,即通过制度化的建构实现中央权力运行的"跨地方化"(translocalization)与"去个人化"(depersonalization),最大限度地寻求底层民众对于抽象国家观念的认同与效忠,并尽可能地减少国家治理对于国王人身的依赖,维持治理的长期稳定。[68]

这一任务落在了安茹君主的身上。1154 年 11 月,斯蒂芬逝世,来自安茹的亨利伯爵以英王亨利一世外孙的身份继承英国王位,即亨利二世(Henry II);英格兰历史上的安茹王朝也由此开端。[69] 在随后的百余年中,著名的"安茹改革"(Angevin Reform)也开始登上英格兰法律史的舞台。改革以亨利二世时代(1154—1189 年)为起点,经历了理查德一世(Richard I,1189—1199 年)、约翰(John,1199—1216 年)、亨利三世(Henry III,1216—1272 年)和爱德华一世(Edward I,1272—1307 年)等数代君主。[70] 尽管国王及其大臣们或许并没有清晰地意识到这些改革可能的意义,但不可否认的是,从事后的结果来看,安茹时期的改革无疑在很大程度上契合了 12 世纪以来早期现代国家的历史进程;其具体的改革措施,尽管实施初衷各不相同,也大致都围绕着国家治理的"跨地方化"与"去个人化"的两条路径展开。

与西西里和法兰西的道路一样,中世纪英格兰的国家治理同样是通过"法庭"和"司法"的途径实现的。一方面,总巡回审(General Eyre)与特别委任巡回法庭(Assize)的创设,促进了国家治理的"跨地

---

[68] 李猛:《除魔的世界与禁欲者的守护神:韦伯社会理论中的英国法问题》,载李猛编:《韦伯:法律与价值》,上海人民出版社 2001 年版,第 195 页。

[69] 蒋孟引主编:《英国史》,中国社会科学出版社 1988 年版,第 94 ~ 95 页。

[70] 参见 A. Harding, *The Law Courts of Medieval England*, Allen & Unwin, 1973。

方化”。[71] 通过与领主法院的竞争，王室法庭逐渐获得了全部的刑事管辖权与大部分的民事管辖权，而法庭的公开审判技术也具体而生动地展现了王权的“在场”，从而使得中央王室的权力渗透至社会的基层，推进了国家权力运行的“普遍化”；同时通过“新近侵占之诉”（Assize of novel disseisin）与“收回继承之诉”（Assise of mort d'ancestor）等土地诉讼令状，中央王室事实上打击了那些在斯蒂芬执政期间强占封臣土地的不端领主，保护了自由民的土地权益与切身利益，[72]这些措施无疑都有助于赢得当事人对于抽象王权的认同和效忠。

另一方面，“常规化”也得到发展。随着财政署法院（the court of Exchequer）、民事高等法院（the court of common pleas）与王座法院（the king's bench）等中央法院的逐渐定型，国王的司法权也逐渐地从综合性的“王廷”（Curia Regis）中分离出来，[73]从而客观上推进了国家治理的“去个人化”，使得国家机器的运转可能在一定程度上超越国王的具体身体的限制，有利于国家治理的连续与稳定（例如，理查德一世在位的十年，国王仅在英格兰停留数月，却依然保持了国家的持续有效治理）。[74] 此外，日益专门化的中央法院的运作，还促进了职业化法官的成长，并在此基础上逐渐形成了以法官和律师为中心的法律职业阶层，以及独特的普通法及其程序技术。[75] 这些高度专业化的人员与知识的出现，同样有可能在特定条件下构成对于国王“个人化”治理的制约。

当然，安茹时期的改革也并不仅限于“法院”和“司法”的领域；它同样也涉及了财政署、政法官与大法官等其他中央机构的成长与改革。

---

[71] 参见 R. V. Turner, *The Enlish Judiciary In The Age of Glanvill and Bracton, 1176 - 1239*, Cambridge University Press, 1985, pp. 17 - 25, 65 - 74。

[72] 参见 D. W. Sutherland, *The Assize of Novel Disseisin*, Oxford University Press, 1973；或参见［英］密尔松：《普通法的历史基础》，李显冬等译，中国大百科全书出版社 1999 年版，第 124 ~ 173 页。

[73] W. S. Holdsworths, *A History of English Law*, Vol. 1, Methuen & Co. Ltd., 1923, pp. 195 - 217.

[74] 蒋孟引主编：《英国史》，中国社会科学出版社 1988 年版，第 100 ~ 101 页。

[75] R. V. Turner, *The Enlish Judiciary in the Age of Glanvill and Bracton, 1176 - 1239*, Cambridge University Press, 1985, pp. 126 - 137.

尤其是考虑到当时的“巡回审”或“法院”的职能又并不仅限于现代意义上的消极裁判的“司法”,而可能包含了不少有关税收与地方管理的“行政化”的内容,因此,我们或许并不能将中世纪英格兰的国家建构仅仅理解为一个“司法史”的过程。但不可否认,王室法庭所带来的治理的“跨地方化”与“去个人化”,依然构成了我们理解“安茹改革”与英格兰早期现代国家治理的主线。[76] 而本书接下来的章节也都将围绕着这一理论主线展开。

四、为什么司法治国?

但似乎还有一个问题没有解决。在传统的理论中,形式理性化的法典编纂,以及高度科层化的官僚制,往往被视作16世纪以来现代国家建构的经典范式,[77]但为什么在12世纪的西欧,当早期现代国家起步时,却以法庭和司法作为开端?

尽管这一问题并非本书主旨,也难以穷尽所有的可能答案,但出于理论上的好奇心,在本章的最后,我还是尝试对此问题作些简要的分析。

一般解说认为,司法治国的模式主要来自于中世纪西欧的法律意识形态。[78] 正如许多学者指出的,在中世纪的观念中,法律来自上帝的意志,且只有“上帝才是法律的渊源”;同时法律又必然是古老的,只有古老的法律才是真正的法律,真正的法律必为古老的法律。[79] 因此,对

---

[76] 相较之其他领域的改革,法庭与司法领域的改革不仅开始的最早(与财政署的改革几乎同时),并且从整体的改革措施与步骤来看,也几乎是围绕司法机构的创设与革新而展开的,以至于在斯特雷耶等人看来,文秘署(Chanceller)等常规的秘书行政机构的发展,反倒成为了“王室法院发展的副产品”。Joseph Strayer, *On The Medieval Origins of The Modern State*, Princeton University Press, 1970, p. 42.

[77] 对于这一问题的讨论,也可以参见[比]卡内冈:《法官、立法者与法学教授——欧洲法律史篇》,薛张敏敏译,北京大学出版社2006年版,第4章。

[78] 陈颐:《立法主权与近代国家的建构:以近代早期法国法律为中心》,法律出版社2008年版,第6~7页。

[79] 参见 Fritz Kern, *Kingship and Law in the Middle Age*, Basil Blackwell, 1939。

于法律而言,人类所能做的只是发现既存的法律,而永远不可能发明法律或创制法律。即便是作为世俗统治者的国王,也不可能依据自己的意志制定法律,而只能在重要封臣的协助下发现人们所应当遵循的古老习惯,对于其中的规则进行抽象和解释,并将之运用于具体的案件。[80] 在这个意义上,中世纪的法律观念,在实际上构成了对于现代"立法"观念的否定,而只为法律的解释与适用留下了空间。正如麦基文所指出的,"中世纪'统治'主要是一个解释性的行为,在这里,所谓的'行政'和'立法'部门服从于所谓的'司法'部门"。[81] 而佩里·安德森的研究也认为,在中世纪的欧洲,政治权力仅具有解释和运用现存法律的单一的"司法"职能。[82]

因此,当12世纪的西欧开启现代国家的进程时,由于传统意识形态的束缚,所能选择的道路理所当然地应当是以法庭为中心的"司法",而绝非更为现代的"立法"或"行政"。这一解释具有一定的说服力,但却并非无可置疑,至少我们很难证实这些观念真的构成了一种现实的制约。毕竟,国王不能创制法律的观念,更多只是传统政治观念中的"理想",是一种"应然"。事实上,许多研究已表明,对于理想的法律观念的违背,在中世纪君主们的身上并不少见;这些观念能否真正落到实处,依然在很大程度上取决于实际政治力量的对比。[83] 因此,当强势的君主打算突破这些观念时,并不一定会遭遇多大的阻力——尽管在

---

[80] 正如斯金纳指出的,尽管欧洲君主们从中世纪开始了立法,但他们直到16世纪都主要被视为法官。参见 Q. Skinner, *The Foundations of Modern Political Thought*, Vol. 2, Cambridge University Press, 1978, p. 289。

[81] Charles McIlwain, *The Gowth of Political Thought in the West from the Greeks to the Eng of the Middle Ages*, New York, 1932, p. 284.

[82] [美]安德森:《从古代到封建主义的过渡》,郭方、刘健译,上海人民出版社2001年版,第156页。

[83] 例如,布洛赫的研究就表明,按照当时流行的好政府的准则,国王作出重大决定时必须首先与自己的臣属和附庸协商,但这并不意味着国王必须采纳其封臣的要求。"这种规则如何严格地实施,则取决于力量的平衡。"[法]布洛赫:《封建社会》(下卷),李增洪、侯树栋、张绪山译,商务印书馆2007年版,第655页;对于王权的理想与实践的问题讨论,也可以参见孟广林:《英国封建王权论稿——从诺曼征服到大宪章》,人民出版社2002年版,第19~21页。

理论上他已经背离了“真正”君主的要求。更进一步地说，即便国王在实践中遵循了这些准则，也并不一定是因为意识形态的力量；从物质制约性的角度来说，并不排除有更深层的原因造成中世纪政治对于法庭或司法的依赖，而上述观念可能仅仅是这种实际政治状况的“结果”，而非“原因”。

因此，在观念性因素之外，本书还尝试进一步讨论中世纪社会物质条件的影响；探寻在观念性的制约之外，究竟是怎样因素，限制了“立法”或“行政”的国家治理模式的生长？对此，自韦伯以来的社会史理论认为，最基本的制约，来自自然经济条件下剩余产品的有限与君主财政收入的匮乏。依据现有研究，在中世纪西欧，农业经济产出的贫乏，使得国王可能获得的财富十分有限。而在西欧封建制度下，国王与其他的封建领主一样，被认为只是“依靠自己的领地养活自己”，常规的收入主要来自私人领地和法庭诉讼规费；只有当国王需要发动战争或有其他特殊事由时，才可能向臣民征收临时性的税收。[84] 因此，对于常规的国家治理而言，几乎很难想象“贫困”的国王可能供养庞大的科层官僚队伍，国王也难以有效扩大税收的汲取能力，以至于不得不依靠自给自足的“家产制”官员[85]或“中介”代理人[86]来实现地方的治理。

不仅是资源的因素。从行政与立法的技术来说，通信与交通的不

---

[84] 关于中世纪西欧的税收，参见 E. Miller, “Government Economic Policies and Public Finance, 1000 - 1500”, in *The Fountana Economic History of Europe: The Middle Ages*, William Collins, 1981，或参见[美]利瓦伊：《统治与岁入》，周军华译，上海人民出版社 2010 年版，第 103 ~ 109 页。

[85] 与“官僚制官员”不同，这种“家产制官员”往往没有稳定的、经常性的薪水，而更多地从他们占有的行政管理收费和土地采邑中获取收入，因而成本也更为低廉。参见[德]韦伯：《支配社会学》，康乐、简惠美译，广西师范大学出版社 2004 年版，第 128 ~ 136 页。

[86] 正如蒂利指出的，中世纪与近代早期的的欧洲国家都或多或少地依赖于某种“中介”的间接统治，比如，教士、贵族、商人或是雇佣兵。尽管这种间接统治冒着不忠、欺骗、腐败和反叛的风险，但却使得统治者不用在财政上支持和豢养一个庞大的管理机构成为可能。参见[美]蒂利：《强制、资本与欧洲国家 990—1990》，魏洪钟译，上海人民出版社 2007 年版，第 28 页。关于“间接统治”与“直接统治”的讨论，也可以参见 David Waldner, *State Building and Late Development*, Ithaca: Conell University Press, 1999, pp. 21 - 23。

便、信息传递的滞后、受教育人数的有限以及书面档案的匮乏,无疑都在很大程度上阻碍了科层组织的构建与形式化法典的制定;[87]这一时期刚刚起步的罗马法与法学教育的复兴,也并不足以提供形式理性的立法所必需的技术支撑。[88] 因此,从这个意义上说,科层官僚制与形式理性法典在近代西欧的兴起,根本的决定因素依然来自于资本主义工商业经济的发展,以及由此带来的国家财政汲取能力与交通信息技术的增强;只有当一国的经济产出、财政收入与技术手段足以支付维持现代官僚制(众多层级官员的供养与监督)与法典法(大规模的立法与执法)所需的高成本时,"行政"或"立法"的国家治理范式才有可能成为最优的选择。

以英格兰为例,中世纪至近代的国王财政收入的变化很好地说明了这一点。依据迈克尔·曼等人的研究,在英格兰国家形成的初期,亨利二世时代的国王收入来源十分有限,其总额一直在 1 万镑至 2 万镑之间。其中,大部分来自王室领地的个人收入、空缺主教领地的租金和兵役免除税,以及与司法权威相关的收入(包括司法罚金与国王恩惠费)。[89] 与有限的财政收入相适应的,是"官僚机构"的简陋,以至于官员和预算的规模"仅仅稍微大于大贵族和高级僧侣的家庭";而 13 世纪初的约翰王亦估计"自己的财政预算小于坎特伯雷大主教的财政预算"。[90] 当然,从现有的数据资料来看,在中世纪的后期,国王的财政收入一直处在上升的趋势。在安茹王朝(1154—1399 年)时期,财政收入

---

[87] 在韦伯的语境中,较纯粹的官僚化组织的建立,需要货币经济与财政、行政事务之量与质的扩展、公文账簿之类行政技术的发达等诸多前提条件。参见[德]韦伯:《支配社会学》,康乐、简惠美译,广西师范大学出版社 2004 年版,第 31～58 页。

[88] 尽管罗马法的复兴从 12 世纪的欧陆就开始了,但其学理与技术的成熟,却要在更晚的 16 世纪。参见陈颐:《立法主权与近代国家的建构:以近代早期法国法律为中心》,法律出版社 2008 年版,第 2 章;或参见朱晓喆:《近代欧陆民法思想史——十六至十九世纪》,清华大学出版社 2010 年版。

[89] [英]迈克尔·曼:《社会权力的来源》(第 1 卷),刘北成、李少军译,上海人民出版社 2002 年版,第 564～580 页;迈克尔·曼使用的数据来自 J. H. Ramsay, *A History of the Revenues of the Kings of England*, 1066 – 1399, Clarendon Press, 1925。

[90] M. Mann, "State and Society, 1130 – 1185: An Analysis of English State Finances", in *Political Power and Social Theory*, ed. M. Zeitlin, Vol. 1. Greenwich, JAI Press, 1980.

增长最快的是13世纪的后期,尤其是在1275年爱德华一世创立羊毛出口税和其他关税后,税收规模有了较大的增长,较之前增长了近一倍(达到4万镑)。[91] 此后的频繁战争与军事技术的革新,以及免服兵役税的普及,[92]也推动了税收的进一步增长,并在安茹王朝的末期达到了中世纪的高峰(1375年的十五万镑左右)[93]。

尽管存在显著增长,但较之近现代,中世纪后期的税收依然十分有限。在达到14世纪后期的高峰后,财政总量再没有大的发展,并且在15世纪的兰开斯特王朝(1399—1461年)和约克王朝(1461—1485年)还有明显下降,直到都铎王朝开始,才制止这一下降的趋势。[94] 尽管都铎王朝被视作英国民族国家形成的关键时期,但实际数据也表明,从亨利七世到伊丽莎白末期的百年间,财政收入并不存在太大的跨越(从12万镑到49万镑),考虑到物价的飞涨(1520年后物价上涨了5倍),实际增长十分有限。直到17世纪的英国内战,国王与贵族的冲突,依然是围绕因战争导致的临时税而展开的,英国国王既没有自己的常备军,也不具备现代意义上为公共服务而征收的常规税收。“英国国家

---

[91] 从14世纪开始,英格兰的税收越来越多依赖于动产税和对贸易所课征的间接税,而不再依赖于对土地和农产品的直接税,其中羊毛税成为英国国王增加岁入的主要途径。参见[美]诺斯、托马斯:《西方世界的兴起》,厉以平、蔡磊译,华夏出版社2009年版,第121~123页。关于13、14世纪的英国财政税收,参见M. Prestwich, *War, Politics and Finance under Edward I*, Faber and Faber, 1972。

[92] 从13世纪后期开始,作为西欧传统军事力量的重装骑兵逐渐丧失优势,被装备长弓和长矛的步兵方阵所取代。军事技术的变革,也导致了装备重装骑兵所必需的封建兵役义务走向衰落,征收以金钱缴纳代替兵役的免服兵役税成为普遍的做法,雇佣兵也取代封建兵役成为军事力量的主要来源,这也在很大程度上扩展并刺激了国王的税收。关于13、14世纪英国的战争、军事与税收,参见M. Prestwich, *The three Edwards: War and State in England*, 1272 - 1377, St. Martin's Press, 1980,或参见G. L. Harris, *King, Parliament and Medieval England to 1369*, Clarendon Press, 1975。

[93] [英]迈克尔·曼:《社会权力的来源》(第1卷),刘北成译,上海人民出版社2002年版,第572~576页。

[94] 尽管都铎时期往往被视作现代国家的大发展,但实际的数据也表明,从亨利七世到伊丽莎白末期的百年间,国家财政收入并不存在太大的跨越(从12万镑到49万镑),尤其是考虑到物价的飞涨(1520年后物价上涨了5倍),实际的增长也十分有限。M. Mann, "State and Society, 1130 - 1185: An Analysis of English State Finances", in *Political Power and Social Theory*, ed. M. Zeitlin, Vol. 1. Greenwich, JAI Press, 1980.

财政规模的真正扩大”，则更要等到1660年斯图亚特王朝复辟，以至于“光荣革命”之后（1688年达到200万镑）。[95] 英荷战争的胜利，使得英国真正成为海上贸易的霸主，也给英国提供了前所未有的巨额财富；而议会主权的确立，则使得英国政府摆脱了国王与贵族的私人契约关系，逐渐转变为为整个国家提供公共产品与服务的现代主权者。[96] 也只有在此基础上，一个科层化的、具有全面社会治理能力的官僚体系才得以建立。

尽管只是借助经济史研究的简单分析，但我们从上述回顾中也可得出大致的结论：在整个中世纪后期，英格兰国王的收入始终维持在较低水平；即便是在收成最好的年份，也不会超过17世纪后期的十分之一；而在最初的12世纪，也就是亨利二世时代，可能尚不足百分之一。换言之，直到17世纪后期的英国，国家治理始终面临着汲取能力不足的严重困难，现代国家所依靠的“基础性权力”（Infrastructural Power）始终薄弱，从而使得国家治理的方式呈现被动消极的特征。正如迈克尔·曼指出的，在整个中世纪的英格兰，由于财政的有限，“国家建设始终没有那么大的规模”；“国家的成长与其说是有意识扩张努力的结果，不如说是为了避免财政崩溃而竭力寻求权宜之计的结果”。[97] 因此，同样是面对国家建设的难题，对于中世纪的君主而言，主权者的“立法”与官僚体系的“执行”相结合的现代国家治理，只能是一种可望而不可即的理想状态。

而相比之下，“司法”的治理可能构成了一种相对“节省”的选择。这首先表现在司法治理总是以“个案”为中心，因而可能更为直接地进入到具体的社会生活之中。首先，较之立法的治理往往是针对一类人

---

[95] ［英］迈克尔·曼：《社会权力的来源》（第1卷），刘北成译，上海人民出版社2002年版，第572～576页。

[96] 从18世纪开始，尤其是以1799年直接所得税的创设为标志，英国政府才真正获得了充分、稳定的财政汲取能力，成为可以提供社会保险、公共福利、道路通讯等基础设施的现代国家。参见［美］利瓦伊：《统治与岁入》，周军华译，上海人民出版社2010年版，第103～109、129～130页。

[97] ［英］迈克尔·曼：《社会权力的来源》（第1卷），刘北成等译，上海人民出版社2002年版，第584页。

或事的规范与调整,所有的司法都必然围绕具体的个案展开,直接与具体当事人发生"面对面"的信息交换与关联。其次,"司法"的治理还是一种相对消极、被动的治理。与立法、行政侧重于事前规范与主动干预不同,司法治理更多强调"事后"的救济与"不告不理"的被动干预。[98]作为裁判机关的法庭,只是在具体案件发生后才介入到实际生活之中;而且在大多数案件中,这种介入还必须以当事人主动提交法院为前提。也正是这两方面特征的存在,决定了司法治理的"低成本"。

一方面,司法的"个案"特征,可能在局部的空间内改变国家权力的对比,并相对"低成本"地强化底层民众的国家认同。从总体上说,中世纪的国家权力的弱小与领主权力的强大,使得基层的社区往往难以感到王权与国家的存在。但权力间的强弱关系只是相对的,并随着局部空间的转移而改变。尽管司法并不必然导致总体权力的改变,却可能在个案的权力空间中,通过王权的集中与其他的竞争手段,获得一种局部的优势。[99] 同时通过公开审判的法庭技术,也可能使得原本处于国王直接控制之外的底层民众真实而生动地感受到王权的"在场",并在此基础上强化其自身对于抽象国家观念的认同。又由于这种权力技术并未过多地增加国家权力的负担,因而可能构成了一种"节省"而"高效"的治理。

另一方面,司法的消极被动的特征,也减小了国家权力行使的范围,并可能降低治理的信息成本。一般说来,立法与行政的事前调整的特征,与"防患未然"的治理思路,往往带来国家治理成本的高昂;而相比之下,司法的事后救济则可能最大限度地节省治理的成本,避免不必要的浪费,从而实现更为高效的治理。与此同时,一般的经验也表明,

---

[98] 正如托克维尔指出的,"司法权的第三个特征,是只有在请求它的时候,或用法律的术语来说,只有在审理案件的时候,它才采取行动";"从性质上说,司法权自身不是主动的。要想使它行动,就得推动它"。[法]托克维尔:《论美国的民主》(上卷),董果良译,商务印书馆1991年版,第110~111页。

[99] 以一起"下乡收贷案"为例,苏力的分析很好地展现了司法对于局部的权力格局的意义。参见苏力:《为什么送法下乡?》,载氏著:《送法下乡——中国基层司法制度研究》,中国政法大学出版社2000年版。

那些被当事人提交法庭解决的重大争端,往往较多地包含了关系国家治理的重要信息。[100] 因此,从信息成本的视角切入,司法的不告不理,可能在事实上构成了一种由当事人分担成本的信息筛选机制。[101] 通过当事人将纠纷诉至法院,国家得以以较低的成本获取那些可能危及统治秩序的重要信息,从而也在一定程度上减少了国家对于科层化信息机制的需求。

在这个意义上,中世纪司法治理的选择,也就并非仅仅是因为现代"立法"观念的缺乏,而是来自社会物质条件与司法自身特点的共同作用;面对中世纪的剩余财富与国家财政的制约,本身具有"俭省"特性的司法治理,也就可能构成一种更有效率也更理性的选择。当然,任何历史制度的形成,总是各种必然与偶然的交织,而难以归结为某种决定性因素作用的结果。因此,本章也并不打算陷入对历史终极因的无限探寻之中,而只是试图更多地强调社会物质条件对于国家治理模式选择的制约。在本书对于司法治国的历史分析中,这种"语境论"的分析还将贯穿始终,经济与社会的现实制约条件也将始终被视作理解司法制度变迁的关键性因素。只是随着具体语境的转换,法庭司法、国家治理与社会物质制约这三者之间的关系也将更为复杂,也只能在随后各章的论述中更具体地展开。

---

[100] 民众的起诉与上诉,可能成为统治者获取地方治理信息的重要来源。参见[美]夏皮罗:《法院——比较法上和政治学上的分析》,张生、李彤译,中国政法大学出版社2005年版,第69~70页;或参见于明:《司法审级中的信息、组织与治理—从中国传统司法的上控与审转切入》,载《法学家》2011年第2期。

[101] 从法律经济学的视角切入,这里的"不告不理",构成了起诉的"私人成本"的来源,而国家治理信息的获取则可以被视作起诉的"社会收益"之一。有关起诉的私人成本与社会成本、私人收益与社会收益的讨论,参见[美]萨维尔:《法律的经济分析》,柯华庆译,中国政法大学出版社2009年版,第111~120页。

第二章　司法治理的自发秩序

——以新近侵占令状为例

在现代国家形成的背景中，司法治国的问题意义得以凸显。第一章的分析，不追求具体的历史阐释，首先试图从理论层面提炼中世纪后期西欧政治与司法的基本问题，从而为随后有关英国司法治理及其复杂历史的讨论提供一个相对简明的理论框架。这种事后的阐释与重构，使得原本凌乱的历史事实可能沿着较清晰的理论线索展开，但同时也带来了潜在风险，尤其是可能误导读者，使人们误以为中世纪的统治者同样看到了这场宏大的历史变迁，甚至是在有意识追求上述国家治理的理想目标。

但这并非历史的真实。恰恰相反，在中世纪的司法治国中，无论是统治者，还是一般历史参与者，都不曾明确感知这股在今天看来也并非显明的历史潜流，而更多是在短期目标的驱使下不自觉进入到历史的情景剧之中。在中世纪后期的英国司法治理中，呈现出的是一种在历史的不经意间形成的自生秩序。因此，为避免可能的误解，在本书第二章，我还将尝试从安茹司法改革中的“新近侵占令状”(The Assize of Novel Disseisin)这一微观制度切入,具体考察中世纪英国司法治理的演进轨迹及其特征。

对于“新近侵占令状”,传统的解说一直将其视作亨利二世(Henry II)国王用以同地方贵族争夺司法管辖权的制度设计,是为了扩大王室管辖权而采取的有组织的积极行动,但这一解释在晚近以来却遭到越来越多的挑战。进一步的研究似乎表明,这一令状在诞生的最初只是在史蒂芬乱世(Anarchy of Stephen)之后打击犯罪与恢复治安的“临时”措施,只是在经历了数次尝试,并在民众诉求的持续压力下,才逐渐成长为常规的治理手段。同时随着当事人越来越多地主动提起诉讼,这一令状制度才逐渐“民事化”,从原本法官依职权提起的“刑事”措施转变为当事人维护自身权益的“民事”救济。

但这里始终不存在一个总体的目标。相反,王室与土地保有人的各种不同的诉求与“意图”以公开或隐蔽的方式参与到制度的构建之中,一次次重塑着制度的目标与路径,从而导致了可能是制度初创者完全意料不到的结果。甚至不仅是新近侵占之诉,这一结论也同样适用于安茹司法改革的整体面貌,以及中世纪英国司法史的基本轨迹。在本章的最后,我将把视野扩展到对安茹司法改革整体目标与性质的讨论,在比较梅特兰、[①]密尔松[②]等学者的观点的基础上,尝试从谱系学视角[③]重新审视改革的发生及其意义。这些分析将表明,中世纪英格兰的司法治国,并非天才改革者“用心”设计的结果,而是更多呈现了一种自生自发的经验主义治理模式;尽管缺乏美好蓝图和善意初衷的引导,但它总是以后果为导向,追求反复试错基础上的增量改进,并因而可能获得更有效回应制度诉求的结果。而这也正是英格兰版本的司法治国所能给予我们的最重要的启示之一。

---

① F. Pollock, F. Maitland, *The History of English Law Before the Time of Edward I*, Cambridge Univsity Press, 1923, p. 136.

② S. F. C. Milson, *Legal Framework of English Feudalism*, Cambridge University Press, 1976, p. 104.

③ [法]福柯:《尼采·谱系学·历史学》,载《学术思想评论》第4集,辽宁大学出版社1999年版。

一、"占有"的两种保护

如果一个人未经审判且不正当地侵占了另一个人所自由保有的地产,那么后者,即被侵占者,如果迅速及时地将侵占者诉至王室法院,就能借助王室法院的审判恢复占有。这一诉讼的过程是,原告提起诉讼,国王立即签发一个令状要求地产所在地的郡长从原告的邻居里召集12个善良守法的人在国王的法官面前,在提起新近侵占土地之诉的时效内确认B是否在没有正当理由和法院判决的情况下侵占了A自由保有的财产。如果这个咨审人团体,即咨审团对令状中载明的问题的回答是肯定的,那么原告,即被侵占者,便能够恢复占有。④

以上就是梅特兰在《普通法的诉讼形式》中对于"新近侵占令状"及其相应的诉讼程序的概括。这并不是一个复杂的令状,但它的出现却具有深远意义。一般观点认为,正是该令状的出现,使得有关土地占有的诉讼从领主法院转移到王室法院,因此构成了王室法院在管辖权竞争中获胜的关键,⑤直接推进了司法的中央集权与早期现代国家的形成。同时新近侵占令状也是最早采用陪审团审判的诉讼令状之一,从而很大程度上构成了普通法和"正当程序"(Due Process)的基石。⑥尽管该令状形成时间要晚于权利诉讼,但自其诞生之后很快受到越来越多的自由民的欢迎,并逐渐发展成为安茹时期的英国最主要的土地诉讼形式。正如有学者指出的,"从12世纪后期到15世纪的历史中,新近侵占令状是一种异常活跃的制度。在这些世纪中的每一个时期,

④ [英]梅特兰:《普通法的诉讼形式》,王云霞、马海峰、彭蕾译,商务印书馆2009年版,第68页。

⑤ 关于新近侵占之诉在王室法院与领主法院管辖权竞争中的意义,参见参见[英]密尔松:《普通法的历史基础》,李显冬等译,中国大百科全书出版社1999年版,第124~173页。

⑥ 新近侵占之诉在陪审制确立中的作用,参见[比]卡内冈:《英国普通法的诞生》,李红海译,中国政法大学出版社2003年版,第3章。

对于当时的英国人来说,这一制度是十分熟悉的,就像我们今天熟悉陪审团审判或公众集会的仪式一样,当时的人们对它的依赖可能有过之而无不及”。⑦

对于这一令状的形成,自布拉克顿以来的英格兰法学家,往往将其归因于亨利二世及其大臣们的“天才智慧”;“在他们看来,野蛮的诺曼人带来了彻底的黑暗,这一点仅为亨利二世统治的光明所冲淡。正是在这一时期,天才得以发挥、展现,伟大的安茹跃进也得以成就”。⑧ 巡回审判、陪审团与令状等制度的创造与实施,无疑都是这些杰出智慧的展现,其中,新近侵占令状显然最集中地体现了亨利及其大臣们的天才与心血。就像布拉克顿写到的,它是在“经历了无数个深思熟虑的不眠之夜后的一次迸发”。⑨

但这一解说似乎并不充分。不可否认,新近侵占令状在12世纪60年代的出现,与亨利二世及其政府成员的努力是分不开的;至少在最初的时刻,这些杰出人物的贡献可能具有决定性的作用。但问题在于,如果我们将视野放宽,扩展到亨利二世时代前、后的数个世纪,却可能发现,新近侵占令状的产生又并非“突然的迸发”,而同样经历了漫长的历史演进与选择。因此,对于令状成因的理解,同样有必要超越个人化的因素,从更宏大的历史背景中寻求解说。

这就有必要回到新近侵占令状之前的占有保护。在中世纪的英格兰,土地是一切经济活动与生活的基础;“失去土地的占有,就相当于一个没有失业保障的人失去了工作一样”。⑩ 因此,维持土地保有人安全持续地“占有”土地,就成为中世纪的“统治者”必须时刻关注的一个重要问题。

---

⑦ D. W. Sutherland, *The Assize of Novel Disseisin*, Oxford University Press, 1973, p. 1.

⑧ [比]卡内冈:《英国普通法的诞生》,李红海译,中国政法大学出版社2003年版,第58页。

⑨ Baracton, fo. 164b multis vigiliis excogitatum et inventam,转引自D. W. Sutherland, *The Assize of Novel Disseisin*, Oxford University Press, 1973, p. 6。

⑩ R. C. van Caenegem, *Royal writs in England from the Conquest to Glanvill: Studies in the early history of the common law* (The publications of Selden Society), W. S. Hein, 1997, p. 262.

最初,对于占有的保护,并不天然属于国王及其法庭的职责;相反,依据中世纪的封建原则,这一任务首先由封建领主及其法庭承担。[11]而此时的王室法庭,本质上不过是最高级别的封建法庭,主要处理王廷事务和国王直属封臣(tenant in chief)之间的纠纷。[12] 但另一方面,在中世纪的理论中,国王又并不仅仅是最大的领主,同时还被视作上帝在人间的代表和"正义的源泉",并担当了王国内一切纠纷的最终裁决者,[13]在这个意义上说,"国王天生是其臣民的最高法官"。[14] 也因此,当领主法庭拒绝受理案件或是裁决不公时,当事人依然可能寻求国王本人的救济。因此,对于诺曼时期的土地保有人而言,一旦自己的土地被侵占,可能的解决方法一般有两种,即一般情况下的请求领主法院的审判,与特殊情况下寻求国王的直接干预。

(一)领主法庭:权利诉讼

领主法庭(Seigniorial Court)在英国的出现,是1066年诺曼征服引入封建制的结果。[15] 依据封建制原则,领主与封臣之间,以及同一领主

---

[11] 正如比安卡兰纳指出的,依据封建制原理,一个广泛被接受的宪政原则是,国王只具有有限的机会主张对于民事诉讼的管辖权,即"除非是领主未能听审原告申诉,否则国王不享有管辖权"。这一原则也被比安卡兰纳称作"正义/司法缺失"(want of justice)原则。参见 J. Biancalana, "For want of justice: Legal reforms of Henry II", *Columbia Law Review*, vol. 88, No. 3, 1988。

[12] 参见 A. Harding, *The Law Courts of Medieval England*, Allen & Unwin, 1973。

[13] 在中世纪,国王作为"正义/司法的源泉",一方面来自日耳曼传统中的王权的神圣性,这一传统也得到了基督教的认可与强化,也使得国王成为了作为终极审判者的上帝在人间的代表;另一方面,国王的法官属性,也来自中世纪国家形成的历史。随着持续战乱的结束,原本作为战争首领的国王,在驱赶了外敌后,也开始逐渐转向了平息内部的矛盾与纠纷,更多地扮演了对内和平的维护者的角色。关于这一时期王权神圣性与司法性的讨论,参见[法]布洛赫:《封建社会》(下卷),李增洪、侯树栋、张绪山译,商务印书馆2007年版,第612~617页;或参见[英]甄克斯:《中世纪的法律与政治》,屈文生、任海涛译,中国政法大学出版社2010年版,第61~63页。

[14] [法]布洛赫:《封建社会》(下卷),李增洪、侯树栋、张绪山译,商务印书馆2007年版,第602页。

[15] 领主法庭通常分为两种,一种是为自由地产保有人设立的"封臣法庭"(court baron),另一种是专门为非自由地产保有人设立的"习惯法庭"(customary court)。参见A. Harding, *The Law Courts of Medieval England*, Allen & Unwin, 1973。由于本章的问题集中于土地保有之间的纠纷,因此以下的领主法庭主要指的是"封臣法庭"。

的封臣之间的土地纠纷，领主法庭具有当然管辖权。⑯ 领主法庭由领主自己或管家主持，全体或部分自由保有人出席并充当裁判者。这些法庭的召集是不定期的，“集会持续的时间要视待审事务的多少而定”；“这些事务也并非都是司法性质的”，⑰还可能包含采邑内的其他综合管理事务。此外，土地封赠、买卖、转让等仪式也都在领主法庭公开举行，这显然也有利于领主法庭对于地产权纠纷的调查与审理。

在领主法庭中，基本诉讼形式是“权利诉讼”（action in the right）。⑱ 与领主法庭的其他诉讼一样，权利诉讼是一种带有浓厚形式主义色彩的诉讼，原告的起诉要遵循严格的程式，说固定的套话，做固定的动作，然后将自己的权利尽可能地追溯到久远的过去，并且不能间断。⑲ 在这个意义上说，这种诉讼实际上是比较争议双方谁的权利更为古老，权利基础更久远的一方将获胜。因此，这就对于原告的主张提出了形式上的严格要求，任何最微小的错误都可能导致败诉。⑳

但这并非最严重的缺陷。考虑到人类早期诉讼中普遍的形式主义特征，这些要求也并非不可容忍。真正的缺陷，来自诉讼的“拖沓”与“风险”。

首先，权利诉讼的程序十分缓慢。在领主法庭的审判中，原被告双

---

⑯ R. C. van Caenegem, *Royal writs in England from the Conquest to Glanvill: Studies in the early history of the common law*（The publications of Selden Society）, W. S. Hein, 1997, pp. 19–20.

⑰ ［英］哈德森：《英国普通法的形成——从诺曼征服到大宪章时期英格兰的法律与社会》，刘四新译，商务印书馆2006年版，第52页。

⑱ F. Pollock, F. Maitland, *History of English Law Before the Time of Edward I*, Vol. 2, Cambridge University Press, 1968, ch. 4；或参见［英］密尔松：《普通法的历史基础》，李显冬译，中国大百科全书出版社1999年版，第6章。相关的中文研究，参见李红海：“早期普通法中的权利诉讼”，载《中外法学》1999年第3期。

⑲ ［英］密尔松：《普通法的历史基础》，李显冬译，中国大百科全书出版社1999年版，第6章。

⑳ 原告需要详细说明最早保有土地的祖先以及每一代继承人的顺序，而且还必须确保陈述的正确，而不能有丝毫的错误。例如他不能将祖先的姓名说错或漏掉，或遗漏家系传承中的某一代。这些苛刻要求的存在，无疑使得权利诉讼中的原告处于十分不利的地位；哪怕是最微小的失误，在严格奉行形式主义的权利诉讼中都可能是致命的。李红海：《早期普通法中的权利诉讼》，载《中外法学》1999年第3期。

方的同时出庭是法庭程序得以继续的前提;在一般情况下,法庭也不容许缺席判决的发生。因此,领主法庭往往给予诉讼各方以数次应诉答辩的机会,并允许以各种"不出庭理由"缺席法庭审判。㉑ 甚至被告出庭之后还可能主张自己的土地具有第三方保证人,从而导致拖沓的传唤程序再次重现。此外,当被告答辩完毕将案件提交司法决斗时,诉讼延迟还可能再一次发生。总之,对于权利诉讼的原告而言,诉讼的本身就意味着漫长的等待和难以承受的时间成本。㉒

其次,"拖沓"之外,还有决斗带来的"风险"。尽管权利诉讼的解决多数依靠全体封臣的集体裁决,但仍然不排除一些证据不足而当事人又难以和解的疑难案件,对于这些案件,通常的解决方法是司法决斗。㉓ 尽管决斗可以通过雇用有经验的决斗手(champions)代理,但在大多数时候,决斗的方式对于普通人来说依然充满了"风险"——不仅无法保证结果的确定,而且可能因此而受伤,甚至丧命。此外,决斗手的盛行,也使得底层民众在决斗中处于明显的劣势——富有的当事人往往装备先进且可能雇用更好的决斗手。㉔

但所谓的"缺陷"也并非毫无意义。例如,梅特兰曾提出"善意"的辩解,认为"法律必须缓慢以确保公正",㉕尤其是在中世纪,考虑到组织辩护、旅途困难与疾病延迟的可能,给予当事人时间的宽限无疑是必

㉑ 尽管从原则上说,在经历了数个开庭期的传唤后,被告必须出庭,否则可能遭到法律制裁;但事实上,这一原则很少切实的执行,即便执行,此时的诉讼也大多已经拖延数年之久。参见[英]哈德森:《英国普通法的形成——从诺曼征服到大宪章时期英格兰的法律与社会》,刘四新译,商务印书馆2006年版,第121页。

㉒ 有关权利诉讼在处理土地纠纷上的低效与拖沓,参见D. W. Sutherland, *The Assize of Novel Disseisin*, Oxford University Press, 1973, pp. 35-36。

㉓ 当然,提出决斗并不意味着决斗真的发生,在实际案例中,前者通常比后者要多更多,甚至在决斗进行中,仍然可能实现双方的和解。关于司法决斗的一般情况,参见[英]哈德森:《英国普通法的形成——从诺曼征服到大宪章时期英格兰的法律与社会》,刘四新译,商务印书馆2006年版,第123~124页。

㉔ [比]卡内冈:《英国普通法的诞生》,李红海译,中国政法大学出版社2003年版,第89页。

㉕ F. Pollock, F. Maitland, *History of English Law Before the Time of Edward I*, Vol. 2, Cambridge University Press, 1968, p. 51.

要的。另一种解说来自卡内冈。在他看来,这种迟缓的程序,不仅仅是为了公平,还来自当时的法庭诉讼的“妥协”性。在卡内冈看来,在中世纪欧洲,诉讼的最高价值在于妥协与协调;诉诸法庭和诉讼,与其说是通过法庭权威实现诉求,还不如说是给对方造成压力的手段,㉖并带来冷静思考的时间。而一般说来,缓慢的程序无疑有助于当事人双方的和解。㉗

但这些辩解仍不充分。尽管考虑到当时的社会背景,迟缓的程序可能一定程度上有利于公正的实现,但“迟到的正义”本身也可能是“不正义”。对于当事人来说,经年累月的诉讼可能构成难以承受的负担,尤其是当被剥夺的土地是当事人的全部资产时,此时的受害人可能连基本的生活也无法维持,更遑论旷日持久的诉讼。如果说这种缓慢的程序对于那些因年代久远而权利模糊的诉讼尚有必要,那对于那些新近发生的暴力侵占来说,漫长的争讼时间则可能只是负担。由于占有关系的明确,这些诉讼往往用不着太长时间的调查;而暴力侵占的行为也意味着妥协与和解更难达成。此外,暴力的发生还意味着侵占者本身在武力上占据优势,如果依然使用决斗裁决,被侵占人的不利地位可想而知。

不仅是形式的缺陷。作为审理机构,领主法院也同样存在不足。尽管从封建理论上说,保护封臣土地不受侵犯是领主职责所在;但事实上,由于现实的制约,这种保护十分有限。英格兰领主的土地往往是分

㉖ 正如卡内冈指出的,在中世纪的诉讼中,存在一种奇怪的“双重主义”。一方面,法律表现得极端形式主义与严苛,但另一方面,我们又看到事实上,非正式的程序总是占了上风,更多地倾向于依据常识和达成和解。参见 R. C. van Caenegem, *Royal writs in England from the Conquest to Glanvill: Studies in the early history of the common law* (The publications of Selden Society), W. S. Hein, 1997, pp. 45 – 46。

㉗ 此外,司法决斗的意义也同样可以从中获得解说。当诉讼的价值更多在于和解而非审判时,为了避免不必要的耗费,决斗的提出可能在事实上构成促成双方妥协的另一种压力。参见[英]哈德森:《英国普通法的形成——从诺曼征服到大宪章时期英格兰的法律与社会》,刘四新译,商务印书馆2006年版,第123页。

散的,封臣所在的土地可能距离领主的城堡相隔数十天的路程,[28]这无疑增加了封臣前往领主法庭的难度,领主也往往难以胜任法庭召集、审判调查或判决执行的职责。又由于治理任务的繁杂与敌人的力量强大,领主很可能无力保护自己的封臣。尽管存在理论上的保护义务,但领主对于封臣的漫不经心却普遍存在;即便是作出判决,领主也可能无力驱逐占据武力优势的侵占人。[29] 如果考虑到领主本人就可能是侵占者或共谋,[30]封臣在领主法庭中的不利地位更是可想而知;[31]而历史记录也表明,在领主与其封臣的诉讼中,封臣胜诉的记录十分罕见。[32] 因此,无论是基于"效率"还是"公平",对于被强占土地的小保有人,都似乎有必要提供一种新的保护——一种不同于权利诉讼且处于领主法庭

---

[28] 有如前述,英格兰封建制的一个显著特征是大领主的土地都比较分散,同一领主的封地之间往往相距甚远。这种相互交错的地产占有格局,遏制了封建贵族力量的集聚,也加强了王权对地方的渗透。参见孟广林:《英国封建王权论稿——从诺曼征服到大宪章》,人民出版社 2002 年版,第 77 ~ 78 页。有关英格兰封建地产分散格局对国王集权的意义,还可参见 F. Pollock, F. Maitland, *History of English Law Before the Time of Edward I*, Vol. 1, Cambridge University Press, 1968, p. 185; W. S. Holdsworths, *A History of English Law*, Methuen & Co. Ltd. ,1923, p. 177。

[29] D. W. Sutherland, *The Assize of Novel Disseisin*, Oxford University Press, 1973, p. 31. 实际上,卡内冈的研究也表明,由于不同领主在实力上的差距,对于许多小领主而言,判决的执行几乎无法想象。许多时候,主持领主法庭的审判不仅不是获得权威和金钱收益的来源,而且还可能成为难以承受的义务和负担。参见 R. C. van Caenegem, *Royal writs in England from the Conquest to Glanvill: Studies in the early history of the common law* (The publications of Selden Society), W. S. Hein, 1997, p. 25。

[30] 密尔松的研究表明,新近侵占之诉主要针对的是领主对于封臣的侵夺。参见[英]密尔松:《普通法的历史基础》,李显冬译,中国大百科全书出版社 1999 年版,第 145 ~ 146 页。但也有学者提出了质疑。例如,哈德森认为,在实力的对比上,并非总是领主强于封臣,并且随着对于土地实际占有时间的延伸,还呈现出封臣实力不断增强和领主控制能力逐渐减弱的趋势;因而封臣侵夺领主土地的现象也并不少见。参见 John Hudson, *Land, Law, and Lordship in Anglo - Norman England*, Oxford at the Clarendon Press, 1994。

[31] 虽然领主法庭的判决由全体封臣共同作出,因而并不一定偏袒领主本人,但如果考虑到领主在法庭中的主导地位,判决的倾向性依然不可避免。

[32] 当然,在哈德森看来,产生这一现象的原因是多方面的。这一方面反映了作为审判长的领主对案件的影响力,但另一方面也有案卷记录本身的原因。因为诉讼文件总是由领主本人负责制作的,而他们往往不愿意记录自己败诉的案件。[英]哈德森:《英国普通法的形成——从诺曼征服到大宪章时期英格兰的法律与社会》,刘四新译,商务印书馆 2006 年版,第 53 页。

之外的保护。

(二)国王的法庭:行政令状及其司法化

有如前述,依据中世纪的理论,当臣民无法直接从领主那里获得正义时,一种可能的解决途径是求助于作为"正义源泉"的国王。[33] 在诺曼时期的英国,这种对于领主法庭的不满和渴望国王干预的呼声始终存在。有如卡内冈指出的,"毋庸置疑的是,诺曼征服之后的头一个世纪里的司法制度经历了一场危机,而这场危机又一步步为法律的不确定性和人们对它的疑虑所加重"。[34] 面对日益严重的危机与不断增强的诉求,作为"正义源泉"与"和平守护者",诺曼君主们开始作出回应;但由于此时的王室法庭的管辖权只限于国王的直属封臣,国王们最初的选择是"令状"的签发与直接的行政干预。

所谓"令状"(Writ),是盎格鲁-撒克逊国王们创制的一种行政管理工具。它起初只是一种区别于特许状(Charter)的非正式的命令、禁令或说明某种情况的简短官方文件。与特许状需要一系列见证人签名不同,令状的签发只需要加盖王室令状即可;甚至最初,令状只是通过口头形式完成的,而书面的令状在本质上也不过是一种国王与地方社区或法庭沟通的盖印通知。相较之正式而复杂的特许状,令状的文书风格显得简洁明快,但同时又不失权威。诺曼征服后,这种便捷、灵活的管理工具很快受到诺曼君主们的欢迎。[35] 当那些无法从领主法庭获得有效救济的保有人求助于国王时,诺曼君主们开始将这一令状的形式"创造性"地用于对土地占有纠纷的救济。

诺曼早期的令状完全是"行政化"的。这些令状往往依据被侵占人的请求直接命令郡长恢复土地的占有,而无需任何调查和审判。例

---

[33] 参见[法]布洛赫:《封建社会》(下卷),李增洪、侯树栋、张绪山译,商务印书馆2007年版,第612~617页;或参见[英]甄克斯:《中世纪的法律与政治》,屈文生、任海涛译,中国政法大学出版社2010年版,第61~63页。

[34] [比]卡内冈:《英国普通法的诞生》,李红海译,中国政法大学出版社2003年版,第21页。

[35] 参见[比]卡内冈:《英国普通法的诞生》,李红海译,中国政法大学出版社2003年版,第38~39页。

如,在威廉一世时期,巴克斯霍尔(Buxhall)的土地为他人所侵占,在寻求领主法院保护无果的情况下,他向征服者威廉申请了一个保护土地占有的令状,该令状直接命令郡长理查德(Richard)重新恢复土地的占有。[36] 尽管这一时期的令状格式并不固定,但从总体上说,国王的干预是直截了当的,令状的内容也无外乎直接指令郡长恢复某人的土地占有。显然,较之权利诉讼的拖沓与不确定,这种王室的行政化干预显得便利、高效,并可以通过行政强制力保证命令的执行。

但这种便利、高效的令状也存在问题。在减少拖沓的同时,这些令状可能有违公正。较之缓慢的司法程序,这些行政救济"既不面对庭审,且经常在没有进一步预备程序的情况下就预先下了结论,授权恢复对土地的占有"。[37] 这样一种缺乏信息调查的专断命令,不可避免导致"武断甚至是不负责任的干预",[38]以及令状之间的自相矛盾。正如卡内冈指出的,"国王可能被误导,有人会向国王撒谎,或对某些重要事项保持缄默,让国王相信某些他们后来不得不撤回的事情也并非不可能"。[39] 国王令状的"漫不经心"和"反复无常",也使得当事人可能不再专注于案件的本身,而转向了拉锯式的令状之战,即争相贿赂国王与

---

[36] R. C. van Caenegem, *Royal Writs in England from the Conquest to Glanvill: Studies in the early History of the Common Law* (The publications of Selden Society), W. S. Hein, 1997, p. 271. 此外,《末日审判书》中也记载了许多王室直接恢复占有的事例。例如,1087年,威廉二世的令状命令索尔兹伯里(Salisbury)的主教和威尔特郡(Wiltshire)的郡长恢复巴特尔(Battle)修道院院长的对于邦汉姆(Bromham)庄园的占有,该庄园曾是国王赐予巴特尔院长的礼物。又例如,威廉二世还命令亨廷顿(Huntingdon)的郡长恢复拉姆齐(Ramsey)修道院院长对于一块土地的占有,后者为沃尔特(Walter)以强力侵占。参见 R. C. van Caenegem, *Royal writs in England from the Conquest to Glanvill: Studies in the early history of the common law* (The publications of Selden Society), W. S. Hein, 1997, pp. 271–272。

[37] J. E. A. Jolliffe, *Angevin Kingship*, Adam and Charles Black, 1955, p. 40.

[38] H. A. Cronne, *The Reign of Stephen: Anarchy in England*, Weidenfeld & Nicolson, 1970, p. 248.

[39] 例如,亨利一世就曾在理查·瓦谢林(Richard fitz Walchein)的误导下而发出令状,剥夺了圣埃德蒙贝里修道院(abbey of Bury St Edmunds)对于拉贝尼斯庄园(manor of Wrabness)的占有。但当修道院院长向国王奉献银币后,亨利一世又发出了"忏悔"令状,重新恢复了修道院的占有。参见[比]卡内冈:《英国普通法的诞生》,李红海译,中国政法大学出版社2003年版,第47页。

官员以获得有利于自己的令状。

因此,在诺曼早期,王室干预占有的令状,更多是一种随意的"治安措施"(policing measure),"它不进行及时通告,完全是单方的武断行为,其结果只能导致非正义和决策的自相矛盾,最终可能会导致比他所要处理的不公更大不公"。[40] 随着弊端的显现,国王及其政府开始意识到,仅仅基于一方陈述而签发令状,势必导致不公平与冲突混乱的增多——而这正是他们所要克服的。为此,英国国王们有必要在便捷、权威的行政命令(但有导致不公的危险)和严格的司法程序(又可能过于琐细和拖沓)之间作出平衡。正如卡内冈所言,这实际上是"行政效率(jussio)与司法公正(jurisdictio)之间的古老抉择"。[41] 对此,英格兰的选择是王室干预的"司法化",使其遵循必要的司法程序,依据确定的规则对案件事实、双方诉答及证据要素进行公正审理。

司法化在亨利一世时期就开始了。"我们可以清楚看到,一个司法或至少是准司法的因素开始缓和关于土地占有的王室命令的专断和严酷。"[42]到斯蒂芬和亨利二世的早期,我们可以发现,作为执行王室令状的附加条件,已经出现了一种成熟的审查方式与司法调查方法。[43] 其中,发生于斯蒂芬后期与亨利二世早期的"阿宾顿院长诉西蒙之子图斯丁案"(Abbot of Abingdon v. Turstin, Son of Simon),比较典型地展现

---

[40] [比]卡内冈:《英国普通法的诞生》,李红海译,中国政法大学出版社2003年版,第46页。

[41] 同上注,第50页。

[42] R. C. van Caenegem, *Royal writs in England from the Conquest to Glanvill: Studies in the early history of the common law* (The publications of Selden Society), W. S. Hein, 1997, p. 272.

[43] 例如,斯蒂芬在给沃尔特·吉尔伯特(Walter fitz Gilbert)及其迈尔顿执行官(reeve of Maldon)的令状中就写道,"如果伦敦圣马丁(St. Martin's)的教士们能证明迈尔顿的奥斯瓦尔多(Oswald of Maldon)未经判决且不正当地(unjustly and without judgment)剥夺了他们对迈尔顿自治市保有地的占有,那么我命令你们立即使之恢复占有"。关于斯蒂芬对于这一时期令状与法律发展的作用,参见 H. A. Cronne, *The Reign of Stephen: Anarchy in England*, Weidenfeld & Nicolson, 1970, p. 248。

了王室令状对于土地的干预及其变迁。依据《盎格鲁-诺曼的审判》[44]中的记载,该案的经过大致如下:

斯蒂芬国王统治时期,阿宾顿修道院院长(Abbot of Abingdon)因他的封臣西蒙之子图斯丁(Turstin)未能给付作为封建役务的年费(annual dues)而收回了图斯丁所占有的土地。1153年,西蒙之子图斯丁到国王面前控告阿宾顿院长不正当地占有了他通过继承获得的土地,他向国王缴纳费用后获得了国王令状。依据这一令状,阿宾顿院长应当立即将土地归还图斯丁。对此,阿宾顿院长大为恼怒,他拒绝执行国王的令状,并召集了修道院的领主法庭对此案进行审判。然而,图斯丁却拒不出席修道院的领主法庭,而进一步向国王寻求救济。他向国王申诉说阿宾顿院长拒绝执行国王令状,并再次向国王及其随从奉献了财物。这一次,国王直接命令牛津郡长立即依照国王的命令处理此事。随后图斯丁又贿赂了郡长,使得郡长"通过抢夺合法占有者"的方式将土地返还给了图斯丁。

就在这时,斯蒂芬国王逝世,亨利二世即位。对斯蒂芬国王判决和郡长行为不满的教士们立即向新国王提出了申诉。亨利二世支持了教士们的主张,连发两道令状指令修道院所在地的伯克郡的郡长审理此案。这一次轮到图斯丁拖延诉讼了,他找出各种缺席出庭的理由(ession)拖了两年时间。因此,阿宾顿院长再次向国王请求最终的解决。这次,首席政法官召集了王室法庭的几名成员负责审理此案;面对国王的压力,图斯丁也被迫出庭应诉。最终,王室法庭裁决支持阿宾顿院长的请求。国王随后批准了这一裁决,命令图斯丁将土地归还给阿宾顿院长,并赔偿相应的损失。[45]

在这一案件中,我们发现,在诺曼时期与亨利二世的早期,英格兰的土地占有纠纷中广泛地存在着领主法庭、郡法庭与王室干预的多方

---

[44] M. M. Bigelow, *Placita Anglo-Normannica: Law Cases Ftom William I to Richard I*, Little, Brown, and Company, 1879.

[45] M. M. Bigelow, *Placita Anglo-Normannica: Law Cases Ftom William I to Richard I*, Little, Brown, and Company, 1879, p. 167.

博弈。对于侵占土地占有的双方当事人而言,往往可以在领主法庭与王室令状之间作出选择与取舍。[46] 较之领主法庭与郡法庭表现出来的迟缓拖沓,王室令状显得快捷而有力。面对领主法庭与郡法庭的传唤,图斯丁总是找出各种拖延的理由,甚至置之不理。[47] 而相比之下,王室令状的命令则无须漫长的调查与审判,且可以以强力保证判决的执行,从而有效地对抗当事人的拖延战术。上述牛津郡长的强制执行和王室法庭的最终判决,都生动展现了王室令状的高效。

但与此同时,王室令状也处在不断变化之中:在斯蒂芬时期,国王给予图斯丁的令状显然更多是"行政式"的,缺乏必要的调查和审判,而仅仅依据图斯丁的一面之词即要求郡长恢复其土地的占有;而同样是王室令状,亨利二世的令状却增添了许多司法化的因素,它或者要求郡法庭通过审判确定土地权利的归属,或者要求王室法庭亲自调查和审判。显然,较之斯蒂芬的行政令状,这种"司法化"或"准司法化"的令状,更有利于"公正"与"效率"的双赢,[48]尤其是王室法院的直接介入,可能在维持诉讼效率的同时最大限度确保公正的实现。本案的最终结局也似乎证明了这一点。

但新的司法令状仍有不足。尽管亨利二世初期的王室令状已大体包含"通过调查证明被非法侵占"的要件,但却尚没有形成统一、稳定的格式。[49] 正如阿宾顿一案显示的,司法令状的出现带有很大的偶然性,而传统的行政令状仍然可能大行其道。与此同时,对于调查与审理的方法,令状也没有具体说明,只是将其留给郡长或领主,因而可能继

---

[46] 关于封建时代司法救济途径的多样性,可参见[法]布洛赫:《封建社会》(下卷),李增洪、侯树栋、张绪山译,商务印书馆2007年版,第583~585页。

[47] 这种拖沓与延迟普遍地存在于当时的领主法庭与郡法庭之中,参见[英]哈德森:《英国普通法的形成——从诺曼征服到大宪章时期英格兰的法律与社会》,刘四新译,商务印书馆2006年版,第45~55页。

[48] 卡内冈将这种令状称之为"准司法"(quasi - judicial)的令状。参见R. C. van Caenegem, *Royal writs in England from the Conquest to Glanvill: Studies in the early history of the common law*(The publications of Selden Society), W. S. Hein, 1997, p. 280。

[49] Geoffrey Hazard, The Early Evolution of the Common Law Writs: A Sketch, *American Journal of Legal History*, Vol. 6, No. 2, 1962.

续适用郡法庭与封建法庭的拖沓程序;尽管咨审团往往被列为可选的举证方式,但仍不过只是众多的备选项之一。总之,在安茹王朝的初期,对于被侵占土地的保有人而言,权利诉讼(审慎却拖沓)与行政令状(便利却随意)之间的两难依然存在。[50] 虽然令状的司法化在一定程度上缓和了"公正"与"效率"的紧张,但两者的共赢却远未达到;至少此时的司法令状依然是"非常规"的,也未能在与权利诉讼的竞争中取得明显优势。[51] 因此,面对土地占有纠纷中的诸多难题,要真正实现公正与效率的"双赢"(假使存在这一目标的话),还有待更为高效与理性的司法程序出现。

二、例行化:"临时"与"常规"

从历史建构的视角进入,亨利二世时代的"新近侵占令状"无疑构成了这一时期令状司法化的重要努力,并称得上是一次成功的尝试。一方面,侵占之诉抛开了复杂的权利问题,将焦点仅仅集中在新近发生的"未经判决且不正当"的侵占行为之上,从而简化了诉讼程序,提高了司法效率;另一方面,陪审团审判的引入,还保证了巡回法官对于案件事实的信息获取,既减少了司法决斗的适用,也可能避免偏听偏信导致的反复无常,有助实现司法的公正。在这个意义上,新近侵占令状的形成,初步实现了公正与效率,也标志着令状司法化的基本完成。

但这只是事后的分析;是理解了诺曼时代以来诸种占有保护的利弊得失之后,对于新近侵占令状的重新解读。谱系学的分析却提醒我们,事物发展的"后果",并不等于最初的"意图";相反,它完全可能"从

---

[50] [比]卡内冈:《英国普通法的诞生》,李红海译,中国政法大学出版社2003年版,第49~50页。

[51] R. C. van Caenegem, *Royal writs in England from the Conquest to Glanvill: Studies in the early history of the common law* (The publications of Selden Society), W. S. Hein, 1997, pp. 280-281.

异己的形式中一点点建构起来”。[52] 在表面的线性进化的历史下，可能掩盖了诸多偶然性的参与更深层次的利益角逐。[53] 因此，对于新近侵占令状的历史解读，我们同样需要保持警惕，这一制度的诞生是否真的只是少数天才的智慧，或是“无数个深思熟虑的不眠之夜之后的突然迸发”？[54] 作为制度设计者的国王及其臣属未必对于这些事后的利弊分析有清醒的认识，而可能只是基于各自不同的利益诉求的探索与尝试。

进一步地，本章的分析也试图纠正那种将新近侵占令状的诞生视作“司法化”的单线进化的观点。尽管从结果上说，这一令状的出现促进了“司法化”的完成，但这并不意味着制度创立者就清楚地意识到这一点。相反，之后的分析将表明，在最初的改革意图与权利保护之间存在着微妙差异，它更多来自维持社会治安的刑事措施与政治考量。在这个意义上，新近侵占令状的诞生，与之前王室对于占有的行政干预之间并非单线进化的因果关系，而更多展现了一个多主体参与的、充斥各种“偶然”与“变异”的制度成长史。

（一）初衷：秩序崩溃与重建

1154 年，当来自安茹的亨利（Henry II）登上英国王位时，首先面临着“斯蒂芬乱世”（Anarchy of Stephen）所带来的严重危机。斯蒂芬与马蒂尔达两大封建集团的长期混战，不仅使得中央王权陷入瘫痪，也极大削弱了王室对于地方贵族的控制。原本臣服于国王的大贵族纷纷乘机修建私人城堡，组建私人军队，以扩展地方势力的范围。与此同时，大大小小的封建私战也不断发生，一些贵族与领主为争夺势力范围而

---

[52] ［法］福柯：“尼采·谱系学·历史学”，苏力译，载《学术思想评论》第 4 集，辽宁大学出版社 1999 年版。这一理论在法律史研究中的运用，可参见苏力：《制度是如何形成的？——关于马伯利诉麦迪逊案的故事》，载《比较法研究》1998 年第 1 期。

[53] 例如，福柯对于监狱的诞生的谱系学研究，就生动地揭示了掩藏在“理性”、“文明”话语下的新的治理方式的深刻变迁。参见［法］福柯：《规训与惩罚——监狱的起源》；刘北成、杨远婴译，三联书店 1999 年版。

[54] fo. 164b multis vigiliis excogitatum et inventam，转引自 D. W. Sutherland，*The Assize of Novel Disseisin*，Oxford University Press，1973，p. 6。

兵刃相见,并伺机强占土地,四处劫掠。[55]《盎格鲁-萨克森编年史》中描述了当时的贵族纷争所导致的混乱情形:

凡是有强大势力的人都建起自己的城堡以抵抗国王……城堡里充满了邪恶的人。他们不分昼夜地出去搜捕他们认为拥有财产的男女,把这些人投入监狱,以谋取其土地与财宝,还施以不可言状的酷刑……他们使数以千计的人活活饿死。这些苦难在斯蒂芬在位的19年里持续不断,而且日甚一日。权贵们还时时向各村摊派捐税。当穷苦百姓实在无力向他们交税时,他们就在各个村庄焚烧抢掠。所以,商旅可能整日不见哪个村里有个人影,也不见田里有人耕种。[56]

面对社会的动乱与失序,年轻有为的国王将国家治理的首要任务放在了和平秩序的恢复之上。在最初10年(1154—1165年),亨利二世专心于镇压贵族反叛和巩固安茹家族的统治,大体维持了国内的和平。[57] 随后,国王开始将注意力转向社会底层的暴力与犯罪,以恢复类似于其外祖父亨利一世(Henry I)时的秩序与安宁。首先的措施是1166年《克拉灵顿法令》(the Assize of Clarendon)的颁布。[58] 该法令共22条内容,其核心内容是对于重罪的起诉与审判。[59] 一般观点认为,这一法令奠定了英国普通法的陪审制与巡回审判的基础。[60]

---

[55] 关于斯蒂芬乱世,参见 H. A. Cronne, *The Reign of Stephen*: *Anarchy in England*, Weidenfeld & Nicolson, 1970;孟广林:《英国封建王权论稿——从诺曼征服到大宪章》,人民出版社2002年版,第145~158页。

[56] 参见[英]丘吉尔:《英语国家史略》(上),新华出版社1985年版,第181~182页。

[57] 关于亨利二世初期的政治状况,参见 W. L. Warren, *Henry II*, University of California Press, 1973, pp. 262-301;或参见蒋孟引主编:《英国史》,中国社会科学出版社1988年版,第95~96页。

[58] 当然,也有的学者将亨利二世改革的起点放在了1164年的《克拉灵顿宪章》(Constitutions of Clarendon)或是更早的1162年。对于这一问题的讨论,参见[英]哈德森:《英国普通法的形成——从诺曼征服到大宪章时期英格兰的法律与社会》,刘四新译,商务印书馆2006年版,第137~141页。

[59] 依据法令,凡属重大刑事案件,如谋杀、强盗、抢劫、窝藏罪犯、伪造货币与文件及纵火案件,都应当由每个百户区的12名以及每个村庄4名最有宣誓资格的人组成陪审团,这些居民应起誓他们将说出事实真相,并被授权对其怀疑犯有重罪的人向国王的法官或郡长提出控诉。

[60] 参见 W. L. Warren, *Henry II*, University of California Press, 1973, p. 282。

为了实施《克拉灵顿法令》,亨利二世决意展开一场对于重罪的全国性调查。为此,王廷的"小会议"中分离出一个总巡回法庭(the general Eyre),首席政法官理查德·露西(Richard Lucy)和杰弗里·曼德维尔(Geoffrey Mandeville)被任命为第一任总巡回法官。总巡回法庭首先巡视了王国的东半部,集中受理那些被陪审团控告的重罪案件,但由于曼德维尔在途中去世,第一次巡回于当年中止。[61] 巡回法官每到一地,即由当地的郡长负责接待。每一个百户区和村庄的代表人都将被传唤到场以回答法官的询问。在宣誓之后,法官会要求这些代表人抓捕"他们自己百户区或村庄里有犯罪嫌疑的人",或至少说出嫌疑犯的名字以便郡长能将其抓捕归案并交付审理。随后,这些各区代表将商讨对案件的处理意见,并最终对于这些重罪案件作出裁决。[62]

显然,亨利二世及其政府在1166年的努力,旨在发现王国各地破坏"王之和平"(King's Peace)[63]的严重犯罪,并通过巡回法庭和陪审制对于这些重罪的罪犯进行审判。这些努力的"初衷",无疑是打击犯罪和恢复治安;它更多考虑的是一场全国范围内的维护"王之和平"的刑事活动。当然,其中也并不排除扩大王室收入的经济利益的考量。正如许多学者指出的,在打击犯罪与惩罚罪犯的同时,巡回法官也像财税官(financial agent)一样四处征缴封建贡金(aids)和捐税(tallages)。[64] 而对于重罪的审判也同样将导致罪犯支付赔偿金,并可能使国王获得

---

[61] [比]卡内冈:《英国普通法的诞生》,李红海译,中国政法大学出版社2003年版,第27页。

[62] 关于巡回审判的方式,参见[英]哈德森:《英国普通法的形成——从诺曼征服到大宪章时期英格兰的法律与社会》,刘四新译,商务印书馆2006年版,第188~190页。

[63] 在中世纪英格兰,个人"安宁"(Peace)的观念早在盎格鲁-撒克逊时代就出现了,所有自由民均享有不受他人侵犯的"安宁"权。国王的安宁一度被认为只存在涉及国王本人的特定时间、地域或人身关系。但随着王权的扩展,国王的安宁也扩展到了整个王国和所有居民。参见[英]梅特兰:《普通法的诉讼形式》,王云霞、马海峰、彭蕾译,商务印书馆2009年版,第49页。

[64] W. L. Warren, *Henry II*, University of California Press, 1973, pp. 284-285.

罚金收益。[65] 因此，总的说来，这场全国性斗争的性质与目标无疑是“政治性”的；无论是维护治安的刑事司法，还是扩充收入的财税征收，都共同服务于巩固安茹王室统治与强化中央王室权威的总体目标。

（二）作为“刑事措施”的侵占之诉

但令人疑惑的是，在1166年的财政署卷宗中，除犯罪处罚外，人们还发现了巡回法庭有关侵占土地的罚金。这也就意味着，在1166年的巡回中，对土地侵占的调查也可能被列入了巡回审的任务。[66] 尽管当时的土地占有纠纷并不属于破坏“王之和平”的重罪，[67]但在1166年的巡回中，与对于重罪的检控程序一样，对于侵占之诉，也同样是通过陪审团“依职权”（ex officio）提起的指控。此外，在财政署卷宗中，人们还发现许多百户区和村庄因为隐匿了侵占行为而被处以罚金。[68] 这一行为几乎与依照《克拉灵顿法令》对隐匿谋杀处以罚金的情形如出一辙，也更加增添了侵占之诉的“刑事化”色彩。那么，究竟是什么原因使得对侵占的调查进入到了这场打击重罪的“刑事措施”之中呢？

最初的猜测来自梅特兰。依据梅特兰的考察，与刑事调查同时出现的侵占之诉，可能源于一个已经丢失的法令，即所谓的Assize。这个

---

[65] 甚至有学者认为，巡回审判的收益构成了亨利二世司法政策背后的终极动机。例如，塞勒斯就曾指出，“对秩序的维护，普通法的发展，正义的播撒，都只不过是附属的东西，是一个更为卑鄙动机下的壮美结果”。参见G. O. Sales, *The Medieval Foundations of England*, *University Paperbacks*, 1966, p. 304。卡内冈批评了这种观点，认为仅仅是财产的收益并不足以证明全部的动机。而且依据后代学者的计算，1166—1171年的巡回审判的收入大概在五百英镑左右，相比亨利二世一年将近三万五千英镑的收入，完全是微不足道的。因此，这些不多的司法收入并不足以构成巡回审判的根本动因。参见［比］卡内冈：《英国普通法的诞生》，李红海译，中国政法大学出版社2003年版，第132～133页。

[66] R. C. van Caenegem, *Royal writs in England from the Conquest to Glanvill: Studies in the early history of the common law*（The publications of Selden Society）, W. S. Hein, 1997, p. 284.

[67] 与“国王安宁”相关的是“国王诉讼”，但这些诉讼主要集中在直接损害国王利益与尊严的案件，和特定时间与地点发生的犯罪。W. S. Holdsworth, *A History of English Law*, Vol. I, Methuen & Co. Ltd., 1924, p. 195.

[68] R. C. van Caenegem, *Royal writs in England from the Conquest to Glanvill: Studies in the early history of the common law*（The publications of Selden Society）, W. S. Hein, 1997, p. 285.

法令包含了一项打击非法侵占的举措，即规定被侵占土地的自由保有人可以向国王申请令状，要求王室法官或郡长召集陪审团，以裁定其土地是否被不公正地侵占。至于法令颁布的时间，依据前述财政署卷宗的记载，梅特兰认为应不晚于1166年1月。[69] 而1166年派出的巡回法官，在执行《克拉灵顿诏令》的同时，也承担了执行侵占法令的任务，从而使得后者也出现在当年的财政署卷宗之中。

但也有学者质疑这种猜测。例如，乔利夫在《安茹王权》中就怀疑了法令的真实性，在他看来，现有的证据并不足以证明在1166年之前真的存在这样一个有关侵占的法令。[70] 还有的学者虽然相信法令的存在，但却并不赞同梅特兰对于法令内容的猜测。卡内冈与密尔松等学者认为，这一令状的内容仅仅提供了一个针对非法侵占的临时调查程序，即由陪审团对于侵占行为进行指控；它更多地是一个陪审团“依职权”提起(ex officio)的公诉程序，而并非梅特兰所说的是由当事人提起的私人诉讼。[71] 前述财政署卷宗中对于陪审团隐瞒侵占行为而受处罚的记录，也在一定程度上表明了这一法令的“刑事”色彩。总之，在这些学者看来，即便在1166年真的存在一个侵占之诉的令状，它也更多地从属于亨利二世政府通过巡回审判打击犯罪的整体行动；尽管梅特兰所描述的令状更接近于后来的新近侵占令状，但却与最初的形态相去甚远。

从当时的财政署卷宗中，我们也可以了解其基本的诉讼程序。与打击重罪的巡回审判一样，这些法官(可能是同一批人)每到一地，即

---

[69] 当然，也可能是法令此前已经颁布，只是到1166年的巡回审开始后才得以实施。F. Pollock, F. Maitland, *The History of English Law Before the Time of Edward I*, Vol. 1, Cambridge University Press, 1923, pp. 145 – 146.

[70] J. E. A. Jolliffe, *Angevin Kingship*, Adam and Charles Black, 1955, pp. 46 – 47.

[71] R. C. van Caenegem, *Royal writs in England from the Conquest to Glanvill: Studies in the early history of the common law* (The publications of Selden Society), W. S. Hein, 1997, pp. 284 – 285. 或参见[英]密尔松：《普通法的历史基础》，李显冬译，中国大百科全书出版社1999年版，第144页。或密尔松给梅特兰的《爱德华一世之前的英国法律史》写的导言，Milsom, “Introduction”, p. xxxix, in F. Pollock, F. Maitland, *The History of English Law Before the Time of Edward I*, Vol. 1, Cambridge University Press, 1923。

在郡长的协助下传唤百户区和村庄的代表担任咨审员;而法官将对于咨审员提出如下类似问题:"你们是否知道有人(在某特定日期后)非法且未经判决地侵占了他人的土地?如果有的话,侵占者是谁?"[72]随后,咨审员应指出可能的疑犯,并提起相应的"团体控告";同时他们还将配合郡守拘捕疑犯和交付法庭审理。而如果未能诚实地揭发侵占人,一旦事后被巡回法官所发现,咨审员本人将被处以刑事罚金。此外,这些被审判的疑犯也不得请求神明裁判或司法决斗来证明自己的清白,因为此时的咨审员同时也充当证人与审判者,最后的判决也由咨审员作出。[73] 从今天的眼光来看,这样一种诉讼程序显然具有"刑事化"的特征。

回到12世纪的背景中,也不难理解亨利二世政府将侵占之诉纳入"刑事措施"的动因。有如前述,斯蒂芬内战及之后的无政府状态,导致了暴力犯罪的增多与社会的整体失序;以暴力侵占土地的行为也层出不穷,尤其是滥用权力的大领主侵占弱小封臣土地的行为,已经成为了严重的社会问题。[74] 尽管在暴力程度上可能远逊于杀人等重罪,但在中世纪的英格兰,这一行为却可能引起远超暴力犯罪的社会危机。毕竟,在一个几乎人人以土地为生的时代,保证占有的意义无论如何强调都不为过,它不仅与每个人的生存息息相关,也直接关系到社会秩序与统治基础的稳固。正如哈丁(Alan Harding)指出的,"如果小偷小摸是普通民众的日常邪恶之举的话,那么剥夺他人土地占有则是上层阶级的犯罪,是一个持续达数世纪之久的社会动荡的根源,直到土地不再是权力和地位的唯一基础"。[75] 因此,与对于杀人等重罪的惩罚一样,迅速、有力地打击非法侵占土地的行为,无疑对于维持亨利时代的社会治安与秩序稳定都具有决定性意义。

---

[72] R. C. van Caenegem, *Royal writs in England from the Conquest to Glanvill: Studies in the early history of the common law* (The publications of Selden Society), W. S. Hein, 1997, p. 285.

[73] D. W. Sutherland, *The Assize of Novel Disseisin*, Oxford University Press, 1973, p. 6.

[74] W. L. Warren, *Henry II*, University of California Press, 1973, p. 258.

[75] A. Harding, *A Social History of English Law*, Penguin, 1966, p. 41.

不仅是“刑事”意义。新近侵占令状还可能具有扩张王权的“政治”意义。有如密尔松的研究所指出的,早期的侵占之诉主要是针对领主没收土地的行为而展开的,案件的被告也多为领主或管家。[76] 这种当事人之间的不平等(原告是被告的封臣),也意味着早期侵占之诉并非简单的“民事”纠纷,而同时构成了对于领主没收土地的惩罚性管辖权的挑战。考虑到领主本人在法庭的主导地位,被侵占土地的封臣显然处于不利地位;而王室令状的介入,则在事实上给予了小土地保有人以政治权威的支持。同时巡回法官的实际“在场”以及刑事化指控的义务,也都使得陪审员有更多的勇气和激励(包括避免隐匿事实的惩罚)来表达自身的真实意愿。正是由于王室法官的主动介入与刑事化指控,很大程度上改变了封臣在诉讼中的弱势地位,也形成了对领主权力滥用的限制;同时这种国家权力的“锄强扶弱”,也构成了“在广大普通自由民中赢得声望的最佳方式”,[77]有助于王权对于底层社会的渗透与治理。[78] 在这个意义上,作为“刑事措施”的侵占之诉,也就构成了英格兰早期国家治理中的重大“政治策略”。

(三)“临时措施”的例行化

但这并非历史行动者的清醒意识,而更多是一种事后的解读。亨利二世政府的直接目标仍然只是试图迅速消弭斯蒂芬乱世以来的犯罪

---

[76] 密尔松的研究表明,新近侵占之诉的主要针对的是领主对于封臣土地的侵夺。参见[英]密尔松:《普通法的历史基础》,李显冬译,中国大百科全书出版社 1999 年版,第 145~146 页。但有如前述,对于这一观点,也有学者提出了质疑。参见 John Hudson, *Land, Law, and Lordship in Anglo-Norman England*, Oxford at the Clarendon Press, 1994。

[77] 许多研究表明,当底层民众受到地方势力的压迫时,往往形成对于统治者的“文化期待”;而这也构成了统治者获得民众效忠的最佳时机。参见 Martin Shapiro, Appeal, *Law & Society Review*, Vol. 14, No. 3, 1980。例如,中国古代皇权的政治权威很大程度上就来自对于民间冤抑的“伸展”。[日]寺田浩明:《权利与冤抑》,载[日]滋贺秀三等著:《明清时期的民事审判与民间契约》,法律出版社 1998 年版。

[78] 夏皮罗的研究曾指出,司法机构之所以能够像医疗机构一样成为国家权力进入乡村的重要途径,很大程度上在于国家的司法为地方的居民提供了一个更“独立”的法官。与地方的贵族与法庭相比,国王的法庭更能超脱于在地方占支配地位的利益之外,因而更能够赢得底层民众的认可。参见[美]夏皮罗:《法院——比较法上和政治学上的分析》,张生、李彤译,中国政法大学出版社 2005 年版,第 34~35 页。

横行状态,恢复英格兰统治秩序的稳定。用亨利自己的话来说,是为了"回到我的外祖父亨利一世时的样子"。[79] 对于12世纪的亨利君臣来说,最重要也是最紧迫的任务只是为了"救世",[80]而可能无暇考虑更长远的利益。因此,我们有理由怀疑,在1166年有关侵占的法令和巡回审判之中,是否真的包含了国王政府创建一种"常规"侵占诉讼的打算?有如卡内冈所言,"亨利发起了这次对于非法侵占的大调查,但没有迹象表明,他试图建立一个常规的实践或是持续的新的司法程序"。[81]

事实也似乎证明了这一点。1166年开始的打击重罪和保护占有的巡回审,在1167年因曼德维尔逝世而短暂停歇后,在随后的三年中得以持续进行,并在1170年达到了一个高峰,其地域范围几乎覆盖了全国,接近于1176年的全面巡回的水平。[82] 然而,也正是当这次全国性的巡回完成之后,有关侵占之诉的巡回审判却突然停止了。最直接的证据是在1171年之后的数年,因侵占行为而交纳罚金的记录在财政署卷宗中消失了。[83] 不仅如此,以执行《克拉灵顿诏令》为目标的总巡回审也在同一年停止。对此,一种解释认为,总巡回审中止的原因,在于"小国王亨利"(Henry the Young King)的叛乱(1173—1174年)所导致的社会失序与交通阻滞。[84] 萨瑟兰(Donald Sutherland)也指出,"新

---

[79] W. L. Warren, *Henry II*, University of California Press, 1973, p. 260.

[80] 借用《左传》中郑国子产回答叔向的话来说,"侨不才,不能及子孙,吾以救世也"。参见《春秋左传正义》(下),北京大学出版社1999年版,第1225~1229页。

[81] R. C. van Caenegem, *Royal writs in England from the Conquest to Glanvill: Studies in the early history of the common law* (The publications of Selden Society), W. S. Hein, 1997, p. 285.

[82] [比]卡内冈:《英国普通法的诞生》,李红海译,中国政法大学出版社2003年版,第27页。

[83] R. C. van Caenegem, *Royal writs in England from the Conquest to Glanvill: Studies in the early history of the common law* (The publications of Selden Society), W. S. Hein, 1997, p. 285.

[84] 1173年,亨利二世的长子小亨利因王室领地纠纷与父亲发生纠纷,在法王腓力二世的支持下发动叛乱。叛乱以小亨利失败而告终。W. L. Warren, *Henry II*, University of California Press, 1973, pp. 294 – 295.

近侵占令状从没有被停止执行,只是由于这一时间无法获得巡回法官",直到亨利二世与他的儿子在1174年9月达成和平协议后,巡回才得以恢复。[85]

但这一解说却经不起推敲。因为在总巡回审停止与小国王亨利1173年叛乱之间,仍存在两年的时间间隔。在此期间,总巡回审并没有停止,而只是不再以重罪和侵占为目标,并转向了行政与财税等其他的治理任务。例如,1170年开始的针对郡长的全国大调查(the inquest of sheriffs),以及1172年为征讨爱尔兰而征缴免服兵役税的巡回法庭。[86] 因此,即便要说小国王亨利的叛乱导致了巡回法庭的中断,也只是中断了正在进行中的捐税征缴巡回,而并不存在与执行侵占之诉的巡回审中止之间的直接因果关系。如此一来,更合理的解说,应当是亨利二世政府在1170年后感到巡回审已基本实现预定目标,因此终结了这次以维护治安为目标的刑事调查。换言之,由于亨利的目标仅限于通过一次集中的刑事巡回审判来结束斯蒂芬乱世以来的社会动荡,而"并没有建立一个新的常规法律程序的打算",[87]因此,一旦调查与审判覆盖了全国并基本达到预期效果,这次"临时性"的刑事措施也就结束了。

在这个意义上,我们发现,被后世作为新近侵占令状起源的1166年"法令"和巡回审,在最初时刻,不过是国王维护治安的"临时措施";其本意并不旨在创设常规的新近侵占诉讼程序,更不是出于维护自由保有人权利的初衷——即便在事实上达到这一效果,也不过是这次"严打"行动的副产品。在令状司法化的过程中,1166年的行动不过是这一历史链条上的一个"偶然事件":尽管它事实上推进了令状的司法化,但就最初意图来说,却与保护占有权利和令状司法化的目标相偏

---

[85] D. W. Sutherland, *The Assize of Novel Disseisin*, Oxford University Press, 1973, p. 10.

[86] W. L. Warren, *Henry II*, University of California Press, 1973, p. 291.

[87] R. C. van Caenegem, *Royal writs in England from the Conquest to Glanvill: Studies in the early history of the common law* (The publications of Selden Society), W. S. Hein, 1997, p. 285.

离,甚至在某种程度上是背道而驰。那么,在这次看似偶然的临时行动后,已初具形态的新近侵占之诉又是如何发展成为常规的诉讼形式的呢?

这就需要将目光转向1175年重新开始的总巡回审和之后的《北安普顿法令》。这次巡回分为南北两个巡回区,分别由兰瓦莱(William de Lanvalei)和格兰威尔(Ranulf de Glanvill)领导。与此同时,对于非法侵占的调查也重新出现在了当年的财政署卷宗之中。[88] 对于巡回审重新开始的原因,学者们认为这可能来源于"1166年的第一次调查所取得的巨大成功"。[89] 换言之,1166—1170年的打击重罪和保护侵占的巡回审已经赢得英格兰民众的认同,以至于数年之后,当新的侵占行为发生时,"要求再次进行调查的声音出现了,因为它是如此深得人心"。[90] 作为对民意的回应,在次年(1176年1月)颁布的《北安普顿法令》中,国王再一次重申了巡回法官审理侵占之诉的职责;该法令第5条明确规定,"法官应当召集陪审团处理那些违反法令的侵占行为,即国王与他的儿子达成和平协议后第一次返回英格兰以来新近发生的侵占行为"。[91]

这也是我们目前看到的最早关于新近侵占诉讼的表达。同时这一条款也首次明确界定了侵占发生的时间,将亨利二世平息叛乱重返英格兰的时间(1175年5月)作为新一轮侵占调查的起点。换言之,1176年开始的巡回审判,仅仅处理的是1175年5月至1176年1月这八个月间"最新"发生的侵占。之所以这样规定,一方面当然是考虑到事实

---

[88] D. W. Sutherland, *The Assize of Novel Disseisin*, Oxford University Press, 1973, p. 10.

[89] R. C. van Caenegem, *Royal writs in England from the Conquest to Glanvill: Studies in the early history of the common law* (The publications of Selden Society), W. S. Hein, 1997, p. 286.

[90] Ibid., p. 287.

[91] D. W. Sutherland, *The Assize of Novel Disseisin*, Oxford University Press, 1973, p. 9.

记忆的时间性,一旦"超出一定时间,陪审团的记忆将十分模糊"。[92] 但更重要的原因,依然在于这些刑事调查的治安性质,使得巡回审更多地关注当下的纠纷解决与秩序稳定,而很少顾及相对久远的权利纠葛——毕竟后者还可以通过领主法庭的权利诉讼解决。总之,从1176年的《北安普顿法令》开始,新近侵占诉讼开始作为一种处理侵占行为的特殊诉讼形式登上历史舞台,并再次取得了成功。依据财政署卷宗的记载,仅在1177年,巡回法官处理的新近侵占之诉就达95件。[93]

更重要的是,当此次巡回在1178年覆盖全国之后,它并没有像1166年那样在完成使命后即告结束;相反,次年即1179年,新的侵占调查紧接着又开始了,并在亨利二世的最后十年(1179—1189年)持续不断地进行。正如卡内冈(R. C. van Caenegem)指出的,"在第二次侵占调查横扫全国之后,历史上的一个新时代开始了:王室法官对于非法侵占的刑事调查开始由原本间断的临时措施,逐渐演变成一种常规的例行治理技术"。[94] 乔利夫(J. E. A. Jolliffe)等人的研究也都强调了1176年的重要意义:"正是在1176年,我们第一次认识到试验已经结束了,整个国家开始进入到常规的司法巡回之中。"[95]在经过了1166年和1176年两次尝试之后,对于非法侵占的打击"它们不再是偶然的例

---

[92] R. C. van Caenegem, *Royal writs in England from the Conquest to Glanvill: Studies in the early history of the common law*(The publications of Selden Society), W. S. Hein, 1997, p. 286.

[93] R D. W. Sutherland, *The Assize of Novel Disseisin*, Oxford University Press, 1973, p. 9.

[94] R. C. van Caenegem, *Royal writs in England from the Conquest to Glanvill: Studies in the early history of the common law*(The publications of Selden Society), W. S. Hein, 1997, p. 288.

[95] J. E. A. Jolliffe, *The Constitutional History of Medieval England: From the English Settlement to* 1485, Adam & Charles Black, 1954, p. 212。类似的观点,也参见 F. Pollock, F. Maitland, *The History of English Law Before the Time of Edward I*, Vol. 1, Cambridge University Press, 1923, p. 156。

外行动”,[96]而开始成为了王室司法日常业务与正式制度的一部分。[97]总之,1166—1178年的历史表明,新近侵占之诉的形成,并非来自某条法令或天才智慧的“迸发”,而更多来自历史中的“临时措施”的层层累积,是在反复尝试基础上的自然演进。

不仅是这12年。放宽历史的视线,我们还发现,这些改革也构成1066年以来王室干预占有的延续。有如前述,面对领主法庭的拖沓与不公,诺曼国王在“第一个世纪”里不断尝试,试图通过行政令状来干预土地占有,以更好地保障权利和维护秩序。但这些行政令状在带来“效率”的同时,也不可避免地导致了恣意与偏私的危险,因而有必要引入相应的司法程序,即所谓令状的“司法化”。在这个意义上,亨利二世时代的新近侵占之诉,尤其是由巡回法官召集陪审团的调查程序,在很大程度上弥补了行政令状的不足,因而被视作令状司法化的“第二阶段”。[98] 在1066年以来的百余年历史中,数代君臣不断尝试以新的方法来实现土地占有的保护,在各种措施的相互竞争且层层累积之下,最终由无数的个别化、行政化的“临时措施”发展成为常规化、司法化的新近侵占令状。

三、“民事化”及其竞争术

但这并非新近侵占令状的最终形态。

---

[96] R. C. van Caenegem, *Royal writs in England from the Conquest to Glanvill: Studies in the early history of the common law*(The publications of Selden Society), W. S. Hein, 1997, p. 288.

[97] 至于1179年之后例行化的原因,虽然缺乏直接证据,但同样可以从两次刑事调查的“成功”中获得解说。换言之,尽管两次调查最初只是以维护治安为目标的临时措施,但随着积极效果的显现,亨利二世君臣同样可能调整行动,将某些成功的经验转化为长期稳固的制度。不仅是新近侵占令状,亨利二世时期的许多改革措施都有类似的经历。参见W. L. Warren, *Henry II*, University of California Press, 1973, p. 264 - 293。

[98] R. C. van Caenegem, *Royal writs in England from the Conquest to Glanvill: Studies in the early history of the common law*(The publications of Selden Society), W. S. Hein, 1997, p. 289.

在本章之前引用的梅特兰的描述中，新近侵占令状的提起来自侵占人的告诉，而并非法官的主动调查。换言之，梅特兰笔下的新近侵占令状，诉讼的提起以被侵占人向国王申请令状为开端，更多类似于今天由私人提起的"民事"程序。[99] 而在《北安普顿诏令》中，新近侵占之诉却仍然是基于"王之和平"而采取的"刑事"措施，是一种由咨审团"依职权"提起的"公诉"。

因此，一种合理的解释是，在王室令状由行政令状转向"司法化"令状之后，在亨利二世的最后十年（1179—1189 年），这一程序又经历了一场由"刑事"诉讼程序向"民事"诉讼程序的转变。随之而来的问题是，究竟是怎样的原因，使得原本"刑事化"的依职权提起的诉讼程序，最终演变成基于私人动机的"民事"程序呢？又是怎样的因素，使得这种"民事化"的侵占诉讼迅速取代其他选择，成为英国中世纪后期最主要的土地诉讼形式呢？

（一）从"刑事"到"民事"

这一过程的发生同样是"不经意"的。就如同卡内冈所说的，"等到新的趋势或做法固化为一种新的制度并被明确察觉时，人们已经很少能回想起这一切是如何开始的了"。[100] 不过，可以肯定的是，早在侵占的刑事调查之初，被侵占人自发地向巡回法官起诉的情形就已经出现。至少在 1168 年的财政署卷宗中，我们已看到当事人支付诉讼金以获得对于被侵占土地的巡回审判的记载，[101]而这一时间距离 1166 年的侵占调查开始不过两年。由此可见，当巡回法官第一次来到地方时，一

---

[99] 参见 D. W. Sutherland, *The Assize of Novel Disseisin*, Oxford University Press, 1973, pp. 2 –3；或参见［英］梅特兰：《普通法的诉讼形式》，王云霞、马海峰、彭蕾译，商务印书馆 2009 年版，第 68 ~70 页。

[100] ［比］卡内冈：《英国普通法的诞生》，李红海译，中国政法大学出版社 2003 年版，第 42 页。

[101] 依据财政署卷宗的记载，当事人理查德·威廉（Richard fitz William）支付了五马克获得令状，以新近侵占之诉恢复被罗格（Roger Martel）侵占的土地。参见 D. W. Sutherland, *The Assize of Novel Disseisin*, Oxford University Press, 1973, p. 14。

些被侵占土地的自由民已经开始尝试将自己的遭遇主动提交法官。[102] 但由于调查的“刑事”色彩,即便是对于被侵占人的主动请求,对侵占人的指控依然是由巡回法官召集的陪审团“依职权”提起的。这或许可被视作一种“刑事”指控与“民事”起诉的混合,但毫无疑问,占主导地位的依然是“依职权”提起的刑事检控程序,而当事人的请求则更多扮演了刑事调查的信息来源。因此,这一时期由当事人请求提起的新近侵占之诉只能被视作个别的例外。

但随着被侵占人诉诸巡回法官调查的事例逐渐增多,以及巡回法庭的日趋常规,在亨利二世的最后十年,被侵占人对于巡回法官的诉讼请求也从“个例”发展为“常态”;越来越多的自由保有人试图通过诉诸王室的刑事调查维护自身权益。[103] 尽管现有资料并不足以勾画其具体过程,但一个合理的猜想是,面对底层民众寻求王室司法救济的请求日益增多,王室政府也逐渐感到有必要为这些请求人提供一个常规的民事救济程序。[104] 与此同时,随着巡回法官的常年派出,诺曼时代以来的通过行政令状来恢复占有的做法也变得“不合时宜”;相反,由常规的巡回法官来受理这些诉求,似乎成为更好的选择——无论是对于请求

---

[102] 卡内冈的研究更多强调了这一时期程序的“刑事性”。参见 R. C. van Caenegem, *Royal writs in England from the Conquest to Glanvill: Studies in the early history of the common law*(The publications of Selden Society), W. S. Hein, 1997, p. 284 – 288。但萨瑟兰对此提出了反对意见,认为当事人的请求在同一时期就出现了。参见 D. W. Sutherland, *The Assize of Novel Disseisin*, Oxford University Press, 1973, pp. 14 – 15。

[103] 密尔松尤其强调了当领主侵夺封臣土地时,封臣更倾向于自主地向国王法庭提起申诉,因为他们这时很难在领主法庭获得公正的审判。参见[英]密尔松:《普通法的历史基础》,李显冬译,中国大百科全书出版社 1999 年版,第 143 ~ 145 页。

[104] R. C. van Caenegem, *Royal writs in England from the Conquest to Glanvill: Studies in the early history of the common law*(The publications of Selden Society), W. S. Hein, 1997, p. 290.

人，还是国王本人。[105] 此外，从经济学的视角观察，将巡回法官"主动出击"的调查，代之以当事人的起诉，实际也构成了一种信息成本的分摊与转移（从王室法庭到当事人），从而在一定程度上减轻王室的治理成本。[106] 因此，无论是出于对臣民权利的保护，还是出于治理成本的降低，以民事诉讼程序代替最初的刑事调查程序，对于安茹的国王而言，都应当是一个不错的选择。

最终，当亨利二世时代结束时，我们在《格兰威尔》中看到的，已全然是一个典型的"民事"程序。此时的起诉人，已由陪审团的团体控告转变为被侵占人本人，而陪审团的功能则越来越局限于对被告是否有罪的证明。[107] 当然，在所谓典型的新近侵占诉讼中，依然保留少许的刑事程序的特征。显著的一点，是民事化的新近侵占诉讼仍然保留对于侵占行为发生的"时间限制"，即作为诉讼对象的侵占行为必须限定在"新近"发生的时间（一般为两年左右），而对于之前的侵占则不再追究。[108] 此外，对于侵占人征收的罚金，也同样是一种曾经的"刑事"印记。尽管罚金在多数时候都微不足道，以至于接近象征，却作为刑事程

---

[105] 在亨利二世的最后十年，巡回法官的派出十分频繁。新任的政法官格兰维尔在巡回中十分活跃，他几乎每年都亲自巡回，1182 年秋天的巡回一直持续到 1183 年夏天。另一个巡回开始于 1184 年秋天，也持续到次年的春天。在 1186 年到 1189 年，法官群体派出十分频繁，以至于人们每年都可以看到法官在一些地区活动。参见 R. V. Turner, *The Enlish Judiciary In The Age of Glanvill and Bracton*, 1176 – 1239, Cambridge University Press, 1985, p. 24。

[106] 关于起诉的私人成本与社会成本的分析，参见［美］萨维尔：《法律的经济分析》，柯华庆译，中国政法大学出版社 2009 年版，第 111 ~ 120 页。

[107] 参见［英］梅特兰：《普通法的诉讼形式》，王云霞、马海峰、彭蕾译，商务印书馆 2009 年版，第 68 ~ 70 页。

[108] R. C. van Caenegem, *Royal writs in England from the Conquest to Glanvill: Studies in the early history of the common law* (The publications of Selden Society), W. S. Hein, 1997, pp. 291 – 292. 这也就不难理解，为什么在后来的新近侵占诉讼中时间的限定越来越不重要，以至于最终事实上被抛弃，但作为最初的刑事程序的"遗迹"，这一限定依然在理论上和字面上被保留下来。实际上，这种时间的形式要求，也就构成了福柯所谓的知识考古学中的一个历史"残片"。参见［法］福柯：《知识考古学》，谢强、马月译，三联书店 1998 年版。

序的"残余"始终存在于新近侵占诉讼之中。[109]

这里,我们也再次看到了"意图"与"后果"的背离。从诺曼王室关于占有的"行政"令状,到亨利二世早期的侵占"刑事"调查,再到后期"民事化"诉讼的出现,英格兰王室对于占有的干预,恰好走过了三个阶段;用现代的术语来说,这大致是一个从"行政"到"刑事(司法)"再到"民事(司法)"的演进。然而,这一过程中,却并不存在"从刑事到民事"或"从行政到司法"的单线进化;相反,每一次改变,最初都不过是为了应付"眼下最要紧"的新情况而采取的"临时措施",只是在取得成功之后,才慢慢演变成常规的做法与制度。

同时我们还看到各种"意图"之间的断裂。最初,国王政府对于侵占的刑事调查,只是出于维护治安的"意图",但事实上却导致了司法化与正当程序的"后果";而随后,土地保有人对于巡回法庭的诉求,又使得刑事治理的"初衷"再次为民众寻求权利保护的"意图"所篡夺——而这其中又不排除王室扩张自身管辖权的考量。因此,尽管从历史的长时段来看,民事化侵占令状的形成,可被视作诺曼时代以来"王室长期关注占有的最终成果"和"行政令状司法化的最后阶段",[110]但它显然并非"有意为之",也并非历史"初衷"的逻辑展开,而是不同历史阶段的各种"临时措施"的层层累积,甚至于从各种"完全异己的形式中一点点地建构出来"。[111]

(二)管辖权竞争的胜利

但正是新近侵占令状,赢得了最后的胜利。

尽管"初衷"只是结束斯蒂芬乱世的一种"临时措施",但新近侵占令状却很快取代权利令状成为解决占有问题的主要诉讼形式,从而使

---

[109] R. C. van Caenegem, *Royal writs in England from the Conquest to Glanvill: Studies in the early history of the common law* (The publications of Selden Society), W. S. Hein, 1997, p. 292.

[110] [比]卡内冈:《英国普通法的诞生》,李红海译,中国政法大学出版社 2003 年版,第 58 页。

[111] [法]福柯:《尼采·谱系学·历史学》,苏力译,载《学术思想评论》第 4 集,辽宁大学出版社 1999 年版。

王室法庭赢得了对领主法庭的胜利。到13世纪末,新近侵占之诉还进一步取代了收回继承地之诉,几乎成为了中世纪后期“自由保有人用来保护其土地权利的标准程序”。正如有学者指出的,“对于几个世纪以来的英国人来说,它几乎成为了法律之下的安全的同义语”。[112] 那么,本是“无心插柳”的新近侵占令状,究竟是如何在与其他诉讼形式的竞争中获胜的呢?

成功首先源于自身优势。用哈丁(Alan Harding)的话来说,在这场管辖权竞争中,“胜利并不来自对领主法庭的打击,而来自王室法庭程序的高效”。[113] 如果说领主法庭中权利诉讼的缺陷首先在于程序的拖沓,那么新近侵占诉讼恰恰为当事人提供了便捷的司法程序。同时与之前的行政化令状不同,这种快捷的诉讼形式又是完全“司法化”的,建立在一系列司法调查程序的基础之上。因此,在这个意义上说,新近侵占诉讼可能同时避免“权利诉讼”(拖沓)与“行政令状”(恣意)的弊端,有助于“效率”与“公正”的双赢。

高效来自两方面。首先,与权利诉讼必须诉诸权利的“古老”不同,新近侵占之诉“与所有权无关”,因而可能很大程度上减少权利追溯的拖沓。被侵占人所需主张的,仅仅是先前占有争议地产的事实,而无需像权利诉讼中的原告那样宣誓他的祖先对地产拥有权利,并且比侵占人的权利更久远;同时也无需谨小慎微地追溯祖先的谱系,以防止微小的错误导致失败。[114] 对于侵占诉讼中的咨审人来说,他们所要回答的全部问题,也仅限于确定原告先前占有的地产被侵占的事实,而不必提及所有权的归属。一旦咨审人裁断争议土地之前为原告占有,哪怕侵占人在权利上是真正的主人,土地也仍将被归还原告占有。尽管被告在败诉之后可以提起权利诉讼继续对抗,但对于新近侵占诉讼的原告来说,由于只需要证明其先前的占有和被侵占的事实,因而有利于

---

[112] D. W. Sutherland, *The Assize of Novel Disseisin*, Oxford University Press, 1973, p. 1.

[113] A. Harding, *A Social History of English Law*, Penguin, 1966, p. 36.

[114] D. W. Sutherland, *The Assize of Novel Disseisin*, Oxford University Press, 1973, p. 35.

避免争讼的延迟。[115]

其次,新近侵占诉讼也避免了被告人"缺席事由"而导致的延迟。依据《格兰威尔》的记载,"在商讨裁决意见期间不允许有任何缺席借口。不管剥夺他人土地者在开庭第一天是否出庭,巡回审判都将继续进行"。[116] 同时被告也不得提出延期审理的要求。如果被告或其管家拒不出庭,巡回法庭将在被告缺席的情况下作出裁决。唯一可能导致案件延期的情形是多数咨审人缺席,但即便如此,只要有可能,法庭审理都将继续进行,只是暂不作出裁决。[117] 此外,在开庭之前,郡长还往往依据令状将被告拘束,并要求其提供相应的保证人,这些措施也都在很大程度上确保了被告的出庭和诉讼的顺利进行。

这些优势不乏事实的支持。这一时期的诉讼档案表明,与权利诉讼动辄数年的拖沓不同,新近侵占之诉的诉讼周期大多在一年以内,甚至不过两三周。

1199 年 5 月,林肯郡的一位保有人购买了新近侵占令状,案件在 7 月 15 日即开庭审理,巡回法官的判决也在当天作出。这较之漫长的权利诉讼,无疑是惊人的速度。但这并非特例,在此后的一个世纪,效率还在不断提高。1253 年 9 月,一个自由保有人向布拉克顿提起侵占之诉,恢复了他在上个月被侵占的土地,前后不过一个多月。甚至,更令人惊讶的是 1281 年拉姆齐(Ramsey)修道院的侵占之诉,从购买令状到恢复占有只有 12 天的时间![118]

这些事实也被同时代的文献反复提及。布拉克顿曾写到,"新近侵占之诉从不等待任何人","只需通过简单的庭审而不必履行庄严的仪

---

[115] [英]梅特兰:《普通法的诉讼形式》,王云霞、马海峰、彭蕾译,商务印书馆 2009 年版,第 68~69 页。

[116] [英]哈德森:《英国普通法的形成——从诺曼征服到大宪章时期英格兰的法律与社会》,刘四新译,商务印书馆 2006 年版,第 209 页。

[117] [英]哈德森:《英国普通法的形成——从诺曼征服到大宪章时期英格兰的法律与社会》,刘四新译,商务印书馆 2006 年版,第 209 页。

[118] D. W. Sutherland, *The Assize of Novel Disseisin*, Oxford University Press, 1973, p. 127.

式，整个诉讼就可通过迅捷的方式解决”。[119]《威斯敏斯特法令 II》也明确指出，“没有其他领主法庭能够提供像新近侵占之诉那样快捷的程序”。[120] 1290 年的巡回中，法庭否定了被告延迟诉讼的建议，直截了当的理由就是，“因为这是新近侵占之诉”。[121] 总之，在 13 世纪法律人的眼中，新近侵占之诉近乎就是“高效”的代名词。

但不仅是更具效率，由于巡回审判与陪审制的引入，新近侵占之诉还可能较之行政化的令状更为公平。与行政化令状只依据当事人的“一面之词”不同，新近侵占之诉的调查由巡回法官和咨审人共同完成，从而有助于信息的获取与真实。尤其考虑到中世纪的农业社会性质，以及由此带来的“小型社区”的人际关系的紧密，土地侵占的行为，尤其是暴力的强占，往往为同一社区内的居民所知晓，这就使得当地的居民可能成为有关土地侵占行为的最可靠也是更低成本的信息来源。[122] 与此同时，较之权利诉讼中的司法决斗，咨审团的裁决也同样可能构成了一种更为“理性”与“公正”的审判方式。因此，无论是效率，还是公正，新近侵占之诉都可能较之权利诉讼具有更大的优势。

最后，这种民事化的新近侵占之诉也可能构成对于领主权力的制约，从而为小土地保有人提供更为“中立”的司法。尽管与作为刑事措施的侵占调查不同，此时的侵占之诉已大多由当事人提起，而并非基于咨审人的团体指控，但由于巡回法官的实际在场，依然可能在很大程度上鼓励那些小土地保有人对于大领主提出诉讼。毕竟，较之领主本人主持的领主法庭，在地方土地权益纷争中，国王派出的巡回法官无疑构

---

[119] Bracton，164b，转引自[英]梅特兰著：《普通法的诉讼形式》，王云霞、马海峰、彭蕾译，商务印书馆 2009 年版，第 69 页。

[120] D. W. Sutherland，*The Assize of Novel Disseisin*，Oxford University Press，1973，p. 126.

[121] Ibid.

[122] 正如波斯纳指出的，在缺乏文字与现代技术的初民社会，由于获得信息的费用比现代社会中要高得多，因此小型社区内的居民往往缺乏隐私。“为了减少信息费用，一种办法就是创造这样一种生活环境，在那里，每个人都了解其他每个人的每件事。初民社会之所以否认私隐，其作用就是要征集所有的人来通风报信和充当保安。”参见[美]波斯纳：《正义/司法的经济学》，苏力译，中国政法大学出版社 2002 年版，第 150～151 页。

成了更为“中立”的裁判者。[123] 尤其是在那些大领主侵占小土地保有人的案件中,巡回法官的“在场”,显然有助于改变底层民众在诉讼中的不利地位,并且可能鼓励作为裁判者的咨审人更加真实地表达自己的意愿。

这其中不乏“政治”的意涵。正如有学者指出的,“当封臣战胜了领主或穷人战胜了富人时,我们不能假设这必然代表了正义;但由于破坏正义的机会更多地掌握在那些上层的手中,巡回法官对于封臣的保护也往往是正义的,贫穷的自由民也将因此欢迎新近侵占之诉”。[124] 因此,新近侵占之诉的意义,也就不仅仅是为土地侵占纠纷提供了一种更中立的选择,同时还在一定程度上构成了英格兰“王权”获取底层民众的效忠与认同的重要途径。不论判决是否真的公正,底层民众在巡回法官的帮助下战胜领主与富人的事实,本身就构成了王权在底层社会的一次“集中展示”,也可能使更多的自由民“真实”感知王权的存在与强大。[125] 在这个意义上,与打击侵占的刑事措施一样,这种民事化的新近侵占之诉,也同样构成了中世纪英格兰早期现代国家治理的基本策略选择。

(三)“不经意”的胜利

基于以上优势,成功似乎是一种必然。但事实上,这并非一蹴而就的过程。有如前述,新近侵占之诉的产生,并非与领主法庭争夺管辖权的有意为之,而更多只是为了打击犯罪与维持治安的副产品。尽管随着巡回法庭的常规化,新近侵占之诉逐渐从“刑事”指控转向当事人的“民事”起诉,但这并不意味着安茹王室试图以此剥夺领主法庭的管辖

---

[123] 有如前述,夏皮罗的研究曾指出,与地方的贵族与法庭相比,国王的法庭更能超脱于在地方占支配地位的利益之外,因而可能为地方的居民提供了一个更“独立”的法官。参见[美]夏皮罗:《法院——比较法上和政治学上的分析》,张生、李彤译,中国政法大学出版社2005年版,第34~35页。

[124] D. W. Sutherland, *The Assize of Novel Disseisin*, Oxford University Press, 1973, p. 50.

[125] 国家认同的确立来自国家权力作用于个体的方式。参见 Joseph Strayer, *On The Medieval Origins of The Modern State*, Princeton University Press, 1970, p. 44-46。

权,更谈不上所谓“专横国王的致命一击”。[126] 相反,王室法庭的胜利,完全是不同制度之间竞争的结果:新近侵占之诉的诞生,并不意味着权利诉讼的结束,后者依然在很长时间内正常运转;而最初的新近侵占之诉也仅局限于“新近”发生的侵占,并不涉及其他事实导致的土地纠纷。正如密尔松指出的,在12、13世纪的英格兰,几乎感受不到两种法庭的对抗:“这种无序状态发生在一个本质上平静的世界里。领主们既没有反对巡回审判,也没有在其中扮演任何角色。在对巡回审判的讨论中,仿佛领主权并不存在”。[127]

这场隐形的竞争也很快有了结果。到13世纪初,新近侵占之诉已成为解决土地占有纠纷使用最频繁的诉讼形式,以至于最小额的土地权益也进入到巡回法庭之中。现存最早的12世纪90年代和13世纪初的记录表明,新近侵占之诉的标的中包含大量小额诉讼,比如一英亩的土地、“两块土地之间的田埂”,甚至一块墓地大小的土地,都可能进入巡回法庭的审判。[128] 这些记录表明,高效且低成本的新近侵占之诉已成为当事人的首要选择。尽管从理论上说,如果原告选择在领主法庭起诉也未尝不可,但就像卡内冈所言,这就好比“情愿点火把、燃油灯的人现在同样不会被强迫用电来照明一样”。[129] 而新近侵占之诉对于领主法庭的胜利,也如同电灯在现代社会的胜利一样毫无悬念。

成功也得益于自身的革新。尤其是12世纪末和13世纪初的一系列变革,在很大程度上促进了新近侵占之诉的普及。首先,在理查德一世早期,新近侵占之诉开始被用于租赁物的恢复。只要承租人拒绝给

---

[126] 参见[英]梅特兰对于“收回继承地之诉”的评价。F. Pollock, F. Maitland, *The History of English Law Before the Time of Edward I*, Vol. 2, Cambridge University Press, 1923, p. 57。

[127] [英]密尔松:《普通法的历史基础》,李显冬译,中国大百科全书出版社1999年版,第144页。

[128] D. W. Sutherland, *The Assize of Novel Disseisin*, Oxford University Press, 1973, p. 48.

[129] [比]卡内冈:《英国普通法的诞生》,李红海译,中国政法大学出版社2003年版,第43页。

付租金,出租人同样可以提起新近侵占之诉,以恢复租赁物的占有。[130] 其次,1198 年的改革还引进了对于土地相关动产的损害赔偿,而不只限于返还原物。赔偿的范围不仅包括已经损毁的动产,还包括土地耕种的损耗和诉讼花费,从而更能激励原告诉讼。[131] 最后,新近侵占之诉对于所谓“新近”的时间限定也逐步放宽。在 1200 年代,往往只限于巡回审之前的一到三年;而到了 13 世纪 30 年代,已大多延长至十年左右,[132]从而可能吸引更多的诉讼进入到王室法庭之中。

总之,无论是亨利二世时代的改革,还是此后的新变化,都使得安茹时期土地案件的诉讼重心转向王室巡回法庭。新的程序使得那些十分轻微的案件也常规化进入王室法庭之中,尽管“改革者们最初可能并不曾打算将这些案件例行交由王室法院审理”。[133] 这一变化对于领主法庭及整个领主权力的影响必然是深远的。虽然基于目前的资料,我们无法具体解读案件转移与领主权之间的关系,但是,“正是安茹王朝的改革一定程度上导致了领主法庭的衰落,这一点似乎是无法否认的”。[134] 此外,常规的王室救济手段也对实体法产生了影响;新近侵占之诉对于封臣的保护使得土地占有中蕴含的所有权因素也日益增强。

但这里始终不存在清醒的“意图”,也几乎看不到为了打击领主权力而有意为之的行动。改革的目标最初都集中在所谓“司法/正义缺失”的案件上;只有当领主法院怠于行使权力,或未能有效行使权力时,王室的干预才是正当的。即使在民事化的新近侵占之诉出现后,领主法庭依然继续受理相关的案件,甚至是依据王室令状提起的诉讼,也

---

[130] 当然,这里的租赁物依然限于土地及其他不动产。D. W. Sutherland, *The Assize of Novel Disseisin*, Oxford University Press, 1973, p. 52。

[131] Ibid., p. 53.

[132] D. M. Stenton, *English Justice between the Normand Conquest and the Great Charter, 1066 – 1215*, American Philosophical Society, 1964, pp. 101 – 103.

[133] R. C. van Caenegem, *Royal writs in England from the Conquest to Glanvill: Studies in the early history of the common law* (The publications of Selden Society), W. S. Hein, 1997, p. 286.

[134] [英]哈德森:《英国普通法的形成——从诺曼征服到大宪章时期英格兰的法律与社会》,刘四新译,商务印书馆 2006 年版,第 235 页。

依然可能在领主法庭结案。领主们如果认为案件被错误移送王室法院审理,还可能提出管辖权的异议。[135] 与此同时,考虑到当时王室法庭的规模,过于快速的管辖权扩张甚至是王室自身所无法承受的。[136] 事实上,在13世纪的早期,王室法官已经明显感到案件负担的压力,从而不得不限制王室法院的案件受理。除了拒绝非自由民的诉讼之外,王室法官开始鼓励庭外和解,并限制代理人的出庭。[137] 这些有意识地"减负"措施,也再一次表明,王室法院管辖权的扩张或许并非自身积极追求的结果,而是一场不经意的胜利。

四、安茹改革的谱系学

以上是对新近侵占令状的个案观察。

这些分析表明,作为中世纪最重要的王室司法工具之一的新近侵占令状,既非王室积极扩张管辖权的产物,也并非"数个不眠之夜"之后的天才创造;[138]它最初不过是斯蒂芬乱世之后用以打击犯罪与恢复治安的"刑事"应急措施,只是随着巡回审判的例行化与民众需求的增长,才逐渐发展成为例行的"民事"诉讼令状,并逐步取代了传统的诉讼形式,成为土地占有纠纷的主要解决方式。

在这里,我们隐约看到了新近侵占令状从"行政令状"到"刑事司法令状"再到"民事司法令状"的演进轨迹。但同时也看到,这一过程中并不存在纯粹的初衷,也并非所谓"令状司法化"的单线进化;相反,王室、法官与民众的各种不同需求与"意图"都以公开或隐蔽的方式参

---

[135] [英]哈德森:《英国普通法的形成——从诺曼征服到大宪章时期英格兰的法律与社会》,刘四新译,商务印书馆2006年版,第225页。

[136] 亨利二世末期已经感到了这种管辖权扩张带来的压力,参见W. L. Warren, *Henry II*, University of California Press, 1973, pp. 293 – 294。

[137] [英]哈德森:《英国普通法的形成——从诺曼征服到大宪章时期英格兰的法律与社会》,刘四新译,商务印书馆2006年版,第234页。

[138] Bracton, fo. 164b multis vigiliis excogitatum et inventam,转引自D. W. Sutherland, *The Assize of Novel Disseisin*, Oxford University Press, 1973, p. 6。

与其中,一次次地重塑着制度演进的目标与路径,[139]从而导致了可能是制度初创者完全意料不到的结果。在这个意义上,新近侵占令状所代表的司法治理典型地展现了一种"自生自发"的秩序。

这一结论同样适用于整个安茹时代的改革。作为安茹改革最重要的成果,新近侵占之诉的微观考察无疑为我们理解更宏大的历史进程提供了最佳的切入点。因此,在本章最后,我还将从新近侵占之诉的个案延伸至安茹时代改革的整体,进而理解中世纪英国司法制度演进的一般规律。依据传统观点,安茹司法改革往往被视作英格兰王室有意识的中央集权化的努力,旨在通过王室法庭管辖权的扩张来削弱领主的政治权力。[140] 但以上对于新近侵占令状的个案观察,却很大程度上动摇了这种观点,至少现有的证据很难证明改革者存在类似的"清醒意识"。回到有关安茹司法改革的学术史,类似的质疑实际上从一开始就产生了;对于改革的性质与目的,在不同学者之间也始终存在广泛的争论。[141]

(一)安茹改革的争论

从亨利二世时代开始的安茹改革,无疑是英国法律史上最重要的篇章之一。在梅特兰等早期研究者的笔下,亨利二世的改革"构成了削弱封建领主权力的一次集中且成功的努力"。[142] 正如他在评价改革措施之一的"收回继承地之诉"(mort d'ancestor)时指出的,"这是一个专横的国王对于封建主义的致命一击"。[143] 在梅特兰看来,安茹改革的

---

[139] 例如,在作为刑事司法化令状的新近侵占之诉诞生之初,亨利二世君臣对于社会治安与统治秩序的追求,就很大程度上偏离了行政化令状的初衷;而民众对于救济土地权利的需求,也使得刑事化的令状再次民事化。参见本章前述第2节与第3节的讨论;或参见 R. C. Caenegem, *Royal writs in England from the Conquest to Glanvill: Studies in the early history of the common law* (The publications of Selden Society), W. S. Hein, 1997。

[140] 参见 F. Pollock, F. Maitland, *The History of English Law Before the Time of Edward I*, Cambridge University Press, 1923。

[141] 关于这些争论的讨论,参见 J. Biancalana, "For want of justice: Legal reforms of Henry II", *Columbia Law Review*, Vol. 88, No. 3, 1988, pp. 433 – 536。

[142] F. Pollock, F. Maitland, *The History of English Law Before the Time of Edward I*, Vol. 1, Cambridge University Press, 1923, p. 136.

[143] Ibid., Vol. 2, p. 57

基本目标在于中央集权,在于王室权力对于封建领主权力的扩张;而实现目标的方式正是王室法庭与领主法庭的管辖权竞争。最终,凭借权威(王室背景)、高效(诉讼令状)与理性(陪审团)的诉讼程序,王室法庭赢得了竞争的胜利,由此建立了一个中央集权化的司法机构,并成功将案件从领主法庭转移到了王室法庭,也实现了对于封建领主的权力控制。

但密尔松(S. F. C. Milson)却反对这一观点。在他看来,亨利二世的改革并非出于抑制封建贵族的追求,而恰恰在于恢复与强化既有的封建构造,以确保"贵族们承担他们所应负的授予封臣以土地的义务"。[144] 在密尔松看来,亨利丝毫无意于驯服领主们在自己土地上的权力。至于所谓从领主法庭到王室法庭的转移,并非亨利二世的有意为之,也并非"某种政治政策或宪法原则的结果",而只是改革者"无意插柳"的意外结果。总之,密尔松从根本上否认了梅特兰以来的从管辖权竞争思考英国法庭史的传统模式,而更多从"封建主义法律构造"的视角来理解这场改革,尤其强调改革者在具体政治语境中创设新令状的偶然性。

对此,比安卡兰纳(Joseph Biancalana)进一步提出质疑。与密尔松一样,他首先批评了梅特兰有关改革目的的观点,认为"梅特兰有关亨利二世削弱贵族和封建主义的观点不具有说服力"。[145] 而之所以会出现这种"失误","是因为他将国王与封臣的关系过于简单化了";[146]他过于强调国王与领主的敌对,而忽视斯蒂芬乱世之后的国王与领主已经开始的默契合作。因此,比安卡兰纳也同样认为,安茹改革的初衷并不是削弱封建贵族的权力,更不追求王室权力的一家独大,而只是试图将国王与领主的权利义务关系调整到适当的状态。不过,与密尔松不同的是,比安卡兰纳并不认为这仅仅是对于传统封建构造的恢复,而认

[144] S. F. C. Milson, *Legal Framework of English Feudalism*, Cambridge University Press, 1976, p. 104.

[145] J. Biancalana, "For want of justice: Legal reforms of Henry II", *Columbia Law Review*, Vol. 88, No. 3, 1988.

[146] Ibid.

为同时也包括了重塑与突破。尤其在民事诉讼的管辖权上,王室法院逐渐突破了“领主法庭管辖权优先”的基本原则,发展出了常规的对于民事案件的王室管辖权。

更进一步,比安卡兰纳也质疑了密尔松将改革结果视作“偶然”的观点。在他看来,亨利的改革并非一堆无目的、无计划的应急措施的累积,相反,它恰恰是围绕有关民事管辖权的宪政原则而展开的。依据这一原则,只有当领主法院拒绝或无力审理案件(即所谓“司法/正义缺失”)时,国王对于民事案件的管辖才是正当的。[147] 但这一原则的本身又是一把双刃剑:它既可以被领主用来保卫封建法庭不受干预,也隐含了王室法庭的干预获得正当化的可能。显然,亨利二世选择了后者,其全部的改革也都围绕这一原则而展开,无论是权利令状、新近侵占令状还是收回继承令状,都旨在为新的王室司法管辖权提供正当化的依据。

因此,在这个意义上,亨利二世的司法改革,“既非对于领主的专横打击,也并非一组为了保护既有的封建构架而进行的毫无联系的试验;相反,它的每一项改革都在肯定领主法庭的合法地位的同时,塑造了王室法庭的合法性角色,并且始终是在一套被广泛接受的宪法原则的指导下完成的”。[148]

(二)理论反思:目标与性质

论争仍在持续。对于英国法律史的研究来说,安茹改革的是非得失,永远是争议不休的话题,随着史料的不断发掘,每一代研究者的成果中都不乏新材料或新观点的产生。在本章的最后,我也尝试在对新近侵占令状的个案考察的基础上,对于安茹改革的历史评价稍作展开,以作为本章的一个初步结语与理论反思。尽管新近侵占令状并不足以反映历史的全貌,但考虑到这一诉讼形式所扮演的关键角色,以下的分析依然可能具有普遍性。

---

[147] 自十世纪整个欧洲大陆的公共法院崩溃以来,对于民事纠纷的管辖权就成为了领主专属的权力与职责,而国王的干预则是例外与有限的。参见参见[法]布洛赫:《封建社会》(下卷),李增洪、侯树栋、张绪山译,商务印书馆2007年版,第612~617页。

[148] J. Biancalana, “For want of justice: Legal reforms of Henry II”, *Columbia Law Review*, Vol. 88, No. 3, 1988.

有关安茹改革的争论集中在目标与性质两方面。前者的焦点在于改革是否以削弱领主权力为目标；而后者则关注改革的性质，究竟是一场意图明确的改革，还是一些毫无联系的尝试的集合。有如前述，对于这两个问题，梅特兰均持肯定态度（改革以削弱领主为目标且意图明确）；[149]而密尔松则持否定观点（改革旨在恢复封建构造且大多不经意）；[150]而比安卡兰纳，则倾向于否定前者的同时支持后者，认为安茹改革对于王室权力的扩张，既没有过多损害领主的权力与地位，也始终遵循了一致的原则与进路。[151] 而本章的分析则并非对于既有观点的支持或反对，而是试图超越"对抗/依赖"、"偶然/必然"的对立，探索安茹改革所蕴含的一般性的经验启示与理论意涵。

首先，在"目标"问题上，我同样不赞同将削弱领主权力视作改革的初衷。新近侵占令状的分析已表明，在改革之初，亨利二世首先面对的是斯蒂芬乱世以来的社会失序问题，改革的目标也集中在打击犯罪和维持治安，而并非王室法庭管辖权的扩张。[152] 无论是《克拉灵顿法令》还是《北安普顿法令》，无论是巡回审判还是咨审团控诉，其根本任务都在于刑事案件和土地纠纷的调查与指控，而并非剥夺领主法庭的管辖权。同时这些做法在最初往往是"临时性"的，巡回法官在完成任务后即行中止，也并非从一开始就打算将这些做法作为常规的措施固定下来。相反，亨利的改革还往往表现出对于领主权力的尊重：无论是权利令状中的"怠于司法"，还是新近侵占令状的"未经合法判决"，都

---

[149] F. Pollock, F. Maitland, *The History of English Law Before the Time of Edward I*, Vol. 1, Cambridge University Press, 1923, p. 136.

[150] S. F. C. Milson, *Legal Framework of English Feudalism*, Cambridge University Press, 1976, p. 104.

[151] J. Biancalana, "For want of justice: Legal reforms of Henry II", *Columbia Law Review*, Vol. 88, No. 3, 1988.

[152] R. C. Caenegem, *Royal writs in England from the Conquest to Glanvill: Studies in the early history of the common law* (The publications of Selden Society), W. S. Hein, 1997, pp. 281 - 286.

意味着领主法院依然在此类诉讼中继续扮演重要角色(至少理论上如此);[153]而王室干预则更多是对于领主法庭的“司法/正义缺失”的非常规的救济与补充。

但并非不存在强化王权的努力。至少较之斯蒂芬时期,亨利二世扩张或恢复王室权力的意图是显而易见的,他显然是要夺回那些在乱世期间为领主所侵夺的王室权力。[154] 也正是在这个意义上,密尔松认为亨利的目标与其说是削弱领主的权力,不如说是对于原有“封建架构”的恢复,使得国王与贵族的权利义务关系恢复到亨利一世时期的状态。[155] 可事实上,改革的结果却远远超出了“恢复到其祖父时代”的目标;尽管理论上的管辖权并没有多大改变,但大量纠纷却在事实上从领主法庭转移到了王室法庭。我们当然可以将其视作安茹改革的一个“意外后果”,但如果考虑到国王强化权威的意图,这种事实上的管辖权转移,对于王室而言,又何尝不是一种“理想”结果呢?或许,在这个意义上说,改革者的“理想”本身就是复杂的——在“维护领主地位”与“强化王室权威”这两个看似抵触的目标之间,并非截然的对立。

回到中世纪的封建结构,国王与领主的关系也同样复杂。尽管不可避免存在对抗,但两者的关系从根本上说是相互依赖与合作的。与传统的“封建割据”理论不同,许多研究都表明,封建领主并非王权的“天然反对派”,更不是非此即彼的对立;[156]相反,在一定条件下,封建主义还可能强化王室的权威,并构成国家权力的基础。这一点在英格兰表现得尤为明显。诺曼征服者引进封建主义的初衷是加强王权的统

---

[153] [英]哈德森:《英国普通法的形成——从诺曼征服到大宪章时期英格兰的法律与社会》,刘四新译,商务印书馆2006年版,第225页。

[154] W. L. Warren, *Henry II*, University of California Press, 1973, p. 264.

[155] 参见 S. F. C. Milson, *Legal Framework of English Feudalism*, Cambridge University Press, 1976。

[156] 对于封建割据理论模式的批评,参见孟广林:《英国封建王权论稿——从诺曼征服到大宪章》,人民出版社2002年版,第8~14页。

治，领主权力首先是作为王权的延伸而存在的。[157] 在诺曼与安茹的大部分时期，领主与国王之间也大都保持了合作的“双赢”；即便在“斯蒂芬乱世”，大多数的封建领主也依然以王权的地方代理人而自居，并积极维护中央王权的稳定。[158] 因此，在乱世之后，面对恢复统治秩序与王室权威的治理任务，亨利二世同样有必要寻求封建领主的支持与合作，这不仅包括与大贵族在中央政府的紧密合作，也包括对于地方领主权威的尊重与稳定。[159] 至少，我们很难想象，亨利的改革从一开始就以削弱领主权力为目标。

事实上，就像福柯在他的“微观权力”理论中所暗示的，真实的权力运作往往并非静止不变，或是充满对抗。权力从来不是一个实体，“它从不在某些人手中，也不像财产那样被据为己有”；相反，它更多的是相互交错的网络，“在这个网上，个人不仅在流动，而且他们总是既处于服从的地位又同时运用权力”。[160] 因此，那种将国王权力与领主权力视作非此即彼的对立观点，在很大程度上是将权力简单理解为自上而下的单向压迫，而忽视了两者的相互作用与妥协。在“微观权力”的视野中，两者的权力都处在流动之中：国王权威的强化并不必然意味着领主权力的缩减；而领主权力的巩固也同样可能构成对于王权的支撑。因此，我们看到，当新近侵占之诉开始出现时，几乎不曾遇到明显反对；相反，出于维持秩序的考虑，不少领主可能欢迎这一做法并愿意部分“放弃”管辖权。[161]

---

[157] 哈德森的研究表明，“不应认为领主法院一定和王室法院或其他地方法院相冲突，相反，应将其视为征服者们统治英格兰的工具之一”。参见［英］哈德森：《英国普通法的形成——从诺曼征服到大宪章时期英格兰的法律与社会》，刘四新译，商务印书馆2006年版，第58页。

[158] F. Stenton, *The First Century of English Feudalism, 1066 – 1166*, Oxford University Press, 1979, pp. 216 – 217；或参见孟广林：《英国封建王权论稿——从诺曼征服到大宪章》，人民出版社2002年版，第145～154页。

[159] W. L. Warren, *Henry II*, University of California Press, 1973, pp. 264 – 294.

[160] ［法］福柯：《必须保卫社会》，钱翰译，上海人民出版社2004年版，第27～28页。

[161] 实际上，卡内冈的研究也表明，由于不同领主在实力上的差距，对于许多小领主而言，判决的执行几乎无法想象。许多时候，主持领主法庭的审判不仅不是获得权威和金钱收益的来源，而且还可能成为难以承受的义务和负担。参见 R. C. van Caenegem, *Royal writs in England from the Conquest to Glanvill: Studies in the early history of the common law* (The publications of Selden Society), W. S. Hein, 1997, p. 25。

总之,在这一理论视野中,“强化王室权威”与“巩固领主权力”之间并非截然对立,而可能共存于改革者的“理想”之中。

另一个争论是改革的“性质”,即所谓安茹改革,究竟是基于顶层设计的“整体行动”,还是一些临时措施的“松散集合”?对此,梅特兰与比安卡兰纳都倾向于前者;[162]只不过,梅特兰更强调安茹改革的目标是削弱领主权力,而比安卡兰纳则认为贯穿改革始终的是所谓“司法/正义缺失”的宪法原则。[163] 依据这一原则,在承认领主法庭管辖权的前提下,国王通过审理那些领主拒绝受理或审判不公的案件,逐步确立王室法庭在民事诉讼中的合法性,无论是巡回审判,还是新近侵占令状等诉讼程序,都始终遵循这一原则。因此,在比安卡兰纳看来,司法管辖权从领主法庭向王室法庭的转移,并非如密尔松所说的“改革的意外结果”,而依然是亨利二世君臣有意追求的结果;同时这种追求也并非无计划的尝试,而是一场拥有既定原则与目标的“整体性”改革。[164]

但新近侵占令状的历史却似乎很难印证这一点。历史的回溯表明,作为安茹改革核心的新近侵占令状,并非少数人天才智慧的突然迸发,而实际上经历了自诺曼时代以来的令状司法化的漫长演进。尽管最初的行政令状同样旨在对于领主的“司法/正义缺失”予以补救,但本身却只是一种非常规的救济,并不存在王室法庭的普遍管辖权。即便是当新近侵占令状在1166年第一次被创设出来时,它也并非王室法庭追求管辖权扩张的结果,也并非基于领主法庭的“司法/正义缺失”,而更多是亨利二世君臣在斯蒂芬乱世之后恢复治安的“刑事”应急措施。[165] 尽管这其中可能同样包含了对于领主“司法/正义缺失”的考量,但打击犯罪与抑制动乱的“刑事”目标却无疑占据压倒性的地位。在

---

[162] 参见 F. Pollock, F. Maitland, *The History of English Law Before the Time of Edward I*, Vol. 1, Cambridge University Press, 1923。

[163] J. Biancalana, “For want of justice: Legal reforms of Henry II”, *Columbia Law Review*, Vol. 88, No. 3, 1988.

[164] Ibid.

[165] 参见 R. C. Caenegem, *Royal writs in England from the Conquest to Glanvill: Studies in the early history of the common law*(The publications of Selden Society), W. S. Hein, 1997, p. 281。

这个意义上,如果说诺曼时代的行政令状来自"司法/正义缺失"的原则的话,在1166年开始的有关侵占的刑事调查中,却很少受到这一原则的影响。

其次,即便真的存在一个原初的"意图",它本身也处于不断变动之中,并始终存在与社会需求的互动。例如,在对于侵占的刑事调查之初,尽管王室的意图显然在于打击侵占与恢复秩序,但最初的打算却仅仅是一次"临时措施",而并不被视作"一个常规的实践或是持续的新程序"。[166] 因此,在完成了全国的巡回之后,对于侵占的调查即告终止,在此后的数年也没有恢复。只是随着民众的呼声再次出现,有关侵占的巡回审才在十年之后恢复,并逐渐成为常规。[167] 不仅如此,随着常规巡回审的展开,被侵占土地的当事人也开始越来越多地将案件主动提交巡回法官,并最终引发了新近侵占之诉的"民事化"。[168] 虽然其中可能同样隐含了王室扩张管辖权与自身权威的努力,但它并非王室的"一厢情愿",而更多是王室意图与社会需求的"合谋"。一方面,底层民众成功利用王室的司法程序,以获取自身权益的保护;另一方面,王室在回应民众诉求的同时,也实现了维持秩序与强化权威的双重目的。

在这个意义上,对安茹改革的历史回溯,或许最典型地展现了英国司法治理的"自发"秩序。在这里,任何试图追求"单一终极因"的努力都注定是徒劳的;相反,来自王室与基层社会的各种"大相径庭"的诉求,都一次次地重塑着改革的目标与方向,从而导致了结果与初衷的背离。在最终成型的新近侵占之诉的背后,王室维持治安的"刑事"目标与民众保护自身权益的需求相互交缠,并同时隐含着王室强化自身权威的"政治"企图。在整个改革过程中,并不存在一个清晰严密的"统

---

[166] 参见 R. C. Caenegem, *Royal writs in England from the Conquest to Glanvill: Studies in the early history of the common law*(The publications of Selden Society), W. S. Hein, 1997, p. 285.

[167] R. V. Turner, *The Enlish Judiciary In The Age of Glanvill and Bracton*, 1176 – 1239, Cambridge University Press, 1985, pp. 20 – 21.

[168] D. W. Sutherland, *The Assize of Novel Disseisin*, Oxford University Press, 1973, pp. 14 – 15.

一部署"，而更多是分散的应急措施与零星试验。[169] 因此，在对于安茹改革的历史研究中，任何试图"将独特事件化入一个理念的连续性之中，或化入一个目的论的链条之中"的努力都不免归于失败。

或许，就像福柯在他的"谱系学"理论中所揭示的，真正的历史，恰恰存在于"无数偶然的事件堆中，没有里程碑，也没有一个原初的坐标"，[170]而历史研究的意义即在于在那些"出人意料的地方"或是"通常认为没有历史的地方守候这些事件"，[171]并尽可能细致地将这些偶然事件从相互交错、层层累积的谱系中重新展现出来。也仅此而已。

---

[169] 例如，对于是否采用咨审人团体控告犯罪或侵占，最初即不存在统一的规范，它们"有时由王室法官决定，有时由当事人决定，有时由地方社区决定"。[英]哈德森：《英国普通法的形成——从诺曼征服到大宪章时期英格兰的法律与社会》，刘四新译，商务印书馆2006年版，第152页。

[170] [法]福柯：《尼采·谱系学·历史学》，苏力译，载《学术思想评论》第4集，辽宁大学出版社1999年版。

[171] 同上注。

第二编　中央与地方

第三章 控制地方：郡法庭与巡回法庭

第二编“中央与地方”，关注的是司法在国家治理的“跨地方化”中所扮演的角色；或者说，试图考察国家权力如何通过法庭技术从中央延伸到社会底层。

这种关注同样是“语境化”的。在中世纪欧洲，财政供给的有限性，决定了中央权力的延伸必须是低成本的，统治者往往无力供养科层制的地方官僚队伍，而不得不依靠大领主和大商人等地方中介力量。这种具有自足收入的“家产制”代理人，虽然降低了治理成本，但也带来了世袭化与离心化的倾向，加剧了代理风险。① 这就出现了一个“成本”与“风险”的两难，即如何在维持低成本地扩展中央权力的同时，防止地方权力中心的产生？正是围绕这

① 关于这一问题的讨论，参见［德］韦伯：《支配社会学》，康乐、简惠美译，广西师范大学出版社 2004 年版，第 123～155 页。进一步的讨论，参见［美］埃特曼：《利维坦的诞生：中世纪及现代早期欧洲的国家与政权建设》，郭台辉译，上海人民出版社 2010 年版，第 6～10 页；或参见［美］夏皮罗：《法院——比较法上和政治学上的分析》，张生、李彤译，中国政法大学出版社 2005 年版，第 97～99 页。

一问题,英国的地方治理中先后出现了郡长、总巡回法庭、特殊巡回法庭和治安法官等多种形式的代理人,中央权力与地方权力也随之展开了多个回合的角逐。

但也有学者不赞同这一解说。在他们看来,这一理论过于强调统治者"自上而下"的"控制"(control),而忽视了英格兰的地方"自治"(self - governance)传统。"自治"的传统来自盎格鲁 - 撒克逊时代,并在诺曼和安茹王朝时期得以延续。因此,对于所谓"地方权力中心"的担忧,不仅毫无必要,而且应当警惕这种"担忧"背后的"集权主义"倾向。相反,正是在权力的"地方化"过程中,才最好的保留了英格兰的"自治"与"自由"的传统。在这一"自上而下"的进路中,王室的巡回法庭也不再是地方治理的主要力量,地方治理主要依赖郡法庭和治安法官等地方自治组织。[②] 因此,就中世纪英国地方司法机构的变迁而言,一个不可忽视的动力正来自地方"自治"的发展与"反集权"的持续努力。

对于两种看似矛盾的观点,本书并非简单地支持或反对,而是试图回到历史"语境"中,具体地理解与重构中世纪英国地方司法的变迁史。分析将表明,这一时期的制度变迁中,"控制"与"自治"这两种不同方向的努力始终同时存在。在试图"控制"郡长与郡法庭的努力失败后,安茹时期的英格兰逐渐形成了"郡法庭 + 总巡回法庭"的共同治理,从而在事实上构成了一种"自治"与"控制"相结合的二元治理结构。而随着新的社会关系与社会阶层的产生,从 14 世纪开始,不堪重负的总巡回法庭(General Eyre)逐渐让位于更为专业化的"特殊巡回法庭"(Assize),而传统的郡长与郡法庭也逐渐为新型的"治安法官"(Justices of Peace)所代替。这两种新的代理人之间的相互融合与重叠,进一步强化了"控制"与"自治"的相互渗透,也在一定程度上构成了单纯剧场化的"统治权技术"向更为多元、隐蔽和高效的治理策略的

② 参见 William Stubbs, Constitutional History of England, Vol. 1, Oxford University Press, 1898, p. 546;或参见 F. J. Doodnow, "Local Government in England", *Political Science Quarterly*, Vol. 2, 1887, p. 648。

转型。

第三章首先讨论郡法庭与总巡回法庭。

一、地方治理的难题

现代国家的形成与治理，很大程度上依赖于国家基础权力的扩展。[3] 但这种国家权力及其代理人的下移，又往往带来代理风险与监控的问题，尤其是在中世纪的物质条件下，这一问题更加突出。正如有学者指出的，中世纪地方治理的基本矛盾，即来自于国家监控地方代理人的需求与物质资源匮乏之间的紧张。[4]

首先是代理人的监控。有如前述，早期现代国家的形成，意味着国家治理将超越国王"人身"的限制，通过代理人的派出，实现中央权力对于底层社会的渗透与控制。但经济学原理也提醒我们，任何"委托—代理"关系的建立，都意味着潜在的"道德风险"。[5] 这一理论假定，人

---

③ 依据迈克尔.曼(Michael Mann)的理论，所谓"基础性权力"，与"专断性权力"不同，它不关注国家权力行使的范围或方式，而代表了国家通过税收、统计、警察等"基础设施"在领土范围内贯彻其决定的制度能力，是衡量国家权力对于底层社会辐射和渗透的指标。参见[英]迈克尔.曼：《社会权力的来源》(第2卷)，陈海宏等译，上海人民出版社2007年版，第69～71页。

④ 阿登特(Gabriel Ardent)的研究指出，在西欧国家形成过程中，国家基础权力的发展是统治者在一定社会经济条件下作出理性选择的产物。参见Gabriel Ardent, "Financial Policy and Economic Infrastructure of Modern States and Nations", in Charles Tilly ed., *The Formation of National States in Western Europe*, Princeton University Press, 1975, pp. 174－193，或参见[美]夏皮罗：《法院——比较法上和政治学上的分析》，张生、李彤译，中国政法大学出版社2005年版，第97～99页。

⑤ 依据"委托—代理"关系的理论，委托人与代理人的"目标不一致"和"信息不对称"，导致了缔约前的"逆向选择"和缔约后的"道德风险"。在订立委托合同之前，主要的目标是选择合作的伙伴，这一阶段主要是由市场机制决定的。在这一阶段产生的信息问题主要是"隐蔽信息"问题，即合同双方隐蔽各自私有信息以及"逆向选择"的问题。在双方缔约后，主要的关系是组织内部的协调，受到组织内部机制的制约。这一阶段的信息问题是"隐蔽行为"的问题，即所谓的"道德风险"。Kenneth Arrow, "The Economics of Agency", in *Principals and Agents*, edited by J. Pratt and R. Zeckhauser, Harvard University Press。或参见周雪光：《组织社会学十讲》，社会科学文献出版社2003年版，第48～54页。

总是具有自利的倾向,并追求自身利益的最大化,因此,委托人与代理人的利益也并不始终一致,甚至可能存在严重的背离与冲突。又由于信息的不对称,代理人的行为往往难以被委托人观测,这就可能进一步加剧机会主义的倾向,甚至损害委托人的利益。而要避免"道德风险"的发生,最为直接的途径就是委托人增强"监控"的力度来获取更多的信息,防止代理人的隐蔽行为和目标偏离。因此,对于国家的统治者而言,要实现国家治理的"跨地方化"和权力的向下延伸,首要的问题,即在于对地方代理人的监督与控制,以保持代理人与统治者的目标一致。

回到中世纪的西欧,这一问题更加复杂。物质资源与财政供给的不足,决定了中世纪的国家治理几乎必然是追求"低成本"的,它无力供养一只庞大的纯粹科层制的地方官僚队伍,而不得不较多依靠地方贵族、大领主、大商人等地方精英作为中介。⑥ 由于这些中介力量往往具有自给自足的收入来源,而不依赖于国家财政的供给,因而可能很大程度上降低治理的成本。然而,这种相对"节省"的治理却存在着先天缺陷:收入的自足,同时也使得这些代理人往往可能产生世袭化的倾向,并逐步蜕变为对抗王权的离心力量,走向国家整合的反面。同时中世纪财政的匮乏与信息交流的不便,也意味着统治者信息获取的困难,从而加剧了信息的不对称,对代理人的监控也更加薄弱。因此,"如何在不花费很大成本的情况下将中央的政治权力施加到地方,并且不会产生足以对抗中央权威的地方权力中心",⑦也就成为了早期现代国家治理所面临的首要问题。

从社会学视角进入,这实际上提出了一个家产制的代理人问题。在回顾中西方国家形成的历史基础上,马克斯·韦伯区分了官僚制

---

⑥ 正如蒂利指出的,中世纪与近代早期的的欧洲国家都或多或少地依赖于某种"中介"的间接统治,比如,教士、贵族、商人或是雇佣兵。尽管这种间接统治冒着不忠、欺骗、腐败和反叛的风险,但却使得统治者不用在财政上支持和豢养一个庞大的管理机构成为可能。参见[美]蒂利:《强制、资本与欧洲国家990—1990》,魏洪钟译,上海人民出版社2007年版,第28页。关于"间接统治"与"直接统治"的讨论,也可以参见David Waldner, *State Building and Late Development*, Conell University Press, 1999, pp. 21 – 23。

⑦ [美]夏皮罗:《法院——比较法上和政治学上的分析》,张生、李彤译,中国政法大学出版社2005年版,第100~101页。

(bureaucratic)与家产制(patrimonial)两种不同的国家代理人的理想类型。[⑧] 所谓官僚制代理人,是以非人格的、"即事化"目的为导向的训练有素的职业化官员,这些官员往往由国家支付货币化的俸禄,上下级之间只构成职务范围内的服从关系,而排除情感化的人身依附。[⑨] 但这种代理人的出现,须以货币经济的发达和国家财政充裕为前提,因此,只有在资本主义的现代社会,典型的官僚制组织才成为了西欧国家治理的常态。而在此之前,更为常见的是家产制国家的代理人。[⑩] 但由于仍然依循了家父长权力的运行方式,家产制国家的代理人往往没有稳定的、经常性的薪俸,而更多地从他们占有的行政管理收费和土地采邑中获取收入;官员与统治者的关系也是建立在人身依附基础上的奴仆的忠诚。[⑪]

这种家产制官员的优势十分明显。在前资本主义时代的社会物质条件下,依赖"承包制"的管理收费和土地采邑收入的家产制官员,无疑是一种"低成本"的选择。它不仅免去了中央财政的负担,同时还可以有效激励地方官员的积极性,从而在一定程度上克服由财政供给不足带来的权力延展的困局。但家产制又是一把双刃剑。建立在行政职能"承包"与"私人忠诚"基础上的家产制体系,在实现治理的低成本的

---

⑧　关于韦伯理论中官僚制与家产制的讨论,参见[德]韦伯:《支配社会学》,康乐、简惠美译,广西师范大学出版社2004年版;[德]韦伯:《支配的类型》,康乐等译,广西师范大学出版社2004年版;[德]韦伯:《经济与社会》,林荣远译,商务印书馆1997年版;[德]韦伯:《儒教与道教》,洪天富译,江苏人民出版社2003年版;[德]施路赫特:《理性化与官僚化:对韦伯之研究与诠释》,顾忠华译,广西师范大学出版社2004年版。

⑨　[德]韦伯:《支配社会学》,康乐、简惠美译,广西师范大学出版社2004年版,第24~30页。

⑩　这里所谓的家产制,产生于家父长制(patriarchalism)向外扩展的基础之上,当家父长把对于家族支配的权力扩展至家族之外的地域与人口时,家父长权力也就转变成为国家的政治权力(主要是军事与司法权力),家产制国家也由此产生。同上注,第103页。

⑪　[德]韦伯:《支配的类型》,康乐等译,广西师范大学出版社2004年版,第339~340页。

同时,也带来了严重的代理人监控问题。[12] 由于俸禄的私人占有,家产制的官员不可避免地具有"世袭化"的倾向,职务本身也往往成为家族的私有财产,以至于统治者失去对于官员任免的控制。尤其是在中世纪封建社会,职位一旦为封建贵族所占有,就可能发展成为对抗王权的地方权力中心。因此,"如何确保支配之统一性,防止官吏及其继承人占有官职,并对抗任何可能导致官吏获取独立权力的企图",[13]也就成为家产制国家必须面对的难题。

问题的解决首先有赖"信息"。自下而上的信息传递机制的建立,可以在很大程度上减少代理人的隐蔽行为与道德风险。[14] 韦伯的研究也证实了这一点。中西方国家治理的历史都表明,对于家产制官员的控制往往从加强官员的监督入手。但由于中世纪财政供给的不足,这种监督的方式又往往是分散与不连续的。首先一种方式就是加强支配者本人(国王)的巡视,通过"不断现身"来"维持其对子民的权威",以实现"君主无处不在"的目标,[15]比如,封建社会早期盛行的"巡游王权"(Itinerant kingship)。[16] 同时为了弥补君主人身的有限,还可以特别

---

⑫ 蒂利的研究较多地展现了这一点。在蒂利看来,西欧国家形成的关键就在于建立可以有效地汲取所需资源的机构,尤其是对于"资本"与"强制力"这两种资源的吸纳。而在中世纪的条件下,对于资本与强制的吸纳几乎都是通过各种类型的家产制代理人而实现的,这在减少财政负担的同时也带来了严重的代理人监控的难题。直到现代社会之后,随着国家自身的财政与军事机构的建立,才最终获得了对于资本与强制的直接控制。参见[美]蒂利:《强制、资本与欧洲国家 990—1990》,魏洪钟译,上海人民出版社 2007 年版。

⑬ [德]韦伯:《支配社会学》,康乐、简惠美译,广西师范大学出版社 2004 年版,第 152 页。

⑭ Kenneth Arrow, "The Economics of Agency", in *Principals and Agents*, edited by J. Pratt and R. Zeckhauser, Harvard University Press;周雪光:《组织社会学十讲》,社会科学文献出版社 2003 年版,第 48 ~ 54 页。

⑮ [德]韦伯:《支配社会学》,康乐、简惠美译,广西师范大学出版社 2004 年版,第 152 页。

⑯ "巡游王权"是指国王常常率领王廷"巡游"王国各地,监督、威慑镇守地方的大贵族,以确保王令的传达与贯彻;又便于王室分布于各处的庄园就地消费,以克服因交通不便、商品经济不发达而造成的转运所需物资的困难。参见孟广林:《英国封建王权论稿——从诺曼征服到大宪章》,人民出版社 2002 年版,第 282 ~ 283 页。例如,12 世纪之前的英国王权就被视作"巡游王权"的典型。参见 D. C. Douglas, *The Conqueror William*, University of California Press, 1964, pp. 289 – 290。

派遣官吏巡视全国，以更多地掌握有关代理人的信息，比如加洛林王朝的“巡察使”（missi dominici）。[17] 此外，统治者的监督方式，还包括规定官吏“定期到中央述职的义务”（日本的大名），“有系统地利用密探或正式的检察官来监督官吏”（中国的御史）[18]或是“在同一辖区内设置互相制衡的官职”（英格兰的验尸官与郡长）。[19] 显然，这些措施都有助于统治者获取代理人信息，从而降低信息的不对称，减少代理人获得独立权力的风险。

不仅是监督。克服道德风险的另一个选择是“激励兼容”的增加。所谓“激励兼容”（incentive compatibility），就是通过一定的机制，使得委托人与代理人的利益与目标尽可能一致，从而激励代理人分享信息与减少隐蔽行为。[20] 历史上对于家产制官员的控制，也在许多方面体现了这一努力。例如，“将自己的族人或姻亲派驻于要地”和“要求官吏的儿子至宫廷服务”（侍从集团）的做法都可能增强代理人与委托人的利益一致。而“缩短官吏的任期”和“官吏不得任职于其有土地与亲

---

[17] ［德］韦伯：《支配社会学》，康乐、简惠美译，广西师范大学出版社 2004 年版，第 152～153 页。

[18] 中国古代对于地方官员的监督，在常规的任命、考核与监察之外，也经常地派出中央政府官员调查地方的情形。例如，西汉的刺史、东汉的州牧、唐代的观察使与节度使、清代的巡抚和总督，最初都是派往地方巡视观察的中央官员。但由于中国的地域广大与各巡视地方的政务繁多，这些官员到达地方后往往驻扎下来，结果成为了地方更高一级的地方长官，并逐渐发展为地方的割据势力。“本意在中央集权，而演变所极，却成为尾大不掉。”参见钱穆：《中国历代政治得失》，三联书店 2005 年版，第 44～45 页。

[19] 验尸官（cororner）最早出现于诺曼王朝，在亨利二世的改革中成为一种常规的制度。验尸官专门负责侦查并向王室巡回法官汇报所有突发的非正常死亡案件。验尸官还可召集陪审团直接向法庭提出谋杀罪指控。而在其他的一般案件中，这些任务主要是由郡长完成的。因此，这在事实上构成了对于郡长权力的制约，确保了所有最严重的刑事犯罪案件的司法管辖全部掌握在王室司法之中。参见黎敏：《西风检察制度史研究——历史缘起与类型化差异》，清华大学出版社 2010 年版，第 183～184 页。

[20] 经济学理论认为，克服道德风险的主要方法是“监督”与“激励”。在委托—代理契约中，代理人拥有更多的信息，而委托人又不能直接观察或需要花费一定代价才能观察到代理人的行为，从而诱发隐蔽行为的道德风险。因此，可能的解决方法除了增加投入获取更多信息（监督）之外，另一个重要的方式就是给予代理人一定代价使得他愿意将私有信息与委托人分享，或主动采取行动与委托人的目标保持一致，这就是所谓的“激励兼容”。参见周雪光：《组织社会学十讲》，社会科学文献出版社 2003 年版，第 53～54 页。

族的地区”(中国)的规定,[21]则可能降低官员与地方利益的结合,同样有助于激励兼容的实现。当然,更为普遍和有效的方式,还是任用那些并非出身大贵族或上等阶层的人担任重要的政府官员。[22] 由于这些“起于尘土”的官员本身没有任何社会资历与声望,而“必须完全依赖支配者才能获得这种势力与声望”,[23]因此,较之贵族与其他社会上层,这些代理人的利益也可能在最大程度上与委托人(王室利益)保持兼容。

当然,以上讨论只是理论模型的建构与历史经验的概括,而并非解决地方治理问题的标准答案;在不同的环境中,各种措施的效果也都各不相同。因此,要真正解决英格兰早期国家治理中的代理人监控问题,遏制家产制官员的世袭化与离心化倾向,依然需要首先回到具体的历史语境之中。

二、郡长制的努力与局限

本节的讨论首先回溯到1154年之前的诺曼王朝,回到英国地方治

---

[21] [德]韦伯:《支配社会学》,康乐、简惠美译,广西师范大学出版社2004年版,第153页。例如,清代既不允许州县官在本省任职,也不允许其在距其家乡500里以内的邻省任职。参见瞿同祖:《清代地方政府》,范忠信、晏锋译,何鹏校,法律出版社2005年版,第40页。

[22] 这一做法在英格兰的历史上屡见不鲜。例如,诺曼王朝的亨利一世就曾经大力擢用“新人”参政,以遏制大贵族的势力。这些所谓“新人”大多出身寒微、地位卑下却识文有术,被称为“起于尘土之人”。此后,亨利二世也曾提拔理查德·卢西(Richard Lucy)和格兰维尔等“新贵”。而都铎时期的亨利七世与亨利八世等专制君主更是“唯才是举”,依据个人的能力和忠诚大胆地起用中等阶层。关于这些问题的讨论,参见C. A. Newman, *The Anglo-Norman Nobility in the Reign of Henry I*, 1986, p. 96;孟广林:《英国封建王权论稿——从诺曼征服到大宪章》,人民出版社2002年版,第104~105页,或第124~125页。

[23] [德]韦伯:《支配社会学》,康乐、简惠美译,广西师范大学出版社2004年版,第154页。

理的最初尝试——郡长制。[24] 这一部分的分析将表明,作为英格兰国王的地方代理人的郡长,较为典型地展现了"家产制"代理人的特点与潜在问题;而国王所采取的各种制约郡长的措施也在很大程度上代表了"支配者谋求统一性"的努力。同时我的论证还将指出,要加强对代理人的支配,仅仅是强调监督或是替换"新人"依然是不够的,这只是"量"上的改变,依然无法从"质"上避免离心倾向的产生。因此,要解决地方治理中的"成本"与"风险"的两难,在郡长制度之外,英格兰统治者仍然需要寻求新的制度补充。

(一)从方伯(伯爵)到郡长

中世纪英格兰的地方治理,首先是从郡长制开始的。早在盎格鲁-撒克逊时代晚期,随着英格兰统一国家的初步形成,已经逐渐形成了郡(Shire)、百户区(Hundred)与村社(vill)三级地方管理体系,其中又以郡的设置最为重要。[25] 一般观点认为郡的出现大约在10世纪,被视作统一国家形成的标志。[26]

相比郡的区划的出现,郡长(sheriff)这一职位的出现则要晚的多。最初,郡的最高长官是具有官方色彩的方伯(ealdorman),它们或来自于统治该地区的王室家族,或是由国王任命到该职位之上的王室亲贵。任命方伯的主要原因是国王需要地方治理上的帮手和代理人。他们负

---

[24] 这一部分的论述,较多地参考了 B. Lyon, *A Constitutional and Legal History of Medieval England*, Norton, 1980; W. A. Morris, *The Medieval English Sheriff to* 1300, The University Press, 1927; R. C. Palmer, *The County Courts of Medieval England, 1150 - 1350*, Princeton University Press, 1982。

[25] 英格兰的各郡的来源是多样化的:比如,最早出现的诺福克(Norfolk)和萨福克(Suffolk),即来自宗教教派的划分;英格兰南部和东部的肯特(Kent)、苏塞克斯(Sussex)、米德尔塞克斯(Middlesex)和萨利(Surrey)等郡来自最初的面积较小的王国,在它们臣服于威塞克斯(Wessex)王国后,成为了王国内部的"次王国"(subkingdom);而至于中北部的各郡,则大多是10世纪以来,在收复丹麦人占领区的过程中逐渐设立的。B. Lyon, *A Constitutional and Legal History of Medieval England*, Norton, 1980, p. 61。

[26] 最初,在7世纪初,当盎格鲁-撒克逊的国家开始形成时,只有村的设置;到10世纪或更早,村之上有了"百户区",其任务是向各村征收贡赋和征召民军等,并出现了百户区法庭。郡的产生最晚,大约在10世纪中期,最先出现于威塞克斯,随后是麦西亚,直至诺曼征服之前其形成才大致完成。参见蒋孟引主编:《英国史》,中国社会科学出版社1988年版,第60页。

责主持郡法庭、征召兵役和执行王室的命令,集行政、军事、司法权力为一身。[27] 当然,这并不意味着方伯已经是后世意义上的王室官僚,他的收入主要来源于国王赐予的土地及其收益,同时还享有"第三便士"(the trird penny of the county)的特权,即郡法庭的司法收益和征收赋税的收入的三分之一也将归其个人所有。[28]

至于方伯的任免,现有研究表明,尽管在大多数时候,方伯的职位终身且世袭,但只要国王愿意,他依然可以随时解除方伯的职务。方伯所执行的政策,也更多地代表王室的意志,而并非当地的居民。[29] 在9世纪后期,威塞克斯王国的每一个郡都有一个方伯。然而,随着威塞克斯的不断扩张,长者爱德华(Edward the Elder)开始将多个郡合并在一个方伯的治理之下。此后,方伯数量进一步地减少,地方政府的集中化趋势也不断增强。到丹麦王卡努特(1016—1035年)时期,整个英格兰都控制在了少数几个大家族的手中,他们的名称也由原来的方伯,变成了丹麦人的"伯爵"(earl)。[30] 这些大家族的权力很少受到限制,并可以将职位传给自己的子孙,因而逐步构成对于国王权威的威胁。

但方伯的集权化也为郡长这一职位的产生创造了前提。作为一身兼管数郡的地方势力,这些大家族的兴趣显然不再局限于地方,而把更多精力投入到对于全国性利益的争夺之中;同时一个方伯领有数郡的事实,也使得方伯客观上无法亲自处理所有的事务。[31] 最终,这一状况导致作为郡长前身的"郡执行官"(reeve)的产生,以协助方伯管理各郡

㉗ 参见李秀清:《日耳曼法研究》,商务印书馆2005年版,第139页。

㉘ [英]梅特兰:《英格兰宪政史——梅特兰专题讲义》,李红海译,中国政法大学出版社2010年版,第28页。

㉙ B. Lyon, *A Constitutional and Legal History of Medieval England*, Norton, 1980, p. 63.

㉚ 例如,其中最著名的家族有威塞克斯的戈德温(Godwin)和麦西亚的利奥弗利(Leofric)。高岱:《英国通史纲要》,安徽人民出版社2002年版,第44页。

㉛ 参见李秀清:《日耳曼法研究》,商务印书馆2005年版,第139页。

的事务。[32] 到 10 世纪中期,郡执行官已经基本具备了后世郡长的职能,并开始出现了"郡长"(shire – reeve 或 sheriff)的称号,在事实上成为各郡的地方长官。[33]

郡长的任免取决于国王。尽管许多郡长长期保有职位,但每当新国王即位,仍需要得到重新确认。作为任职的回报,郡长往往获得国王授予的土地,并享有从管理王室地产中获得收益的权利。到 11 世纪,郡长开始主持下一级的百户区法庭。尽管他并不必定会出席每年 12 次的集会,但一般会委派助理主持会议。[34] 总之,到 1166 年诺曼征服之前,郡长已经成长为英格兰地方政府中最重要的职位。尽管此时的郡长依然具有"王室代表"和"伯爵助理"的双重身份,并且不排除强势的伯爵仍然将其视作实现自身利益的工具,但在多数时候,郡长还是直接为国王工作,并成为王室集权的重要力量和连接中央与地方的桥梁。[35]

郡长的主要机构是郡法庭。郡法庭由过去的日尔曼部落的民众大会演化而来,是一个半自治的非常设的地方会议,每年分别在复活节和米迦勒节集会 2 次。[36] 同时郡法庭也是一个职权广泛的综合机构,其职能包括传达执行中央政令、分配和征收土地税收,以及决定修筑桥梁道路等公共事务。当然,作为一个公共法庭,郡法庭的主要的职能还是"审判",即负责审理郡辖区内发生的各类民事和刑事案件。正如乔利

---

[32] 尽管早在 800 年左右,我们就发现了将郡执行官派往地方的记录,但这种派出只是为了执行向商人征税等特殊的任务,且并非常规;然而,从 10 世纪开始,特别是在阿尔弗雷德时期,我们已经开始看到越来越多的执行官被派往地方各郡担任方伯的下属,负责主持郡法庭、征收王室地产的税费,并执行军事职能。参见 B. Lyon, *A Constitutional and Legal History of Medieval England*, Norton, 1980, p. 64。

[33] W. S. Holdsworth, *A History of English Law*, Vol. I, Methuen & Co. Ltd., 1923, p. 6.

[34] 作为地方的司法长官,郡长负责维护郡内"国王安宁"的实现,并负责抓捕罪犯。这一时期的郡长也负责地方的征兵和防卫,在西部的一些郡,郡长亲自指挥军队抗击威尔士的入侵。郡长的财政功能也十分重要,到忏悔者爱德华时期,法庭的司法收益和王室庄园租金都由郡长负责征收。B. Lyon, *A Constitutional and Legal History of Medieval England*, Norton, 1980, p. 65.

[35] Ibid., p. 65.

[36] W. S. Holdsworth, *A History of English Law*, Vol. I, Methuen & Co. Ltd., 1923, pp. 7 – 8.

夫(J. E. Jolliffe)指出的,“从创立时起,郡首先是一个司法机构,至于行政管理的职能,则是逐渐获得的”。㊲ 从理论上说,参加郡法庭的成员应包括郡内所有自由民。但实际上,由于出席郡法庭的高昂成本(交通与时间),只有拥有土地的贵族(如修道院院长、伯爵和大乡绅)才会出席法庭。㊳ 因此,严格说来,郡法庭也就并非后世学者所宣称的“民主”机构,“那种将郡法庭视作所有自由民集会选举官员和自主决定自身事务的观点,不过是19世纪的民主狂热分子的错误幻想”。㊴

(二)世袭制郡长的兴起

1066年的诺曼征服,给英格兰地方治理带来了新问题。尽管征服者威廉取得了军事上的胜利,但要建立稳固的统治却并非易事。与当时英格兰的人口相比,诺曼征服者的数量极少。㊵ 最初,英格兰人的反抗时有发生,北方的丹麦等国也觊觎着英国王位。而诺曼征服者在欧洲大陆依然保有的众多地产,也使得他们更多关注欧陆,而无暇于海峡对岸的英格兰。㊶ 因此,如何将强大的军事占领转化成有效治理,实现诺曼王朝“跨海而治”的目标,也就成为摆在征服者面前的首要问题。对此,威廉采取了多方面措施,在笼络教会以加强王权神圣性的同时,他开始着手分封诺曼的贵族,以建立王权赖以依存的封建统治秩序。

为了实现征服者与土地的结合,威廉一世将死于战乱或流亡的旧贵族的领地没收,然后以诺曼底的封建制为模式,在诺曼征服者之间分配,接受封地的贵族也就成为了威廉的总封臣(Tenants in chief),他们的领地也被称作男爵领(barony)。与此同时,这种自上而下的分封,也

㊲ J. E. A. Jolliffe, *The Constitutional History of Medieval England from the English Settlement to 1485*, Adam and Charles Black, 1937, p. 305.

㊳ [英]梅特兰:《英格兰宪政史——梅特兰专题讲义》,李红海译,中国政法大学出版社2010年版,第29页。

㊴ B. Lyon, *A Constitutional and Legal History of Medieval England*, Norton, 1980, p. 66.

㊵ 依据一般的估计,当时的总人口在150万人左右,而征服者只有1万人左右。R. A. Brawn, *The Normans and the Norman Conquest*, Constable, 1985, p. 182.

㊶ 孟广林:《英国封建王权论稿——从诺曼征服到大宪章》,人民出版社2002年版,第72~73页。

使得英格兰的封建制与分裂割据的欧陆封建制有很大不同：不仅国王控制了超过任何总封臣的土地，而且总封臣的领土也并不集中在一处，而经常分散于各地，从而有利于国王的集权。[42] 此外，为加强对地方的控制，威廉在分封男爵领的同时，还取消了盎格鲁－撒克逊时代的多数伯爵领。[43]

当然，最重要的还是郡长的"重置"。与盎格鲁时代郡长的"双重身份"不同，这一时期的郡长摆脱了"伯爵助理"的身份，成为了纯粹由国王任命和控制的最高地方长官。在征服之初，由于威廉以忏悔者爱德华（Edward the Confessor，1004—1066年）的继承者自居，他依然保留了多数盎格鲁－撒克逊时期的郡长职务。但原有郡长的留任也并非无条件的，一些支持哈罗德的郡长还是被撤销了职务。只不过，由于大多数地区都远离这场军事斗争，多数英格兰的郡长还是得以保留。[44]

但这一状况并没有维持多久。为了巩固征服者的统治，在短暂过渡后，从1068年开始，威廉逐渐任命诺曼人的总封臣担任郡长，以替换留用的英格兰人。最早出现的诺曼郡长是林肯和约克；到1701年，"英格兰人依然担任郡长的情况已经十分少见"。[45] 同时郡长权力也迅速扩张。郡长不再是从属于伯爵的地方小吏，而成为实际的最高长官，并

---

[42] 这种独特的分封一方面与威廉王的集权取向有关，另一方面也是土地分封与政府战争常同步进行的结果。这种相互交错的地产占有格局，遏制了封建贵族力量的集聚，也促进国王经常派遣官员管理各地的地产，从而加强了王权对地方的渗透。参见孟广林：《英国封建王权论稿——从诺曼征服到大宪章》，人民出版社2002年版，第77～78页。有关英格兰封建地产分散格局对国王集权的意义，还可参见F. Pollock，F. Maitland，*History of English Law Before the Time of Edward I*，Vol. 1，Cambridge University Press，1968，p. 185；W. S. Holdsworths，*A History of English Law*，Vol. I，Methuen & Co. Ltd.，1923，p. 177。

[43] 爱德华时代的六个伯爵领中，威塞克斯因戈德温家族覆灭而不存在，麦西亚、诺森伯利亚和东盎格鲁利亚被取消。最后只有切斯特和索尔兹伯里两个西部伯爵领被保留，其目的在于防范威尔士人和苏格兰人。B. Lyon，*A Constitutional and Legal History of Medieval England*，Norton，1980，p. 66。

[44] 例如，伯克郡（Berkshire）的戈得里克（Godric）、肯特郡的奥斯华德（Osward）就因为对于威廉的敌对态度而被免职。而威尔特郡（Wiltshire）的郡长艾德里克（Edric）和沃里克郡（Warwickshire）的郡长奥尔温（Alwin）则在1067年得以继续任职。W. A. Morris，*The Medieval English Sheriff to* 1300，The University Press，1927，p. 43。

[45] Ibid，p. 44.

往往同时是当地最大的领主。[46]“作为国王的亲信,他们将地方贵族的威望和一个王室官员的低微结合起来。”[47]此时的郡长拥有行政、司法、军事等各方面权力。他们负责传达王室法令、征收财物、主持法庭审判、维护社会治安、征发兵役,原本伯爵享有的“第三便士”的特权也被移交给郡长。就像莱昂指出的,“在英格兰的历史上,没有哪一个时代的郡长像威廉一世和二世的郡长那样拥有如此巨大的权力”。[48]

诺曼郡长的任命,无疑有助于增强王室对于地方的控制,并遏制各地的反叛。从职务任命上说,尽管这些总封臣同时也是当地的大领主,但他们的职务却是非封建的,职务本身不可世袭,也可由国王随意罢免。[49]但这里也存在危险。有如前述,这种依赖官员本人采邑收入而并非职务薪水的官职,依然带有浓厚的“家产制”色彩,因而同样存在世袭化的倾向,甚至形成地方势力的可能。同时这种家产制色彩的官职又依赖于人身依附的奴仆顺从,而缺乏“即事化”[50]的职务忠诚;一旦统治者发生人身的变化,这种情感化的忠诚也可能随之结束,从而导致官员的离心倾向与封建割据的出现。

事实也证明了这一点。现有资料表明,威廉一世时代的多数郡长都往往终身任职,并且在亨利一世即位后继续留任。作为国王的大贵族,他们获得了远比盎格鲁-撒克逊的郡长更多的社会地位,其中一些人还频繁出现在王廷的大会议上。[51]然而,随着任职时间的增长,王室对郡长职位的控制也逐渐减弱,到1100年,与盎格鲁-撒克逊时代一

---

[46] B. Lyon, *A Constitutional and Legal History of Medieval England*, Norton, 1980, p. 167.

[47] W. A. Morris, *The Medieval English Sheriff to* 1300, The University Press, 1927, p. 53.

[48] B. Lyon, *A Constitutional and Legal History of Medieval England*, Norton, 1980, p. 167.

[49] W. S. Holdsworth, *A History of English Law*, Vol. I, Methuen & Co. Ltd., 1923, p. 67.

[50] “即事化”(sachlicher)是韦伯在论述理性官僚制时提出的概念,指的是理性官僚的职务忠诚以非人格为导向,而非设定在一种对人的关系之上。参见[德]韦伯:《支配社会学》,康乐、简惠美译,广西师范大学出版社2004年版,第25页。

[51] B. Lyon, *A Constitutional and Legal History of Medieval England*, Norton, 1980, p. 168.

样,多数诺曼郡长重新沦为地方贵族控制的世袭职务。[52] 最初,担任郡长的总封臣多数是征服者威廉的亲信,与之存在人身依附基础上的"效忠",但随着职务的继承,这种基于个人信任与情感的控制难以为继,这些依靠世袭获得郡长职位的家族也逐渐成为王权的威胁。

危险早在威廉一世时就出现了。一些郡长开始利用职权肆意掠夺以扩展个人势力,并因此受到国王的整治。[53] 随着威廉二世(1087—1100年)的继任,这种潜在的对抗也进一步扩大,尤其是当1088年诺曼底的罗伯特公爵发起王位之争时,许多身兼数郡郡长的诺曼贵族都参与到叛乱之中。[54] 尽管威廉二世平息了叛乱,但残酷的现实使得国王意识到诺曼郡长对于王权的威胁。这种贵族与郡长职位的结合,已经从最初巩固王室统治的初衷走向了它的反面;"从国王的角度来看,郡长制不再是将王室权力延伸到地方的一种方式,而成为了贵族们所拥有的离心权力的一部分"。[55] 因此,要维护与巩固诺曼统治,就有必要进一步加强对地方代理人的监控,或是寻求其他可能的替代。

(三)制约郡长的努力

从威廉二世开始,诺曼国王开始了制约郡长的努力。最直接的方法是人事替换,将郡长的职务交给大贵族之外的"新人"。依据现有的资料,威廉二世任命的郡长大体是来自封建等级底层的骑士,或是在王

---

[52] 例如,在德文郡,总封臣埃克塞特的鲍德温(Baldwin of Exeter)继承了郡长的职务,此后又先后由他的两个儿子继承;在格罗斯特郡,一个家族中至少有六个成员先后担任了该郡的郡长。W. A. Morris, *The Medieval English Sheriff to* 1300, The University Press, 1927, p. 53.

[53] 例如,沃切斯特郡长厄塞和剑桥郡长皮科特就曾大肆掠夺教会地产,以至于引起教士的不满,纷纷向威廉一世申诉。为此,威廉曾派出官员赴各地调查郡长的任职,并下令归还教会地产,在一定程度上抑制了郡长的滥权。D. C. Douglas, *The Conqueror William*, University of California Press, 1964, pp. 306 - 307。

[54] 威廉一世死后,选定次子鲁弗斯继承王位,而长子罗伯特只继承了诺曼底公爵的爵位。为夺取英格兰王位,1088年与1095年,罗伯特公爵与大贵族两次发动叛乱。其中,许多担任地方郡长的贵族都参与了此次叛乱。参见 B. Lyon, *A Constitutional and Legal History of Medieval England*, Norton, 1980, p. 168。

[55] [美]夏皮罗:《法院——比较法上和政治学上的分析》,张生、李彤译,中国政法大学出版社2005年版,第98页。

室内府服务的仆役。由于出身低微,且少有地产,这一新人集团又被称作“起于尘土的人”。[56] 显然,相比出身高贵和拥有大量地产的总封臣,这些新人将更加忠诚地支持提拔并授予他们高位的国王。毕竟,后者的一切都来源于国王的“恩宠”,而非家族的继承,因而与王室利益具有更高的一致性。又由于这些人在地方上缺乏必要的经济基础,他们也难以发展出对抗中央权威的离心力量。

亨利一世(1100—1135 年)即位后,任用“新人”的做法进一步扩大。1106 年的廷切布雷(Tinchebrai)战役,使得亨利清楚地看到贵族郡长对于王权的威胁。在随后的数年间,出现了更多来自“尘土”的郡长,并逐渐替换世袭化贵族。同时这些新人出任的郡长还出现了集中化趋势,往往由一人同时担任多郡郡长。[57] 到 1110 年时,多数世袭郡长被替换为“新人”,只有十二个世袭郡守在职。此后,更换新人的速度不断加快,[58]《末日审判书》中记载的郡长的子孙们逐渐都让位于新人集团的成员。到 1123 年,世袭郡长存只剩三人。[59]

但这一进程很快被亨利逝世后的封建内战打断。一些原来世袭郡长的家族,开始利用内战向王位争夺的双方索取权益,并趁势恢复了世袭郡守的职位。这一时期,郡长的职位重新成为大贵族掌握的可继承

---

[56] B. Lyon, *A Constitutional and Legal History of Medieval England*, Norton, 1980, p. 168.

[57] 例如,来自底层的骑士吉尔伯特(Gilbert)在 1107 年担任了萨里郡的郡长,并在 1110 年又拥有了剑桥郡;王室臣仆 William of Pont de 也在 1107 年和 1109 年先后拥有了威尔特郡和汉普郡。W. A. Morris, *The Medieval English Sheriff to* 1300, The University Press, 1927, p. 78.

[58] 例如,1120 年,肯特郡被从海默(Haimo)家族转移给了新人集团的艾斯福德的威廉(William of Eynesford);威廉·比戈(William Bigod)从父亲那儿继承的诺福克和萨福克的郡长职位,但却在威廉因白船事件逝世后落入了另外两个新郡长的手中,他们都来自官僚的家庭,但无疑属于更低的阶层。Ibid., p. 80。

[59] Ibid., p. 80.

财产；而作为回报，这些贵族则为授予职位的一方提供军事上的支持。[60] 交战双方对于大贵族的拉拢，也导致了伯爵领的增多，而许多新设的伯爵领往往与郡的范围重合，这些新的伯爵也大多兼任郡长。[61] 总之，世袭郡长制的恢复与郡守、伯爵职务的合一，使得王权对于郡政的治理呈现出前所未有的严重失控，国王对地方的政治集权一度中断，封建贵族又再次垄断了地方权力。

因此，当来自安茹的亨利二世在1154年登上王位时，如何将郡的治理重新纳入中央王权的控制之下，就成为了摆在新的统治者面前的重大政治问题之一。解决的方法是首先从人事的控制入手。在即位之初，亨利二世即着手废除郡长世袭制，并试图安排自己的亲信担任郡长。[62] 之后越来越多的王室臣仆也进入到郡长的名单之中。到1162年，一半的郡更换了新的郡长，他们中的大多数人都来自于底层骑士或王室臣仆。[63] 与此同时，新郡长的任期也逐渐缩短，调换更为频繁，[64]从而使得官员难以形成稳固的地方势力，以遏制职位的世袭化。此外，为

---

[60] 例如，艾塞克斯伯爵杰弗里·曼德维尔在1139年至1144年间就曾拥有伦敦、米德尔塞克斯、埃塞克斯和赫特福德四个郡的郡长职位，并以之作为可继承的封邑；同时曼德维尔还频繁地转换自己的立场，在争斗双方中寻求利益的最大化。参见H. A. Cronne, *The Reign of Stephen: Anarchy in England*, Weidenfeld & Nicolson, 1970, p. 257；亦参见孟广林：《英国封建王权论稿——从诺曼征服到大宪章》，人民出版社2002年版，第149~150页。

[61] 只有伯克、汉普、肯特等少数几个郡设有伯爵，才使得原有的郡政得以保留。H. A. Cronne, *The Reign of Stephen: Anarchy in England*, Weidenfeld & Nicolson, 1970, p. 150.

[62] 不过，从1154—1155年的财政署卷宗来看，这一进展并不顺利，卷宗上的郡长依然很多是之前的大贵族。例如，斯蒂芬时期的帕特里克(Patrick)伯爵依然在威尔特郡的郡长职位上留任了六年；而为了获得赫里福德的罗格(Roger of Hereford)的支持，国王承认了他从父亲那里继承的职位。W. A. Morris, *The Medieval English Sheriff to* 1300, The University Press, 1927, p. 112.

[63] W. A. Morris, *The Medieval English Sheriff to* 1300, The University Press, 1927, p. 113.

[64] 例如，威廉·布鲁尔1179—1189年为德文郡长，1190—1193年为伯克郡长，1194—1200年又任诺丁汉和德比郡长。依据帕尔默的统计，在1180—1189年先后任职的69名郡长中，任期一年以内的占6%，任职五年以上者不足20%。这一趋势在整个安茹时期都呈现不断扩大的趋势，到14世纪，1330—1340年十年间先后任职郡长达到122人，其中20%任职不足一年，任职五年以上的更不足9%。R. C. Palmer, *The County Courts of Medieval England, 1150 - 1350*, Princeton University Press, 1982, pp. 31 - 33.

了严格监控地方官员,亨利二世还在1170年展开针对郡长的调查。[65]尽管对于调查的结果存在较大争议,[66]但可以肯定的是,这次调查给英格兰的郡长制带来了一次深远的革命,被沃伦(W. L. Warren)称作“郡长制度史上的转折点”。[67]

除人事外,另一项努力是控制财政权。在诺曼征服初期,由于中央财政的局限,王室地产的收益往往由郡长收取实物后折算成货币,这就给郡长谋取私利创造了条件;王室对于财政收支的信息匮乏,也进一步加剧了这种风险。[68] 在创立财政署后,亨利一世即开始对于郡守的财政状况进行审计监督。到亨利二世时,对于郡长的财政监督更加严格,任何的差错或迟延都可能导致被处以严厉的罚金,从而减少了郡长徇私舞弊的机会。正如莱昂(B. Lyon)指出的,“一旦财政署获得了每年王室租金和司法收益的确切数目,郡长要想中饱私囊就变得十分困难”。[69] 也正是在这个意义上,霍利斯特(C. W. Hollister)指出,“在解决困扰所有时代的政府对地方官员支配的问题上,财政署无疑发挥了重大作用”。[70]

但仅仅“监督”还不够。有如前述,郡长职位的世袭化,很大程度

---

[65] 为了整顿地方和防止滥权,1170年亨利二世返回英格兰后,即组织了一次大规模的有关郡长施政和失职的调查。依据现存的特许令,各地郡长及其管家必须向调查团认真述职,而地方贵族与自由民则须对郡长的施政情况宣誓作证,提供相关的真实信息。调查的项目具体包括:郡长在本郡所得的各项收入及其依据;郡长是否存在敲诈勒索的行为;郡长购买或抵押了多少土地,等等。W. L. Warren, *Henry II*, University of California Press, 1973, p. 288.

[66] 对于调查的结果,有的学者,如罗格(Roger of Howden)认为,亨利二世在调查后几乎解除了所有郡长的职务,但也有的学者认为这过于夸大了事实。依据1170年的财政署卷宗,郡长中大约有二十人被撤换,只有6人得以继续任职;而这6人中还有4人是王室内府的成员。W. L. Warren, *Henry II*, University of California Press, 1973, p. 291.

[67] Ibid., p. 291

[68] 孟广林:《英国封建王权论稿——从诺曼征服到大宪章》,人民出版社2002年版,第357页。

[69] B. Lyon, *A Constitutional and Legal History of Medieval England*, Norton, 1980, p. 169.

[70] C. W. Hollister, *Monarchy, Magnates and Institutions in the Anglo - Norman World*, Ronceverte, 1986, p. 236.

上源于“家产制”官员与地方经济力量的结合,因此,无论如何严格的监督,都只能在一定程度上遏制地方势力的膨胀,却难以根本上消除其“内在”的离心倾向。即便是曾经出身“尘土”的阶层在长期担任地方官后,由于对地方经济来源的依赖,也同样可能与地方势力发展出紧密的联系,进而形成新的威胁中央的权力中心。尤其是当强权的君主逝去,或是政局动荡时,这些享有经济自主权的地方代理人就很可能重新形成职务的世袭与垄断,前述史蒂芬乱世时的世袭制郡长的恢复,就在很大程度上印证了这一点。[71] 因此,要最大限度解决中世纪地方治理的难题,除了加强对于郡长的监控之外,还有必要在地方化代理人之外寻求新的制度替代与补充。

三、巡回法官的出场:偶然与常规

另一种可能的替代是中央王室官员的派出。

有如前述,在中世纪西欧,由于物质基础与财政供给不足,加强地方代理人监控的一个重要措施就是国王的巡视,[72]以获取地方治理的信息,同时宣示王权的“在场”。但由于国王人身的有限,这种“巡游王权”依然难以实现“跨地方化”治理的目标,因此,往往还需要中央王室官员的巡视作为补充。尽管这种做法早在中世纪前期的欧洲大陆就出现了,比如法兰克的“巡察使”(missi dominici)或罗马教会的“主教出巡”(episcopal visitation),[73]但最为典型的代表还是出现于12世纪英格兰的巡回法官。同时与“巡察使”等派出官员相比,英格兰的巡回法官

---

[71] 参见 W. A. Morris, *The Medieval English Sheriff to* 1300, The University Press, 1927, pp. 106 – 107。

[72] [德]韦伯:《支配的类型》,康乐等译,广西师范大学出版社 2004 年版,第 152 页。

[73] 正如卡内冈指出的,巡回法庭的出现其实并无多少令人惊异之处,加洛林王朝在查理曼时代已经派出过自己的“巡察使”(missi dominici),教会也存在主教出巡制度(episcopal visitation),王廷本身也不断巡回并处理司法事务。参见[比]卡内冈:《英国普通法的诞生》,李红海译,中国政法大学出版社 2003 年版,第 26 页。

又并非只是国王巡游的补充,也不只限于对地方代理人的监督,而更多是通过个案审判的司法对于地方社会的直接控制与治理。

更重要的是,较之郡长制的试验,巡回法官的尝试可能更有效地回应中世纪地方治理的难题。一方面,巡回法官大体来自王室支付薪金的中央官员,因而较之地方官员,与统治者的利益具有更大的一致性;加之他们在地方的权力的短暂性,也在最大程度上消除了发展成为地方分裂势力的隐患。而另一方面,巡回法官的流动性,也使得王室无需供养一支专门的地方官员队伍,更不论多层级的科层官僚体系的建立,从而维持国家治理的低成本。[74] 因此,在这个意义上,巡回法官的兴起,可能在很大程度上回应中世纪治理中的“成本—监控”的两难,即在实现低成本治理的同时避免地方权力中心的产生。

接下来,我们就将目光转向巡回法官的形成、运行与效果,以通过具体的历史描述展现巡回法官对于英格兰地方治理的特殊意义。

首先是巡回法官的“出场”。

(一)诺曼时代的尝试

从历史上看,最初的巡回法官与行政官员之间并没有明显界限。“巡回法官最初被创设出来并不只是为了充当法官。他们是为了帮助诺曼国王解决所有封建统治者所共同面临的问题——如何对于王国的地方官员保持有效的控制。”[75]因此,这时的巡回法官并不等于现代意义上的从事消极审判的“法官”,相反,他们同时还要执行积极的地方治理职能。只不过,由于司法的职能占据了重要地位,这些王室代表往往被称作“法官”。如同哈丁所言,“在这个行政与司法尚未明确分立的时代,国王的代表往往以法官的形象出现”。[76]

也因此,斯塔布斯(W. Stubbs)等研究者将巡回法官追溯到查理曼帝国时期,认为这一做法可能是通过诺曼征服从加洛林王朝引入英格

---

[74] [美]夏皮罗:《法院——比较法上和政治学上的分析》,张生、李彤译,中国政法大学出版社2005年版,第100~101页。

[75] R. V. Turner, *The King and His Courts: The Role of John and Henry III in the Adminstration of Justice*, 1199 - 1240, Cornell University Press, 1968, p. 11.

[76] A. Harding, *The Law Courts of Medieval England*, Allen & Unwin, 1973, p. 38.

兰的。[77] 甚至在更早的盎格鲁－撒克逊时期，巡回法官的萌芽就已经存在，斯塔布斯的研究表明，"早在阿尔弗雷德时期的英格兰就出现了类似做法"。[78] 但同时也有的学者，比如理查德森（H. G. Richard）和塞勒斯（G. O. Sayles），对于这些观点的真实性存在质疑。[79] 对于这些争论，限于本书的主题，我并不打算展开进一步的讨论；单纯地追溯巡回法官的起源，本身也并无多少理论意义。因此，这里对于巡回法官的"出场"的讨论，将略过更早的时期，直接从 1066 年诺曼征服之后的时代开始。

目前可以肯定的是，在诺曼征服的初期，威廉一世就曾较为频繁地派出王室成员到各地审理案件。显然，这些人在实际上都扮演了巡回法官的角色。[80] 此外，威廉一世还派出王室官员到各地调查郡长和王室地产管家的行为，以了解税务征收的情况，同时兼理司法事务，典型的事例，如《末日审判书》（Domesday Book）的编纂。这些被派往各地调查的王室官员，无疑构成巡回法官的先例。[81] 在威廉二世时代的契约中，也发现了类似于"巡回审判"的王室代表。总之，这一时期的证据表明，1100 年之前的诺曼王朝已经出现了被临时授予权力审理特定案件的王室代表，但类似于后世的"常规"的总巡回审却远没有出现。

更重要的变革出现在亨利一世时期（1100—1135 年）。在改革郡长制度的同时，亨利在地方治理上的另一项重要举措就是巡回法官的派出。例如，依据财政署的卷宗，在 1129—1130 年的财政年度，有足够

---

[77] W. Stubbs, *The Constitutional History of England*, Vol. 1, Oxford University Press, 1878, p. 478.

[78] Ibid., p. 478.

[79] H. G. Richard and G. O. Sayles, *The Governance of Medieval England: From the Conquest to Magna Carta*, Edinburgh University Press, 1963, p. 173.

[80] 例如，"1074 年左右，为处理伊利修道院的地产被不法分割的诉讼，威廉王就派遣了由主教杰弗里、林肯伯爵瓦尔塞奥夫、林肯郡长皮克特等组成的执法团前往处理。通过法庭的调查和质询，最终将地产归还给修道院"。D. C. Douglas, *The Conqueror William*, University of California Press, 1964, pp. 306－307，转引自［比］卡内冈：《英国普通法的诞生》，李红海译，中国政法大学出版社 2003 年版，第 333 页。

[81] A. Harding, *The Law Courts of Medieval England*, Allen & Unwin, 1973, p. 38.

证据表明,在英格兰各地区都曾出现过巡回法官的身影。[82] 较之之前的巡回法官,这一时期巡回法官的派出规模与频率都有明显的提高,以至于不少学者主张"将总巡回审的起源追溯到亨利一世"。[83] 理查德森(H. G. Richard)等学者,甚至认为这一时期的巡回与亨利二世时代的总巡回审已无本质差别;[84]斯坦顿(D. M. Stenton)也倾向于认为,"在1130年之前,总巡回审的概念已经成为了事实"。[85]

但这些观点也并非无可置疑。事实上,里德(Reedy)等学者的研究已经表明,尽管这一时期巡回法官的派出已达到相当规模,但较之亨利二世时代的总巡回审(the general eyre),它们依然显得"有限"与"非常规"。

首先是管辖权的不同。与总巡回审的"全面"管辖不同,亨利一世时期的巡回法庭审理的案件类型十分有限。与理查德森认为这一时期的巡回法官已经获得王权之诉(pleas of the crown)和民事诉讼案件的管辖权不同,里德等人的研究却表明,亨利二世时代之前,包括土地案件在内的多数民事诉讼案件的管辖权依然掌握在领主法庭和郡法庭的手中,只有少数与王室直接相关的案件才可能进入到巡回法官的管辖权之中。[86]

---

[82] 例如,伊斯佩克(Walter Espec)和约翰(Eustace fitz John)在约克郡,阿伦德尔(Robert Arundel)在德文郡,波特(Henry de Port)在肯特郡。当然,在这些巡回法官中,最活跃的还是杰弗里·克林顿(Geffrey de Clinton)和理查德·巴塞特(Richard Basset),在此前的数年中,他们分别巡回了18个郡和11个郡。W. Reedy, "The Origins of the General Eyre in the Reign of Henry I", *Speculum*, Vol. 41, No. 4, 1966, p. 698.

[83] R. C. van Caenegem, *Royal Writs in England from the Conquest to Glanvill: Studies in the Early History of the Common Law* (The publications of Selden Society), W. S. Hein, 1997, pp. 28 - 29.

[84] H. G. Richard and G. O. Sayles, *The Governance of Medieval England: From the Conquest to Magna Carta*, Edinburgh University Press, 1963, p. 176.

[85] D. M. Stenton, *English Justice between the Normand Conquest and the Great Charter, 1066 - 1215*, American Philosophical Society, 1964, p. 65.

[86] W. Reedy, "The Origins of the General Eyre in the Reign of Henry I", *Speculum*, Vol. 41, No. 4, 1966。实际上,只要回想一下本书之前对于新近侵占令状的分析,就不难理解,在亨利二世时代的令状制与陪审制出现之前,巡回法官的管辖权只是局限于与王室直接相关的特殊案件。参见本书第二章。

其次，更重要的差别在于巡回法庭的“地方性”（localized）。与亨利二世时代有计划地巡游全国不同，这一时期的巡回并没有明显的计划，也并不曾打算覆盖全部的郡县，而只是个别法官在某些局部地区互不联系的巡回。[87] 依据里德的研究，巡回法庭的“局部化”主要体现在两个方面。

一方面，依据财政署卷宗，无论是1129—1130年财政年度的巡回，还是之前1124—1129年的巡回，都只是一些非常规的局部地区的巡回；同时这些局部的巡回之间是彼此孤立的，而并非“某个总巡回审的一部分”。亨利一世的王室并不存在“一个巡游全国的整体计划”，也并不曾打算将这些孤立的巡回“汇合在一起”。[88] 因此，亨利一世时代的巡回，无论是在规模上，还是在整体性上，与亨利二世时代的“总巡回审”都相去甚远。

另一方面，亨利一世时代巡回法官的派出，还在很大程度上与法官保有的地产分布有关。已有研究表明，巡回法官所到之地，也往往是其本人保有地产的所在地。[89] 一位王室官员被派往某地巡回的原因，在于他们同时也是“当地有影响力的封建领主”，“更多地掌握了这些地区的信息与拥有更大的权威”。[90] 因此，在这个意义上，亨利一世时代巡回法官的派出，就并非“普遍”的常规行为，也缺乏整体的制度设计，而仅仅是一些具有特殊身份的王室官员的偶然行为。

总之，从已有的研究中，我们基本可以得出结论：尽管亨利一世的巡回已在规模与频率上远超诺曼时期，但依然是特殊与“非常规”的。巡回法官的派出仍然多数是处理“特定案件”的临时委任，既没有固定的巡回周期，也不存在固定的巡回区，更不用说是“覆盖全国的整体计

---

[87] W. Reedy, “The Origins of the General Eyre in the Reign of Henry I”, *Speculum*, Vol. 41, No. 4, 1966.

[88] Ibid., p. 715.

[89] 例如，沃尔特·伊斯佩克（Walter Espec）分别在约克郡和诺森伯兰郡保有土地，而他本人曾在这两个郡以及附近主持巡回审判。又例如，杰弗里·克林顿（Jeffrey Clinton）曾在英格兰的北部、中部和南部的18个郡巡回审判。

[90] W. Reedy, “The Origins of the General Eyre in the Reign of Henry I”, *Speculum*, Vol. 41, No. 4, 1966, p. 722.

划",甚至法官的选择也是"特殊化"的,较多地考虑法官对于当地的熟悉程度和影响力。较之亨利二世时代拥有广泛管辖权和覆盖全国的"总巡回审",这一时期的巡回仍然相去甚远。[91] 但这一尝试本身却意义重大:它不仅为亨利二世时代的总巡回审创造了先例与经验,同时也开启了在郡长制之外的王室代理人的新模式,使得巡回法官逐渐成长为另一种在制度实践上较为成熟的替代选择。

(二)安茹时代的"常规化"

1135年亨利一世的去世,与随之而来的"斯蒂芬乱世"(Anarchy of Stephen),使得巡回法官的尝试也一度中断。中央王室权力的衰弱,不仅使得郡长的职位重新落入大贵族的手中,也使得派出巡回法官的可能性大大降低。面对无休止的叛乱与战争,斯蒂芬王权维系自身统治尚且自顾不暇,更遑论巡回法官的派出。[92] 即便是在亨利二世建立安茹王朝的最初十年(1154—1165年),国王关注的焦点也并非司法制度的建设,而是更为紧要的镇压各地反叛的军事行动。如果说最初的十年仍然存在一些制度建设,那也主要集中在财税整顿与财政署的构建之上,以解决长期战乱所带来的财政问题。[93]

当然,在亨利二世初期,依然存在一些司法制度上的尝试,也出现了零散的派出法官的记录。例如,1155年年末和1156年年初,埃塞克斯的亨利(Henry of Essex)曾在英格兰的南部进行巡游;在肯特郡,大法官托马斯·贝克特(Thomas Becket)曾与亨利共同主持巡回法庭。[94] 从现有资料来看,我们依然无法判断这些巡回法官被派出的目的,但可

---

[91] J. A. Green, *The Government of England under Henry I*, Cambridge University Press, pp. 107 - 109.

[92] 哈德森的研究表明,从亨利一世末期到12世纪30年代后五年,司法活动可能依然存在比较明显的连续性。司法活动最严重的中断发生在斯蒂芬执政的中期,尤其是发生在斯蒂芬与其政敌争夺权力基础的那些地区。参见[英]哈德森:《英国普通法的形成——从诺曼征服到大宪章时期英格兰的法律与社会》,刘四新译,商务印书馆2006年版,第129~130页。

[93] W. L. Warren, *Henry II*, University of California Press, 1973, p. 264.

[94] H. G. Richard and G. O. Sayles, *The Governance of Medieval England: From the Conquest to Magna Carta*, Edinburgh University Press, 1963, pp. 196 - 197.

以肯定的是,它们显然并不具有总巡回审的性质;在派出的规模与频率上,它们远不如亨利一世时代的巡回,更不用说之后即将出现的总巡回法庭。

关键性的转折发生在1166年。从这一年开始,亨利二世明显结束了军事行动,将注意力的重点转移到了地方治理与底层社会秩序的维护之上。转变开始的标志是1166年年初在克拉灵顿召开的王室会议,以及作为会议结果的《克拉灵顿法令》(Assize of Clarendon)。依据这一法令,郡长应当对于各郡和百户区的谋杀、抢劫、盗窃等严重的犯罪行为展开调查,并交由咨审团和王室法官对其作出审判。[95] 显然,这一法令的目的在于结束长期以来的犯罪与暴力横行的混乱局面,以"兑现亨利加冕时作出的维护社会安宁的诺言"。[96]

同时1166年的春天,也出现了一只巡回法官的队伍。尽管缺乏明确证据,但不少学者认为,此次巡回正是为了实施新颁布的法令。而随后出现的1168年的全国巡回,更是使学者倾向于将1166年视作"常规"总巡回审的起点。[97] 对于这次巡回的详细情况,我们知道的并不多,但可以肯定的是,当时的首席政法官杰弗里·曼德维尔(Earl de Mandeville)和理查德·卢西(Richard de Lucy)都参与了这次巡回。巡回从英格兰东部出发,一直向北到达诺森伯兰(Northumberland)。不过,由于同年10月曼德维尔的逝世,这次巡回意外地中断了,因此,也

---

[95] 郡长在抓捕嫌疑犯后,应召集每个百户区的12名和每个村庄4名可信赖的代表对嫌疑犯提起控诉,并宣誓证明其是否有罪;对于被指控的嫌疑人,可以由其本人提供担保人证明自己的无罪,也可以自己宣誓无罪并接受水审;最后,那些未能找到担保人或是未能经受水审的人将被判决有罪,他的土地将被归还给他的领主,而动产则将由郡长出售并上缴国库。参见 W. L. Warren, *Henry II*, University of California Press, 1973, p. 282;或参见[英]哈德森:《英国普通法的形成——从诺曼征服到大宪章时期英格兰的法律与社会》,刘四新译,商务印书馆2006年版,第141~142页。

[96] H. G. Richard and G. O. Sayles, *The Governance of Medieval England: From the Conquest to Magna Carta*, Edinburgh University Press, 1963, p. 198.

[97] W. Stubbs, *The Constitutional History of England*, Vol. 1, Oxford University Press, 1878, pp. 507 - 509.

无法确定此次巡回是否以覆盖全国为目标。[98] 但也有研究表明,此次巡回的效果表明,巡回审判与《克拉灵顿法令》的执行有直接的关联。[99]

之后的行动,也证明了此次巡回并非偶然事件。在1166年的巡回结束后,很快在1168年又出现了一个新的巡回,“这次巡回从一开始就拥有雄心勃勃的计划,并一直持续到1170年”。[100] 同时这也是亨利一世以来最彻底最细致的巡回:整个巡回有详尽的计划,法官被分成许多组,在此后的三年中几乎巡回了所有的郡,对有的郡的巡回在一次以上。[101] 此外,更重要的是法官参与程度的深入。在1166年的巡回中,对于罪犯的审判依然是由郡长完成的,巡回法官仅仅是监督法令的实施。然而,在1168年的巡回中,“《克拉灵顿法令》的实施逐渐脱离郡长,开始转入到巡回法官的手中”。[102] 显然,这一时期的巡回法官已经不再只是法令实施的监督者,而更多亲自参与到了惩罚犯罪的司法审判之中。

但也有学者反对将1166年作为巡回法庭的起点。在梅特兰和乔利夫(J. R. A. Jolliffe)等学者看来,1166年和1168年的巡回并没有成

---

[98] [比]卡内冈:《英国普通法的诞生》,李红海译,中国政法大学出版社2003年版,第26~27页。

[99] 巡回的效果十分显著:财政署卷宗表明,巡回法官所到之处报告的重罪犯要远远多于未巡回的地区。例如,当年巡回区之内的诺福克郡和约克郡分别报告了101名和127名重罪犯;而在巡回法官不曾到达的地区,汉普郡报告了4人,希罗普郡则1例也没有。这一反差表明,巡回审判与《克拉灵顿法令》的实施有着直接的关联。W. L. Warren, *Henry II*, University of California Press, 1973, p. 286.

[100] 巡回法官至少包括4人:理查德(Richard of Ilchester)、华盖伊(Guy)、瓦伦(Reginald de Warenne)和巴塞特(William Basset)。此外,有资料表明,首席政法官理查德·卢西也曾参加了约克郡和斯塔福郡的巡回。H. G. Richard, G. O. Sayles, *The Governance of Medieval England: From the Conquest to Magna Carta*, Edinburgh University Press, 1963, pp. 203 -204.

[101] Ibid, p. 204.

[102] 在许多时候,当一个重罪犯被逮捕后,如果巡回法官不能很快到达该郡,在郡长告知巡回法官后,将按照指示把疑犯交给法官审判。参见W. L. Warren, *Henry II*, University of California Press, 1973, p. 286。

为一项稳固的制度，而依然只是亨利二世时期的临时措施之一[103]。沃伦的研究也表明，"《克拉灵顿法令》起初并不是作为王国法律的永久性变化出现的；它似乎只是在特定时间的特殊手段，只有当国王认为有必要清除那些未能及时解决的犯罪积案时才需要这样做"。[104] 事实似乎也证明了这一点。当1168年的巡回结束后，有关罪犯和侵占的罚金记录在财政署卷宗中消失了。"在这次巡回结束后，再没有新的司法巡回开始。相反，王室派出的代理人都在忙于各种行政事务。1170年的郡长大调查和1172年因征讨爱尔兰而征收免服兵役税的巡回，都很少涉及司法审判；又在1173年和1174年，所有的巡回都停止了。"[105]在这些学者看来，这或许是因为1168年的巡回已经基本实现了克拉灵顿法令的目标，因而不再需要开启新的司法巡回。同时这一时期巡回也是非制度化的，既没有稳定的职责，也没有固定的路线，一切似乎都仍处在不断的试验与调整之中。

因此，这些学者更倾向于将总巡回法庭的起点放在1176年。这一年，王室的大会议在北安普顿召开了重要的会议，颁布了著名的《北安普顿法令》。显然，这一法令是对于《克拉灵顿法令》的重申与扩展。[106]在这次会议后，亨利二世提名了18名巡回法官，将他们分别派往各个地区。更重要的是，当此次巡回在1178年覆盖全国之后，它并没有像1168年那样宣告结束，而是在次年又开始了新的巡回。[107] 因此，这些学

---

[103] F. Pollock, F. Maitland, *The History of English Law Before the Time of Edward I*, Vol. I, Cambridge University Press, 1923, p. 156; Jolliffe, *The Constitutional History of Medieval England: From the English Settlement to* 1485, Adam & Charles Black, 1954, p. 212.

[104] W. L. Warren, *Henry II*, University of California Press, 1973, p. 283.

[105] R. V. Turner, *The Enlish Judiciary In The Age of Glanvill and Bracton*, 1176 – 1239, Cambridge University Press, 1985, p. 20.

[106] 《北安普顿法令》强调了打击重罪的必要性，并扩大了王室司法的管辖权；同时法令还特别强调了对于土地侵占的打击，要求对于1175年以来的侵占展开调查。参见［英］哈德森：《英国普通法的形成——从诺曼征服到大宪章时期英格兰的法律与社会》，刘四新译，商务印书馆2006年版，第144～145页。

[107] 在首席政法官卢西的领导下，21名新的巡回法官分成4个5人小组再次巡回全国。参见R. V. Turner, *The Enlish Judiciary In The Age of Glanvill and Bracton*, 1176 – 1239, Cambridge University Press, 1985, pp. 20 – 21。

者们认为,"到1176年,试验已经结束,整个王国首次被划分为固定的区域以接受常规的司法巡回"。[108] 在此之后,对于严重犯罪和非法侵占的持续打击开始成为正式的制度,并成为了王室日常司法的一部分,"他们不再是偶然的例外行动,而开始具有了稳定的系统的功能"。[109]

尽管有关具体时间起点的争论仍在继续,[110]但从一般的观点来看,学者们多数倾向于认为,在亨利二世时代的最后十年(1179—1189年),至少在这一时代结束时,"例行化"的巡回法庭已经形成,并成为英格兰政府的常规政治活动中的一部分。[111] 而这些争论的存在,实际上也再次展现了英格兰司法治理中的遵循的"自生自发"的秩序,以至于我们很难在历史的层层累积中找到那个确切的起点。与这一时期的其他制度一样,总巡回法庭在英格兰的出现,同样也并非一蹴而就的过

---

[108] Jolliffe, *The Constitutional History of Medieval England: From the English Settlement to* 1485, Adam & Charles Black, 1954, p. 212.

[109] R. C. van Caenegem, *Royal Writs in England from the Conquest to Glanvill: Studies in the Early History of the Common Law* (The publications of Selden Society), W. S. Hein, 1997, p. 288.

[110] 即便对于1176年,学界依然存在质疑。在理查德森等人看来,无论是1166年还是1176年,都并不足以被视作"常规"巡回法庭的起点,这一时期的巡回法庭依然处于尝试之中,并且处于不断的变动之中。而在1179年的巡回之后,1181年没有再出现总巡回审,1182年也只是对于北部、西南的个别郡的巡回,直到1183年才再次出现普遍的巡回,全国被划分为三个巡回区。因此,巡回法庭的最终成型,也应当在亨利二世时代的晚期,至少是1183年之后。参见H. G. Richard and G. O. Sayles, *The Governance of Medieval England: From the Conquest to Magna Carta*, Edinburgh University Press, 1963, pp. 197 - 205; H. G. Richardson, Richard fitz Neal and the Dialogus de Scaccario, *The English Historical Review*, Vol. 43, No. 170, 1928, pp. 161 - 171。此外,还有学者认为,真正的巡回审的起点应被推迟至1194年理查德一世时期的巡回法庭,从这次巡回开始,巡回法庭才首次出现了专门的《巡回条例》(articles of the eyre)和专门的卷宗,并出现"验尸官"(coroner)承担巡回法官之前的预先调查程序。关于此问题,最新的中文研究,参见李云飞:《从高效到超载:中世纪英格兰巡回法庭的兴衰》,载《世界历史》2012年第4期。相关英文研究,参见D. Crook, *Record of the General Eyre*, Public Record Office handbooks, 1982, p. 58。

[111] 从历史上看,这一时期也的确是总巡回法庭出现最为频繁的一段时期,尤其是在1183年之后,"法官群体派出十分地频繁以至于很难区分他们。人们每年都可以看到法官在一些地方活动着。事实上,在国王去世的夏天之前的1189年的春天,就有五个团体在活动"。R. V. Turner, *The Enlish Judiciary In The Age of Glanvill and Bracton*, 1176 - 1239, Cambridge University Press, 1985, p. 24.

程，它既不来自改革者的天才创造，也并非某个法令或政策的结果，而更多是在经历了不断尝试与漫长实验之后逐步走向成型。

四、以1313年肯特郡巡回为例

接下来，我们进入个案，看看总巡回法庭（the General Eyre）的日常运作。[112]

有如前述，总巡回法庭的诞生，并非仅仅基于司法审判，而更多来自地方治理的政治。因此，从诞生之初，总巡回法庭就承担了司法、财政与行政等多方面的职能。“既包括调查犯罪与原因不明的死亡，也调查官员的非法行为和玩忽职守，以及其他所有类型的违法乱纪和不足之处，此外还包括王室的封建利益和私人的纠纷，等等。因此，总巡回法庭不仅是法庭，而且还是监督地方政府的巡回中央政府。”[113]在这个意义上，我们完全可以将总巡回法庭视作中世纪英格兰的“巡游王权”的延伸，当国王本人限于自身的“有形身体”而无法常规地巡回王国的全境时，总巡回法庭这一组织性的替代无疑成为了国王延伸王权与获取地方信息的一种有效的制度选择。[114]

当然，在12世纪到14世纪的两百年历史中，总巡回法庭的管辖权与运作方式也始终处于变动之中。但我并不打算在这里作编年史的描述，这不仅是因为资料的匮乏，更因为本书的主旨在于理解巡回法庭的运作方式及其政治功能。因此，较之宏观的历史叙事，选取漫长时间链

---

[112] 关于总巡回法庭的日常运作，本小节内容主要借助于勃兰德（W. Bolland）的《总巡回法庭》（*The General Eyre: Lectures Delivered in the University of London at the Request of the Faculty of Law*）。在本书初稿的修改过程中，我注意到李云飞教授新近发表的论文对于总巡回法庭的运作机制有更全面深入的研究，因此，这部分内容，可参见李云飞：《中世纪英格兰巡回法庭的运作机制探析》，载《暨南学报》2012年第7期。

[113] J. H. Baker, *An Introduction to Legal History of England*, Oxford University, 2007, p. 16.

[114] 参见李猛：《除魔的世界与禁欲者的守护神：韦伯社会理论中的英国法问题》，载李猛编：《韦伯：法律与价值》，上海人民出版社2001年版，第195~198页。

条上的一点作为例证似乎是更好的选择。以下我就尝试以1313年发生在肯特郡的坎特伯雷的总巡回审为例,具体地展示安茹时代的总巡回法庭的运作方式及其影响。

之所以选择这一例证,正如勃兰德(W. Bolland)所言,“这是因为较之现有的其他有关总巡回法庭的资料,我们拥有的1313年肯特总巡回审的资料最为翔实。从中我们可以大致勾勒出总巡回审的全貌”。[115]也正是在这个意义上,我们可以将1313年的巡回审视作中世纪英格兰总巡回审的“典型”,较之其他的总巡回审,“它们大致遵循相同的形式,所不同的仅仅是场景的变化”。[116]

(一)法庭的召集与准备

这是一个夏季的早晨,1313年(爱德华二世的第六年)7月1日。在肯特郡的坎特伯雷,街道上站满了等待目睹总巡回法官到来的民众。他们之中既有坎特伯雷的市民,也有远道而来的其他村镇的民众;当然,作为英格兰通向大陆的重要港口,来来往往的商贾也参加到了围观的人群之中。在过去数个星期里,总巡回审即将召开的消息已经传遍了肯特郡的大街小巷;即将到来的巡回法官的个人声誉与相貌特征都成为了街头巷尾的议论焦点。在这些沸沸扬扬的议论声中,人们充满了期待与好奇,当然也包括焦虑与不安。就在这样复杂的心绪与氛围中,这一天终于到来了。依据传统和仪式的要求,巡回法官的到来一如既往地受到了“热烈”的迎接:骑着马的巡回法官们在全副武装的护卫和喧嚣的鼓乐声中缓慢前行,队列中各色的彩旗在风中飘扬,男人和女人,老人和孩子,都成群结队地拥挤在道路的两旁观看,猜测着他们可能是什么人。[117]

---

[115] W. Bolland, *The General Eyre*: *Lectures Delivered in the University of London at the Request of the Faculty of Law*, Cambridge University Press, 1922, p. 33.

[116] Ibid., p. 33.

[117] W. Bolland, *The General Eyre*: *Lectures Delivered in the University of London at the Request of the Faculty of Law*, Cambridge University Press, 1922, p. 34. 实际上,也正是这种人员召集上的广泛性,使得郡法庭等其他相竞争的法庭都不得不停止工作,其他接受特别委任状的巡回法官的活动也将停止,所有来自该地区的已经被提交给中央民事高等法庭的案件也将被送交总巡回法官审理。参见W. S. Holdsworths, *A History of English Law*, Vol. 1, Methuen & Co. Ltd., 1923, p. 267。

当5名巡回法官到达市政厅的大厅时,巡回法庭的工作也即将开始。当然,这里有必要先回顾一下在过去的数周内郡长为法庭的召开所做的准备工作。[118] 郡长的这些工作至关重要,离开它们,法庭不可能在巡回法官到来时立即召开。

在总巡回法庭召开的6周前,巡回法官即会获得国王签发的召集令状,这一令状将列出郡长所有的职责。首先,郡长将负责陪审员的召集。郡长将审查百户区居民的情况,并从中挑选出12名遵纪守法的人作为陪审员,此外还要从每个村镇(borough)中选出4名遵纪守法的人协助陪审员的工作。其次,现任的郡长还要找到自上次巡回以来所有曾担任过郡长和检验官的人;如果其中有人已经去世,郡长还必须找到他们的继承人或执行人。此外,郡长将召集所有对于百户长(bailiff)或其他地方官员提起申诉的人,并在巡回法庭开始后将他们的申诉请求递交给巡回法官。当然,召集的对象也包括原本应当出席郡法庭的主教、修道院长、伯爵、男爵、骑士和各阶层的土地保有人。[119]

随之而来的一个重要问题是参加总巡回法庭的人数。依据以上准备工作中所列举的召集参加法庭的对象,我们不难推测,出席法庭的总人数将是一个惊人的数字。事实也的确如此:

以肯特郡为例,需要派出12名陪审员的百户区和城市就多达70个,这就意味着仅陪审员一项的人数就在840人左右。此外,还有每一个村镇选出的4个人和该村的司法官(reeve),尽管我们对于村镇的数目并不十分肯定,但1313年肯特郡的村镇应不少于一百个,这又意味

---

[118] 按照布拉克顿的说法,郡长至少要在开庭前15日收到召集令;到亨利三世后期,提前的时间进一步延长,逐渐形成各郡巡回法庭至少提前40天召开的"惯例"。参见李云飞:《中世纪英格兰巡回法庭的运作机制探析》,载《暨南学报》2012年第7期;或参见C. A. F. Meekings and D. Crook, *The* 1235 *Surrey Eyre*, *Introduction and Biographia*, Surrey Record Society, 1979, p. 20。关于郡长的准备工作,也可以参见W. S. Holdsworths, *A History of English Law*, Vol. 1, Methuen & Co. Ltd., 1923, p. 266;或参见[英]哈德森:《英国普通法的形成——从诺曼征服到大宪章时期英格兰的法律与社会》,刘四新译,商务印书馆2006年版,第187~189页。

[119] W. Bolland, *The General Eyre*: *Lectures Delivered in the University of London at the Request of the Faculty of Law*, Cambridge University Press, 1922, p. 28.

着至少有五百人参加。再加上自上次巡回以来所有的郡长、百户长、检验官以及诉讼当事人等,此次肯特总巡回审的人数就应当在1500人以上。[120]

尽管英格兰各郡的百户区和村镇数量参差不一,但相关研究也都表明,总巡回法庭的参与人员大致都在一两千人的规模。[121] 这样巨大的人数无疑会带来许多问题。其中一个首要的问题就是这些人的饮食和住宿。即便是像坎特伯雷这样的大城市,要同时安排这么多人的住宿同样是一个不小的难题。为此,法律还赋予总巡回法官以统一调配的权力,他们可以在巡回审判期间以适当的方式安排这些人的住宿。在许多时候,我们都看到了总巡回法官颁布规定全部客栈停止营业的命令,它们将依据法官的命令负责参审人员的接待。[122]

在回顾了郡长的人员召集等准备工作之后,我们回到这个星期天的早晨和巡回法庭开始的现场。总巡回法官首先将宣读国王授予他们的总巡回审的委任状。依据布拉克顿的记载,这些委任状往往授予总巡回法官以广泛的权力,并解释了“他们到来的原因、巡回法庭的便利,以及维持和平的好处”,等等。[123]

在1313年肯特的这次巡回上,担任总巡回审首席法官的是斯坦顿的赫维(Hervey of Stanton)。赫维最初是约克的一位受俸牧师,并至少主持了一个教区长的管区,随后他成为财政署的大法官,后来又成为王座法院的首席法官。面对数以千计的地方官员和民众,赫维也一再强调了本次巡回的重要意义,他指出,“国王的意愿是使得所有的罪犯都得到应有的惩罚,法官能够对于富人和穷人公平地实施正义;借助社区的参与,这一任务的完成将给人们带来幸福与安宁,整个国家和民众本

---

[120] W. Bolland, *The General Eyre: Lectures Delivered in the University of London at the Request of the Faculty of Law*, Cambridge University Press, 1922, p. 36.

[121] W. S. Holdsworths, *A History of English Law*, Vol. 1, Methuen & Co. Ltd., 1923, p. 267.

[122] W. Bolland, *The General Eyre: Lectures Delivered in the University of London at the Request of the Faculty of Law*, Cambridge University Press, 1922, p. 32.

[123] W. S. Holdsworths, *A History of English Law*, Vol. 1, Methuen & Co. Ltd., 1923, p. 268.

身都将因此而获得福利”。

之后，总巡回法官还将暂时收回象征郡长职位的权杖，并听取郡长的述职报告，检查郡长及其他地方官员的司法财政记录，如未发现重大问题，则将权杖再次交还郡长。这一仪式的意义更多是象征性的，它意味着代表国王的总巡回法官也同样拥有任免郡长的权力。接下来，郡长还将汇报自上次巡回以来曾担任郡长和检验官人员的名单，并召集这些官员上交他们保留的职务卷宗。如果郡长或检验官交不出卷宗，他们将受到严厉的惩罚。这些准备工作的本身是耗时耗力的：依据1313年的记录，上述仪式的完成即耗去了总巡回审第一天的时间。[124]

但即便是在这些仪式结束后，巡回法官也并没有立即进入相应的犯罪调查和陪审团的团体起诉阶段；相反，法官们将注意力转向坎特伯雷的酒类和食品价格的调查。他们派出两名骑士和两名百户长对于城市内的酒类和面包等食品价格进行巡察，如发现质量不合格的商品则当即处理掉，同时根据调查结果确定各类食品的价格标准。随后，法庭宣布任何食品的价格都不得超过此标准，并对价格超标的情形作出相应的处罚。[125] 这一做法显然是为了稳定巡回法庭开展工作期间的商品价格，以防止因大量法庭成员涌入导致的哄抬物价；[126]同时这些措施也再次展示了总巡回法庭职能的广泛，在一般的犯罪调查之外，它还可能涉及社会生活的各个方面，乃至于渗透到民众日常生活中的每一个角落。

（二）法庭的调查与审判

尽管如此，对于犯罪和违法行为的司法调查和起诉，依然是1313年肯特总巡回审的核心任务。司法调查的第一步是选择团体起诉(presenting)的陪审团。在选择的方法上，实践中各有不同，但一般说

---

[124] W. Bolland, *The General Eyre: Lectures Delivered in the University of London at the Request of the Faculty of Law*, Cambridge University Press, 1922, pp. 39 – 40.

[125] Ibid., p. 41.

[126] 此类做法并非1313年肯特郡巡回法庭所独有，在后期的总巡回法庭中，普遍存在管控物价的行动。例如，1321年伦敦的巡回法庭上，首席法官也命令郡长选出六名评估员巡查城内食品价格，确保物价不因巡回法庭而上涨。参见李云飞：《中世纪英格兰巡回法庭的运作机制探析》，载《暨南学报》2012年第7期；或参见H. M. Cam edited, *The Eyre of London*, 14 *Edward II*(1321), Vol. I, Selden Society, 1968, pp. 21 – 29。

来,百户区的百户长(bailiff)会被召集到法官面前,宣誓从可能发现事实真相的人中挑选出两位选举人(elector);随后,这两位选举人又将向法官宣誓从百户区中挑选16名遵纪守法之人充当陪审员,其中也包括他自己。[127] 随后,巡回法官将在这十六个人中进一步筛选,其中四个人被剔除,留下的十二人就构成了百户区的陪审员。[128] 接下来,这些陪审员将被要求在巡回法官面前宣誓回答有关犯罪与违法的调查的相关问题。依据《布拉克顿》,我们知道陪审员所作的誓言如下:“法官阁下,我谨向您保证我将如实回答您以国王陛下名义对我的询问,我将忠实地服从您以国王陛下名义下达给我的命令,并将为此竭尽全力,请上帝和各位圣者的英灵庇佑我吧”。[129]

这时,总巡回法官将向陪审员展示需要陪审员回答的问题列表,即所谓的《巡回条例》(articles of the eyre)。最初,《巡回条例》的内容主要集中在《克拉灵顿法令》中规定的抢劫、谋杀等严重犯罪以及侵占土地的行为之上。[130] 之后,《巡回条例》的内容不断扩展,亨利三世和爱德华一世授权总巡回法官调查地方官员及其下属的违法行为,王室官员任何的违法和疏忽都可能导致罚金的征收;到13世纪中期,《巡回条例》的内容已经涵盖了大多数可能给王室带来罚金和财政收益的事项。[131] 正如

---

[127] [英]哈德森:《英国普通法的形成——从诺曼征服到大宪章时期英格兰的法律与社会》,刘四新译,商务印书馆2006年版,第134~135页。

[128] 参见 W. S. Holdsworths, *A History of English Law*, Vol. 1, Methuen & Co. Ltd., 1923, pp. 268 - 269。

[129] Blacton, II, p. 329,转引自[英]哈德森:《英国普通法的形成——从诺曼征服到大宪章时期英格兰的法律与社会》,刘四新译,商务印书馆2006年版,第135~136页。

[130] 当然,也包括一些与政治事件有关的问题。例如,现存最早的1194年《巡回条例》中就包括了有关理查德十字军东征和约翰王子的纷争。参见前注,第134~135页。1194年《巡回条例》的情况,也可参见 D. Crook, *Record of the General Eyre*, Public Record Office handbooks, 1982, pp. 55 - 60。

[131] 正如缪森指出的,这一时期的总巡回审尤其重视财政利益的获取,以至于刑事方面的业务反而变成了附属性质。参见 A. Musson and W. M. Ormrod, *The Evolution of English Justice: Law, Politics And Society In The Fourteenth Century*, MacMillan Press Ltd, 1999, pp. 43 - 44,例如,1321年的伦敦《巡回条例》就大概是1244年的七倍;这显然是为了“尽可能多地获得那些能够为征收罚金而提供理由的信息”。W. S. Holdsworths, *A History of English Law*, Vol. 1, Methuen & Co. Ltd., 1923, p. 269.

勃兰德所指出的，“网撒的越来越宽，网眼却越来越小，最终大的和小的都装了进来”。[132]

在1313年的肯特郡总巡回中，《巡回条例》的事项已达到142条之多。调查的内容包括自上一次巡回审以来郡和百户区的治安状况与刑事犯罪、各类民事纠纷、所有官员的违法行为以及王室财产权益的状况，等等。在巡回法庭上，总巡回法官首先将宣读《巡回条例》的内容，并用英文对之作出解释；这时，所有的陪审员都必须出席法庭，聆听法官的阅读和解释。之后，《巡回条例》的复本将被交给每一个陪审员，要求他们在限定的时间内对于这些问题逐一作出准确和详细的回答，任何的遗漏和偏差都将导致对于陪审员的罚金处罚。

……

这一要求显然构成了对于陪审员记忆力的极大挑战，这些需要回答的事实不仅发生时间久远（至少七年），而且往往过于琐碎，因此，即便陪审员在过去的时间里有详细的日记，遗漏与偏差也在所难免。为了尽可能地减少遗漏，陪审员之间往往就各自的回答进行商讨，并就有关的情况咨询每个村的司法官的意见。商讨完毕后，通常是在两三天后，他们把自己针对《巡回条例》的问题答案交给巡回法官，这些答案的提交可以以口头的方式高声诵读，也可以以书面的形式写下来。当然，在作出指控后，陪审员的义务还没有全部结束：在许多时候，巡回法官还往往要求他们亲自负责拘捕那些被指控的嫌疑犯；对于那些难以抓捕的疑犯，则由郡长负责抓捕并交付审理。[133]

接下来就是对于被指控的罪犯的审判。在近两百年的时间中，总巡回的审理方式经历了较大的转变。最初，在12世纪末，对于谋杀、抢劫等重罪疑犯的主要审理方式依然以神明裁判为主；依据《北安普顿

---

[132] W. Bolland, *The General Eyre: Lectures Delivered in the University of London at the Request of the Faculty of Law*, Cambridge University Press, 1922, p. 42.

[133] W. Bolland, *The General Eyre: Lectures Delivered in the University of London at the Request of the Faculty of Law*, Cambridge University Press, 1922, pp. 47 – 49.

法令》(Assize of Northampton),大多数的嫌疑犯都将接受水审。[134] 但巡回法庭中的神明裁判并没有持续太长时间。1215 年,教皇英诺森三世召开的第四次拉特兰会议正式废止了基督教世界的神明裁判,从而迫使欧洲各国的世俗政府不得不寻找新的审判方式的替代。[135] 对此,英格兰王室的选择是将原本用于提供信息和提起指控的陪审团的职能进一步扩展到法庭审判,即由各百户区选举的陪审员来裁断当事人有罪和无罪。有如前述,这一做法最初产生于针对侵占土地的诉讼之中,[136] 但随着这一做法的增多与日趋成熟,也逐渐为总巡回法庭中的其他类型案件的审判所接受。当神明裁判在 1215 年被废止后,这种原本仅限于土地权益诉讼的审判方式也被正式引入了包括刑事审判在内的全体审判之中,并最终成为普通法诉讼中的基本审判方式。

因此,在 1313 年肯特郡的总巡回审中,我们看到的正是对于嫌疑犯的陪审团审判。但这里仍有一个疑问,究竟是什么人组成了负责审判的陪审团呢?这里有两种可能,一个是由原有的起诉陪审团(presenting jury)继续承担审判的职能,另一个则是在起诉陪审团之外另行组成新的审判陪审团(trial jury)。显然,后一种方式更为合理。毕竟,由起诉嫌疑人的同一陪审团再来担任审判者,似乎从直觉上有违"自然正义"的原则;这种公诉人与法官的合一,很难排除"先入为主"观念的干扰,从而将嫌疑人置于不利的地位。但事实却恰恰相反。

---

[134] 这一做法实际上是将过去适用于疑难案件的神明裁判扩展到了所有重罪案件。当然,这并不意味着那些经受住神明裁判的疑犯就免于处罚;对于那些声名狼藉的人,或是因谋杀或其他重罪被起诉的人,即便经受住水审,也必须发誓弃绝王国,宣誓离开英格兰并永世不再回来。参见[英]哈德森:《英国普通法的形成——从诺曼征服到大宪章时期英格兰的法律与社会》,刘四新译,商务印书馆 2006 年版,第 188 ~ 189 页。

[135] 参见[比]卡内冈:《英国普通法的诞生》,李红海译,中国政法大学出版社 2003 年版,第 88 ~ 90 页。

[136] 正如本书第二章指出的,在新近侵占土地诉讼等案件的审判中,已经引入了陪审团作为审判方式。在亨利二世时代,这些总巡回法庭召集的提起指控的起诉陪审团,在许多土地案件中可能又同时扮演了该案的审判陪审团。只不过,随着新近侵占土地等诉讼形式在 12 世纪末的"民事化",这些诉讼已经很少由起诉陪审团"依职权"提起公诉,因而逐渐从团体控告的总巡回审中分离出来,形成了后来的特殊巡回法庭。参见本书第二章,或 D. W. Sutherland, *The Assize of Novel Disseisin*, Oxford University Press, 1973。

在1313年肯特郡巡回中,审判陪审团与之前的起诉陪审团是同一群人。如果一个陪审团依据巡回条例对某人作出团体指控,郡长应当拘捕这个人,并将其交给指控他的那个陪审团进行审判。对于这一做法,可能的理由是,起诉陪审团最初并没有将他们指控的事项作为已被证明的事实,许多时候只是依据听闻作出指控,因此内心并不十分确定,当这些陪审员宣誓并听取了证据后,也并不排除改变初衷的可能。此外,现实的制约因素也是关键性的。毕竟,对于总巡回审来说,每一个百户区组织一个12人的陪审团已经构成了极大的负担,而要在此基础上组建另一个全新的陪审团,对于不堪重负的民众来说,近乎是不可能的任务。我们必须记住,每个百户区只有十二名陪审员,再没有其他可替换的陪审员了。[137]

当然,除此之外,这一现象或许还可以从总巡回法庭本身的意图中获得解说。的确,对于嫌疑人来说,由起诉陪审团来充当审判者无疑是不公正的。但正如有学者指出的,对于总巡回审而言,最初也是最重要的动机在于打击犯罪与获取相应的司法收益,而并非追求个体的正义。[138] 也正因为如此,如果起诉陪审团的审判可能更有利于嫌疑人的“入罪”和财源的扩大,那么,牺牲一点可能的“正义”,恐怕也并非不可理解。[139]

---

[137] W. Bolland, *The General Eyre: Lectures Delivered in the University of London at the Request of the Faculty of Law*, Cambridge University Press, 1922, pp. 63-64.

[138] A. Musson and W. M. Ormrod, *The Evolution of English Justice: Law, Politics And Society In The Fourteenth Century*, MacMillan Press Ltd, 1999, pp. 43-44. 甚至有学者认为,巡回审判的收益构成了亨利二世司法政策背后的终极动机。例如,塞勒斯就曾指出,“对秩序的维护,普通法的发展,正义的播撒,都只不过是附属的东西,是一个更为卑鄙动机下的壮美结果”。参见 G. O. Sales, *The Medieval Foundations of England*, *University Paperbacks*, 1966, p. 304。当然,也有学者提出了批评,认为仅仅是财产的收益并不足以证明全部的动机。依据后代学者的计算,1166—1171年的巡回审判的收入大概在500英镑左右,相比亨利二世一年将近35000英镑的收入,完全是微不足道的。因此,这些不多的司法收入并不足以构成巡回审判的根本动因。参见[比]卡内冈:《英国普通法的诞生》,李红海译,中国政法大学出版社2003年版,第132~133页。

[139] 一个显著的例证是,如果起诉陪审团作出无罪判决,或是判决与最初的指控不一致,陪审员同样将被处以罚金。显然,这样做的结果将导致陪审团更加畏惧作出无罪的判决;即便有明显的证据证明嫌疑人的无罪,陪审员依然可能因为逃避处罚而坚持有罪判决。W. Bolland, *The General Eyre: Lectures Delivered in the University of London at the Request of the Faculty of Law*, Cambridge University Press, 1922, p. 62.

在当时的历史条件下,为了实现低成本地惩治犯罪与国家治理的目标,这一选择也同样具有语境化的合理性。

以上就是总巡回法庭运作的一般状态。尽管只是1313年的个案,但已经大致展现了总巡回法庭组织与运作的基本流程。当然,这些历史的叙事,并不只是为了还原史实;更重要地,还是试图从细节的描述中展现总巡回法庭对于地方治理的特殊意义,为接下来的理论分析作一个经验材料上的准备。而在本章的最后,我将结合以上的个案考察,具体地讨论总巡回法庭在英格兰地方治理中的优势,及其在治理模式的竞争中胜出的原因。接下来的分析将表明,尽管并不存在事先的整体性安排,但总巡回法庭在这一时期的出现却并非偶然;总巡回法庭所具有的各种"准官僚制"的特征,都在不同程度上回应着中世纪地方治理中的"成本—监控"的难题,从而可能弥补"准家产制"的郡长治理的弱点与不足。

五、为什么是巡回法庭?

从"语境论"进入,巡回法庭的成功来自对社会常规问题的有效回应。[140] 而对于中世纪的英格兰而言,地方治理的首要问题,即在于如何在低成本地扩张中央权力的同时防止地方权力中心的产生。[141] 而较之带有浓厚"家产制"色彩的郡长制,具有更多"官僚制"特征的总巡回法庭,可能构成了一种更优的选择。对于治理难题的解决,总巡回法官的派出,至少有两个方面的意义。一方面,巡回法庭构成了一种中央对于地方的低成本的政治控制,推进了中央王权向底层社会的扩展与延伸;另一方面,又由于巡回法官权力的暂时性和王室政府的有效监控,巡回

[140] 苏力:《语境论——一种法律制度研究进路和方法的建构》,载氏著:《也许正在发生——转型中国的法学》,法律出版社2004年版,第233~266页。

[141] [美]夏皮罗:《法院——比较法上和政治学上的分析》,张生、李彤译,中国政法大学出版社2005年版,第100~101页;具体的讨论,参见本章第一节。

法庭也在很大程度上避免了新的对抗中央的权力中心的产生。接下来的理论分析,也将围绕这两个方面展开。

(一)低成本的权力延伸

从1313年肯特郡的巡回中,我们已经看到,总巡回审对于地方社会的影响是全方位的,[142]它大致包括以下三个方面。首先是刑事、民事案件的审理。这些案件既包括杀人、抢劫等重罪案件,也包括与土地相关的各类纠纷。[143] 每当巡回法官到来时,不仅郡法庭将停止工作,甚至已经被提交民事高等法院受理的待决案件也将被重新送回到巡回法庭。[144] 其次,巡回法官还明显地扮演了地方官员的监督者,无论是对于郡长、检验官的卷宗的收缴和审查,还是《巡回条例》中对于官员违法渎职等情形的陪审团调查,都旨在获取有关地方官员施政情况的"一手信息",从而以此强化中央王室对于地方代理人的监督与制约。[145] 最后,巡回法官的职责还涉及非常规的地方治理事项,它可能是某个具体王室法令的执行,或是某项特殊税费的征收和公共工程的建设,等等。[146]

在信息成本高昂的中世纪,这种定期的全面巡察与监督无疑构成了中央获取地方信息的重要机制。同时这一制度的运行又并不仅仅作用于地方官员,而且还较多吸收了地方民众的参与。无论是各百户区的陪审员的召集,还是巡回法庭上人头攒动的旁观者,都使得总巡回法官得以直接与底层民众相联系,从而获得更为直接可靠的信息。同时对于底层民众来说,总巡回法官的到来,也构建起中央王室与地方社会

---

[142] W. Bolland, *The General Eyre*: *Lectures Delivered in the University of London at the Request of the Faculty of Law*, Cambridge University Press, 1922.

[143] [英]哈德森:《英国普通法的形成——从诺曼征服到大宪章时期英格兰的法律与社会》,刘四新译,商务印书馆2006年版,第134~137页。

[144] [英]梅特兰:《英格兰宪政史》,李红海译,中国政法大学出版社2010年版,第90页。

[145] W. S. Holdsworths, *A History of English Law*, Vol. 1, Methuen & Co. Ltd., 1923, p. 266.

[146] 前述1313年的肯特郡巡回对于酒类和其他食品的价格的调查就是一个典型的事例。参见W. Bolland, *The General Eyre*: *Lectures Delivered in the University of London at the Request of the Faculty of Law*, Cambridge University Press, 1922, p. 41。

的直接纽带,代表了国王人身的"在场"和延伸。例如,在前述1313年肯特郡的巡回法庭现场,我们不难从当时的热烈气氛中感受到民众对于巡回法官的关注。尽管这种关注并不等于对巡回法庭的欢迎(相反可能是担忧和不满),[147]但它却使普通民众得以更真切地感受到王权的"在场"。

事实上,在许多时候,巡回法庭都被视作民众与中央王室相沟通的场所,可能为那些受到地方官员或贵族压制的民众提供直接诉诸王权的渠道。例如,在1202年林肯郡巡回法庭审理的一个案件中,林肯郡的官员仅因为一名异乡人无法找到保证人证明自己的身份,就将其逮捕并处死。在总巡回法官来到林肯郡后,对此案进行了调查。当这些官员被质问有什么正当理由对这个异乡人使用枷锁时,他们只是回答遵照某个领主的指示。对于这一明显有违公正程序的做法,巡回法官当即作出认定该行为违法的判决,这些低级官员也最终被依法查办。[148]此外,在本书第二章对于新近侵占之诉的讨论中,我们也同样看到,面对领主对于封臣土地的任意侵夺,王室巡回法庭所可能扮演的中立裁决者的角色。[149] 正是在这个意义上,哈德森认为,"巡回法庭实际上提供了一个对地方事务进行复议的渠道"。[150]

为了让更多诉讼和相关信息进入巡回法庭,总巡回审还不断简化自身程序,降低诉讼门槛。1258年,在亨利三世接受《牛津条例》后,首席政法官休·毕戈德(Hugh Bigod)组织特别巡回法庭调查地方官员的

---

[147] W. Bolland, *The General Eyre: Lectures Delivered in the University of London at the Request of the Faculty of Law*, Cambridge University Press, 1922, p. 34.

[148] 参见[英]哈德森:《英国普通法的形成——从诺曼征服到大宪章时期英格兰的法律与社会》,刘四新译,商务印书馆2006年版,第136页。

[149] 关于新近侵占之诉中对于大领主侵占封臣土地的救济,参见本书第二章。

[150] [英]哈德森:《英国普通法的形成——从诺曼征服到大宪章时期英格兰的法律与社会》,刘四新译,商务印书馆2006年版,第136页。

滥用权力行为；[151]为获取更多有关官员违法的信息，毕戈德指令法庭必须“审理所有类型的申诉，无论是由何人提起”。[152] 即便当事人未能取得令状，依然可以通过自行书写的诉愿状（bills）或口头控诉（oral plaints）的形式提起诉讼。[153] 考虑到当事人亲自前往威斯敏斯特向大法官申请令状的高昂成本，这一简易做法无疑大大降低了巡回法庭的诉讼“门槛”。尽管这不可避免地导致诉讼负担的加重，但同时也大大降低了巡回法庭的诉讼门槛，使得一些地位较低的自由人也能获得巡回法庭的审判，更“直接”地感受到王权的存在与权威。较之法庭上宣称的公正对待穷人和富人的誓言，这些具体的措施与行动，无疑更生动地展示了中央王权在地方存在的意义，也更广泛地获得了底层民众对于国家观念的认同与效忠。[154]

与此同时，巡回法庭的治理又是“低成本”的。有如前述，在中世纪的历史条件下，国家的地方治理又很大程度上受到了物质基础与财政供给的制约，因而无力供养一支自上而下的科层制的地方官僚队伍。即便是作为常驻地方的代理人的郡长，也往往因为王室财政的有限，而

---

[151] 《牛津条例》第1条即规定由首席政法官组成特别的巡回法庭，专门调查“郡长、百户长和其他所有人”的“暴行、侵扰和不公正行为”。关于此次贵族改革运动和《牛津条例》的背景，参见蔺志强：《一二五八至一二六七年英国贵族改革运动》，载《历史研究》2004年第6期；或参见 R. E. Treharne, *Documents of the Baronial Movement of Reform and Rebellion, 1258 - 1267*, Clarendon Press。

[152] 参见 A. Harding, *The Law Courts of Medieval England*, Allen & Unwin, 1973, p. 87。

[153] 关于中世纪英国王室法庭中的诉愿书（bills）和口头控诉（plaints），参见 A. Harding, “Plaints and Bills in the History of English Law”, in D. Jenkins ed., *Legal History Studies* 1972, University of Weles, 1975；或参见 A. Musson and W. M. Ormrod, *The Evolution of English Justice: Law, Politics And Society In The Fourteenth Century*, MacMillan Press Ltd, 1999, p. 44。

[154] 夏皮罗的研究曾指出，司法机构之所以能够像医疗机构一样成为国家权力进入乡村的重要途径，很大程度上在于国家的司法为地方的居民提供了一个更“独立”的法官。与地方的贵族与法庭相比，国王的法庭更能超脱于在地方占支配地位的利益之外，因而更能够赢得底层民众的认可。参见［美］夏皮罗：《法院——比较法上和政治学上的分析》，张生、李彤译，中国政法大学出版社2005年版，第34～35页。

不得不依靠贵族自身的土地收益，并因此带来了“家产制”的世袭化风险。[155]

相比之下，巡回法官就可能构成了一种相对“节省”的选择。这首先体现在法官的人数上。较之郡长的人数众多，巡回法官的数量往往极为有限；在多数时候，一次派出的巡回法官都在十到二十人左右，而分配到每个巡回区的法官则大多在五人左右。[156] 比如，上述1313年肯特郡巡回法庭，就是由斯坦顿的赫维（Hervey of Stanton）为首的五名法官组成的。[157] 但更重要的是，与长期驻扎地方的郡长等代理人不同，这些巡回法官本身都是中央王室政府的成员，只是在王廷的间歇被定期地派往地方巡回，因此，本身并不存在供养地方官员的费用问题。尤其是随着中央王室法院的形成，到13世纪后，巡回法院的法官几乎都由中央法官担任。[158] 因此，如果仅就官员的供养成本来说，较之“专职”的地方代理人，这些由王室法官“兼任”的巡回法官，几乎不再增加多少额外的负担。在这个意义上，巡回法官的选择显然又是“低成本”的。

（二）有效的代理人监控

在“低成本”地将国家权力渗透至基层的同时，巡回法庭还可能更有效地回应代理人监控的难题。有如前述，以郡长为代表的“准家产制”官员同样是可以降低治理的成本的，尤其是诺曼王朝早期以采邑

---

[155] 正如蒂利指出的，中世纪与近代早期的欧洲国家都或多或少地依赖于某种“中介”的间接统治，例如，教士、贵族、商人或是雇佣兵。尽管这种间接统治冒着不忠、欺骗、腐败和反叛的风险，但却使得统治者不用在财政上支持和豢养一个庞大的管理机构成为可能。参见[美]蒂利：《强制、资本与欧洲国家990—1990》，魏洪钟译，上海人民出版社2007年版，第28页。

[156] R. V. Turner, *The Enlish Judiciary In The Age of Glanvill and Bracton, 1176 - 1239*, Cambridge University Press, 1985, pp. 19 - 22.

[157] W. Bolland, *The General Eyre: Lectures Delivered in the University of London at the Request of the Faculty of Law*, Cambridge University Press, 1922, p. 33.

[158] 特纳的研究也表明，总巡回法官的构成与威斯敏斯特的法官构成基本一致。巡回法官的首脑往往是中央法庭的资深法官。因此，总巡回审的开始也就意味着中央法庭暂时的停止，威斯敏斯特未审结的案件也将被转移给巡回法官审理。参见R. V. Turner, *The Enlish Judiciary In The Age of Glanvill and Bracton, 1176 - 1239*, Cambridge University Press, 1985, pp. 197 - 198。

作为薪俸收入的贵族制郡长，更是几乎免除了王室财政的负担，以较低花费实现"跨地方化"的治理。但这种地方性的"准家产制"官员，同时又带来了世袭化与代理人监控的难题，[159]随着官职与地方势力的结合，他们往往从延伸中央权威的工具蜕变为对抗中央的权力中心，最终走向了制度的反面。而较之对郡长制代理人的监控，巡回法官的机制却表现得更为有效，它至少有以下三方面的优势。

首先，关键的一点，在于巡回法官权力的"临时性"。与郡长等长期驻守地方的代理人不同，巡回法官的权力完全来源于国王的委任状（commission）。委任状的内容对于巡回法官的职责和目标都作了详细规定，一旦巡回任务完成，法官即返回王宫向国王汇报，同时也结束了巡回法官的任职。[160] 这就使得巡回法官与地方的联系只是暂时的，从而难以为地方贵族集团所左右，更无法形成对抗王权的地方权力中心。同时巡回法官在各地停留的时间很短，这一方面促使巡回法官采用新的程序以提高效率，但另一方面也在客观上造成了许多案件难以及时做出判决，对于一些疑难案件更是如此。因此，从亨利二世末期开始，一些巡回法官就开始将未能及时判决的案件带回威斯敏斯特的中央王室法庭继续审理。[161] 此后，这种做法逐渐成为了惯例，以至于许多复杂案件的审理都是在地方完成事实调查之后留待中央法庭作出法律上的裁决。显然，这些做法也都在事实上加强了王室对于巡回法官的控制。

其次，巡回法官的"出身"与王室的关系也更为紧密。有如前述，郡长职位的分裂危险很大程度上是因为这些职位往往为地方的大贵族

---

[159] 参见本章第一节的讨论。［德］韦伯：《支配社会学》，康乐、简惠美译，广西师范大学出版社 2004 年版，第 146 ~ 150 页；或参见［美］埃特曼：《利维坦的诞生：中世纪及现代早期欧洲的国家与政权建设》，郭台辉译，上海人民出版社 2010 年版，第 6 ~ 7 页；或参见［美］蒂利：《强制、资本与欧洲国家 990—1990》，魏洪钟译，上海人民出版社 2007 年版，第 28 页。

[160] R. V. Turner, *The Enlish Judiciary In The Age of Glanvill and Bracton, 1176 - 1239*, Cambridge University Press, 1985, p. 198.

[161] 例如，在 1178 年的巡回审中，就有八个郡的案件因为未能及时审结而被带到财政署会议上审理。参见 W. L. Warren, *Henry II*, University of California Press, 1973, p. 295。

所把持,以至于沦为在家族内部世袭继承的"财产",[162]因此,国王也总是倾向于任用地位低微的王室官员担任郡长,以尽可能遏制其离心倾向。[163] 相比之下,巡回法官则几乎完全由中央王室政府的官员担任,因而本身依然隶属于中央政府。[164] 13 世纪中央王室法院形成后,巡回法官则几乎全部由民事高等法院、王座法院和财政署法院这三大法院的法官担任。[165]

与此同时,这些官员也大多来自低级的骑士阶层,并往往因效忠王室而获得国王的赏识;较之总封臣或其他大贵族,他们的权力和财富全部来自国王的"恩宠",也往往更加顺从于国王的意志。[166] 尽管当时存在世代服务王室的所谓"行政世家",但较之那些拥有广袤土地的大贵族,这些"起于尘土"的官员的权力,依然维系在国王个人的宠信与喜好之上,一旦失去国王的信任,所有的权力与财富也都将丧失。[167] 到了13 世纪,这一趋势表现得更加明显。[168] 同时担任中央王室法官和巡回

---

[162] [德]韦伯:《支配社会学》,康乐、简惠美译,广西师范大学出版社 2004 年版,第 147~150 页。

[163] W. A. Morris, *The Medieval English Sheriff to 1300*, The University Press, 1927, pp. 78-80.

[164] 例如,亨利二世时期的巡回审即往往由中央政府中最重要的首席政法官亲自主持,卢西(Richard Lucy)和格兰维尔(Granville)等人都是巡回法庭的积极参与者与推动者。R. V. Turner, *The Enlish Judiciary In The Age of Glanvill and Bracton, 1176-1239*, Cambridge University Press, 1985, pp. 17-22。

[165] 正如特纳指出的,到亨利三世时代,一次总巡回审的法官与威斯敏斯特的法官一样都构成了一个王廷。巡回法庭的领导人往往是中央法庭的资深法官。1240 年之前的五次总巡回审,中央王室法庭的著名法官马丁(Martin of Pattishall)、斯蒂芬(Stephen of Segrave)、托马斯(Thomas of Moulton)、罗伯特(Robert of Lexington)和威廉(William of York)都曾经担任过巡回法官。Ibid., pp. 197-198.

[166] 例如,亨利二世时期的政法官卢西(Richard Lucy)和格兰维尔(Granville)最初都来自底层的骑士阶层,因为为王室的忠诚服务才晋升为贵族阶层。Ibid., pp. 28-29.

[167] 孟广林:《英国封建王权论稿——从诺曼征服到大宪章》,人民出版社 2002 年版,第 104~105 页。

[168] 例如,依据特纳的研究,约翰王时期最为频繁出现的 17 名法官中,出身中等骑士家庭的有 10 人,另有 3 人地位更低下。即便是出自"行政世家"的法官,也大多来自低级的王室管理人员,如杰弗里·彼德(Geoffrey Peter)和威廉·布瑞尔(William Briwerre)都出自王室森林管理员的家庭。R. V. Turner, *The Enlish Judiciary In The Age of Glanvill and Bracton, 1176-1239*, Cambridge University Press, 1985, pp. 139-140.

法官,也逐渐成为了那些出身中小贵族和骑士的子弟谋求社会地位的主要渠道。对于这些身份低微却试图通过服务国王而获得晋升的法官来说,始终保持对国王的效忠与勤勉无疑是最好的选择。

最后,巡回法官对于王室的依赖和顺从,还与法官薪金制的形成紧密相关。有如前述,"家产制"与"官僚制"的一个重要区别,就在于前者的职务收入来源于封邑土地等固定的占有,而后者则主要来自支配者给付的薪金,[169]因此,法官薪金制的出现,同时也是巡回法官的"官僚制"色彩的体现。在巡回法庭开始的亨利二世时代,法官的薪金制尚未形成,尽管这一时期也出现了国王偶然的恩惠和赠予,如免缴赋税或是得到有利可图的职务,但巡回法官的经济收入主要还是依靠自己保有的土地或是担任教职的圣俸。[170] 司法薪金的出现,开始于亨利三世时代,并在1253年后渐成定例。[171] 从1262年开始,总巡回法官也在开始每次巡回时接受年度的薪金。[172] 爱德华一世即位后,法官薪金的给付曾有一段时间的中断,到1278年,国王咨议会作出决定,恢复主要王室法官的常规薪金,并确定了基本的薪金标准。至此,"总巡回法庭的法官薪金制度被完全确立下来"。[173] 虽然这种常规薪金制的确立,并不意味着总巡回法官已经成为韦伯理论中具有完全非人格化特征的"官

---

[169] [德]韦伯:《支配社会学》,康乐、简惠美译,广西师范大学出版社2004年版,第146~147页。

[170] 这一时期王室法官的收益较少地直接来自国外,而更多地来源于王室职务带来的其他机会。例如,亨利二世的法官许多都从担任空置修道院或主教区的监护人中获利。此外,法官的职务还带来其他间接的收益。例如,给予他的家族领地的特殊保护或是免于起诉的特权。R. V. Turner, *The Enlish Judiciary In The Age of Glanvill and Bracton, 1176 - 1239*, Cambridge University Press, 1985, pp. 53 - 54.

[171] 1218年已经出现了威斯敏斯特的三名法官获得了五英镑的收入的记录;但此后类似的记录只是时隐时现,直到1253年逐渐成为了常规的法官薪金。Brand, Edward I and the Transformation of the English Judiciary, in Paul Brand, *The Making of the Common Law*, Hambledon Press, pp. 145 - 147.

[172] 总巡回法官杰弗里(Geoffrey of Whitchester)、理查德(Richard of Middleton)和沃尔特(Walter of Berstead)分别获得了四十马克的薪金,此后,薪金的标准不断变化,到亨利三世后期为一百马克左右。Ibid., p. 147.

[173] 当时,每一个巡回区的高级法官每年的薪金为六十马克,而北巡回区的次级法官为五十五马克,初级法官一律为四十马克。Ibid., p. 148.

僚制"官员,但这些做法显然增强了王室对于巡回法官的控制,也大大降低了官员离心倾向的危险。

以上就是对于郡长制与巡回法庭这两种代理人的初步分析。尽管这些分析只是简略的,但它大致表明,较之之前的郡长制实验,巡回法庭的出现,更好地回应了诺曼时代以来英格兰地方治理的基本难题,在低成本地扩张中央权力的同时有效防止了地方权力中心的产生。从"委托—代理"的理论切入,无论是权力的临时性,还是中央官员的身份与薪金,都在不同程度上增加了统治者与代理人的利益一致性或"激励兼容",从而降低了地方代理人的"道德风险"与独立化的倾向。在这个意义上,巡回法庭所代表的地方治理构成了一种"节省"并且相对"安全"的地方治理模式。

当然,必须指出的是,巡回法庭的成功,并不意味着郡长制的彻底失败。事实上,在中世纪的英格兰,我们很少会看到一种新制度对于旧制度的彻底推翻或取代;相反,更多的时候,只是当旧有的制度无法应对全部的问题时,就会有新的更有效的制度在旧制度的"一侧"悄悄地生长出来,与旧制度相互竞争与长期共存。因此,尽管随着王室法庭管辖权的扩展,郡法庭的管辖权逐渐萎缩至40先令以下的对人诉讼,[174] 但由于巡回法庭的"流动性",由郡法庭所实施的稳定、持续的治理,依然是必不可少的。[175] 因此,13世纪的英格兰地方治理,实际上形成了由常规性的"准家产制"代理人(郡长)与流动性的"准官僚制"代理人(巡回法官)共同构成的二元治理结构。较之单纯的"准家产制"的郡长制,这种复合的二元结构能够更好地控制治理的成本与风险,从而在当时的历史条件下构成了对于地方治理难题的有效回应。

---

[174] 到爱德华一世(1272—1307年)统治时期,旧的郡法庭依然存在。作为政治性的会议,郡法庭依然具有头等重要性;但作为法庭,其重要性已大大下降。几乎所有重要的民事案件都可以在王室法庭审理。依据1278年的《格罗斯特法》(Statute of Gloucester),标的额超过四十先令的案件就不再提交到郡法庭审理。而随着四十先令的价值越来越贬低,地方法庭的司法管辖权也越来越窄。参见[英]梅特兰:《英格兰宪政史》,李红海译,中国政法大学出版社2011年版,第87页。

[175] 有如前述,巡回法庭的运作,同样也离不开郡长及其郡法庭的积极配合。W. S. Holdsworths, *A History of English* Law, Vol. 1, Methuen & Co. Ltd., 1923, p. 266.

(如果以理想型的"家产制"为一端，而理想型的"官僚制"为另一端的话，那么郡长与总巡回法庭在权力类型的谱系分布，大致如下图1所示。)

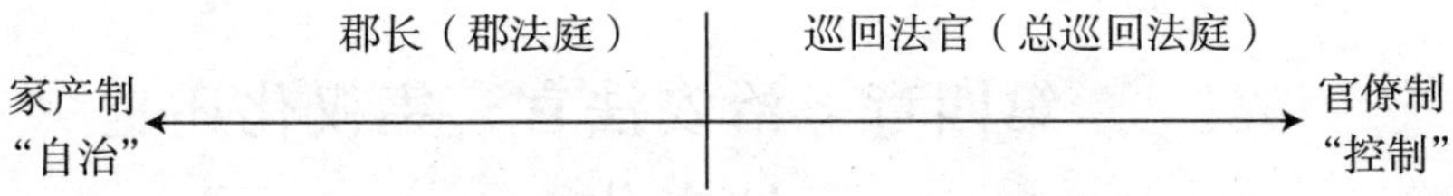

图1　13世纪的英格兰地方司法中的二元治理结构

第四章　治安法官：集权化还是地方化？

地方治理结构的生长也始终处于变动之中。

总巡回法庭与郡长制的结合，虽然在很大程度上回应了12世纪以来早期国家治理的难题，但这一治理结构也并非一成不变。从14世纪开始，随着国家治理的复杂化与社会新阶层的兴起，地方治理的问题与应对也呈现出新的特征。[①] 一方面，持续不断的战争、瘟疫与叛乱，使社会治理陷入严重的危机之中；另一方面，新的生产关系带来的乡绅这一新兴社会阶层，也使得中世纪后期的地方治理获得了新生力量。两方面因素共同作用，使得这一时期的地方司法体系呈现出不同于12、13世纪的新面貌。在这一背景下，总巡回法庭日趋衰弱，地产之诉巡回（Assize Circuit）、刑事听审巡回（Oyer and Terminer）和囚犯提审巡回（Gaol

① A. Harding, *The Law Courts of Medieval England*, Allen & Unwin, 1973, pp. 66 – 68.

Delivery)等“特殊巡回法庭”渐次走上前台,[②]而郡长也逐渐为治安法官所取代。一个特殊巡回法官与治安法官相配合的新的二元治理结构开始形成。

本章意在描述这一历史变迁,以及这些新的代理人对于早期国家治理的功能与意义。历史分析将表明,总巡回审衰弱的原因,不仅是法官的暴敛与腐败,还更多来自于管辖权膨胀所带来的低效,以至于无法有效回应地方治理的司法诉求。最终,总巡回法庭与郡长的二元治理结构,为专门化的特殊巡回法庭和治安法官所取代。但这种新的趋势又带来了理论上的难题:这些由地方乡绅担任的治安法官成为地方的主要代理人,是否意味着12世纪以来的司法中央集权化的逆转?在西方学者已有研究的基础上,本章的进一步分析将表明,治安法官的人事构成是复杂的,并往往与巡回法官相重叠,因此并非天然的“反集权”力量,而更多构成王室与地方的“中介”,[③]代表了双方利益的妥协与平衡。特殊巡回法官与治安法官相结合的新型二元结构的形成,实际上也构成了单纯的剧场化的“统治权技术”向更为多元、隐蔽也更节省、高效的新的治理策略的转型。[④]

一、巡回法庭的专业化

首先一个变化是总巡回法庭的衰落与特殊巡回法庭的兴起。在进

---

② A. Musson, W. M. Ormrod, *The Evolution of English Justice: Law, Politics And Society In The Fourteenth Century*, MacMillan Press Ltd, 1999, pp. 42 – 50.

③ A. Musson, *Public Order and Law Enforcement: The Local Administration of Criminal Justice, 1294 – 1350*, The Boydell Press, 1996, pp. 79 – 80.

④ 借用福柯的叙事,中世纪以来的传统治理方式的核心是事后的“惩罚技术”,国家的权力通过“剧场化”的绞刑、罚款、放逐等“时刻”作用于人体,是一种“引人注目”却间断的权力运作方式。而新的“规训技术”则更强调监视、审核与检查等事前预防,并伴随一系列连续不断地作用于人体的纪律、训练与改造,是一种更为隐蔽却更为持续有效的权力运作方式。参见[法]福柯:《安全、领土与人口——法兰西学院演讲系列1977—1978》,钱翰、陈晓径译,上海人民出版社2010年版,第3~8页;或参见[法]福柯:《规训与惩罚——监狱的起源》;刘北成、杨远婴译,三联书店1999年版。

入制度变迁的讨论之前，我将首先简要回顾13世纪末与14世纪的英国社会的历史背景。这些背景的描述将表明，14世纪发生的一切都并非偶然，而同样来自于地方社会治理的常规问题的转换，以及一般社会制约因素的改变。

（一）动荡不安的时代

14世纪的英格兰，普遍被认为是一个转折的时代。⑤ 由于这一时期的战争频繁、经济衰退与社会动乱，这一时期也被称为“战争时代”（War - time）⑥、“危机时代”（Crisis - time）⑦或“失序时代”（Disorder - time）⑧。在历史学家的一般叙事中，与12世纪中期以来的和平、繁荣相对应，14世纪英格兰社会的总体特征是战争、衰退与动荡。

在此前的一个多世纪，尽管英格兰同样存在大大小小的叛乱与战争，但战争的规模都不大，相互之间的间隔也较长，因而在总体上依然保持和平与稳定。但从13世纪末期开始，英格兰却进入了一个持续战争的时代。1293年的加斯科尼（Gascony）战争打破了《巴黎和约》带来的和平，并围绕阿奎丹（Aquitaine）地区的争夺展开了数个回合的斗争；⑨与此同时，为了征服苏格兰，在1300年到1328年间，爱德华一世（Edward I）与二世（Edward II）又先后数十次用兵北方；在短暂的和平后，1333年又战端再起。当然，最著名也最为持久的战斗是1337开始的英法“百年战争”（1337—1453年）。尽管其中存在短暂的停战，但从总体上说，整个14世纪的英格兰都处于战争状态之中。

---

⑤ 蒋孟引主编：《英国史》，中国社会科学出版社1988年版，第363页。

⑥ A. Musson and W. M. Ormrod, *The Evolution of English Justice: Law, Politics And Society In The Fourteenth Century*, MacMillan Press Ltd, 1999, p. 45.

⑦ 马克垚：《英国封建社会研究》，北京大学出版社2005年版，第305页。

⑧ B. A. Hanwalt, *Crime and Conflict in English Communities, 1300 - 1348*, Havard University Press, 1979.

⑨ 1259年，英王亨利三世与法王路易九世在巴黎签订了一个条约，英王最终放弃了他对诺曼底、安茹、普瓦图的统治，并承认以法王封臣名义领有加斯科尼。但在1293年的争端中，英王爱德华一世却拒绝以封臣身份前往巴黎出庭受审，法王菲利普四世随即占领了加斯科尼，导致双方战争爆发。参见高岱：《英国通史纲要》，安徽人民出版社2002年版，第108～112页。

战争带来的直接结果是国内社会秩序的动荡不安。这种影响首先表现在战争波及地区的失序与动乱。无论是在西部威尔士边境、北部苏格兰边境还是南部沿海,都普遍地存在犯罪的增多与秩序的混乱的现象。"有组织的抢劫在14世纪10年代和14世纪20年代的早期十分普遍,构成了这些交战地区安全的实质威胁。"⑩与此同时,国王招募的军队本身也构成了不安定的因素。由于这一时期骑士制度的衰落,国王开始越来越多地征召民兵和市民作战,或者雇用军队出征。为了获得更多的兵源,国王频繁地使用赦免的特权,将本来犯有重罪的人赦免后召入军队。这样一种做法导致军队本身成为了一种倾向于犯罪的组织,并在事实上破坏了地方社会的安宁,尤其是在每次战争结束后,就不可避免地带来大量返乡士兵的有组织犯罪。⑪ 尽管议会多次出台法令限制国王的赦免权,但在整个14世纪,这种军事赦免对于犯罪的刺激和公共秩序的威胁都依然存在。⑫

除频繁的战争之外,这一时期社会动荡的原因,还有农业经济的衰退和大瘟疫的流行。一般的经济史研究都认为,14世纪是英格兰经济由上升走向衰退的一个转折点。在史蒂芬乱世之后的一个半世纪,人口不断增长,土地也不断被开垦,农产品的需求与产量都在增大,农业经济持续繁荣。但进入13世纪末,新的可耕地已开垦殆尽,耕地的地力也逐渐衰竭,从而导致了14世纪初的数次饥荒,⑬据估计,约有百分

---

⑩ 与此同时,战争也带来了地方政府的腐败。为了征募军队、配备武装和征收军费,地方政府的权能得到迅速扩充,但也增加了官员腐败与横征暴敛的机会主义倾向。A. Musson and W. M. Ormrod, *The Evolution of English Justice: Law, Politics And Society In The Fourteenth Century*, MacMillan Press Ltd, 1999, p. 78.

⑪ 关于这一时期战争对于犯罪的影响,参见 B. A. Hanawalt, *Crime and Conflict in English Communities, 1300 – 1348*, Havard University Press, 1979, pp. 229 – 237。

⑫ 议会先后于1311年、1328年、1330年、1336年和1340年颁布的法令,都试图剥夺国王对于严重罪犯实施宽恕的权利,国王也被迫承认了这些制定法限制。然而,无论是爱德华二世,还是爱德华三世,实际并不受这些措施的约束,1350年后的议会对于军事赦免的抱怨依然不断。A. Musson and W. M. Ormrod, *The Evolution of English Justice: Law, Politics And Society In The Fourteenth Century*, MacMillan Press Ltd, 1999, p. 79.

⑬ 马克垚:《英国封建社会研究》,北京大学出版社2005年版,第303页。

之十的人口死于1315年到1322年的经济危机之中。[14] 随后1348年到1377年之间黑死病的数次流行,更是夺去了全国三分之一以上的人口的生命,引发了劳动力的锐减与农业经济的持续衰落。饥荒、瘟疫与萧条,同样导致了这一时期盗窃、抢劫等犯罪的增加;[15]而王室政府为了应对危机实施的一系列强制性措施,反而激化了地方的矛盾与反抗,[16]社会秩序更趋恶化。

社会的动荡不安、犯罪与侵害行为的增多,也直接导致了地方社会诉讼需求的激增。正如有学者指出的,在14世纪的英格兰,出现了一个规模空前的"诉讼洪流"。这一点可以从当时的令状记录中看出:在13世纪早期,诉讼形式还只有五十多个,但到了14世纪,已经增长到将近九百个,其中爱德华三世(Edward III,1327—1377年)与理查德二世(Richard II,1377—1399年)时期令状的数量增加最为迅速。[17] 新的令状被创设出来应对各种新的犯罪与违法行为,尤其是侵害之诉(Trespass)成为这一时期数量增长最快的诉讼形式。[18] 因此,如何重新获得安宁、稳定的社会秩序,以及"对于纠纷解决机制与更有效的刑事司法机制的持续性需求",成为这一时期英格兰地方治理所首先必须回应的重大问题。

以上就是对于14世纪社会背景与基本问题的一个简要回顾。在此基础上,我将进一步考察英格兰统治者对于这些治理难题所采取的

---

⑭ I. Kershaw, "The Great Famine and Agrarian Crisis in England 1315 - 1322", in R. H. Hilton eds., *Peasants, Knights and Heretics*, Cambridge University Press, 1976, p. 131.

⑮ 关于经济危机导致的犯罪,参见 B. A. Hanawalt, *Crime and Conflict in English Communities, 1300 - 1348*, Havard University Press, 1979, pp. 238 - 260。

⑯ 其中最著名的是1381年瓦特·泰勒(Wat Tyler)领导的农民起义。为了应对黑死病之后劳动力价格的上涨,爱德华三世颁布了多部劳工法令,规定任何人都必须接受之前的工资标准,违者监禁;同时为了应对英法战争,爱德华三世还增加了赋税与开征人头税。这些措施都加剧了社会矛盾,导致了各地农民起义不断与社会动荡加剧。参见蒋孟引主编:《英国史》,中国社会科学出版社1988年版,第202~217页。

⑰ A. Musson and W. M. Ormrod, *The Evolution of English Justice: Law, Politics And Society In The Fourteenth Century*, MacMillan Press Ltd, 1999, p. 118.

⑱ A. Harding, "Plaints and Bills in the History of English Law", in D. Jenkins ed., *Legal History Studies 1972*, University of Weles, 1975, p. 65.

诸多应对。面对新的社会转型与诉讼洪流,以及传统地方代理人的不足,中世纪晚期的英国逐渐形成了由特殊巡回法庭与治安法官相结合的新型二元治理结构。这里,首先还是关注从总巡回法庭到特殊巡回法庭的历史变迁。

(二)总巡回法庭的衰落

总巡回法庭最终停止的时间并不清楚。

依据现有资料,总巡回审的势微始于13世纪末。⑲ 1294年,英国的海外领地加斯科尼(Gascony)爆发战争,爱德华一世立即组织军队海外作战。⑳ 为了获得地方贵族的支持,国王暂时中止了总巡回法官的派出,以确保贵族的特权和利益不会在其离开王国期间受损。这一次暂时的中断,也构成了总巡回审走向衰退的转折点,此后总巡回派出的次数越来越少。㉑ 进入14世纪,尽管总巡回法庭依然被不定期派出,但同时也受到越来越多限制。1327年,爱德华三世登基之初,总巡法庭曾出现了短暂复兴,但很快又衰落。在爱德华三世的大部分时期(1327—1377年),总巡回法庭的意义几乎是象征性的。目前所知的最后的总巡回审出现在理查德二世时代(1377—1399年),之后人们再也没有看到它的身影。㉒

对于总巡回法庭消逝的原因,传统观点认为,这主要是总巡回法庭给地方社会带来的负担过于沉重。这种负担的来源是多方面的。首先,总巡回法庭的初衷之一,即在于通过罚金的征收来扩大国王的财政

⑲ W. S. Holdsworths, *A History of English Law*, Vol. 1, Methuen & Co. Ltd., 1923, p. 272.

⑳ I. Kershaw, "The Great Famine and Agrarian Crisis in England 1315 - 1322", in R. H. Hilton eds., *Peasants, Knights and Heretics*, Cambridge University Press, 1976, p. 131.

㉑ 在1294年之后,只出现18次总巡回法庭的召集令,其中真正执行完成的只有8次。D. Crook, "The Later Eyres", *Engish Hitorical Review*, Vol. 97, 1982, pp. 248 - 249.

㉒ 参见周威:《英格兰的早期治理》,北京大学出版社2008年版,第103页。

利益，[23]因此本身就构成了对于民间社会的财富汲取的重要方式。例如，1234年到1236年的总巡回就为国王带来22000英镑的收入，平均每年有七千多镑，相当于当时国王岁入的一半。[24] 其次，巡回法官及随行人员的到来、数以千计的陪审员的召集及其食宿问题，都给地方社会带来了不小的经济负担。[25] 更重要的是，法官的权力宽泛与缺乏约束，也导致了权力的滥用以及勒索、贿赂等腐败情形的增多。因此，从13世纪开始，总巡回法庭变得越来越不受欢迎，也开始越来越多地招致地方社会的不满与抵制：

> 1233年，当康沃尔的总巡回的消息传来时，许多居民因为畏惧巡回法官而逃进山林。总巡回审不得超过七年一次的规则也确立起来。1261年，当总巡回法官来到沃切斯特时，人们也以距离前次巡回尚不足七年时间为由而拒绝。[26]

14世纪后，新兴的议会也成为了抵制总巡回审的中心。爱德华三世时期，1349年，下议院批准了国王的拨款，但前提条件却是必须在两年内停止所有的全国性巡回。[27] 这些迹象都似乎表明，总巡回法庭的横征暴敛以及随之而来的民众的不满与抵制，构成了总巡回审走向衰落的主要原因。

但依然存有疑问。毕竟，仅仅是民众或议会的不满，或许可以视作总巡回审走向衰弱的原因，但却并不足以构成这一制度消亡的全部理

---

[23] 巡回审判的收益构成了亨利二世司法改革的主要动机之一。例如，塞勒斯就曾指出，“对秩序的维护，普通法的发展，正义的播撒，都只不过是附属的东西，是一个更为卑鄙动机下的壮美结果”。参见 G. O. Sales, *The Medieval Foundations of England*, *University Paperbacks*, 1966, p. 304。

[24] 李云飞：《从高效到超载：中世纪英格兰巡回法庭的兴衰》，载《世界历史》2012年第4期。

[25] 参见前述1313年的肯特郡的总巡回审，W. Bolland, *The General Eyre*: *Lectures Delivered in the University of London at the Request of the Faculty of Law*, Cambridge University Press, 1922, p. 32。

[26] W. S. Holdsworths, *A History of English Law*, Vol. 1, Methuen & Co. Ltd., 1923, pp. 271–272.

[27] W. Bolland, *The General Eyre*: *Lectures Delivered in the University of London at the Request of the Faculty of Law*, Cambridge University Press, 1922, p. 23.

由。现有资料也表明,在中世纪英格兰,王室法官受到地方社会的抵触和指责事实上是一种普遍的情形。[28] 由于司法总是存在胜诉与败诉,法官受到当事人的攻击几乎是一种必然。[29] 更何况,对于一项历史久远且影响广泛的制度的评价,总是复杂和多方面的,在不满与抵制之外,我们也同样不难发现总巡回审在地方社会的积极意义。尤其是当底层民众受到地方贵族和官员的压迫时,总巡回法官往往可能成为主持正义的力量,本书之前对于巡回法庭的分析就说明了这一点。因此,对于总巡回审退出历史舞台的原因,还需要在民众或议会的不满之外寻求其他的解说。

对此,哈丁(A. Harding)、缪森(A. Musson)和波威尔(E. Powell)等学者认为,总巡回审在13世纪末衰落的原因,更多地来源于自身的全能管辖权所导致的不堪重负;[30]同时专业化的巡回审在这一时期的兴起,也更进一步促使总巡回审在14世纪后期彻底退出。在这些学者看来,总巡回审走向衰落的道路实际上开始于其在13世纪的自我膨胀,尤其是《巡回条例》的增加所带来的管辖权扩张。在最初的12世纪,总巡回审旨在打击犯罪与建立一套团体指控重罪的司法程序,同时也负有土地侵占诉讼的职责,因此任务主要集中在稳定治安与解决纠纷的"司法"领域。但随着《巡回条例》的日渐膨胀,总巡回审的职能开始不断增加。在亨利三世之初,总巡回法官被授权调查国王的各项财政利益,包括无人继承的土地、王室监护的未成年人以及对国王土地的侵

[28] 特纳的研究表明,在中世纪的一般文学和政治作品中,法官的形象几乎都是负面的。参见 R. V. Turner, *The Enlish Judiciary In The Age of Glanvill and Bracton, 1176 - 1239*, Cambridge University Press, 1985, pp. 2 - 4。

[29] [美]波斯纳:《法理学问题》,苏力译,中国政法大学出版社2002年版,第8页;或参见[美]夏皮罗:《法院——比较法上和政治学上的分析》,张生、李彤译,中国政法大学出版社2005年版,第68~69页。

[30] 参见 A. Harding, The Law Courts of Medieval England, Allen & Unwin, 1973;或参见 A. Musson and W. M. Ormrod, *The Evolution of English Justice: Law, Politics And Society In The Fourteenth Century*, MacMillan Press Ltd, 1999, pp. 43 - 45;或参见 E. Powell, *Kingship, Law, and Society: Criminal Justice in the Reign of Henry V*, Clarendon Press, 1989, pp. 5 - 14。

犯等，以至于"《巡回条例》的刑事司法职能一度成为附属"。[31]

在《巡回条例》不断膨胀的同时，巡回法庭的诉讼程序也越发简易，诉讼"门槛"不断降低。有如前述，作为亨利三世时期贵族改革运动的后果之一，对于地方官员滥用权力的治理，成为总巡回法庭的首要任务。依据《牛津条例》，由首席政法官休·毕戈德（Hugh Bigod）领导的1258年的总巡回法庭旨在听取底层民众的控诉和严厉打击违法官员。[32] 为鼓励更多的民众提起指控，毕戈德宣布总巡回法庭必须"审理所有类型的申诉，无论起诉者是谁"。[33] 即便当事人未能取得令状，依然可以通过自行书写的诉愿状（bills）或口头控诉（oral plaints）的形式提起诉讼。[34] 考虑到当事人亲自前往威斯敏斯特向大法官申请令状的高昂成本，这一简易做法无疑大大降低了巡回法庭的诉讼"门槛"。但与此同时，《巡回条例》的扩张和起诉方式的简化，也带来了总巡回法庭的诉讼激增。正如缪森指出的，所有这些因素叠加在一起，导致原本处于王室司法之外的轻微犯罪和侵害之诉（Trespass）大量涌入，总巡回法庭陷入"新业务的诉讼洪流"之中。[35]

爱德华一世时期（1274年）的"权利质问令状"（quo warranto）的颁布，进一步加重了总巡回审的负担。这一令状要求总巡回法官到地方巡查王室权力被篡用的情况，以恢复亨利三世以来丢失的王室土地与

---

[31] A. Musson, W. M. Ormrod, *The Evolution of English Justice: Law, Politics And Society In The Fourteenth Century*, MacMillan Press Ltd, 1999, p. 43.

[32] 《牛津条例》第1条即规定由首席政法官组成特别的巡回法庭，专门调查"郡长、百户长和其他所有人"的"暴行、侵扰和不公正行为"。关于此次贵族改革运动和《牛津条例》的背景，参见蔺志强：《一二五八至一二六七年英国贵族改革运动》，载《历史研究》2004年第6期；或参见 R. E. Treharne, *Documents of the Baronial Movement of Reform and Rebellion, 1258 - 1267*, Clarendon Press。

[33] A. Harding, *The Law Courts of Medieval England*, Allen & Unwin, 1973, p. 87.

[34] 关于中世纪英国王室法庭中的诉愿书（bills）和口头控诉（plaints），参见 A. Harding, "Plaints and Bills in the History of English Law", in D. Jenkins ed., *Legal History Studies 1972*, University of Weles, 1975；或参见 A. Musson and W. M. Ormrod, *The Evolution of English Justice: Law, Politics And Society In The Fourteenth Century*, MacMillan Press Ltd, 1999, p. 44。

[35] A. Musson, W. M. Ormrod, *The Evolution of English Justice: Law, Politics And Society In The Fourteenth Century*, MacMillan Press Ltd, 1999, p. 44.

权力。对于地方官员的职位,或是贵族的土地及其司法管辖权,总巡回法官都要求当事人说明这些权力是"依据哪个特许状"而获得的。如果被质询者无法出示特许状,那么总巡法官将替国王重新收回这些权力与利益。[36] 显然,大规模的调查给总巡回法官带来了新的负担,以至于其本身成为了一项"难以完成的任务"。[37] 由于这一做法触及了领主的领地特权和许多有产阶级的切身利益,因此遭到了广泛的抵制和拖延,许多案件久拖不决,以至于1274年开始的总巡回审历时11年,直到1289年才完成对全国的巡回。从1292年开始,爱德华一世又启动了新的巡回法庭,但直到1294年6月,只完成对11个郡的巡回。有如前述,由于加斯科尼战争的爆发,此次巡回被迫中断,并成为最后一次真正意义上的总巡回审。[38] 此后,总巡回法庭逐渐走向衰落,直至在14世纪末彻底消失。

综上所述,总巡回法庭衰落的原因是多方面的。随着《巡回条例》的膨胀和管辖权的急速扩张,一个全能的缺少专业化的司法机构的弊端已经充分地显现出来:一方面,沉重的诉讼负担,使得总巡回法庭的效率越来越低,既无法满足民众的司法需求,也难以实现有效打击犯罪的目标;[39]而另一方面,无所不在的管辖权也导致了对于地方社会的传统自治的侵犯,因而加剧了底层民众的不满与抵制。正如谬森所言,

---

[36] 参见[英]沃克:《牛津法律大辞典》,李双元等译,法律出版社2003年版,第932页。

[37] 参见 D. W. Sutherland, *Quo Warranto Proceedings in the Reign of Edward I*, Cambridge University Press, 1963, pp. 19–20。

[38] A. Musson, W. M. Ormrod, *The Evolution of English Justice: Law, Politics And Society In The Fourteenth Century*, MacMillan Press Ltd, 1999, p. 45.

[39] 由于总巡回法庭审理的案件越来越多,以至于大量案件无法在当地的巡回法庭审结,不得不将案件带到其他的郡继续审理,即所谓"外郡案件"的大量增多,导致当事人在数郡之间奔波应诉,诉讼耗费越来越大。同时总巡回法庭的间隔期不断延长,也使得刑事案件的审理变得越来越困难。关于总巡回法庭的效率降低及其后果的具体分析,最新的中文研究,参见李云飞:《从高效到超载:中世纪英格兰巡回法庭的兴衰》,载《世界历史》2012年第4期。

“这种堆积成山的工作已经使得它成为了司法军械库中一件笨拙的武器”，[40]同时也越来越多地创造了自己的“敌人”。

在这个意义上，总巡回法庭的“衰弱”正来自于它的“兴盛”，正是管辖权的过度扩张，最终使得它超越了中世纪经济与社会的承受能力，走向了崩溃的边缘。与此同时，14 世纪以来议会的兴起，也使得作为财政收入工具的总巡回法庭变得不再必要。[41] 面对总巡回法庭的“低效”与重要性的减弱，英格兰的地方治理有必要寻求新的更为高效与专业化的制度替代。

（三）特殊巡回法庭的兴起

实际上，在总巡回法庭走向衰弱的同时，可能的制度替代就已经存在了：这就是以特定类型案件为目标的“特别巡回法庭”。尽管这些法庭早在总巡回审消失之前就已经出现，但它们最初的历史却十分模糊，只是随着总巡回审的日益式微，这些特殊巡回法庭才逐渐走上历史的前台，成为巡回法庭的主要形态。

首先出现的是专门受理新近侵占之诉等土地诉讼的“地产之诉巡回”（assize circuit）。对于这一特殊巡回的起源，现有的资料并不十分清楚。实际上，之前对于新近侵占令状的分析也表明，最初的地产之诉很可能是由总巡回法庭的同一批法官完成的，[42]两者很难被明确区分。即便在 12 世纪的后期已经出现了地产之诉特别巡回，也可能更多是一些零星的派出。[43] 尽管这一时期的特殊巡回是偶然和非常规的，但它

---

[40] A. Musson, W. M. Ormrod, *The Evolution of English Justice: Law, Politics And Society In The Fourteenth Century*, MacMillan Press Ltd, 1999, p. 45.

[41] 从这一时期开始，国王开始越来越多地依赖议会批准的税收，而司法收益和源自其封建权利、土地复归、监护权等方面的收入的重要性则逐渐下降。参见[英]梅特兰：《英格兰宪政史》，李红海译，中国政法大学出版社 2010 年版，第 91 页。

[42] F. Pollock, F. Maitland, *The History of English Law Before the Time of Edward I*, Vol. 1, Cambridge University Press, 1923, pp. 145 – 146.

[43] 在理查一世时期，“在总巡回审间歇的年份，也存在一些特殊案件类型的巡回”，比如，“有些巡回只处理王权之诉，有些巡回只处理地产之诉”。R. V. Turner, *The Enlish Judiciary In The Age of Glanvill and Bracton, 1176 – 1239*, Cambridge University Press, 1985, p. 68.

显然受到了臣民的欢迎,“因为这使得诉讼人免去了前往威斯敏斯特的麻烦和花费,也避免了总巡回审之间较长的间隔”。[44] 也因此,在《1215年大宪章》中,国王承诺地产之诉巡回将在纠纷所在的郡每年进行四次。此后各种版本的宪章也都维持了这一条款,只是巡回的次数改为一年一次。[45] 在约翰王时期,也出现了国王专门指派法官到北安普顿郡执行地产巡回的记录。[46]

地产之诉巡回成为普遍的做法是在亨利三世时期,尤其是1220年之后。最初,这一类委任状往往被授予地方的骑士,有时是来自威斯敏斯特的法官与两名地方骑士一同办案。[47] 当时,从威斯敏斯特的法院退休的法官也频繁接到地产巡回的委任状,巡回的范围往往是他本人居住附近的地区。[48] 但这一时期的地产巡回依然只是针对特殊地区的特殊案件,并没有形成全国的巡回,也不存在固定的巡回区。第一个系统的地产巡回区建立于1273年。[49] 正如布兰德指出的,“这标志着地产之诉巡回法庭发展史上的重要阶段:这是英格兰历史上第一个拥有自己的法官和特定管辖权的永久巡回法庭得以确立的时期”。[50]

此后,这一制度依然处在不断变动之中。[51] 1285年的《威斯敏斯特

---

[44] R. V. Turner, *The Enlish Judiciary In The Age of Glanvill and Bracton, 1176 - 1239*, Cambridge University Press, 1985, p. 198.

[45] [英]梅特兰:《英格兰宪政史》,李红海译,中国政法大学出版社2010年版,第91页。

[46] R. V. Turner, *The Enlish Judiciary In The Age of Glanvill and Bracton, 1176 - 1239*, Cambridge University Press, 1985, p. 199.

[47] [英]梅特兰:《英格兰宪政史》,李红海译,中国政法大学出版社2010年版,第91页。

[48] 例如,Geoffrey le Sauvage,1226年从王座法院退休;次年的八月,他得到委任状,被要求在Wallingford附近审理侵占土地的罪犯。R. V. Turner, *The Enlish Judiciary In The Age of Glanvill and Bracton, 1176 - 1239*, Cambridge University Press, 1985, p. 199.

[49] 整个英格兰被划分为六个巡回区,并且给每个巡回区指定了两名法官审理区域内的土地权益诉讼。参见 A. Musson and W. M. Ormrod, *The Evolution of English Justice: Law, Politics And Society In The Fourteenth Century*, MacMillan Press Ltd, 1999, p. 46。

[50] Brand, "Edward I and the Transformation of the English Judiciary, in Paul Brand", in *The Making of the Common Law*, Hambledon Press, p. 139.

[51] 1274年,六个巡回区减少为四个;而1284年又扩展为八个。Ibid., p. 140.

法令 II》还明确规定,地产之诉巡回应当在三个固定的时间段审理案件。[52] 之所以作出这一规定,是因为这一时期的地产巡回法官多由中央法官兼任,[53]因此,只有在上述威斯敏斯特开庭期的间歇才能派出。但这一做法显然限制了地产巡回的发展,也无法满足民众对于地产诉讼的需求。最终,在 1293 年,爱德华一世决定任命全日制的永久法官,专门负责审理土地权益诉讼。[54] 这一变化的后果是使得地产巡回法官从中央法庭开庭期的束缚中解放出来,可以在一年的任何时间组织地产之诉的审理;而《威斯敏斯特法令 II》中有关审理时间的限制也事实上被废止。[55]

地产巡回之外,差不多同时产生的是"囚犯提审巡回"(goal delivery)。从现有的资料来看,囚犯提审的委任状早在 13 世纪初就出现了;至少从 13 世纪 20 年代开始,特殊的囚犯提审已经构成了英国司法制度的组成部分;"到亨利三世末期,多数的罪犯指控都已交由囚犯提审巡回审理,而并非像过去那样提交总巡回法庭"。[56] 然而,在 13 世纪的大多数时候,委任状都是单独颁发给囚犯提审的法官,只是针对一个或数个特定监狱的在押犯而作出的,接受委任的人也主要来自地方

---

[52] 也就是每年的 7 月 8 日到 8 月 1 日、9 月 14 日到 10 月 6 日、1 月 6 日到 2 月 2 日。但有时也变成一年两次。参见[英]梅特兰:《英格兰宪政史》,李红海译,中国政法大学出版社 2010 年版,第 91 页。

[53] 例如,在 1273 年任命的 12 个巡回法官中,即有 8 人是来自中央法庭的法官。尽管这一数字在 1274 年曾减少到只有一人,但很快恢复到任命中央法官的做法上来。在 1285 年任命的地产巡回法官中,四人来自于高等民事法院,三人是王座法院的法官,两人是财政署的法官。Brand, Edward I and the Transformation of the English Judiciary, in Paul Brand, *The Making of the Common Law*, Hambledon Press, p. 140.

[54] 同时巡回区也正式被确立为四个。A. Musson, W. M. Ormrod, *The Evolution of English Justice: Law, Politics And Society In The Fourteenth Century*, MacMillan Press Ltd, 1999, p. 46.

[55] Brand, "Edward I and the Transformation of the English Judiciary, in Paul Brand", in *The Making of the Common Law*, Hambledon Press, p. 140.

[56] R. V. Turner, *The Enlish Judiciary In The Age of Glanvill and Bracton, 1176 – 1239*, Cambridge University Press, 1985, p. 199.

贵族和大土地保有人。[57] 依据这一令状，国王会指示特定的人提审某个监狱（deliver a gaol），对于这个监狱中所有在押的犯人进行审理，其最初的目的是及时地清空有限的羁押场所，以便继续关押新的犯人。

直到13世纪90年代，作为巡回审判的普遍的囚犯提审委任状才开始出现。[58] 此后，随着这种做法的日益常规化，囚犯提审巡回逐渐成为了王室法院处理重罪罪犯的主要形式；委任状的执行者也逐渐转变为来自威斯敏斯特的法律职业者。国王往往任命中央王室法官、高级律师（serjeants）或御用律师（king's counsel）中的两人前往各地提审囚犯。[59]《1299年协议诉讼法》曾试图将地产之诉巡回与囚犯提审巡回相合并，即由全日制的地产巡回法官在各自巡回区内负责囚犯的提审。但事实上，这一做法的效果十分有限。正如缪森指出的，"在理论上，地产之诉巡回与囚犯提审巡回的联合似乎应当取代单个的囚犯提审委任状。但实践中，这一做法只被米德兰巡回区所采纳，其他地区依然遵循原有的做法"。[60]

但只是地产之诉巡回和囚犯提审巡回还不够。由于两者的管辖集中于地产和重罪，因而依然无法应对13世纪后期以来侵害之诉的洪流，[61]最终，在总巡回审和前两种特殊巡回之外，一种新的巡回诞生了——这就是1274年爱德华一世创立的刑事听审委任状（oyer and terminer）。[62] 获得这一委任状的法官将就地审理侵害之诉案件，以缓解总巡回法庭的诉讼压力，他们受理的诉讼，既包括"官方的团体公诉"，

---

[57] Brand, "Edward I and the Transformation of the English Judiciary, in Paul Brand", in *The Making of the Common Law*, Hambledon Press, p. 140.

[58] A. Musson, W. M. Ormrod, *The Evolution of English Justice: Law, Politics And Society In The Fourteenth Century*, MacMillan Press Ltd, 1999, p. 46.

[59] ［英］梅特兰：《英格兰宪政史》，李红海译，中国政法大学出版社2010年版，第92页。

[60] A. Musson, W. M. Ormrod, *The Evolution of English Justice: Law, Politics And Society In The Fourteenth Century*, MacMillan Press Ltd, 1999, p. 46.

[61] A. Harding, "Plaints and Bills in the History of English Law", in D. Jenkins ed., *Legal History Studies 1972*, University of Weles, 1975, p. 65.

[62] A. Musson, W. M. Ormrod, *The Evolution of English Justice: Law, Politics And Society In The Fourteenth Century*, MacMillan Press Ltd, 1999, p. 48.

也包括“私人提起的诉讼”。[63] 最初,获得刑事听审委任状的法官往往与获取执行囚犯提审委任状的是同一批人,因为这两种委任状的管辖范围有相当程度的竞合;但不同的是,刑事听审委任状的范围更加广泛,拥有囚犯提审巡回不曾具有的受理新的控告的权力。[64] 之后,随着这一尝试的成功,逐渐出现了专门的刑事听审巡回法官,其成为了中世纪英格兰司法机制的重要组成。[65]

与其他巡回一样,刑事听审委任状也包括“特殊”与“一般”两种形式。所谓“特殊”,主要是针对特定区域内的特定事件和纠纷而作出的委任状,可以由个人向文秘署申请取得。尽管它同样包括重罪的管辖,但关注的重心无疑是侵害之诉。[66] 而所谓一般委任状,则往往覆盖数个郡在内的巡回区,并且包括广泛的权力,甚至于惩罚所有犯罪。在14世纪前期,一般刑事听审委任状逐渐成为了固定的司法机制,使得大量侵害之诉得以进入王室诉讼之中。[67] 这一方面当然是对于诉讼洪流的回应,但另一方面也包含了王室通过增加罚金征收来扩大财政利益的考量。此外,刑事听审巡回大量地接受私人对于重罪和侵害的指控,在很大程度上也构成了低成本地获取有关地方失序状况的信息渠道。[68]

以上,我们简要讨论了总巡回审的衰落与特殊巡回法庭的兴起。这些分析表明,总巡回法庭之所以在13世纪后期衰落,并不仅仅因为法官的暴敛与腐败;更重要的原因来自于总巡回管辖权的自身膨胀以

---

[63] A. Harding, *The Law Courts of Medieval England*, Allen & Unwin, 1973, p. 89.

[64] 刑事听审委任状比囚犯提审的授权更为宽泛,因为后者并未授权听审针对未拘押在狱者的指控。参见[英]梅特兰:《英格兰宪政史》,李红海译,中国政法大学出版社2010年版,第92页。

[65] A. Musson and W. M. Ormrod, *The Evolution of English Justice: Law, Politics And Society In The Fourteenth Century*, MacMillan Press Ltd, 1999, p. 48.

[66] Ibid.

[67] A. Harding, *The Law Courts of Medieval England*, Allen & Unwin, 1973, p. 90.

[68] 正如哈丁的研究表明的,鼓励私人诉讼以获得地方信息的做法,实际上是中世纪欧洲各国的普遍做法,如13世纪西班牙和法国存在着类似的做法。Ibid., p. 89.

及由此带来的低效率。[69] 面对13世纪以来新的诉讼洪流的出现，这种全能而低效的法庭越来越不能适应英格兰地方治理的司法需求，也遭到了越来越多来自地方社会的反抗与抵制。相比之下，地产之诉、囚犯提审与刑事听审等更为专业化的特殊巡回法庭，更好地回应了这一时期的地方治理的难题。

较之全能的总巡回审，这些特殊巡回显然更加集中在司法审判的领域，而较少承担行政化的职能，因而有助于提高王室法庭的诉讼效率。在这个意义上，专业化的特别巡回法庭对于总巡回审的取代无疑是成功的：它在很大程度上避免了全能法庭的低效和腐败，也较为有效地胜任了总巡法庭原本承担的解决纠纷与获取信息的诸项职能。更重要的是，与总巡回法庭诉诸盛大的仪式和强大的管辖权不同，"特殊巡回法庭"更多地依靠专业化的法庭与审判来实现中央与地方的沟通。[70] 正是在这些"法庭"营造的空间里，来自中央的王权更具体而生动地展现了它的存在、中立与权威，从而强化了当事人对于国家权威的认同。在这个意义上，这种从无所不包的"总巡回法庭"向更为专业化的小型"特殊巡回法庭"的演进，不仅不意味着对于地方"控制"的减弱，而且在一定意义上构成了这种"控制"的强化和精细化。

二、"自治"的兴起：从郡法庭到治安法庭

但问题并没有全部解决。仅仅是专业化的特殊巡回法庭，依然不

---

[69] A. Musson, W. M. Ormrod, *The Evolution of English Justice: Law, Politics And Society In The Fourteenth Century*, MacMillan Press Ltd, 1999, pp. 42 – 50.

[70] 以凭借专业知识与司法程序的治理，取代"剧场化"的专断权力，不仅不会削弱权力，而且可能强化权力的控制，而这也正是现代国家治理的核心。参见李猛：《论抽象社会》，载《社会学研究》1999年第1期。

足以解决14世纪以来的社会动荡与诉讼需求增长的整体性问题。[71]毕竟,无论巡回法庭的派出多么频繁,都依然只是一种流动的权力,而难以维持对于地方社会的长期监控与治理。尽管这一时期依然存在郡长制[72]和骑士制[73]等传统的治安体系,但面对急剧的社会变动,这些制度也逐渐失去了原有的效力。总之,面对新的社会变迁与挑战,在传统的郡长与巡回法官之外,英国的地方司法与政治治理还需要寻求新的更为有效的地方代理人。

(一)"治安维持官"的出场

新的制度尝试之一是兴起于14世纪的治安法官。但与其他制度的生长一样,治安法官的形成也并非一蹴而就的过程,更不是任何人为设计的结果;它同样有一个历史久远的出身,并在历史的自然演进与各种力量的"挤压"中缓慢生成。

这一制度的前身是12世纪末的"治安维持官"(keepers of justice),它的出现是骑士阶层参与地方治安管理的产物。有如前述,亨利二世时代的治安管理主要是由执行《克拉灵顿法令》的郡长和王

---

[71] 14世纪英格兰的治安状况的恶化,导致了人们对于13世纪的"黄金时代"的怀念,以及对于王室司法的不信任。参见 A. Harding, *The Law Courts of Medieval England*, Allen & Unwin, 1973, pp. 91 – 92;或参见 A. Musson, W. M. Ormrod, *The Evolution of English Justice: Law, Politics And Society In The Fourteenth Century*, MacMillan Press Ltd, 1999, pp. 77 – 78。

[72] 郡长与郡法庭的衰落,参见[英]梅特兰:《英格兰宪政史》,李红海译,中国政法大学出版社2010年版,第87页。

[73] 诺曼征服建立封建制度以来,根据封建义务,接受国王土地分封的总封臣,必须向国王提供一定数量的骑士服军役。一般来说,每块骑士领(年收入约20英镑的土地)向国王提供一名骑士,服役期限为40天,总封臣可以自己经营封地供养一批骑士应役,也可以分封给次级封臣或骑士来提供军役。这一制度逐渐培植起一个封建军事贵族阶层,也构成了维系基层社会治安的支柱。但随着12世纪以来经济发展与土地买卖的发展,以及军事技术的改变,骑士制度逐渐走向衰落,封臣们开始以盾牌钱代替骑士军役,由国王雇用军队维持对外战争与对内和平,从而导致了地方治安体系的瓦解。参见马克垚:《英国封建社会研究》,北京大学出版社2005年版,第116~117、291~298页。但雇佣兵本身往往导致有组织的犯罪和对于治安的破坏,参见 A. Musson and W. M. Ormrod, *The Evolution of English Justice: Law, Politics And Society In The Fourteenth Century*, MacMillan Press Ltd, 1999, pp. 79 – 80。

室法官共同完成的,[74]但这些措施依然不够。亨利二世逝世后,理查德一世(1189—1199年)即位。这一时期发生了一场严重的叛乱,最终被首席政法官休伯特·瓦尔特(Hubert Walter)镇压。[75] 此后,为了稳固王国秩序,瓦尔特颁布了1195年法令,规定各郡年满16岁的骑士都有义务维持郡内的治安。同年,瓦尔特还发出了"起誓者"通告,规定每个百户区内由四个骑士协助郡长逮捕犯人。这四名骑士,也就构成了最初的"治安维持官"——当然,同时也构成了治安法官的起源。[76]

但"治安维持官"的出现并不是全新的。任命骑士从事地方治安工作的做法,在此之前就已经存在,比如,骑士经常被任命提审羁押的罪犯,参与囚犯提审巡回的审判。就像比尔德(Beard)所说的,"这一时代的显著特征,就是将地方机构和人员作为执行中央政策的便利、高效的途径"。[77] 此后,理查德一世时期的做法在约翰王时期曾一度中断,但从亨利三世时代开始,地方的骑士又开始被王室任命从事地方行政工作,负责监督地方治安与武器的持有状况。[78]

国王与大贵族的冲突也进一步提高了骑士的地位。1258年旨在限制王权的《牛津条例》规定,在每个郡选出四个谨慎的骑士审理对郡长不法行为的投诉,并将裁判的结果报告给首席政法官。[79] 迫于贵族的压力,亨利三世曾一度接受《牛津条例》,但很快又宣布将其取消,从

---

[74] 参见 W. L. Warren, *Henry II*, University of California Press, 1973, p. 282;或参见[英]哈德森:《英国普通法的形成——从诺曼征服到大宪章时期英格兰的法律与社会》,刘四新译,商务印书馆2006年版,第187~189页。

[75] 1192年,理查德一世在十字军东征的归途中被俘虏,理查德的弟弟约翰乘机发动叛乱。参见蒋孟引主编:《英国史》,中国社会科学出版社1988年版,第100~101页。

[76] W. S. Holdsworths, *A History of English Law*, Vol. 1, Methuen & Co. Ltd., 1923, pp. 286-287.

[77] Charles Beard, *The Office of Justice of the Peace in England: In its Origin and Development*, Burt Franklin, 1904, p. 19.

[78] 1230年,骑士受命承担《军事武装法令》的执行。每个郡的委员会包括三到七人,并经常包括主教、修道院长等人。1252年颁布的执行《军事武装法令》的令状规定,郡长和两名骑士将负责巡视各个财产登记的武装情况,并召集所有年满十五岁的人宣誓将按照他们各自的土地和财产配备武装。Ibid., p. 20.

[79] 参见蒋孟引主编:《英国史》,中国社会科学出版社1988年版,第126~127页。

而引发了1264年以西门·孟福尔(Simon de Monfort)为首的贵族叛乱,英格兰政权也由此落入贵族派的手中。[80] 为了实现国内和平和重建秩序,孟福尔政府颁布了维护治安的令状,由国王在贵族的协商下从骑士中挑选"治安维持官",并授权他们负责几乎涉及所有与治安维持相关的事务。[81] 总之,为了维系和加强自身统治,孟福尔为首的贵族派赋予了地方骑士前所未有的权力,使得骑士阶层成为了维持地方治安的主要力量。

不仅是贵族派。1265年爱德华王子击败孟福尔并重建国王政府后,也同样极力寻求地方骑士的支持。[82] 但在爱德华一世初期,"治安维持官"依然不是一个常规的职位,整个治安控制体系也缺乏严密的组织。这一状况直到1285年的《温切斯特法》(Stat. Winchester)颁布才得到改变,通过这一法令,全国性的治安体系第一次被组建起来。[83] 尽管《温切斯特法》本身并没有提及"治安维持官"的名称,并最初由地产之诉巡回的法官负责执行,但实验的结果却并不理想,执行法令的任务最终还是落在了"治安维持官"的身上。[84] 更重要的是,从这一时期开始,"治安维持官"的职责,不再仅仅是巡视地方的武装配备的情况,或是协助郡长维持治安,而且还部分承担了原本由巡回法官承担的调查审理的职能,从而开始了向"司法"职能的过渡。[85]

"治安维持官"的选任方式,一直以来也是争论不休的话题。从当

---

[80] 参见蒋孟引主编:《英国史》,中国社会科学出版社1988年版,第128~131页。

[81] 治安维持官将负责防范谋杀、抢劫、非法持有武器等违反治安的行为;同时也被授权逮捕所有的罪犯并予以羁押以等待王室法官的到来。Charles Beard, *The Office of Justice of the Peace in England: In its Origin and Development*, Burt Franklin, 1904, p. 21.

[82] 1275年,爱德华一世的议会颁布了《威斯敏斯特法令I》(Westminster I),规定每个郡都将选派两名骑士监护地方治安。在随后的对威尔士的战争时期,也曾经颁发令状给郡长,要求他们选举守法之人(good man)维持治安。Charles Beard, *The Office of Justice of the Peace in England: In its Origin and Development*, Burt Franklin, 1904, p. 22.

[83] W. S. Holdsworths, *A History of English Law*, Vol. 1, Methuen & Co. Ltd., 1923, p. 287.

[84] A. Musson, *Public Order and Law Enforcement: The Local Administration of Criminal Justice, 1294 – 1350*, The Boydell Press, 1996, p. 17.

[85] Ibid., p. 18.

时的令状来看，“治安维持官”似乎应当直接由王室任命。但斯塔布斯（W. Stubbs）等学者却认为，这更多只是亨利三世时期的任命方法，爱德华一世时期的情况则要复杂得多。至少有证据表明，在一些情况下，“治安维持官”是选举产生的。[86] 当然，更多的学者还是倾向于“直接任命”的观点。在他们看来，斯塔布斯等人所依据的史料本身是值得质疑的；相反，1285 年的《威斯敏斯特法令 II》之后的证据表明，更为可能的方式是王室的直接任命。[87] 霍茨沃思（W. S. Holdsworths）的研究也进一步表明，当时的许多令状都涉及了“治安维持官”的任命，如 1312 年令状即明确指出，所有“治安维持官”的任命权都在国王手中。[88]

（二）“司法化”的起步

转型开始于爱德华一世的最后十年（1297—1307 年）。有如前述，在强大的诉讼洪流的压力下，庞大迟缓的总巡回法庭已经近乎停止了运转，随后兴起的是地产之诉、囚犯提审和刑事听审等特殊的巡回司法。尽管这一时期已经出现了颁发给“治安维持官”的委任状，但与这些司法委任状不同的是，它们的内容主要集中于武器持有和抓捕犯人等“行政性”事务，而几乎不涉及案件的审判。

这一状况在 1300 年左右发生了转变。原因来自爱德华一世时期的战争和流民问题。加斯科尼和苏格兰的长期战事导致了返乡士兵的增多，这就不可避免带来了流民问题的加剧；[89]又由于这些士兵大多都曾因犯罪而被逮捕，只是由于服兵役而得到国王的赦免，因此，他们的存在无疑构成了严重的安全隐患。许多学者的研究都表明，“战争与

---

[86] 对此，斯塔布斯曾指出，“在爱德华一世的第五年，被称作 custos pacis 的官员是由各郡的郡长和全体居民在郡法庭的集会上选举出来的”。当然，考虑到这一证据的不充分，斯塔布斯也推测这两种方式可能同时存在，“或许治安维持官首先由王室任命，空缺则由选举来补充”。W. Stubbs, *The Constitutional History of England: in its Origin and Development*, Vol. 2, Clarendon Press, 1903, p. 286.

[87] Charles Beard, *The Office of Justice of the Peace in England: In its Origin and Development*, Burt Franklin, 1904, p. 25.

[88] W. S. Holdsworths, *A History of English Law*, Vol. 1, Methuen & Co. Ltd., 1923, p. 101.

[89] 参见蒋孟引主编：《英国史》，中国社会科学出版社 1988 年版，第 133～138 页。

人口过剩的压力一起导致了13世纪末英格兰经济和社会的混乱,使得业已存在的法律与秩序问题愈加严重”。[90] 作为对社会危机的回应,爱德华一世在13世纪90年代以来开始频繁地发布针对流民问题的调查委任状(commission of inquiry)和刑事听审委任状。调查委任状通常要求他们在调查犯罪活动的同时,对于罪犯作出相应的判决。[91]

但即便是这些特殊的巡回司法委任状,依然难以解决这一时期严峻的社会秩序问题。哈丁(A. Harding)的研究表明,1285年的《威斯敏斯特法令II》实际上将关系侵害之诉(Trespass)的刑事听审委任状限定在了王室法官的身上,而关于特定类型的犯罪的调查和审判则交给了“特殊刑事调查委任状”(trailbaston)执行。[92] 但问题在于,王室法官的数量总是有限的。尽管在此后的数年中,限制法官任命的条款在很大程度上被忽略了,但这依然不能从根本上缓解司法需求与人员供给之间的紧张。正如缪森(A. Musson)指出的,“刑事听审委任状的迅速膨胀,已经远远超过了中央法庭的人事供给能力。因此,转向由地方人士来承担这些职责可能成为了最有效的解决方式”。[93]

转向地方力量的结果是“治安维持官”的复兴。1300年5月,爱德华一世颁布了1287年以来第一个一般治安委任状,与之同时颁布的还有《关于大宪章的确认和执行条例》(Articuli super Cartas)。依据这一法令,为了更好地实施《大宪章》和《温切斯特法》(Assize of Winchester),将任命三名骑士对于教士、贵族和其他人员的行为展开调查。当然,最重要的是,这一治安委任状还首次规定,这三名骑士将对

---

[90] A. Musson, *Public Order and Law Enforcement: The Local Administration of Criminal Justice, 1294 – 1350*, The Boydell Press, 1996, p. 17.

[91] 例如,马雷(Robert Malet)曾在1293年被派往林肯郡、北安普顿郡和剑桥郡,“以调查流民的状况,逮捕和迅速审决其中的违法分子”。A. Musson, *Public Order and Law Enforcement: The Local Administration of Criminal Justice, 1294 – 1350*, The Boydell Press, 1996, p. 20.

[92] A. Harding, *The Origins and Early History of the Keeper of the Peace: The Alexander Prize Essay*, Transactions of the Royal Historical Society, Vol. 10, 1960, p. 103.

[93] A. Musson, *Public Order and Law Enforcement: The Local Administration of Criminal Justice, 1294 – 1350*, The Boydell Press, 1996, p. 19.

上述违反《大宪章》和《温切斯特法》的行为作出审判。[94] 因此,在这个意义上,1300 年的治安委任状无疑构成了治安维持官"司法化"的一个重要里程碑,它标志着"治安维持官"开始初步获得司法审判的权力,开始了迈向"治安法官"的历史转型。

同时对于人事构成的研究还表明,这一时期的"巡回法官"与"治安维持官"之间并不存在严格界限,在很大程度上具有"同一性"。一方面,许多司法委任状的执行者在事实上扮演了"治安维持官"的角色,比如,在前述针对流民的调查委任状和刑事听审令状中,令状的执行者也在事实上被授权调查破坏治安的行为。[95] 而另一方面,司法委任状与治安委任状的执行者,也往往在同一批人之间流转,因而许多时候都存在相互的重合。[96] 或许,恰如缪森所言,"在这里,在调查委任状、刑事听审委任状和治安委任状之间并不存在明显的分别。任何试图将治安维持官视作一个与其他代理人无关的独立实体的努力都将是虚假的"。[97]

---

[94] A. Musson, *Public Order and Law Enforcement: The Local Administration of Criminal Justice, 1294 – 1350*, The Boydell Press, 1996, p. 21.

[95] 例如,现存的记录表明,对于肯特和苏萨克斯的流民的调查最初由 1302 年颁发给伯格(Robert Burghersh)的调查委任状执行,之后又由伯格承担 1304 年的刑事听审委任状。尽管伯格并没有在 1300 年的治安委任状中被官方任命为治安维持官,但他在许多时候都被冠以"治安维持官"(conservatoribus pacis)的名称,并且事实上被授权调查抢劫、谋杀和破坏治安等行为。A. Harding, *The Origins and Early History of the Keeper of the Peace: The Alexander Prize Essay*, Transactions of the Royal Historical Society, Vol. 10, 1960.

[96] 例如,对于 1300 年至 1305 年的考察表明,在"治安维持官"和囚犯提审法官之间存在着相当的重合。事实上,24 个郡(在 34 个郡中)的"治安维持官"都被认为曾在他们自己的郡内提审过囚犯;而 1302 年至 1304 年的刑事听审委任状的承担者,大多数要么是 1300 年的治安维持官,要么是郡长。又例如,在 1305 年的特殊刑事调查委任状(trailbaston)所代表的解决诉讼积案的努力中,许多乡绅都担任了特殊刑事调查委任状的执行人,他们之后在 1307 年新王朝颁布的治安委任状中担任了治安维持官。例如埃德蒙·迪尼库特(Edmund Deyncourt)成为了 1307 年林肯郡的治安维持官,之前他担任了特殊刑事调查巡回的法官;威廉·瓦沃苏(William Vavasour)也担任了这一巡回的法官,并在 1307 年被任命为约克郡的治安维持官。A. Musson, *Public Order and Law Enforcement: The Local Administration of Criminal Justice, 1294 – 1350*, The Boydell Press, 1996, pp. 24 – 25.

[97] A. Musson, *Public Order and Law Enforcement: The Local Administration of Criminal Justice, 1294 – 1350*, The Boydell Press, 1996, p. 22.

总之,以上分析表明,在爱德华一世的最后十年,英格兰的地方司法已经发生了剧变。一方面,战争与人口压力所带来的严重的社会危机,促使刑事听审等特殊的司法巡回逐渐取代了总巡回审成为了新的地方司法机制,部分缓解了司法需求与供给之间的矛盾;[98]另一方面,即便特殊的司法巡回依然无法解决全部的问题,以骑士为代表的地方力量开始参与到司法委任状的执行之中,并使得治安委任状的执行者也开始获得了司法审判的权力,“作为一种临时措施,开始在事实上履行治安法官的职能”。[99]

1. 审判权的增长

随着“治安维持官”的权力扩展,审判权的比重日益凸显。

进入14世纪,尤其是爱德华二世即位(1307—1327年)以来,“治安维持官”的任命越来越频繁,几乎成为了常规司法机制的一部分;与之相伴随的是“治安维持官”的司法审判职能的增长。最初,对于“治安维持官”受理的诉讼案件依然是通过特殊的指令交给囚犯提审巡回法庭(Gaol Delivery)审理;但与此同时,在实践中,执行这些囚犯提审委任状的法官通常包括一名之前受理案件的“治安维持官”,从而使得“治安维持官”获得了“事实上”的审判权。[100] 换言之,“尽管在爱德华二世的早期,治安维持官并没有正式获得刑事听审的权力,但通过囚犯提审制度,他们中的一些人开始审判自己受理的治安案件。1309年的法令表明,英王政府已经开始看到由治安维持官直接从事审判所具有的优势”。[101]

最重要的变化还是1314年治安委任状的颁布。这一年,爱德华二

---

[98] A. Harding, *The Law Courts of Medieval England*, Allen & Unwin, 1973, pp. 86 – 92.

[99] A. Musson, *Public Order and Law Enforcement: The Local Administration of Criminal Justice, 1294 – 1350*, The Boydell Press, 1996, p. 26.

[100] A. Harding, *The Origins and Early History of the Keeper of the Peace: The Alexander Prize Essay*, Transactions of the Royal Historical Society, Vol. 10, 1960.

[101] A. Musson, *Public Order and Law Enforcement: The Local Administration of Criminal Justice, 1294 – 1350*, The Boydell Press, 1996, p. 33.

世重新恢复了对苏格兰的战争,[102]为了确保国王离开期间的国内治安,国王在数月内先后颁发了多个治安委任状。其中,最关键的是6月18日颁布的被普特南(B. H. Putnam)称为"监督者"的委任状。[103] 正是在这一委任状中,"治安维持官"被授权调查重罪和侵害之诉,并可以依据王国的法律和习惯对于这些案件作出审判。[104] 在这个意义上,我们认为,1314年的委任状在治安法官的演进历程中具有标志性的意义;它"意味着治安维持官第一次在全国范围内被授予审判自己受理的案件的权力"。[105]

这一做法也得到了1326年委任状的确认。在经过了14世纪20年代的内战后,1326年的一般委任状旨在审理治安维持官受理的诉讼,这些法官被授权调查并审判重罪与侵害之诉。[106] 表面上看,这似乎只是一个普通的囚犯提审委任状,但对于人员构成的分析却表明,在37名被委任审判的法官中,有18人是数月前任命的"治安维持官";换言之,这些曾经的"治安维持官"如今又通过接受囚犯提审委任状的形式继续审理自己调查的案件。[107] 甚至有学者认为,"在每一个郡,都至少有一名治安维持官出席了这些法庭的审判"。[108]

---

[102] A. Musson, W. M. Ormrod, *The Evolution of English Justice: Law, Politics And Society In The Fourteenth Century*, MacMillan Press Ltd, 1999, p. 78.

[103] B. H. Putnam, "The Transformation of the Keepers of the Peace into the Justice of the Peace 1327 - 1380", in *Transactions of the Royal Historical Society*, Fourth Series, Vol. 12, 1929, p. 21.

[104] 此外,这些治安维持官还扮演了"监督者"的角色,他们调查的范围"涉及治安维持官的行为和勤勉以及郡长的工作……可以依据他们的错误惩罚治安维持官和郡长"。A. Musson, *Public Order and Law Enforcement: The Local Administration of Criminal Justice, 1294 - 1350*, The Boydell Press, 1996, p. 36.

[105] Ibid., p. 38.

[106] B. H. Putnam, The Transformation of the Keepers of the Peace into the Justice of the Peace *1327 - 1380*, *Transactions of the Royal Historical Society*, Fourth Series, Vol. 12, 1929.

[107] 例如,以赫里福德郡(Herefordshire)为例,在囚犯提审法庭上审判这些案件的法官分别是理查德(Richard Baskerville)、约翰(John Inge)和托马斯(Thomas Louthe)。其中,理查德为之前任命的治安维持官,而后两者则是中央法庭的法官。

[108] A. Musson, *Public Order and Law Enforcement: The Local Administration of Criminal Justice, 1294 - 1350*, The Boydell Press, 1996, p. 47.

当然,应看到的是,无论是1314年的委任状还是1326年的委任状都依然只是一种"临时措施"(expedient),[109]审判案件的权力也依然掌握在之前的囚犯提审巡回之中。仅仅是偶然地由"治安维持官"担任囚犯提审巡回的法官,并不必然意味着"治安维持官"已经正式获得了法官的地位。但毫无疑问,爱德华二世时期的委任状已经迈出了授予"治安维持官"以审判权的关键一步;"治安维持官与行使审判权的官员之间的实质重合已经预示了治安法官在爱德华三世时代的诞生"。[110]

2."司法化"的完成

但从"治安维持官"到"治安法官"的道路也并非一帆风顺。

在整个14世纪的中期,尤其是爱德华三世的时代(1327—1377年),围绕治安官审判权的授予,依然经历着实验与反复。典型的例证是爱德华三世即位之初的1327年委任状。尽管这一委任状授予了"治安维持官"以广泛的调查权力,并对于国王任免治安官的权力作了明确规定,但却看不到前述委任状中授予"治安维持官"审判案件的权力。[111] 在一定意义上说,1327年的委任状本身甚至可以视作一种"司法化"的"倒退"。当然,考虑到这一时期的治安委任状更多是一种"因事而设"的临时措施,这种"反复"也就并非不可理解。

之后的历史也证明了这一点。在1328年的《北安普顿法》中,"治安维持官"被仅仅授权与其他地方官员一起执行武器配备的新条款;[112]但在1329年的委任状中,其又被重新授予"审判重罪和侵害之诉"的权力。对于委任状实际执行者的研究也表明,"治安维持官"在案件审判中的地位迅速提高,以至于"治安维持官不再需要任何中央王室法官即可以独自

---

[109] A. Musson, *Public Order and Law Enforcement: The Local Administration of Criminal Justice, 1294 - 1350*, The Boydell Press, 1996, p. 48.

[110] B. H. Putnam, The Transformation of the Keepers of the Peace into the Justice of the Peace 1327 - 1380, *Transactions of the Royal Historical Society*, Fourth Series, Vol. 12, 1929, p. 21.

[111] [英]梅特兰:《英格兰宪政史》,李红海译,中国政法大学出版社2010年版,第133页。

[112] A. Musson, *Public Order and Law Enforcement: The Local Administration of Criminal Justice, 1294 - 1350*, The Boydell Press, 1996, pp. 55 - 56.

审判自己调查的案件”[113]。然而，这一切又很快在1330年的制定法中“翻转”过来，[114]地方乡绅受理的案件又被交还给囚犯提审巡回法官来审理。

在此后的三十余年中，“治安维持官”的权力依旧处于波动之中。例如，在14世纪30年代，审判权就经过了数次“反复”：在1331年和1335年的委任状中，“治安维持官”曾一度被剥夺审判权；但在1332年和1336年的委任状中，却又恢复了其作为法官的权力。[115] 之后，在15世纪40年代，“治安维持官”的权力呈现出不断扩大的趋势。1344年，爱德华三世颁布法令，赋予“治安维持官”单独接受个人起诉和陪审团的“团体起诉”，以及对嫌疑人进行审判的权力；该法令明确规定，“国王委任各郡最有声望的人为治安维持官，他们当中必须包含贤明并熟知法律者，依据国王的授权审理和裁决重罪和侵害之诉，作出合理的裁断”。[116]

“治安维持官”的权力扩展也受到了自然因素的影响。1348年开始的黑死病（Black Death），使得“治安维持官”的权力延伸到了治安之外的经济领域。黑死病带来的人口锐减，导致了土地荒芜、物价飞涨和劳工紧缺等诸多严重的社会问题。[117] 为了应对危机，1349年英王室颁布了著名的《劳工法》，对于当时的工资和物价作了细致的规定，并将执行权交

---

[113] A. Musson, *Public Order and Law Enforcement: The Local Administration of Criminal Justice, 1294 - 1350*, The Boydell Press, 1996, p. 57.

[114] W. S. Holdsworths, *A History of English Law*, Vol. 1, Methuen & Co. Ltd., 1923, p. 287. 或参见［英］梅特兰：《英格兰宪政史》，李红海译，中国政法大学出版社2010年版，第133页。

[115] 关于这一时期的治安委任状在司法审判权上的反复，参见 A. Musson and W. M. Ormrod, *The Evolution of English Justice: Law, Politics And Society In The Fourteenth Century*, MacMillan Press Ltd, 1999, p. 51。

[116] Charles Beard, *The Office of Justice of the Peace in England: In its Origin and Development*, Burt Franklin, 1904, pp. 40 - 41.

[117] 关于黑死病对于英国法律的影响，参见 R. C. Palmer, *English Law in the Age of the Black Death, 1348 - 1381: A Transformation of Governance and Law*, University of North Carolina Press, 1993。

给了“治安维持官”。[118] 此后虽然几经反复,但最终还是在1361年制定法中确立了“治安维持官”的执行者地位。[119] 表面上看,“治安维持官”对于《劳工法》的执行,只是特定历史条件下的偶然事件,但这一做法的结果却并不只是拓展了“治安维持官”的职权,也使得中央政府进一步认识到了“治安维持官”在地方治理中的巨大作用。正如波威尔(Edward Powell)指出的,“正是执行劳动立法的共同利益使得中央政府和地方乡绅联合起来,也使得治安法官在黑死病之后最终得以确立”。[120]

治安法官确立的标志是1361年和1363年的立法。在经历了长期试验后,地方乡绅担任“治安维持官”的效率已经得到充分证明,这一做法也为1361的制定法所肯定,最终以立法形式确认了“治安维持官”作为地方治安的维持者与裁判者的双重身份。[121] 这些规定表明,此时“治安维持官”的工作重点已经从军事防务转向了司法事务,成为了常规地方司法机制的一部分。基于这一理由,“1361年的制定法被学者们共同地视作永久性治安法官职务的最终确立”。[122] 更进一步地,在随后的1363年制定法(36 Edward III.)中,治安法官被要求每年定期

---

[118] 在黑死病之前,英国的庄园制度已经开始瓦解,货币租已经占据了优势。黑死病的发生,导致了劳动力的急剧减少,从而引发了劳工工资的上涨。为了维持领主的利润,爱德华三世从1349年开始,颁布了一系列劳工法令,规定任何劳工,无论男女或是否农奴,必须接受黑死病以前的工资标准,违者将被处以罚款或监禁。参见蒋孟引主编:《英国史》,中国社会科学出版社1988年版,第203~204页。关于中世纪英国的劳工法令及其执行,最新的中文研究,参见王超华:《中世纪英格兰劳工法令的颁布、执行及其影响》,载《古代文明》2015年第1期。

[119] 在1351年到1359年之间,劳工法的执行曾一度与治安委任状相分离,但事实上的执行人与治安法官依然是同一批人。从1359年开始,劳工法再次由“治安维持官”执行。A. Musson, W. M. Ormrod, *The Evolution of English Justice: Law, Politics And Society In The Fourteenth Century*, MacMillan Press Ltd, 1999, p. 53.

[120] E. Powell, *Kingship, Law, and Society: Criminal Justice in the Reign of Henry V*, Clarendon Press, 1989, p. 16.

[121] 这一法令(34 Edward III, c. I)规定,“为了使王国的治安不被破坏,人民不被暴乱者或叛乱者骚扰或损害,不因罪犯的袭击而处于危险境地,在英格兰的每个郡内都将由一个领主和三四个拥有法律知识的人来维持该郡的治安。他们有权根据法律、习俗甚至是自己的判断逮捕、拘留、缉拿或惩处罪犯或嫌疑者”。

[122] Charles Beard, *The Office of Justice of the Peace in England: In its Origin and Development*, Burt Franklin, 1904, p. 40.

四次开庭；[123]“治安维持官”的名称，也开始从原来的“维持官”（keeper of the peace）转变为“法官”（justice of the peace）。正如霍茨沃思指出的，“这一名称上的转变意味着他们的司法职能的实现”。[124]

随着治安法官的权力增长，治安法官及其季审法庭也逐渐获取了原本属于郡长和郡法庭的大部分职能。治安法官的主要职责即在于通过镇压暴乱和拘捕嫌犯来维持治安，并在季审法庭上对嫌犯进行审判。除叛逆罪和疑难案件必须留给国王的巡回法庭外，所有提起公诉的犯罪都可以在季审法庭得到审理。而传统的郡法庭则蜕化为一个单纯的受理小额民事纠纷的机构；依据 1278 年的《格罗斯特法》（Statute of Gloucester）规定，郡法庭等地方法庭只能审理标的额在 40 先令以下的案件。[125] 随着货币的贬值，40 先令的价值变得越来越微乎其微，郡法庭的民事案件管辖权也几乎丧失。此时郡长的职责，也仅限于执行法院的判决，比如扣押债务人财产、看管郡监狱。1461 年的法令规定，郡长无权逮捕犯人以及收取罚金，而应将案件转移给治安法官处理。这一法令的颁布，标志着郡长地位最终衰落，以及治安法官在地方治理的中心地位的确立。[126] 1494 年后，治安法官甚至获得了对郡长的控制权，可以直接受理针对郡长在郡法庭强行勒索的控诉。[127] 总之，从 14 世纪开始，在英国地方治理体系中，郡长与郡法庭地位就处于不断下降的趋势，直至最终完全为治安法官及其季审法庭所取代。

（在前述图 1 的基础上，如果以时间为纵轴，偏向于“家产制”与

---

[123] 此后 1388 年的制定法再次重申了这一点。这也被认为是延续至今的治安法官的季审法庭（Quarter Sessions of Justics of the Peace）的起源。参见［英］梅特兰：《英格兰宪政史》，李红海译，中国政法大学出版社 2010 年版，第 134 页。

[124] W. S. Holdsworths, *A History of English Law*, Vol. 1, Methuen & Co. Ltd., 1923, p. 288.

[125] 参见［英］梅特兰：《英格兰宪政史》，李红海译，中国政法大学出版社 2010 年版，第 87 页。

[126] E. Acheson, *A Gentry Community Leicestershire in the Fifteenth Century 1422 – 1485*, Cambridge University Press, 1992, p. 109.

[127] A. Musson, W. M. Ormrod, *The Evolution of English Justice: Law, Politics, and Society in The Fourteenth Century*, MacMillan Press Ltd., 1999, p. 134.

“自治”的郡长和郡法庭,在14世纪后,逐渐为治安法官和四季法庭所取代;而偏向于“官僚制”与“控制”的总巡回法庭,则逐渐为特殊巡回法庭所取代,从而形成了“治安法官+特殊巡回法官”的新的二元治理结构,大致如图2所示。)

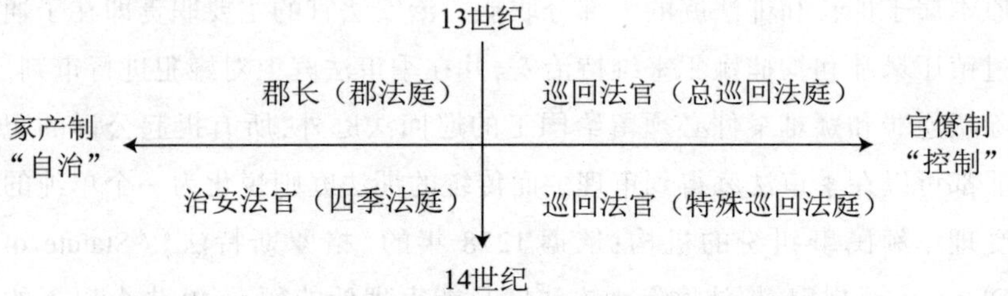

图2　14世纪后英格兰地方司法中的二元治理结构的变迁

三、集权化的逆转?——重新理解治安法官与巡回法官

随着治安法官地位的上升,传统的“总巡回法庭+郡法庭”的治理结构,逐渐为“特殊巡回法官+治安法官”的新二元结构所代替(如图2所示)。在这一新的结构中,特殊巡回法官一般被认为是总巡回法官的延续与替代,因而同样被视作一种代表王室权力的“准官僚制”代理人;而治安法官的成员则主要来自地方的乡绅,因此更多被视作一种代表地方权力的“准家产制”代理人。因此,在中世纪后期的治理结构中,英格兰的地方治理依然是通过“准家产制”与“准官僚制”两种代理人的合作来共同完成的,仍然体现着“自治”(自下而上)与“控制”(自上而下)这两种力量的结合。

但这里仍然存在疑问。一个无法回避的问题是,较之于郡长与郡法庭,治安法官与四季法庭似乎更少受到中央王权的制约,也呈现出更明显的“家产制”与“地方化”的特性。尽管从理论上说,治安法官的权力同样来自于国王的委任状,但许多研究表明,治安法官很少受到来自中央王室的控制,几乎完全依靠个人的收入而生活,因此,较之郡长，治安法官具有更大的地方自主性，以至于不少研究者将治安法官的成功视作英国地方治理发展的新阶段，认为这一体制比诺曼与安茹时代的统治更具有"自治性"与"非集权化"。那么，治安法官的兴起，是否真的意味着自12世纪以来英格兰地方治理的"集权化"趋势的逆转呢？

（一）地方主义的胜利？——普特南的挑战

要理解这个问题，首先需要回答的是，在中世纪后期的英格兰，究竟是怎样的力量推动了由地方乡绅担任的治安法官的兴起。

对此，在英格兰史学界，一直存在不同的声音。最初的观点认为，治安法官的出现，来自于王室加强地方"控制"的努力；与郡长与巡回法官一样，同样是王室的地方代理人"自上而下"的派出。[128] 但晚近以来的学者则倾向认为，推动治安法官兴起的力量并非中央王室，而来自于议会下院（House of Commons）及其所代表的乡绅阶层。在这些学者看来，中央王室最初并没有"意识到"将乡绅作为治理的依靠力量，而是依然试图借助传统的郡长和巡回法官来维持地方的"控制"；相反，最早认识到治安法官的价值并积极推进治安维持官"司法化"的动力，恰恰来自于议会下院和乡绅自下而上的努力。[129]

这种地方主义的视角，主要来自于普特南（B. H. Putnam）对传统观点的挑战。从20世纪20年代开始，普特南开始了对治安法官问题的深入研究，并成为这一领域的"先驱"与开拓者。"在此后的两代人中，普特南的分析不仅被接受为正统的观点，也被视作完整而全面的研究。"[130]普特南的研究贡献，在于试图运用更多的"新材料"挑战那种将治安法官简单视作王室政府"代理人"的传统观点。普特南对于传统观点的质疑和发展，主要体现在两个方面。

---

[128] See T. F. Tout, *Conflicting Tendencies in English Administrative History*, Manchester: Manchester University Press, 1924, p. 22.

[129] See B. H. Putnam, "The Transformation of the Keepers of the Peace into the Justice of the Peace 1327 – 1380", 12 *Transactions of the Royal Historical Society 1929*, pp. 47 – 48.

[130] A. Musson, *Public Order and Law Enforcement: The Local Administration of Criminal Justice, 1294 – 1350*, The Boydell Press, 1996, p. 11.

首先,在资料运用上,普特南突破了传统研究过度依赖“立法文件”的局限,将研究重点转向了一手的治安委任状。在此之前,由于材料的限制,后世的研究者往往将《1285 年温切斯特法令》和 1361 年制定法等著名的法令视作治安维持官“司法化”的主要标志,以至于治安法官的兴起成了“制定法的创造物”。[131] 但通过对于原始委任状和法庭记录的梳理,普特南的研究表明,治安法官的演进更多来自于中央政府与议会下院的实践与尝试;往往是一种做法在经历了多次实验并被证实有效之后,才被正式的制定法所接纳。甚至许多时候,即便是制定法中确定的内容,在实践中也可能发生变化与反复。因此,在这个意义上,治安法官的兴起就绝非一次或某次“立法”的产物,而更多的是多方政治力量不断尝试与碰撞的结果。所谓制定法,不过是一种事后的“追认”而已。

其次,对于治安法官的兴起,传统的观点往往将其视作中央王室对抗封建领主的又一次努力,是中央政府为加强地方治理而展开的“自上而下”的行动。[132] 但普特南的研究却表明,真正推动治安法官兴起的力量并非中央王室,而更多来自议会下院及其所代表的地方乡绅。尽管从最终的结果来看,治安法官的季审法庭取代了地方的郡法庭与领主法庭,在客观上推进了王权对于封建领主的胜利,[133]但制度的结果并不总是等同于“初衷”。在普特南看来,至少在 14 世纪,中央王室并没有首先将地方乡绅作为地方治理的依靠力量,而依然更倾向于依靠郡长和巡回法官的力量来维持地方的社会控制;而最早认识到治安法官的价值,并积极推进“治安维持官”向“治安法官”转变的动力,恰恰来

---

[131] B. H. Putnam, “The Transformation of the Keepers of the Peace into the Justice of the Peace 1327 – 1380”, in *Transactions of the Royal Historical Society*, Fourth Series, Vol. 12, 1929, p. 48.

[132] T. F. Tout, *Conflicting Tendencies in English Administrative History*, Manchester University Press, 1924, p. 22.

[133] [英]梅特兰:《英格兰宪政史》,李红海译,中国政法大学出版社 2010 年版,第 134 页。

自于议会下院和地方乡绅“自下而上”的努力。[134]

因此，在14世纪英格兰地方治理的模式选择上，实际上存在着来自中央与地方的两条道路的冲突。一方面是中央王室支持的巡回审判模式，其试图以中央法官和贵族组成的带有“官僚制”色彩的巡回法庭作为地方治理的主要方式；并倾向于将“家产制”的“治安维持官”限制在纯粹的辅助角色。[135] 而另一方面，以议会下院为中心的乡绅阶层，则试图在地方治理事务中获得更大的发言权，坚持为治安维持官扩大审判权而努力，并使之成为地方治理的中心。在这个意义上，治安法官在14世纪的兴起，实际上来自于王室与乡绅对于地方治理的控制权的争夺，并大致以地方乡绅和议会下院的胜利而告终。[136]

（二）从“人”的视角的重新观察

但事实真是如此么？

实际上，质疑的声音很快就出现了。随着研究的深入，学者们发现，将治安法官的兴起简单视作地方主义胜利的观点，同样存在很大的问题。在治安法官与特殊巡回法官之间，也并非单纯的“竞争”，更不等同于“地方自治”与“中央集权”的非此即彼的对立。在谬森等学者看来，治安法官兴起的动力，一方面当然来自于地方乡绅寻求“自治”的努力，但另一方面也并不排除中央政府试图利用乡绅强化地方“控制”的考量。[137]换言之，治安法官的兴起，并不意味着巡回法官的衰落，

---

[134] B. H. Putnam, "The Transformation of the Keepers of the Peace into the Justice of the Peace 1327 – 1380", *Transactions of the Royal Historical Society*, Fourth Series, Vol. 12, 1929.

[135] E. Powell, *Kingship, Law, and Society: Criminal Justice in the Reign of Henry V*, Clarendon Press, 1989.

[136] 当然，这种胜利并不是全面的。尽管议会与乡绅成功地获得了治安法官的审判权，但法官的任命权依然掌握在国王的手中。参见 B. H. Putnam, "The Transformation of the Keepers of the Peace into the Justice of the Peace 1327 – 1380", *Transactions of the Royal Historical Society*, Fourth Series, Vol. 12, 1929, p. 47。

[137] A. Musson, *Public Order and Law Enforcement: The Local Administration of Criminal Justice, 1294 – 1350*, The Boydell Press, 1996, p. 227.

两者之间存在着很大程度上的共存与“互补”。[138]

新结论的得出来自于视角的转换。在谬森等学者看来,以往对治安法官的研究,过多地将目光停留于对“治安委任状”本身的研究之上,而忽视了对于“谁接受委任状”这一关键问题的考察。“与将他们都标签为竞争者不同,真正的关切应当集中在委任状授予的权力性质上,以及它们被授予给什么人。”[139]而一旦当我们将研究的视野从“文本”转向“人”时,就会很快发现,中世纪后期英格兰地方的治安法官与巡回法官,在人员的构成上,实际上存在着相当程度的“重合”。[140]换言之,尽管从文字资料上显示出不同的治安法官与巡回法官的活动,但实际上担任这些不同职务的“人”却可能是同一批。

关于这一点,实际上在本章之前对于治安法官形成的讨论中,就已经有所涉及。在最初的治安维持官向治安法官转型的过程中,即存在着与“刑事听审巡回法官”重合的问题。如前所述,治安法官的形成,很大程度上来自于诉讼需求扩大与刑事听审法官不足的矛盾。为了解决这一问题,刑事听审巡回法官的来源,已经开始从中央王室的法官转向地方人士,从而使原本只担任治安维持官的地方乡绅也开始承担刑事审判职能。[141]例如,1300 年到 1305 年之间的刑事听审巡回法官,大多数都曾担任当地的治安维持官,并同时曾经提审过囚犯。[142]在这一时期的刑事听审巡回、囚犯提审巡回和治安委任状之间,并不存在明显的分别。

从 14 世纪中期开始,巡回法官与治安法官的“重合”还扩展到了

---

[138] E. Powell, “The Administration of Criminal Justice in Late - Medieval England: Peace Sessions and Assizes”, in R. Eales and D. Sullivan, eds. , *The Political Context of Law*, Hambledon Press, 1987, p. 50.

[139] A. Musson, *Public Order and Law Enforcement: The Local Administration of Criminal Justice, 1294 - 1350*, The Boydell Press, 1996, p. 14.

[140] A. Musson, W. M. Ormrod, *The Evolution of English Justice: Law, Politics, and Society in The Fourteenth Century*, MacMillan Press Ltd. , 1999, p. 54.

[141] E. Powell, *Kingship, Law, and Society: Criminal Justice in the Reign of Henry V*, Clarendon Press, 1989, pp. 16 - 17.

[142] A. Musson, *Public Order and Law Enforcement: The Local Administration of Criminal Justice, 1294 - 1350*, The Boydell Press, 1996, pp. 24 - 25.

地产巡回法官。依据 1344 年的法令,治安维持官"应当在地方法律人(man of law)的协助下审理违反治安的诉讼"。换言之,治安维持官要获得审判权,就必须与法律的专业人士共同组成治安委员会。这也就意味着,治安维持官要想获得审判权,就必须与通晓法律的专业人士共同组成治安委员会。正如普特南指出的,这一做法实际上构成了治安委员会中的"法定人数"(quorum)的起源。[143] 而有如前述,在当时的地方代理人中,由王室法官和高级律师组成的地产巡回法官最多地集中了法律的专业人士。因此,以这一法令为契机,地产巡回法官也以"地方法律人"的身份进入到了治安委员会的审判之中。[144]

第一次明确规定治安委员会中地方法律人的"法定人数",是在 1350 年的治安委任状中。[145] 有如前述,这一年的委任状是在黑死病之后实施《劳工法》的背景下颁布的,它不仅恢复了治安维持官的审判权,而且第一次明确规定:如果审判重罪,必须有两到三名专业的法官出席。换言之,如果治安委员会的人员构成达不到法定人数的标准,则治安维持官将无法审判。此后,这一"法定人数"几经反复,直到 1389 年才最终得以确定。[146] 只不过,此时的"法定人数"对于重罪案件与其

---

[143] 所谓"法定人数",即要求治安委员会中法律专业人士达到一定比例。H. Putnam, "The Transformation of the Keepers of the Peace into the Justice of the Peace 1327 - 1380", *Transactions of the Royal Historical Society*, Fourth Series, Vol. 12, 1929, p. 42.

[144] 例如,14 世纪 40 年代西北巡回区的法官乔特汉姆(William Cheltenham)就曾经频繁地出现在沃切斯特的治安会议上;又比如,西南的地产巡回法官巴塞特(William Bassett)也曾与巡回区内的治安法官一起工作。E. Powell, "The Administration of Criminal Justice in Late - Medieval England: Peace Sessions and Assizes", in R. Eales and D. Sullivan eds, *The Political Context of Law*, Hambledon Press, 1987, p. 50.

[145] A. Musson, W. M. Ormrod, *The Evolution of English Justice: Law, Politics And Society In The Fourteenth Century*, MacMillan Press Ltd, 1999, p. 56.

[146] 例如,在著名的 1361 年法令中,尽管正式地授予了治安维持官以审判权,却并没有任何形式的法定人数要求,以至于在 1361 年到 1364 年之间,治安维持官得以行使不受限制的审判权。但到了 1364 年,治安法官又被再次剥夺了审判权,而相关案件完全交由地方巡回法官审理。E. Powell, "The Administration of Criminal Justice in Late - Medieval England: Peace Sessions and Assizes", in R. Eales and D. Sullivan eds, *The Political Context of Law*, Hambledon Press, 1987, p. 54.

他案件的要求有所区分。[147] 到1394年,这种区分也进一步被取消,形成了单一的法定人数标准,即要求任何治安委员会的审判都应当同时包括地产巡回法官与两名地方法律人。同时这一"法定人数"的规定实际上也构成了后世治安委任状的基本形式。此后,除了15世纪的微小变化之外,治安委员会的构成都基本上是建立这一人事构成的基础之上的。[148]

总之,晚近以来的研究表明,那种简单划分巡回法官或治安法官(含治安维持官)的做法,已经难以准确地描述中世纪地方治理的真实图景。在这一时期的巡回法官与治安法官之间,并不存在泾渭分明的界线,也并不存在鲜明的"集权主义"与"地方主义"的竞争,或是"控制"与"自治"的对立。一方面,与早期的总巡回法庭不同,这一时期的特殊巡回法官并不必然由具有"官僚制"色彩的王室官员构成,而是同样包含了"家产制"的乡绅代理人,并与治安法官的人选相重叠,因此并非单纯的自上而下的"集权化控制"。而另一方面,治安法官的构成同样是复杂的,在地方乡绅之外,原本代表"官僚制"成分的王室法官,也逐渐参与到治安委员会之中,因此同样无法被简单地等同于"地方化"或"自治"的代表。总之,在中世纪后期的地方治理中,中央与地方的关系,并非静止的或单向度的链条,而是更多呈现出相互交融与互动的图景;既包括了自上而下的"控制",也包括了自下而上的"自治"诉求。而无论是治安法官还是巡回法官,都不过是这两方面利益交流的纽带与桥梁。

---

[147] 这种区分以是否为重罪为标准。对于重罪的审判,必须包括地产巡回法官;而其他案件的审判则只要包含地方法律人士即可。例如,在1390年的牛津郡,我们看到,地产巡回法官查尔顿(Robert Charlton)和希尔(John Hill)参加了重罪的审判,而里德(John Rede)和萨莫顿(Nicholas Somerton)等地方法律人则参与侵害之诉的审理。Ibid.,p.56.

[148] Ibid.,p.56.

四、新治理技术的诞生

如果说早期国家治理的任务在于中央权力的向下延伸的话,那么在经历了数百年的尝试后,到 14 世纪末,英格兰的地方治理模式已基本定型,并得以一直延续到近代。只不过,与传统的叙事不同,我们在这里看到的,既不是一个单纯的"自上而下"的权力控制,也并非地方社会的完全"自治",而更多是一种"控制"与"自治"的混合体。用怀特(A. B. White)的话来说,是一种"国王命令下的自治"。[149]在这一混合的治理模式中,尽管乡绅在地方治理中享有较大的自治,但"王权"的力量却始终存在着,并且通过"家产制"的代理人"间接地"渗透于地方司法之中。

但这种"间接"的治理,却并非英格兰统治者最初的选择。正如本文所揭示的,在最初的 12 世纪,英格兰的地方治理,更多的是试图通过对地方代理人的"直接控制"来实现权力的下移。但正是在经历了对郡长的"控制"失败后,英格兰统治者才转向了相对"俭省"的巡回法官。较之于郡长可能的独立化倾向,巡回法官较好地解决了低成本治理之下的代理人监控问题,从而成为英格兰地方治理的重要机制。但最初"剧场化"的总巡回法庭,却随着管辖权的膨胀而日趋低效,并逐渐为新的更专业化的特殊巡回法庭所取代。与此同时,由新兴的地方乡绅担任的更具"家产制"色彩的治安法官开始出现,并与特殊巡回法官相融合,共同构成了一种更"严密"但却更为"弥散化"的新的治理

[149] 阿尔伯特. 怀特(A. B. White)在《国王命令下的自治政府:英国民主起源的研究》一书中指出,中世纪的英国地方自治,很大程度上来自于国王的命令,国王利用民众而非管理来实施地方治理。See A. B. White, *Self – government at the King's Command: A study in the Beginnings of English Democracy*, University of Minnesota Press, 1933, pp. 1 – 2.

模式。[150]

这样一种更深入的解说,不仅打破了传统一元化思维的束缚,为我们勾勒了一幅"控制"与"自治"同时并存的地方治理的多维图景,同时也生动展现了英格兰地方治理策略的历史转型:从最初的追求"剧场化"的"宏大"治理,逐渐转向一种更为"隐蔽"也更为"节省"、"高效"的新的治理技术。在这个意义上,我们也重新理解了14世纪后"治安法官"与"特殊巡回法庭"对于"郡长"和"总巡回法庭"的替代。在传统的解说中,这种代表地方"自治"力量的兴起,似乎意味着中央政府自上而下的"控制"的减弱,甚至被视作12世纪以来的中央集权化趋势的逆转。但如果不只是关注制度设计的表面,而是深入到地方治理的内在运行机制之中,我们却可能发现,"治安法官"与"特殊巡回法庭"的兴起,不仅不是中央权力的"减弱",相反可能构成地方"控制"的一种"加强"。

在福柯(Michel Foucault)意义的权力谱系中,以郡法庭和总巡回法庭为代表的治理,实际上更接近于一种"剧场化"的"宏观权力"运作,即通过定期的声势浩大的"法庭运动"来宣示国家权力的"在场"与强大,以此赢得底层民众的认同与效忠。而这种"剧场化"的治理,正是早期"统治权技术"的体现,[151]因而更多的是一种"表面"与"松散"的治理。尽管它可能将国家权力延伸到底层社会,但却无法确保这种权力渗透的延续与稳定。同时郡长制与总巡回法庭的管辖权膨胀和日益腐败,也导致了地方社会出现越来越多的反抗(比如前述康沃尔等地方民众对于总巡回法庭的抵制),以至于培养了大批的"反对者",从而事实上降低了民众对于国家的认同,也削弱了国家治理的强度。也正是

---

[150] 前现代国家向现代国家演进的一个基本趋势,就是国家基础权力的不断增强。国家权力通过各种手段、组织、后勤、沟通等基础结构不断下沉,弥散、覆盖与渗透于整个基层社会。关于这方面的研究,参见欧树军:《权利的另一个成本:国家认证及其西方经验》,载《法学家》2012年第4期;欧树军:《国家基础能力的能力》,中国社会科学出版社2013年版。

[151] 中世纪以来的传统治理是事后的"统治权技术",国家的权力通过"剧场化"的绞刑、罚款、放逐等方式"时刻"作用于人体,是一种"引人注目"却间断的权力运作方式。参见[法]福柯:《安全、领土与人口——法兰西学院演讲系列1977—1978》,钱翰、陈晓径译,上海人民出版社2010年版,第3~8页。

在这个意义上，福柯谱系中的“前现代”权力本质上是一种“对抗性”的权力。

相比之下，“治安法官”与“特殊巡回法庭”所代表的治理方式，则可能构成了一种更为精致、安全与节省的治理策略。这种治理的特点，首先是更为细致与严密。与总巡回法庭每隔数年的到访不同，治安法官的治理是长期与连续的，特殊巡回法庭的巡回频率也更高，这无疑有助于强化国家权力对于底层社会的控制，使其有效地渗透到社会生活的方方面面。[152]其次，作为“家产制”的代理人，治安法官同样可能隐含了对于中央政权的离心倾向，但相较于王室统治之前所依赖的大贵族，力量相对分散、弱小的乡绅阶层往往难以构成对抗中央的割据势力，也更具统一国家观念的认同，因此构成了一种相对安全的地方治理机制，并在一定程度上消解了早期国家治理中的低成本与代理风险之间的两难。最后，这种依靠地方乡绅的治理也是一种更“节省”的治理，它调动了地方社会的精英参与到国家的治理之中，不仅降低了治理的成本，也使得国家与地方社会之间具有了一定的妥协与缓冲，避免了与反对者的直接对抗，从而有助于减少潜在的矛盾与摩擦，使得国家权力的渗透更加省力，也更具效率。[153]正如福柯的权力理论所暗示的，现代性的权力首先是一种非对抗性的、合作性的权力。[154]

---

[152] 这种以“规训”和“治安”为代表的新的治理技术，更强调监视、审核与检查等事前预防，并伴随一系列连续不断地作用于人体的纪律、训练与改造，以及权力客体的自愿服从与合作，是一种更为隐蔽却更为持续有效的权力运作方式。参见前注，第3～8页。也可参见［法］福柯：《规训与惩罚——监狱的起源》，刘北成、杨远婴译，生活·读书·新知三联书店1999年版，第193～255页。

[153] 用福柯的话来说，自由主义就是一种节省的治理，而这种节省治理的秘密，就在于国家调动社会参与了治理，社会在这个意义上是国家权力的同谋与“合作者”。对于这一问题的分析，可参见强世功：《惩罚与法治——当代法治的兴起（1976—1981）》，法律出版社2009年版，第209页。

[154] 事实上，不仅是福柯的理论，韦伯、涂尔干等人的权力理论也都暗示了现代性权力的“合作性”。在韦伯的理论中，现代性的“法理型”权力，很大程度上依赖于被统治者对法律权威、法律规则的信任、服从、认同与合作；在涂尔干的理论中，较之传统社会“机械团结”中的压制性，现代社会的“有机团结”更强调差异性个体之间的相互依赖与合作。参见［德］韦伯：《经济与社会》（第1卷），阎克文译，上海人民出版社2010年版，第322～326页；［法］涂尔干：《社会分工论》，渠敬东译，三联书店2000年版，第73～92页。

因此,在这个意义上,治安法官与特殊巡回法庭的兴起,就不仅仅是地方代理人类型的简单替换,同时也在事实上开启了迈向更为精巧、高效的现代国家治理的历史转型。尽管这一转型只是刚刚开始,并与真正现代的国家治理术之间存在本质的不同,但我们从中已经可以隐约地看到国家治理从传统的“对抗性权力”走向更为现代的“合作性权力”的历史脉络,也看到了现代国家治理技术对于“微观”社会网络的运用与吸纳的前奏;它预示着一种新的治理技术的诞生。也正是在这一国家治理技术转型的更深层次背景中,我们才可能真正理解法庭与司法在地方治理中所扮演的丰富角色及其作用方式,从而放弃那种简单地将“控制”与“自治”、“集权”与“分权”严格对立的思维前见,更为真实与立体地理解中世纪英格兰司法治理的精致与复杂。

(在前述图2的基础上,我们也就不难发现,在最初的“郡长+总巡回法官”的二元治理结构逐渐被“治安法官+特殊巡回法庭”的新结构所取代的历史变迁之后,实际上还隐含着从传统的“对抗性权力”迈向更为现代的“合作性权力”的历史转型,即如图3所示。)

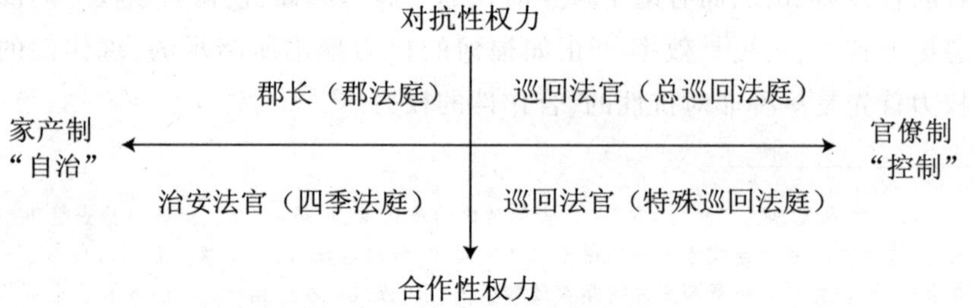

图3　中世纪英格兰地方司法结构的转型及其理论线索

第三编　法官与主权者

第五章　在驯顺与自主之间

在讨论了司法治理的“跨地方化”之后，本书的第三编转向治理的“超人身化”(depersonalization)问题。同时我们的视野也从地方回到中央，具体探讨“民事高等法庭”(Court of Common Pleas)、“王座法庭”(Court of King's Bench)①等中央王室法庭对于国王的“个人王权”的超越，及其在司法权力的“常规化”过程中产生的各种矛盾与复杂关系。

从司法治国的视角进入，中央王室法庭的建构，使得国家权力逐渐摆脱对国王“人身”的依赖，形成权力运行的“自主性”与“常规化”；尤其是专业王室法官的出现，在权力的运作上避免了国王的个人“恣意”，逐渐走向了韦伯意义上的“官僚制”

① 当然，“民事高等法院”与“王座法院”这两个名称的出现是在14世纪之后，它们在12、13世纪诞生之初，分别被称作“中央普通法院”(the bench)和“国王面前的法院”(coram rege)。但为了术语的统一和讨论的方便，本书不区分具体的时间段统一将它们称作“民事高等法院”和“王座法院”。

与“法理型”统治。[2] 但与此同时,这一“去个人化”的过程也并非单向度的,它不仅始终受制于国王试图维持个人化控制的努力,也无法“自主”地回应那些重大的治理难题。因此,法官与主权者的关系,就并非简单的“驯顺”或是“独立”,而必须在具体语境中作更细致的分析。

本章的讨论集中在中央王室法庭诞生的12、13世纪。对于法庭生成史的观察表明,尽管“民事高等法庭”与“王座法庭”都共同走向了“非个人化”,但两者的设立初衷却并不一致,而实际上代表了围绕“个人化”治理的两种趋势的竞争。在此基础上,传统的所谓安茹改革实现了王室法庭“自主性”的观点也受到挑战。[3] 对于13世纪王室司法的个案分析表明,尽管这些法庭的运行取得了一定“自主性”,但由于治理问题的复杂,仅仅依靠法庭自身仍难以应对全部的难题;国王的“个人化”干预不仅始终存在,并且往往在关键案件中具有决定性的影响。即便在“德比公爵案”(Case of Earl of Derby)等一些表面上不利于王室的判决中,也同样隐含了作为主权者的国王更为深远的政治考量。在这个意义上,这一时期的法官与王权之间,也就并非简单的“顺从”或“独立”关系,而更多取决于实际政治力量对比中的选择。在本章的最后,我还简单勾勒了14世纪后司法“职业化”的进一步发展,以及由此带来的国王试图运用特权法庭强化个人控制的“反弹”。这些现象的发生,使得法官与主权者的关系更趋复杂,并预示了17世纪的“总体危机”中的激烈碰撞。

---

② 早期的“个人王权”来自于战争领袖,在很大程度上具有“克里斯玛”统治的意味;而专业化王室法庭的形成,则构成了“克里斯玛”统治“例行化”的一部分。关于克里斯玛的例行化及其向传统型、法理性统治的转化,参见[德]韦伯:《支配的类型》,康乐等译,广西师范大学出版社2004年版,第363~374页。

③ 许多学者认为安茹改革带来了非个人化的王权与自主运行的法庭。H. G. Richard and G. O. Sayles, *The Governance of Medieval England: From the Conquest to Magna Carta*, Edinburgh University Press, 1963, p. 168.

一、中央王室法庭的成长

中世纪国家治理的“去个人化”，首先是要将传统的“巡游王权”或“个人王权”转变为建立在机构自主运行之上的“制度化王权”，以确保国家治理能够超越统治者的“自然身体”，实现国家运行的长期稳定。④ 有如前述，尽管诺曼征服之后的英格兰已经建立起了强势的王权，并在亨利一世时代（1100 年）出现了财政署与不定期的巡回法庭，⑤但国家治理的“常规化”却远未完成⑥。

变革的出发点是以王室内府为核心的“王廷”（Curia Regis）。⑦ 在盎格鲁－撒克逊时期，除国王之外的唯一中央权力机构是贤人会议（Witan），贤人会议由国王、教会贵族、世俗贵族和王室官员组成，拥有立法、咨询、行政和司法等多方面的职权，并作为中央王室法庭集体审理涉及国王利益和大贵族的重大案件。诺曼征服后，贤人会议为新的“王廷”所取代，并依然保持随国王四处巡游的惯例。王廷的人员构

---

④ 李猛：《除魔的世界与禁欲者的守护神：韦伯社会理论中的英国法问题》，载李猛编：《韦伯：法律与价值》，上海人民出版社 2001 年版。关于“巡游王权”或“个人王权”，还可以参见孟广林：《英国封建王权论稿——从诺曼征服到大宪章》，人民出版社 2002 年版，第 282～283 页。

⑤ 参见 J. A. Green, *The Government of England under Henry I*, Cambridge University Press；或参见 W. Reedy, The Origins of the General Eyre in the Reign of Henry I, *Speculum*, Vol. 41, No. 4, 1966。

⑥ 王室的治理仍然更多地依赖于“具有强大政治权威的强人”，需要借助国王“在场”来维持国家权力的平稳运行。在亨利一世之后，英格兰很快陷入史蒂芬乱世的治理危机。参见李猛：《除魔的世界与禁欲者的守护神：韦伯社会理论中的英国法问题》，载李猛编：《韦伯：法律与价值》，上海人民出版社 2001 年版。

⑦ 仅仅从语词来看，这里的“王廷”意指“王室法庭”，但它的功能却并不仅限于司法，而是一个综合的行政司法机构；它的意义最初可能来源于“宫廷中专用于国王和他的咨议顾问们商谈国事的一个长方形的大厅”。Curzon, *English Legal History*, Macdonald Evans, 1979, p. 161.

成,除国王本人之外,主要是国王的总封臣、大贵族和高级教士。[⑧] 王廷的集会方式包括“大咨议会”和“小咨议会”两种。[⑨]

这种“综合性”、“非常设”机构显然无法满足英格兰早期现代国家的需求。日益增多和复杂化的治理任务,要求中央政府的权力行使“常规化”、“专业化”;从过去综合、间断的治理,转向专业化的“自主运行”的常设机构之间的分工与合作。首先从王廷中“走出”的机构是财政署。从亨利一世开始,随着王权对于国库控制的加强,财政署逐渐取代国库成为王国财政收支的中心,[⑩]并在此基础上形成了被视作“第一个普通法法庭”的财政署法庭(court of exchequer)。[⑪]

在财政署之后“走出王廷”的是民事高等法庭(the bench/court of common pleas)和王座法庭(coram rege /court of king's bench),这两者

---

⑧ 关于王廷的一般情况,参见 W. S. Holdsworths, *A History of English Law*, Vol. 1, Methuen & Co. Ltd. ,1923, pp. 32 – 54;或参见马克垚:《英国封建社会研究》,北京大学出版社 1992 年版,第 76 ~ 77 页。

⑨ 王廷的集会方式有两种,即所谓“大咨议会”与“小咨议会”。大咨议会是王廷的全体会议,一年召集三次,带有明显的“封建大会”的色彩。而小咨议会的召集则要频繁得多,它的组成人员为王室的重要官员。小咨议会的功能同样是综合性的,既包括处理行政事务,也审理司法案件;但由于小咨议会的精简与高效,它召集的次数和职权的范围也不断增长,逐渐呈现出中央常设机构的特征。参见 W. S. Holdsworths, *A History of English Law*, Vol. 1, Methuen & Co. Ltd. ,1923, pp. 35 – 41。

⑩ 最初,财政署只是每年春秋两季为收缴税款和处理财政事务而召开的两次小咨议会,包括政法官、大法官和国库长在内的重要官员都要出席,他们在会议期间被称作“财政署男爵”。到亨利二世时,财政署进一步发展定型,形成了一年两次在威斯敏斯特召开财政审计结算会议的固定制度。参见 J. A. Green, *The Government of England under Henry I*, Cambridge University Press, 1986。

⑪ 随着治理任务的复杂和分工的加强,财政署的内部还逐渐分化出了“上财政署”和“下财政署”两个部分,分别行使“司法”和“财政”两种职能。“上财政署”原为财政署的领导机构,负责解决收支过程中的疑难问题和监督纠错,其成员大多由王廷小咨议会的成员组成。到 13 世纪,具体的财政收支工作逐渐成为了以司库长(treasurer)为首的“下财政署”的专属职权;相应的,“上财政署”则专注于有关政府税收的财政纠纷的解决,不再介入财政核算事务,从而逐渐形成了被视作“第一个普通法法院”的财政署法院。参见 B. Lyon, *A Constitutional and Legal History of Medieval England*, Norton, 1980, p. 282。1236 年至 1237 年开始出现的单独的财政署审判记录(Plea Rolls),成为了财政署法院取得独立地位的标志,参见 W. S. Holdsworths, *A History of English Law*, Vol. 1, Methuen & Co. Ltd. ,1923, p. 232。

又往往与财政署法庭一起，被视作中世纪英格兰的“三大中央王室法庭”。由于财政署的业务主要集中在财税与行政，因此，接下来的讨论将集中在“民事高等法庭”和“王座法庭”的建构及其与司法治国的关联。在传统的观点中，“无论是民事高等法庭的形成，还是王座法庭的兴起，都是一个多世纪以来的职业化（professionalization）和专业化（specialization）进程的一部分”；⑫它们与财政署等其他机构的诞生一样，都从属于国家治理的常规化与例行化的历史转型。

但历史却并非如此简单。正如特纳（R. V. Turner）等学者指出的，12、13世纪英格兰中央王室法庭的兴起，或许并不仅仅是“职业化”、“专业化”的趋势使然；相反，其中可能还混杂了更为复杂的利益诉求和政治力量角逐。至少，对于民事高等法庭和王座法庭的兴起而言，其可能恰恰是当时的英格兰政治发展中同时存在的两种对立趋势相互作用的产物：

> 一方面，民事高等法院的发展无疑可以在英格兰政府不断增长的职业化和专业化的趋势中获得解说；但另一方面，王座法院却更多地代表了国王对于政府走出王廷的抵制，它代表了国王试图维持家室政府（familiar government）或内室政府（household government）的努力，以更有效地回应国王的意志。⑬

这两种趋势的发生，同样可以从组织社会学的一般原理中获得解说。与前述统治者与地方官员的“委托—代理”关系一样，在中央政府的内部，也同样存在着对于这些脱离于国王人身的“自主性”机构的权力委托，因此也同样导致了权力的“代理”问题。这一点也得到了布拉克顿（Bracton）等人的政治理论的支持。⑭ 而经济学的原理表明，任何的“代理”都意味着一定的“道德风险”，从而导致“监督”难题

---

⑫ R. V. Turner, The Origins of Common Pleas and King's Bench, *The American Journal of Legal History*, Vol. 21, No. 3, 1977, p. 239.

⑬ Ibid.

⑭ 正如布拉克顿指出的，国王是王国最高的法官（judex ordinarius），他的首要职责是审判。从理论上说，国王有权审判所有的案件，但因为实践中这种个人化的关注几乎是不可能的，因此不得不任命法官们来分担他的工作。参见 Bracton, II, 306, 108，转引自 R. V. Turner, *The King and His Courts*: *The Role of John and Henry III in the Adminstration of Justice*, *1199 – 1240*, Cornell University Press, 1968, p. 9。

的产生;[15]与对于地方代理人的监控一样,国家治理的常规化同样需要加强对于这些机构的监控,以降低代理的“道德风险”。因此,在国家治理的常规化转型中,在“专业化”之外,又往往存在着另一种抵制或制约专业化的趋势,以确保这些自主的机构不会“过分”地偏离统治者的目标。

在这个意义上,所谓“两种趋势”的问题,也就不仅仅是英国的问题,也并非早期现代国家的特有问题,而是“常规化”的国家治理中普遍存在的矛盾与难题。至少在英国法律史中,这一矛盾贯穿始终:它不仅存在于12、13世纪的民事高等法庭与王座法庭之间,也存在于后来的普通法法庭与特权法庭之间,更激烈地呈现于17世纪的国王与法庭的冲突之中。在这个意义上,一部英格兰的宪政史,就是财政署、民事高等法庭、王座法庭、衡平法庭、特权法庭和枢密院等专业机构不断“走出王廷”又不断为王权“反制约”的历史(见图4)。[16] 每一次国家治理的“常规化”与“专业化”的推进,都伴随着国王试图重新强化控制的“反弹”,也正是在这种一次次的冲撞中,英格兰的国家治理不断寻求着“自主”与“制约”的平衡。

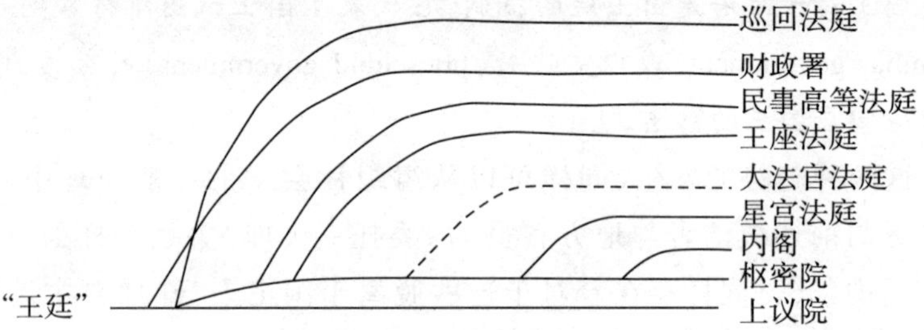

图4　英国“王廷”的机构分化图

图表来源:G. B. Adams, The Descendants of the Curia Regis, *The American Historical Review*, Vol. 13, No. 1, 1907.

---

[15] 依据“委托—代理”关系的理论,委托人与代理人的“目标不一致”和“信息不对称”,导致了缔约前的“逆向选择”和缔约后的“道德风险”。由于道德风险来源于委托人对于代理人的行为信息获取的不充分,因此解决道德风险最为直接的方法也就是加强监督与信息的获取。Kenneth Arrow, “The Economics of Agency”, in *Principals and Agents*, edited by J. Pratt and R. Zeckhauser, Harvard University Press.

[16] G. B. Adams, “The Descendants of the Curia Regis”, *The American Historical Review*, Vol. 13, No. 1, 1907.

依据图4所示,从王廷中先后"走出"的机构有财政署(Exchequer)、巡回法庭(Justices in Eyre)、民事高等法庭(Common Pleas)、王座法庭(King's Bench)、大法官法庭(Chancery)、星宫法庭(Star Chamber)、内阁(Cabinet)。其中,民事高等法庭、王座法庭、大法官法庭、星宫法庭和内阁又间接来源于从王廷中分化出的小咨议会,而小咨议会和王廷本身则分别演化成枢密院(Privay Council)和上议院(House of Lords)。

(一)民事高等法庭的成长

在中世纪的普通法法庭中,最繁忙的无疑是民事高等法庭(Court of Common Pleas)。由于中世纪英国的封建社会性质,有关不动产权益的诉讼构成了这一时期诉讼的主体;而以普通臣民之间的地产、债务等民事纠纷为管辖权范围的民事高等法庭,⑰也自然成为了管辖事务最多与最活跃的法院。⑱ 然而,与其他中世纪的法庭一样,对于民事高等法庭的诞生与起源,学界依然存在较多的争议。

一般观点认为,民事高等法庭的创立,同样来自于亨利二世的改革;在派出巡回法官的同时,亨利对于中央司法也采取了新的措施。其中之一,就是1178年颁布的任命五名随行法官的法令。这一年的七月,亨利二世由诺曼底回到英格兰,在考察了巡回法官的工作之后,亨利二世认为现有的十八名法官的数量过多,以至于英格兰的"土地和人民难以负担如此多数量的法官"。⑲ 对此,他专门任命五名私人内府(private familia)成员(其中有两名教会贵族和三名世俗贵族)组成专门的法庭,这一机构将陪同国王四处巡游,听取"人民的申诉和抱怨",

---

⑰ 参见W. S. Holdsworths, *A History of English Law*, Vol. 1, Methuen & Co. Ltd., 1923, pp. 198-200。

⑱ 除此之外,作为中央法院,民事高等法院还对于下级地方法院和封建法院的判决具有复审权,它可以通过调卷令状(writ of pone)把郡法院或领主法院中悬而未决的案件调至民事高等法院审理;或是通过错判令状(writ of false judgement)对下级法院的错判案件行使纠错权。这一管辖权主要存在于13、14世纪,但随着这些古老的法庭逐渐衰落,这些复审权与纠错权也失去了重要性。关于民事高等法院的复审权和纠错权,参见W. S. Holdsworths, *A History of English Law*, Vol. 1, Methuen & Co. Ltd., 1923, pp. 200-202。

⑲ W. L. Warren, *Henry II*, University of California Press, 1973, p. 295.

并在遇到疑难案件时提供相应的咨询意见。[20]

对于这一五人群体的意义,英格兰学界有较多的分歧。最初的研究者如斯塔布斯(W. Stubbs)将其视作追随国王的王座法庭的起源;[21]但梅特兰(F. Maitland)却认为,这一群体实际上是常驻威斯敏斯特宫(Westminster Hall)的民事高等法庭的起源。由于亨利二世长期滞留海外,这些法官也不得不长期驻守威斯敏斯特宫,并且"大多数时候与财政署在一起"。[22] 尽管这些人员与"财政署男爵"(Baron of Exchequer)之间存在人员的重叠,但在亨利二世后期,它已经与财政署有了明显的区分:"它拥有自己的印章并且可能已经离开了威斯敏斯特宫",甚至"可能已经获得了民事高等法庭(the bench)的称号"。[23] 总之,在梅特兰看来,在亨利二世时代结束之前,已经出现了一个由司法上的专业人员组成的永久中央机构,这个机构正是民事高等法庭的前身——中央普通法庭(the bench)。

梅特兰的主张得到许多学者的支持,并已然成为学界关于民事高等法庭起源的正统观点。[24] 但也有学者提出了异议。例如,塞尔斯(G. O. Sayles)就曾指出:"与这一时期的其他举措一样,1178 年的五人法

---

[20] 参见 H. G. Richard and G. O. Sayles, *The Governance of Medieval England: From the Conquest to Magna Carta*, Edinburgh University Press, 1963, p. 211;或参见 W. L. Warren, *Henry II*, University of California Press, 1973, p. 296。依据特纳的研究,这一五人的法官群体成员的名字已经难以找到,但可以肯定的是其中一人是主教杰弗里(Geoffrey Ridel),他在 1176 年经常伴随国王左右出巡。

[21] 参见 W. Stubbs, *The Constitutional History of England: in its Origin and Development*, Vol. 1, Clarendon Press, 1903, p. 525;或参见 A. Harding, *The Law Courts of Medieval England*, Allen & Unwin, 1973, p. 54。

[22] 这一群体的人数也在不断地变化,"有时甚至达到十人或十二人";它的核心成员主要是"首席政法官、司库长、两到三名主教",其他人则并不固定。F. Pollock, F. Maitland, *The History of English Law Before the Time of Edward I*, Vol. 1, Cambridge University Press, 1923, p. 154.

[23] Ibid., p. 155.

[24] 参见 G. Adams, *Council and Courts in Anglo - Norman England*, Yale University Press, 1926, pp. 217 - 219; B. Lyon, *A Constitutional and Legal History of Medieval England*, Norton, 1980, p. 282; R. C. van Caenegem, *Royal Writs in England from the Conquest to Glanvill: Studies in the Early History of the Common Law* (The publications of Selden Society), W. S. Hein, 1997, p. 30。

官群体也只是国王的丰富创造力所带来的临时措施之一;它的存在时间很短,我们不可以仅仅因为它偶尔出现在编年史中即将其视作某个法庭的神圣起源"。㉕ 在塞尔斯看来,1178 年的举措只是亨利改革中众多的尝试之一,并且很快就结束了,也没有多少影响,因此很难将其视作民事高等法庭的起源。对此,斯坦顿(D. M. Stenton)的研究也表明,"1178 年的措施并不是革命性的。国王最终不过是创造了一个延长了的总巡回审,并同时使得自己的法庭获得了审理紧急诉讼的权力"。㉖

在 1178 年的尝试之外,另一种解说认为,民事高等法院来自于 12 世纪末的财政署。在理查德森(H. G. Richard)和塞尔斯等学者看来,财政署并不仅仅是一个财政部门,而是同时具有财税、司法和行政多重职能的综合机构;又由于亨利二世(1154—1189 年)与理查德一世(1189—1199 年)长期滞留海外,政法官(Justiciar)领导下的财政署成为了事实上的中央政府。在这个意义上,理查德森批评了那种"将普通法庭和财政署视作分别行使司法和财政功能的不同机构"的观点,㉗并认为"有充足的证据表明在 12 世纪,法官(justice)和男爵(baron)这两个词语是可以互换的"。㉘

更为可靠的方法,或许是对构成人员进行考察。韦斯特(F. West)在考察理查德一世的法官与财政署官员的名单时发现,人员构成在 1196 年发生了较大转变。在 1196 年之前,构成王室法庭的人都并非职业法官,而是在"财政甚至政治方面的著名人士";然而,在 1196 年

㉕ *Select Csese in the Court of King's Bench*, edited for the Selden Society by G. O. Sales, Vol. IV, B. Quaritch, 1936, p. xxvii.

㉖ D. M. Stenton, *English Justice between the Normand Conquest and the Great Charter, 1066 - 1215*, American Philosophical Society, 1964, p. 76.

㉗ H. G. Richard, G. O. Sayles, *The Governance of Medieval England: From the Conquest to Magna Carta*, Edinburgh University Press, 1963, p. 210.

㉘ 当然,也有学者提出了不同意见。例如,卡内冈就通过引用 1188 年的财政署卷宗表明,"在作为最高法院的 curia Regis(后来成为民事高等法院)和作为王室财政机关的财政署之间的区别在 12 世纪后期已经被清楚地意识到了"。R. C. van Caenegem, *Royal Writs in England from the Conquest to Glanvill: Studies in the Early History of the Common Law* (The publications of Selden Society), W. S. Hein, 1997, p. 31.

之后,他们变成了一个更小也更稳定的群体,“他们看上去像是职业化的法官,主要的职责是司法性的,与之前更大的复杂群体形成了鲜明对比”。㉙ 对于这一变化,韦斯特的解释是,这源于理查德一世的首席政法官沃尔特(Hubert Walter)在1194年的政治改革。在重新恢复一度停止的总巡回审的同时,沃尔特还从财政署中分流出了部分熟悉法律的成员,组成了一个以司法为主的新机构——位于威斯敏斯特宫的民事高等法庭。

许多学者的研究也印证了这一点。依据特纳的研究,沃尔特在这一年任命的五名普通法院的法官,他们都不再被视作财政署的男爵。其中有两人来自文秘署,而另外三人虽然曾参与财税业务,但却并非在财政署。㉚ 此外,马克多斯(Madox)对于财政署的研究也表明,从亨利二世到理查德一世,法官的专业化程度在不断提高。㉛ 总之,现有的研究似乎表明,大约从12世纪90年代中期开始,民事高等法庭(bench)的“法官”与财政署的“男爵”已经成为两个独立的实体。专业化的进程导致了民事高等法庭的产生;这些法官具有他们自己的卷宗,与财政署的记录区分开来。㉜

当然,民事高等法庭在12世纪末的出现,同样也与我们之前讨论的总巡回法庭的历史相关。有如前述,“在12世纪将要结束时,王室法庭的业务急速增长,完全超出人们的预期”。㉝ 随着诉讼洪流的到来与案件的日趋复杂,亨利二世以来的总巡回法庭也变得越来越低效;总巡

㉙ F. West, “The curia Regis in the late 12 and early 13th”, *Historical Studies* (Australia and New Zealand), Vol. 6, 1953, pp. 174 – 175.

㉚ R. V. Turner, *The Enlish Judiciary In The Age of Glanvill and Bracton, 1176 – 1239*, Cambridge University Press, 1985, p. 73.

㉛ 如果我们将法官的名单与财政署男爵的名单相对比,就不难看出这一点:在亨利二世时代,在48名法官中有18人是财政署男爵;而在理查德时期,这一数字是62人中的10人。Thomas Madox, *The History and Antiquities of the Exchequer of the Kings of England*, v. 2, Greenwood Press, 1769, pp. 312 – 319.

㉜ R. V. Turner, “The Origins of Common Pleas and King's Bench”, *The American Journal of Legal History*, Vol. 21, No. 3, 1977, p. 245.

㉝ D. M. Stenton, *English Justice between the Normand Conquest and the Great Charter, 1066 – 1215*, American Philosophical Society, 1964, p. 92.

回法庭已经难以独自应对地方司法的任务,也难以在预定的时间内审结所有的案件,不得不将许多案件带到威斯敏斯特继续审理。[34] 这些原本应有总巡回法庭审理的案件,最初同样被交给财政署的男爵审理,但由于财政署的不堪重负,国王又不得不考虑任命更多的专门"法官"来处理这些案件,从而也在事实上构成了对于总巡回法庭的"替代性选择"。[35] 或许,正如特纳所说的:

在亨利二世时代,巡回法官是自由民解决纠纷的首要选择,如今固定在威斯敏斯特的新法庭成为了另一种常规的选择。任何想要迅速解决纠纷并且能够承担前往威斯敏斯特旅行费用的人,都可以直接向中央法院提起诉讼,而不用等到巡回法官到达他所在的地方。[36]

(二)王座法庭的成长

与民事高等法庭的"专业化"不同,王座法庭的建构却恰恰代表了国王对于这一趋势的抵制和反动,是一种为了维持国王对于司法的"个人化"控制而作出的"反向"努力。尽管从严格意义上说,王座法庭出现的时间,比民事高等法庭来得更晚,但国王对于司法的控制却早就开始了。在盎格鲁-撒克逊时代,国王就曾经召集贤人来帮助他审理案件,诺曼时代的国王更是可以在"王廷"召集总封臣们审理关系王权的重大案件。[37] 从表面上看,这些法庭同样是"国王面前的法庭"或"王座法庭"(coram rege),但由于它们只是一些不定期的集会,因而与永久存在的"王座法庭"存在很大的差别。

亨利二世和理查德一世时期的改革,基本建立了民事高等法庭和

---

[34] W. L. Warren, *Henry II*, University of California Press, 1973, p. 295.

[35] 这也可能从另一个侧面解释了第4章所讨论的总巡回法庭衰落的原因。一方面,正是总巡回法庭的效率低下,导致大量未审结的案件进入到威斯敏斯特的法庭,促进了民事高等法庭的诞生;但另一方面,也正是因为民事高等法庭诞生后,在很大程度上可以解决原本由总巡回法庭处理的问题,所以总巡回法庭的重要性进一步降低,以至于最终被中央王室法庭和特殊巡回法庭所取代。参见本章第1节的相关讨论。

[36] R. V. Turner, *The Enlish Judiciary In The Age of Glanvill and Bracton, 1176 - 1239*, Cambridge University Press, 1985, pp. 68 - 69.

[37] W. S. Holdsworths, *A History of English Law*, Vol. 1, Methuen & Co. Ltd., 1923, pp. 35 - 41.

巡回法庭相结合的法院体系。这似乎构成了一个完整的法院体系,可以“常规化”地处理大多数的诉讼案件,脱离于国王本人而“自主运行”。但有如前述,“常规化”的同时也带来了代理与监督的问题。同时“例行化”的机构也无法解决所有的纠纷,至少对于那些非常规的“疑难案件”和错误判决的纠正,依然存在诉诸更高的权威直至统治者本人的诉求。事实上,在12世纪末的民事高等法庭产生之后,依然存在许多“重大案件”,需要交由国王及其咨议会审理。[38] 然而,在亨利二世和理查德一世时期,由于国王长期滞留海外,[39]国王本人主持的常规法庭也难以存在,从而“阻止了任何追随国王的永久机构的成长”。[40] 在这个意义上,国王不在英格兰的事实,对于法院成长的意义是双重的:在促成民事高等法庭发展的同时,也遏制了国王本人对于司法的参与,以及国王主持的常规法庭的出现。

1. 约翰王的疑问

这一状况的改变发生在约翰王时期(1199—1216年)。由于大陆领地的丢失,约翰王不得不将大部分时间放在了英格兰的治理上,成为了第一位“不离开本土”的安茹国王。[41] 与此同时,约翰王对于政府管理的兴趣与生性多疑,都使得他将较多精力投入到了司法活动之中,并致力于建构一个可以密切监督司法运行的常设机构。尽管梅特兰对于约翰的司法持批判态度,但他同样认为两个中央法庭的创设——无论是追随国王的法庭还是驻扎威斯敏斯特的法庭——都可以追溯到约翰

---

[38] R. V. Turner, The Origins of Common Pleas and King's Bench, *The American Journal of Legal History*, Vol. 21, No. 3, 1977, p. 245.

[39] 理查德一世热衷于大陆事务和十字军东征,他在位十年,在英格兰的时间不过几个月而已。参见蒋孟引主编:《英国史》,中国社会科学出版社1988年版,第100页。

[40] R. V. Turner, "The Origins of Common Pleas and King's Bench", *The American Journal of Legal History*, Vol. 21, No. 3, 1977, p. 246.

[41] 这一时期的法国国王腓力二世为了实现法国的统一,不断鼓励英王在大陆领地的贵族反叛,迫使约翰王在诺曼底、普瓦图等地与法军作战。最终,在1204年的诺曼底战争中,约翰失去了绝大多数的大陆领地。参见孟广林:《英国封建王权论稿——从诺曼征服到大宪章》,人民出版社2002年版,第168~169页。

时期。[42] 当然，约翰本人或许并没有意识到自己的努力是在创设新的制度，毕竟国王巡游的同时审理案件的习惯早就存在；而他所做的不过是将过去的做法“常规化”。而国王是“正义源泉”（Fountain of Justice）的观念本身也是古已有之的理想，[43]约翰只是使之从理论变成现实。

创设永久王座法庭的趋势在约翰即位之初就出现了。1200 年约翰返回英格兰后的记录显示，追随国王的法庭已经开始保存自己的卷宗。然而，由于此时约翰依然忙于欧洲大陆的事务，“国王面前的法院”依然是“非常规”的。[44] 但随着 1204 年海外领土的丢失和国王的长期停留，约翰开始越来越多地考虑扩张“王座法庭”的管辖权，并试图将原本属于民事高等法院管辖的案件也转移到“王座法庭”。尤其是在 1209 年前后，“王座法庭”吞噬“民事高等法庭”管辖权的趋势已经越来越明显，甚至于后者曾一度中止。[45]

但这里也有疑问。因为如果仅仅是追求对于司法的制约，或是对于非常规案件的处理，民事高等法庭和王座法庭并行的“双重”体系似乎同样可以实现这一目标。但又是什么原因使得约翰王进一步谋求王座法庭的垄断，甚至剥夺民事高等法庭的管辖权呢？对此，传统的观点往往将之归因于约翰王的“专制”和“暴虐”，将对于民事高等法庭的打击视作约翰王实施独裁统治的重要步骤之一。显然，这一解说与历史

---

[42] F. Pollock, F. Maitland, *The History of English Law Before the Time of Edward I*, Vol. 1, Cambridge University Press, 1923, p. 170.

[43] 参见［法］布洛赫：《封建社会》（下卷），李增洪、侯树栋、张绪山译，商务印书馆 2007 年版，第 612 ~ 617 页；或［英］甄克斯：《中世纪的法律与政治》，屈文生、任海涛译，中国政法大学出版社 2010 年版，第 61 ~ 63 页。

[44] 这一时期国王频繁离开英格兰，当他离开时，追随国王的法院也随之停止。因此，这一时期的“国王面前的法院”依然是非常规的；在约翰离开期间，民事高等法院成为了唯一的中央法庭，而涉及国王利益的诉讼则被推迟到国王返回之后。R. V. Turner, *The King and His Courts: The Role of John and Henry III in the Adminstration of Justice, 1199 - 1240*, Cornell University Press, 1968, p. 21.

[45] 有资料表明，到 1209 年，越来越多的案件开始转移到“王座法院”，民事高等法院的业务则日益减少。这一点不难从普通法院的卷宗数量中看出。甚至有诉讼人明确地表示，之所以将诉讼交到王座法院，是因为“任何诉讼都不应在威斯敏斯特审判，并且他确信国王一定会关注这些案件”。Ibid., p. 22.

上对于约翰本人的评价有关。[46] 进入19世纪后,随着辉格史学的兴起,这些传说更是成为了学界的主流观点。因此,对于这样一个在英格兰历史上"臭名昭著"的国王而言,追求对于司法的控制、打压"自主"的民事高等法庭,也就似乎是一种"情理之中"的选择。

可事实并非这么简单。自20世纪以来,已经有学者开始质疑这种"妖魔化"的解说,寻求对于约翰更为公正的评价。[47] 对于约翰的司法,最为著名的反对意见,无疑来自于斯坦顿。[48] 至于约翰不遗余力地打压民事高等法庭的原因,斯坦顿的解说同样是善意的。在她看来,威斯敏斯特的法庭之所以被关闭,并非是因为约翰的专制暴虐,而实际上是由于此时的约翰已经被教皇开除了教籍,因而没有教士愿意为一个被开除教籍的国王充当法官。[49]

这种过于善意的解读,也受到了批评。在理查德森看来,现有的证据并不足以支持这一解说,更为合理的解释可能来自国王与政法官(Justiciar)的关系。[50] 而特纳则认为,对于民事高等法庭的压制更多地来自于约翰王的"多疑猜忌"[51]及其对于特定政治语境的回应。由于战

---

[46] 长期以来,在英格兰的历史上,一旦提起约翰王,往往总是"残暴"和"专横"的形象相关联;"他往往不通过审判就剥夺了他人的继承权、判处无辜的人极刑或是强暴他人的妻女——他唯一的法律就是他暴虐的意志"。J. C. Holt, *King John*, Historical Association Pamphlet, 1963, p. 282.

[47] 参见 C. Warren Hollister, "King John and the Historians", *Journal of British Studies*, I, 1961, pp. 1 – 19; J. C. Holt, *King John*, Historical Association Pamphlet, 1963, p. 282。

[48] 在她看来,仅就司法而言,约翰不仅不应受到指责,而应得到赞扬;"约翰对于司法的永不疲倦的参与,他时刻准备亲自接受案件的状态,都应当被视作他的优点"。参见 Stenton, "King John and the Courts of Justice", in D. M. Stenton, *English Justice between the Normand Conquest and the Great Charter, 1066 – 1215*, American Philosophical Society, 1964。

[49] D. M. Stenton, *English Justice between the Normand Conquest and the Great Charter, 1066 – 1215*, American Philosophical Society, 1964, p. 112.

[50] 简单地说,从1209年到1212年,法院停止的原因,实际上是当时的首席政法官杰弗里·彼德(Geoffrey Peter)未能获得国王的信任,从而导致约翰反对由杰弗里主持的法庭。H. G. Richard, G. O. Sayles, *The Governance of Medieval England: From the Conquest to Magna Carta*, Edinburgh University Press, 1963, p. 385.

[51] 晚近的研究表明,约翰本人的性格与其说是"专断"、"暴虐",不如说是"多疑"和"善变"。参见 C. Warren Hollister, King John and the Historians, *Journal of British Studies*, I, 1961, pp. 1 – 19。

争的失败和大陆领地的丢失,这一时期的约翰王正面临着一场巨大的信任危机,[52]这促使本身多疑猜忌的国王更加强硬地将所有权力都掌握在自己手中,其中当然也包括审判普通案件的司法权力。而一旦环境改变,约翰王还可能重新回到民事高等法庭与王座法庭的并行体制之上。[53]

接下来的事实也证明了这一点。从1213年开始,当这一信任危机得到缓解后,约翰王也立即恢复了民事高等法庭的权力,将司法权部分地归还给专业的法律人。尤其是当1214年约翰的注意力转向普瓦图(Poitou),并开始为恢复大陆领地而进行最后一战时,"王座法庭"再次停止运转,王室法官也重新开始在威斯敏斯特审理案件。[54]但不幸的是,约翰这次出征再次以失败告终,失望而愤怒的贵族也丧失了对于国王最后的忍耐。之后的历史众所周知,1215年爆发了著名的反对约翰王的贵族反叛,在反叛者强大的压力和教会的调停下,约翰王被迫作出暂时的让步,并签署了著名的《大宪章》。[55]

尽管许多研究已经指出了这一妥协性质的封建文书的局限,但不可否认的是,在英格兰中央法院构建的历史上,《大宪章》的确扮演了重要的角色。正是在这一文件中,国王与贵族明确地达成协议:"任何

---

[52] D. M. Stenton, *English Justice between the Normand Conquest and the Great Charter, 1066 - 1215*, American Philosophical Society, 1964, p. 101.

[53] 这种焦虑的紧张状态也并不总是持久的,一旦当外部的危机不那么严重时,约翰王同样可能重新对于大臣委以重任。毕竟,这种将所有权力都集中于自己手中的做法所付出的代价也是巨大的。参见 R. V. Turner, *The King and His Courts: The Role of John and Henry III in the Adminstration of Justice, 1199 - 1240*, Cornell University Press, 1968, pp. 22 - 23。

[54] 现有的资料表明,从1214年的Hilay开庭期,到1215年的Trinity开庭期(即贵族反叛的开始)之间,威斯敏斯特的法院始终良好地运行着。R. V. Turner, *The King and His Courts: The Role of John and Henry III in the Adminstration of Justice, 1199 - 1240*, Cornell University Press, 1968, p. 23.

[55] [英]梅特兰:《英格兰宪政史》,李红海译,中国政法大学出版社2010年版,第10页。

的普通民事诉讼都不应当追随国王而应在固定的地点进行审理”,[56]而这里的固定地点正是威斯敏斯特的民事高等法庭。这一条款不仅确立了民事高等法庭对于普通民事诉讼的管辖权,也在事实上禁止国王以自己的王座法庭完全取代民事高等法庭的做法。在这个意义上,我们认为《大宪章》在中央法院管辖权范围和归属上,构成了一次重要的“成文法上确认”,同时也构成了对于国王追求“个人化”司法控制的抵制。可问题是,仅仅是法律条文,又真的可能约束住王权么?

2. 亨利三世的重建

但历史并没有给予时间验证这一问题。

在《大宪章》签署后的第二年(1216 年),约翰王在征战中患病身亡,年仅九岁的亨利三世(Henry III,1216—1272 年)即位。英格兰的政治格局重新回到“君主缺位”的状态,国家的实际控制权掌握在摄政官(Rector)威廉·马歇尔(William Marshal)和政法官(Justiciar)赫伯特·布赫(Hubert Burgh)的手中。[57] 如果说约翰王对于司法的积极参与导致了“王座法庭”的产生,那么亨利三世的年幼再次导致“王座法庭”的消失;而民事高等法庭也重新成为英格兰唯一的中央王室法庭。那些原本应当交由“王座法院”审理的案件,要么被移交给摄政官和政法官领导的咨议会(The Council),要么留待亨利三世成年之后审理。[58]

由于亨利三世当政是诺曼王朝第一次幼主当政,因此在国王何时亲政的问题上并无先例可循。1219 年摄政官马歇尔逝世后,中央政府的权力基本掌握在政法官布赫的手中。这位“将英格兰执掌于掌心”[59]的强势政法官也并不打算过早地将权力交还亨利。尽管 1223 年亨利

---

[56] W. S. Holdsworths, *A History of English Law*, Vol. 1, Methuen & Co. Ltd., 1923, p. 56,或参见[英]霍尔特:《大宪章》,毕竟悦、李红海、苗文龙译,北京大学出版社 2010 年版。

[57] 关于亨利三世时代的一般情况,参见蔺志强:《中古英国的幼主托孤与王权运作——以亨利三世时代早期为主的考察》,载《历史研究》2009 年第 2 期。

[58] R. V. Turner, *The King and His Courts: The Role of John and Henry III in the Adminstration of Justice, 1199 - 1240*, Cornell University Press, 1968, p. 25.

[59] F. M. Powicke, *King Henry III and the Lord Edward*, Vol. 1, Clarendon Press, 1966, p. 43.

已届成年,但摄政官及其咨议会仍然继续执掌中央政府的权力。[60] 在司法的方面,关系国王的诉讼依然因为国王年幼而被延迟。即便在1227年亨利重获完整权威之后,国王的权力依然受到布赫的制约,"国王面前的法院"也只是偶尔地出现。[61]

这一切都随着布赫的倒台而改变。1232年,布赫"在温切斯特主教彼德的建议下"被突然解职,并被没收了所有地产和处以巨额罚款。[62] 此后,随着接替布赫的政法官斯蒂芬的解职和政法官这一职位的取消,[63]亨利三世最终获得全部权力,成为国家真正的主人。从1232年开始,亨利三世着手开展一系列政治与司法改革,以寻求"更密切地监视和控制他的官员与政府机构"。[64]

这场改革的重要内容之一就是重新改造国家的司法机构。一方面,通过任命罗伯特·莱克星敦(Robert de Lexington)和威廉·约克(William de York)等国王信任的法官领导民事高等法庭,亨利三世恢复了对于威斯敏斯特法院的直接监控;[65]另一方面,更重要的是"王座法庭"的重建。尤其是在亨利获得对于政府的控制之后,民事高等法

---

[60] 只不过此后的王室文件都要加上一句"本王亲鉴"(Teste me ipso),以示国王权力的部分恢复。M. T. Clanchy, *England and Its Rulers, 1066 - 1272*, Barnes & Noble, 1983, p. 147.

[61] R. V. Turner, *The King and His Courts: The Role of John and Henry III in the Adminstration of Justice, 1199 - 1240*, Cornell University Press, 1968, p. 26.

[62] 对于赫伯特突然倒台的原因,历史学家长期以来存在各种猜测。例如,有的观点认为布赫支持1231年的针对教皇派来的意大利籍教会人士的排外运动可能是其被解职的直接原因。但毫无疑问,根本的原因依然来自于亨利恢复实际控制权的努力。参见蔺志强:《中古英国的幼主托孤与王权运作——以亨利三世时代早期为主的考察》,载《历史研究》2009年第2期。

[63] 尽管在1258年至1261年间的贵族改革运动中,曾经短暂地恢复这一职务,但它再没有产生过任何重大的影响。参见蔺志强:《一二五八年至一二六七年英国贵族改革运动》,载《历史研究》2004年第6期。

[64] F. M. Powicke, *King Henry III and the Lord Edward*, Vol. 1, Clarendon Press, 1966, p. 84.

[65] 梅特兰认为,国王试图通过任命那些可以控制的职业法官,将王国所有的高级法官都置于自己视野之中。Maitland, Bracton's Note Book, 1887, v. 1, pp. 58 - 59, 转引自 R. V. Turner, *The King and His Courts: The Role of John and Henry III in the Adminstration of Justice, 1199 - 1240*, Cornell University Press, 1968, p. 26。

庭不得不向国王请示更多的问题，从而导致了判决迟延现象的增多，因此这就有必要重新建立一个"追随国王"的法庭。而现实的也是最好的解决方法，就是恢复到约翰时代的双重法院体系：一组法官常驻威斯敏斯特，而另一组法官追随国王审判案件。[66]

王座法庭的重建也同样是渐进的过程。最初，亨利三世的王座法庭并不具有与民事高等法庭相对应的地位：它受理的案件大多是"琐碎而混杂"的，并且规模很小，只是在民事高等法庭开庭期的间歇才开始活动，因而卷宗数量远远少于民事高等法庭，法官的专业化程度也很低。[67] 但到1236年，王座法庭开始重新获得与民事高等法院相对等甚至更为崇高的地位。在这一年的开庭期，它开始纠正民事高等法庭在此前开庭期的程序错误，甚至民事高等法庭和巡回法庭悬而未决的案件，同样可能被转移到王座法庭继续审理。[68]

这一时期的王座法庭与民事高等法庭的管辖权界分并不十分明确。一般来说，民事高等法庭处理的案件都是与国王无关的私人诉讼，而涉及王室利益的诉讼则更多交给王座法庭审理。但这两者之间的分别并不是绝对的，"唯一决定诉讼在哪里审判的因素，仅仅是它在国王眼中的相对重要性而已"。[69] 尽管许多学者的研究都指出，较之约翰的王座法庭，亨利三世的法庭显然更接近于王室诉讼的裁判机构，它受理的案件更少地涵盖私人间的诉讼，但两者之间并不存在本质的差别——两种王室法庭的管辖权的划分依然是"个人化"的。"无论约翰还是亨利，都不曾把这两个法庭视作两个具有清晰界定管辖权的机构；

---

[66] R. V. Turner, *The King and His Courts: The Role of John and Henry III in the Adminstration of Justice, 1199 - 1240*, Cornell University Press, 1968, p. 26。

[67] 最初，只包括一名职业法官罗利(Raleigh)，更多的人员是来自王室内廷的管家。R. V. Turner, "The Origins of Common Pleas and King' s Bench", *The American Journal of Legal History*, Vol. 21, No. 3, 1977, p. 250.

[68] 参见 W. S. Holdsworths, *A History of English Law*, Vol. 1, Methuen & Co. Ltd., 1923, pp. 204 - 205。

[69] 例如，地产侵占案件在大多数时候无疑属于民事高等法院的管辖，但现有卷宗却表明王座法院审理的此类案件亦不在少数。正如塞尔斯指出的，参见 G. O. Sales, ed., *Select Cases in the Court of King' s Bench*, Selden Society, Vol. 5, pp. xxxoo - xxxiii。

国王的兴趣、方便或财政收益，都是决定诉讼是否被受理的主要因素。"⑦⑩

总之，亨利三世时代的王座法庭重建依然是初步的，不仅法院的管辖权尚未明确界定，也缺乏清晰的组织架构，甚至在很大程度上尚未完全从咨议会中分离出来。⑦① 一个显著的事实是，直到亨利三世末期的1368年，也就是在王座法庭重建的三十多年后，才拥有了第一位首席法官——罗伯特·布鲁斯（Robert Brus）。⑦② 但这种专业化的滞后，或许恰恰是由王座法庭本身代表的"个人化"倾向决定的；换言之，作为抵制司法机构自主倾向的工具，王座法庭更多代表了国王对于司法的亲身参与，以弥补专业化过程中可能带来的缺漏。

尽管之后的分析将表明，随着专业化趋势的增强，到14世纪末期，王座法庭本身也基本实现了常规化，但事物发展的结果并不一定与最初的起源保持逻辑的自洽。⑦③ 相反，中世纪英格兰王座法庭的历史恰恰提醒我们，在英格兰中央法院创设的初始，决定性的因素并不只是国家治理的"专业化"与"去个人化"，同时也来自于国王的"集权化"与降低代理人风险的努力。

二、自主运行的法院？

在回溯了中央王室法庭的诞生之后，接下来的讨论，将进一步深入到法庭的日常运作之中，通过个案分析具体地考察这一时期的王权与司法的关系。

---

⑦⑩ R. V. Turner, *The King and His Courts: The Role of John and Henry III in the Adminstration of Justice, 1199 - 1240*, Cornell University Press, 1968, p. 55.

⑦① G. Adams, *Council and Courts in Anglo - Norman England*, Yale University Press, 1926, p. 232.

⑦② W. S. Holdsworths, *A History of English Law*, Vol. 1, Methuen & Co. Ltd., 1923, p. 205.

⑦③ ［法］福柯：《尼采·谱系学·历史学》，苏力译，载《学术思想评论》（第4集），辽宁大学出版社1999年版。

王室法庭的历史表明,尽管民事高等法庭与王座法庭的出现很大程度上构成了国家治理的"常规化",但却依然在许多方面受制于国王的"人身"。在本节的分析中,我将离开宏观的历史描述,把视线集中在这一时期中央王室法庭的典型案例上,[74]试图从这些生动材料中具体讨论王权对于中央王室法庭日常司法运作的制约与影响。而就王室法庭与司法治国的主题而言,首先必须面对的一个基本的问题是,13世纪的英格兰,是否已经发展出了脱离于王权个人的"自主运行"的司法机构?如果王权的影响依然存在,它又是通过怎样的方式发挥作用?其究竟在多大程度上左右了法官们的判决?

(一)"自主性"的争论

中世纪英国法庭的"自主性"的问题,一直以来都在英语学界存在不少争论。一种政府机构的"自主性",在许多时候被视作早期现代国家诞生的重要标志,因而在中世纪政治的演进史中占有关键地位。就像卡莱(R. Carlyle and A. Carlyle)所指出的:

> 中世纪社会的历史不断地强化我们的一个确信,即一个野蛮的政治体制与一个文明的政治体制的真正区别在于,后者具有近乎自主运行的行政与司法机器,而前者依赖于具有非凡才智与洞察力的个人统治者的偶然出现。[75]

对此,以理查德森(H. G. Richard)和塞勒斯(G. O. Sayles)为代表的一些学者倾向于认为,至少在12世纪晚期,英格兰的行政、司法机构已经具有了相当的"自主性",以至于这一时期的王权已经成为依靠官僚制度的"非个人王权"(impersonal monarchy),并可以与17世纪的法

---

[74] 本节选取的典型案例主要来源于特纳的《国王与他的法庭》一书,此外还参考了弗洛瓦(C. T. Flower)的《王廷卷宗导论》和埃里希(Ludwik Ehrlich)的《指控王权的诉讼,1216—1377》等著作中述及的案例。参见 R. V. Turner, *The King and His Courts: The Role of John and Henry III in the Adminstration of Justice, 1199 - 1240*, Cornell University Press, 1968; C. T. Flower, *Introduction to the Curia Regis Rolls*, Selden Society, Vol. LXII, London, 1944; Ludwik Ehrich, *Proceedings against the Crown, 1216 - 1377*, ed. Sir Paul Vinogradoff, Oxford Studies in Social and Legal History, Vol. VI, Oxford, 1921。

[75] R. Carlyle, A. Carlyle, *A History of Medieval Political Theory in the West*, III, Balckwood, 1962, p. 31.

国王权相并论。[76] 但也有的学者对于这一观点提出异议。例如，沃伦就曾指出，在亨利二世时期，尽管英国的官僚政治体制已初具规模，但依然未达到“自主运行”的程度。在他看来，“灵活性仍然是亨利二世在政治治理上的主要特点，他更喜欢一种松散的结构和非正式的方法，从而便利地将自己的意志置于其上，维持更多的个人治理的实质”。[77]

在司法的领域，民事高等法庭与王座法庭的确立，意味着英格兰的司法开始“走出王廷”，走向脱离国王本人的“自主”运行。即便是原本作为国王维持对司法的个人控制的王座法庭，随着普通法诉讼程序的稳固化与技术化，也逐渐走向常规化。正如特纳(R. V. Turner)所指出的，“如果将安茹时期的司法描述为君主四处巡游受理民众诉请并作出裁决的图景，这就是大错特错了。12、13 世纪的司法事务已经太复杂了，远远超出了这种松散的方式所能承受的状况”。[78] 事实上，这一时期的“大多数的案件都由法官作出裁决，而无需国王的参与”；到亨利三世时代，“威斯敏斯特的王座法庭已经如此接近于‘自主运行’，以至于全部的卷宗中几乎难以看到国王直接影响的踪迹”。[79]

但国王的身影并未彻底从王室司法中退出。毕竟，一方面，在中世纪的政治理论中，国王依然毋庸置疑地是“司法的源泉”与“正义的分配者”；[80]而另一方面，无论王室法官在多大程度上取得了“自主运行”的地位，他们都依然是国王的法官。正如威尔金森(Bertie Wilkinson)指出的，“法官依然是国王的。他们由国王或枢密院任命，并在国王满意时保有职位。他们逐渐增长的与国王人身的分离，并没有改变他们

---

[76] 在他们看来，“如果说非个人王权在 17 世纪的法兰西出现具有重要意义的话，它在 12 世纪的英格兰就已经确立的事实无疑更为引人注目”。H. G. Richard, G. O. Sayles, *The Governance of Medieval England: From the Conquest to Magna Carta*, Edinburgh University Press, 1963, p. 168.

[77] W. L. Warren, *Henry II*, University of California Press, 1973, p. 314.

[78] R. V. Turner, *The King and His Courts: The Role of John and Henry III in the Adminstration of Justice, 1199 – 1240*, Cornell University Press, 1968, p. 269.

[79] Ibid.

[80] 参见 E. Powell, *Kingship, Law, and Society: Criminal Justice in the Reign of Henry V*, Clarendon Press, 1989, pp. 29 – 30。

忠诚与服从的义务”。[81] 与此同时，常规化的司法机构也同样难以克服“一般”与“特殊”的两难。韦伯等人的研究也都曾指出“例行化”官僚体制的局限：它们一般只是在处理例行的常规事件时才是有效的，而往往无法积极主动地回应“非常规”事件的发生。

中世纪英格兰司法机构的“例行化”也面临同样问题。王室法院可能最大限度地处理日常生活中绝大多数的“常规”案件，可一旦出现关系重大或是法律问题模糊的“非常规”案件，平日里“自主运行”的司法机器就可能顿时“卡壳”。因此，这就有必要通过“超常规”的政治权力予以干预和补救，而在中世纪的英格兰，这一特殊的政治权力无疑属于国王的王权。所以，要理解这一时期的王权与司法的关系，就不能仅仅关注一般的常规案件，而更应该考察国王的“个人化”权力对于重大或疑难的“非常规”案件的影响。尽管这些案件也许只在全部案件中占较小的比例，但却可能构成了法庭的普遍司法权与国王的特殊司法权的“交界”地带，因此更生动细致地展现了权力运作的真实图景。[82]

（二）当司法遭遇国王：从重大案件切入

在这些“超常规”案件中，首先是涉及王室利益和国家政治的“重大案件”。又由于这些案件直接关系到国王切身利益，因此更容易引起国王的关注与介入。在中世纪的英格兰，由于“国王不能为非”的信条，从理论上说，直接对于国王提起诉讼几乎是不可能的；[83]但考虑到英格兰国王本人同时也是一个拥有众多领土的大领主，事实上许多私人诉讼都可能在一定程度上与王室利益相关，因而不得不诉诸国王的

---

[81] B. Wilkinson, *The Constitutional History of Medieval England 1216 - 1399*, Vol. III, Longmans, 1958, p. 155.

[82] 在福柯看来，对任何一种权力的考察，应当是在微观层面，应当在权力运作的末梢，在一种权力与另一种权力交界的地方，只有在这里，我们才能真正了解权力是如何实现的。参见 M. Foucault, *Power/Knowledge*, ed. By C. Gordon, Pantheon, 1980，或参见苏力：《送法下乡——中国基层司法制度研究》，中国政法大学出版社 2000 年版，第 36 页。

[83] 参见 R. V. Turner, "The Royal Courts Treat Disseizin by the King: John and Henry III. 1199 - 1240", *The American Journal of Legal History*, Vol. 12, No. 1, 1968, pp. 1 - 18。

权威。[84] 同时这种王权的介入,也并非仅仅基于国王的政治权威;许多时候,在涉及王室利益的问题上,国王本身也较之法官拥有更多的信息,构成更为可靠的信息来源。

这一点可以从当时的诉讼卷宗中看出。每当涉及对于王室特许状的解释争议或语词理解上的冲突时,王室法院的法官往往主动停止诉讼,将案件交给国王以征求其本人的意见,这时卷宗上往往留下诸如"国王的言辞超过任何其他证据"的用语。[85] 这种对于国王意志的探寻有时近乎严苛,以至于当国王无法对于案件作出判断时,案件的审判往往将无限期地拖延。[86]

当然,在涉及王室利益的案件中,最棘手的案件莫过于国王本人受到的指控;在中世纪后期,此类诉讼又集中体现在涉及国王强占土地的案件之上。这也触及了中世纪英格兰政治理论中的一个基本难题,即所谓"王在法下"(the king under the law)与"国王是最高法官"(the king could do no wrong)这两种信条的矛盾。[87] 尽管在理论上,这两种观点似乎并非不可调和,但在实践中却可能导致尖锐的矛盾,尤其是当

---

[84] 尤其是当争议的土地是通过王室特许状获得时,由于国王对于特许状的解释具有天然权威,案件的裁决往往需要征求国王本人的意见才能作出。R. V. Turner, *The King and His Courts*: *The Role of John and Henry III in the Adminstration of Justice*, *1199 – 1240*, Cornell University Press, 1968, p. 135.

[85] 例如,在1227年白金汉郡的一次巡回审判中,一个土地保有人出示了一份亨利二世的特许状为自己的权利而辩护,巡回法官随即中止了审判,将案件带回威斯敏斯特,因为他们"不愿意不经国王同意而判断国王的意图"。J. G. Jenkins, *Calendar of the Roll of the Justice on Eyre*, 1227, Vol. VI, 1942, p. 32。

[86] 例如,在亨利三世的幼年,有关王室特许状的问题就不得不被推迟到他成年之后再作处理,因为"国王的咨议会不敢对于国王的特许状的问题作出判决"。R. V. Turner, *The King and His Courts*: *The Role of John and Henry III in the Adminstration of Justice*, *1199 – 1240*, Cornell University Press, 1968, p. 136.

[87] 一方面,中世纪的思想家努力将国王的权力置于上帝与法律之下,这就是布拉克顿曾经写下的名言:"国王不应当臣服于任何人但应当臣服于上帝和法律,因为是法律创造了国王"。在此之前的索尔兹伯里的约翰也在"真正的国王"与"暴君"之间作出了区分:前者是依据法律的统治,而后者是依据专断意志的统治。但另一方面,国王在中世纪政治理论中又实际居于至高无上的地位,他被视作"正义/司法的创造者",是王国最高的法官与法律的制定者(lawgivers)。参见 R. V. Turner, "The Royal Courts Treat Disseizin by the King: John and Henry III. 1199 – 1240", *The American Journal of Legal History*, Vol. 12, No. 1, 1968, p. 1。

国王违反法律或是侵害臣民利益时,由于不存在可以评判国王行为的实在的“上级”,国王的“非法”行为事实上无法受到任何制裁。用麦基文(C. H. McIlwain)的话来说,“尽管在理论上说,王在法下,但却缺乏有效的机制使得这一理论变成实际”。[88]

那么,对于这些被国王强占土地的臣民来说,是否就毫无救济方法了呢?对此,布拉克顿给出了三种可能的解决方式。首先,依据“任何人都应当接受同等地位者的审判”的封建制原则,作为最大领主的国王,同样可能受到由伯爵、男爵、主教和其他高级贵族组成的大咨议会的审判。[89] 但这仅仅是理论上的可能,从卷宗的记载来看,这一类型的审判在实践中很少。[90] 其次,受害人还可能谦卑地请求国王更正自己的错误。只不过,对于接受还是拒绝臣民的请愿,则将是国王的恩惠,完全取决于国王的意志;但如果国王一旦接受,这些案件则必须按照法律程序在王室法院审理,并被记录在卷宗之中。[91]

---

[88] 麦基文在讨论布拉克顿对待国王为非的问题时指出,没有人可以审判国王的行为。如果国王不修正自己的错误行为,让他等待上帝的报应。对于不正义的国王的问题,在法律的王国内没有解决的方法。C. H. McIlwain, *The Growth of Political Thoughts in the West*, Macmillian, 1932, p. 197.

[89] 关于封建社会中“同等地位者”审判的原则,参见[法]布洛赫:《封建社会》(下卷),李增洪、侯树栋、张绪山译,商务印书馆2007年版,第596~598页。

[90] 其中,最为著名的就是1233年至1234年的贵族危机引起的针对国王的诉讼。故事发生的背景是在1232年摄政官赫伯特倒台后,亨利三世宣布剥夺赫伯特等人的法律权利,从而导致了大贵族的反叛。这些被国王褫夺权利的贵族在王室法院提起了针对国王的诉讼,要求法院裁决这种褫夺权利的行为依据王国的习惯是否正当。1234年5月,亨利三世在自己的法庭召集了坎特伯雷大主教、伯爵和其他贵族共同裁决这一问题。最终,王室法官判决国王剥夺这些贵族权利的做法是非法的。参见F. M. Powicke, *King Henry III and the Lord Edward*, Vol. 1, Clarendon Press, 1966。

[91] 例如,在1229年沃尔特·古德维尔(Walter de Godarville)曾提起诉讼要求恢复被国王通过王室命令强占的土地。之前,沃尔特支持反叛逆王的福克斯·布瑞特(Fawkes de Breaute),导致其土地在1224年被国王没收。但次年国王又赦免了沃尔特的罪行,作为回报,沃尔特向国王支付了100先令,以恢复他被没收的土地。但此时这块土地已为格洛斯特(Gloucester)公爵占有,他宣称只是代表国王保有这块地产。因此,沃尔特又不得不再次求助于国王,请求国王将土地归还给他本人。国王接受了这一请求,并下令在王室法院展开调查。最终,王室法院判决沃尔特应当拥有这一地产(CRR, XIII, 422, no. 2014.)。参见R. V. Turner, *The King and His Courts: The Role of John and Henry III in the Adminstration of Justice, 1199 – 1240*, Cornell University Press, 1968, p. 245。

最后一种情形，也是最常见的形式，是对于被国王授予土地的第三方进行诉讼。在布拉克顿看来，这种针对王室相关第三方的诉讼，可能将国王置于两难的境地：他要么拒绝承认自己的错误，即公开地承认违反法律，要么承认他的错误并予以纠正。[92] 之所以选择这一特殊的诉讼方式，一方面，是因为直接针对国王本人提起诉讼是不可能的；另一方面，在现实情况中，国王本人也很少长期保有剥夺来的土地，而往往将它们重新授予其他封臣，这就在客观上为"新近侵占之诉"的提起提供了可能。尽管从法律技术上说，新近侵占之诉只适用于作出侵占行为的本人，但由于此类案件的特殊性，布拉克顿等英格兰法律人依然愿意将接受国王土地的封臣"拟制"为共同的侵占者。

在这一时期的卷宗中，我们也看到了此类诉讼的存在。在约翰王的法庭中，就出现了一些指控他的父亲亨利二世和兄长理查德一世强占土地的案件。例如，1200 年威廉（William Bret）对杰弗里（Geoffrey Mauduit）提起的侵占之诉：

威廉的父亲罗伯特（Robert Bret）因为参与 1193 年的叛乱而被国王剥夺了土地，之后该土地又被授予了杰弗里。尽管这一诉讼涉及了前任国王理查德一世的行为，但王室法院依然受理了案件。杰弗里告诉法官，他获得土地的方式是正当的，土地是他通过购买特许状从理查德国王那里获得的。由于涉及国王的特许状，王室法官将案件暂停审理，以等待约翰王的答复。最终，由于杰弗里的缺席审判，威廉重新获得了对于争议土地的占有。当然，从当时的诉讼卷宗来看，此类诉讼并不多见，并往往由显赫的当事人提起；而法官们对此也表现了异常的清醒，他们在作出判决前必然会事先征求国王的意见。[93]

或许是因为吸取了约翰王引发贵族反叛的教训，亨利三世时期受理的王室剥夺土地的案件明显增多。其中，大多数案件都是针对约翰

---

[92] Bracton, v. 3, 43, f. 171b，转引自 Tierney, "Bracton on Government", *Speculum*, Vol. 38, 1963, p. 316。

[93] R. V. Turner, *The King and His Courts: The Role of John and Henry III in the Adminstration of Justice, 1199 – 1240*, Cornell University Press, 1968, p. 257.

王的专断剥夺土地的行为。[94] 甚至不仅是纠正前任的国王的行为。对于现任国王的强占，王室法庭同样可能予以纠正。其中最典型的例子，莫过于之前提到的亨利三世的摄政官休伯特·布赫(Hubert Burgh)被褫夺权利的案件。由于休伯特被剥夺的土地此时已被授予其他的封臣，他不得不对于第三人提起私人的诉讼。其中一场诉讼的被告人罗伯特(Robert Passelewe)试图寻求国王的担保，却被王室法官以"不符合习惯"为由而拒绝。[95] 最终，法官判决罗伯特败诉，这些被国王强占的土地也最终回到了休伯特的手中。尽管后世的学者对此存在一些争议，[96]但这些案件的本身已经表明，在特定的条件下，王室法院的确有可能成为纠正现任国王错误的司法机制。

(三)司法背后的政治考量

但这仅仅是可能。

以上分析只是表明，在涉及王室利益的"重大案件"上，王室法庭可能在一定程度上为那些受到王室侵害的当事人提供救济。可这并不一定意味着国王的法庭是"自主"或"中立"的；相反，由于国王的频繁介入，法官的判决往往超越法律本身，而较多受到国王个人意志与价值判断的左右，并且其意志与价值判断在重大案件中具有决定性的影响。尽管作为"最高法官"与"正义源泉"的国王，总是宣称自

---

[94] 例如，在1331年的一次新近侵占之诉中，王室法庭就试图纠正约翰王时期的王室猎场巡视员休·内维尔(Hugh de Neville)的强占行为。当时，内维尔仅仅因为在沃尔特·霍斯(Walter Hose)的房子里面发现了弓箭，就以违反《皇家狩猎场法》(Assize of the forest)为由剥夺了霍斯的土地，"民事高等法院"的法官受理了这一案件，他们认为内维尔的做法显然是一种专断的行为。最终土地被归还给霍斯本人，内维尔也因为他的行为受到了惩罚。显然，这里内维尔的行为构成了约翰时期国王专断的表现之一，而亨利三世的王室法庭则在一定程度上弥补了前任国王过错。参见 R. V. Turner, *The King and His Courts: The Role of John and Henry III in the Adminstration of Justice, 1199 - 1240*, Cornell University Press, 1968, pp. 258 - 259。

[95] 按照英格兰的法律，如果国王提供担保的话，指控罗伯特的诉讼也将转化成指控国王的诉讼。参见 F. Pollock, F. Maitland, *The History of English Law Before the Time of Edward I*, Vol. 2, Cambridge University Press, 1923, p. 662。

[96] 也有学者指出，此案中决定国王未能提供担保的关键，更多的是因为作为国王顾问的罗伯特在政治上的失势。R. V. Turner, *The King and His Courts: The Role of John and Henry III in the Adminstration of Justice, 1199 - 1240*, Cornell University Press, 1968, p. 264.

己的审判是基于“自然正义”，但考虑到“话语”与“实践”之间可能的背离，我们依然有必要对于国王参与司法的真实运作再作一些更深入的分析。

统治者的动机无疑是复杂的。一方面，由于社会的稳定与繁荣在很大程度上与统治者的根本利益相一致，他们总是倾向于维持司法的公正，以实现纠纷的平息与内部的和平；[97]但另一方面，统治者又往往具有超越法律与案件本身的考量。他们同样具有与国家利益相偏离的个人利益或家族利益，甚至可能为了满足一己私利而不顾及国家的稳定与发展；或是可能对于国家的整体利益具有超越常人的深远考量，以至于不惜牺牲个体正义以维护他本人认为更重要的政治利益。已有的分析也表明，在中世纪英格兰的司法审判中，对于涉及王室利益案件的审判，国王及其法官的判决也往往较多考虑了当事人的特殊身份及其政治背景，而并非仅仅依据案件本身的是非曲直。[98] 在这个意义上，国王对于司法的参与显然是一种“实质”而非“形式”的审判。[99]

这种政治因素的影响往往是直接的，即便在一些看似微小的案件中也可能表现出来。例如，1210 年，两名来自科隆(Cologne)的商人被控告强奸和抢劫，尽管从表面上看这只是一起普通的案件，但它却最终被交给约翰王本人处理：

> 两名科隆商人向国王法院起诉伦敦郡长将他们逮捕并与普通罪犯关押在一起，直到他们支付了三马克后才被释放。依据案件的记录，他们向国王申诉，由于他们已经获得了奥拓皇帝(the Emperor Otto)授予的保护特许状，因此不应当受到上述的待遇。但显然，作出这一记录的法庭书记员误解了德国商人的申诉，因为德国皇帝的保护特许状在英

---

[97] 参见 E. Powell, *Kingship, Law, and Society: Criminal Justice in the Reign of Henry V*, Clarendon Press, 1989, pp. 29 – 30。

[98] R. V. Turner, *The King and His Courts: The Role of John and Henry III in the Adminstration of Justice, 1199 – 1240*, Cornell University Press, 1968, p. 157.

[99] 在韦伯的理论中，依据司法审判是否“使用内在于这种法律制度之中的决策标准”，可区分为“实质”与“形式”。所谓实质，就是并不仅仅依据法律本身的标准，而较多地考虑到法律之外的政治、宗教、伦理和情感等因素的制约。参见郑戈：《法律与现代人的命运——马克思·韦伯法律思想研究导论》，法律出版社 2006 年版，第 112 ~ 116 页。

格兰并没有效力。事实上,是约翰王本人曾经授予在英格兰的科隆居民以特殊的保护特许状。[100]

由于涉及国王的特许状,受理案件的王室法官意识到本案的意义重大,随即中止了审判,转而征求国王本人的意见。仅仅就案件事实而言,本案似乎只是一起简单的涉及外国人的刑事案件,但如果回到当时的政治语境中,我们却会发现其中的关系远非我们想象的那样简单。当时的英格兰正处于与法国国王争夺诺曼底的战争之中,而约翰王的重要盟友就是他的表兄弟——德意志神圣罗马帝国的皇帝奥拓四世(Otto IV von Braunschweig,1198—1218年)。[101] 为了维持英德联盟的稳固,就有必要尽一切可能维持两国之间的友好关系,以至于哪怕是涉及两国臣民个体的微小事件,也可能上升为危及国家外交战略的重大政治事件。因此,当来自德意志的科隆商人出现在英格兰的法庭上时,约翰王显然有必要对于这一案件给予密切关注,尽管现有的资料并没有表明案件最后的审判结果,但判决的倾向性却难以避免。[102]

但有时这种影响是"间接"的,政治的考量也更为"隐蔽"。在一些案件中,从表面上看,王室法官的审判并非偏袒国王本人,甚至可能与王室利益相违背,但如果我们深入到案件事实的背后,就不难发现,其中依然可能包含了国王在政治上的深谋远虑。1236年亨利三世审理的德比公爵案(Case of Earl of Derby)就典型地体现了这一点。案件的事实很简单:

德比公爵威廉·费勒斯(William de Ferrers)向王室法院起诉,试图获得两个教堂的圣职推荐权(advowson)。依据英格兰的法律,获得圣职推荐权的基础在于圣职所在的教堂的地产保有权。但法院的调查却表明,教堂所在的土地曾经属于理查德国王,但约翰国王后来把土地授

---

[100] CRR, VI, 54, Michaelmas 1210, 对于本案的讨论,参见 C. T. Flower, *Introduction to the Curia Regis Rolls*, Selden Society, Vol. LXII, London, 1944, pp. 308 – 309。

[101] 关于约翰和奥拓四世的外交联盟,参见 A. L. Pool, *From Domesday Book to Magna Carta 1087 – 1216*, Clarendon Press, 1955, pp. 449 – 455。

[102] C. T. Flower, *Introduction to the Curia Regis Rolls*, Selden Society, Vol. LXII, London, 1944, pp. 308 – 309.

予了德比公爵。但问题是,这两个教堂的圣职推荐权是否包含在这次授予之中,却存在疑问。对此,王室法官并没有自行作出裁决,而是将案件交给了国王本人,因为"他们不愿不经国王的意见而作出判决"。但国王随后又将案件交还给了法官,让他们依据事实作出公正的裁决。最终,王室法官作出了支持德比公爵的判决,认定圣职推荐权已经随着土地的授予从国王转移到了德比公爵的手中,因为"他们认为国王同样不会违背自己颁发的特许状"。[103]

仅仅从卷宗的记录来看,这似乎又是一个王室法官不畏王权、秉公执法的典型案例。至少,就判决的结果而言,圣职推荐权[104]从国王向德比公爵的转移,显然在一定程度上有损于国王的利益。王室法官在这里的表现是复杂的。一方面,当面对涉及国王利益的重大问题时,他们显然不具备置国王利益不顾而径直判决的勇气,而是及时停止案件审判以征求国王的意见。在这个意义上,王室法官依然"首先忠诚于君主本人,其次才忠诚于法律"。[105] 但另一方面,这些法官们似乎又并非王权的"献媚者",至少当国王授权他们裁判时,他们依然"不怕得罪人",依据案件的事实本身作出了可能是不利于国王的判决。当然,也有人会说,"依据事实的公正裁决"本身就是国王的指示,法官们不过是依据国王的意志办事罢了。可要注意,国王的"指示"也并不总是等同于真实的"意志",尤其是在涉及自身利益的问题上,国王所谓的"秉公办事"完全可能是一种冠冕堂皇的说辞,甚至可能是另一种形式的"压力"。对此,仕途荣辱都系于国王一人意志的王室法官们不可能不理解。但他们最终的判决却似乎"顶住了压力"。

---

[103] Note Book, III, 249 - 250, no. 1236, 参见 R. V. Turner, *The King and His Courts: The Role of John and Henry III in the Adminstration of Justice, 1199 - 1240*, Cornell University Press, 1968, p. 141。

[104] 圣职推荐权(advowson),就是向教会或就圣职职位推荐候选人的权力。推荐者称作圣职推荐权人(patron),他一般是某一份教产的所有人。圣职推荐权在本质上兼具世俗财产和宗教责任的特征。参见薛波主编:《元照英美法词典》,法律出版社 2003 年版,第 44 ~ 45 页。

[105] R. V. Turner, *The King and His Courts: The Role of John and Henry III in the Adminstration of Justice, 1199 - 1240*, Cornell University Press, 1968, p. 141.

但仅仅是似乎。一旦进入到当时的历史情境中,我们似乎又有理由怀疑国王与法官对于案件的审判还存在“隐秘”的考量。对于国王本人而言,圣职推荐权的得失并非核心利益所在,因此也并非什么原则性的问题。相反,在亨利三世的眼中,这一时期最为重要也最为棘手的问题,无疑是其1233年亲政以来的国王与贵族之间的尖锐对立。[106] 尤其是在与来自法兰西普罗旺斯的埃莉诺(Eleanor of Provence)结婚后,国王开始得到了来自王后家族的政治集团的支持,与英格兰本土的贵族集团的疏离与间隙也随之扩大。[107] 在英格兰的贵族们看来,所有的这些变化,都无异于一种危险的信号,这意味着亨利可能依靠自己的政治力量与贵族集团相对抗,并进而否认国王遵守《大宪章》的誓言。[108] 许多迹象也表明了这种可能。[109] 这些实际的行动进一步激化了国王与贵族的矛盾,许多反对派贵族都在1237年年初的大咨议会上公开表达

---

[106] 有如前述,1233年赫伯特的倒台以及政法官职位的废止,使得亨利三世真正掌握了国家权力,并开始“品尝专制权力带来的危险的愉悦”。亨利采取了一系列措施加强自己的权威,大量起用包括彼德·里沃(Peter Rivaux)等“外国人”在内的新人,并复兴内府行政机构,将财政权力集中在自己手中。但新贵的发迹与外国人把持政府的行为引起了本土贵族的不满,并且本土贵族在1233年的牛津大咨议会中与国王产生了激烈的冲突。虽然斗争的结果导致了彼德的倒台,但亨利三世强化个人统治的努力并没有改变,以至于有的历史学家将1234年之后的二十年统治称为国王的“个人统治”(personal rule)时期。Carpenter, King, Magnates and Society: The Personal Rule of King Henry III. 1234 - 1258, *Speculum*, 1985, pp. 39 - 70,或参见蔺志强:《中古英国的幼主托孤与王权运作——以亨利三世时代早期为主的考察》,载《历史研究》2009年第2期。

[107] 正如波威克(Powicke)指出的,尽管亨利三世即位以来多次重申遵守《大宪章》的誓言,但贵族中的许多人依然对于他的诚信抱有怀疑;1236年1月与埃莉诺(Eleanor of Provence)结婚后,英格兰本土的贵族集团与国王的疏离与间隙也随之扩大。此外,羽翼渐丰的国王还逐渐地在他的王室内聚集了一批忠诚于自己的官员,比如,这一时期崛起的约翰·曼塞尔(John Mansel)。F. M. Powicke, *Henry III and the Lord Edward: The Community of the Realm in the Thirteenth Century*, Vol. 1, Oxford University Press, 1947, p. 153.

[108] 参见蒋孟引主编:《英国史》,中国社会科学出版社1988年版,第122~123页。

[109] 例如在1236年,亨利组建了十二人的咨议会,其中大多数成员都来自于王后家族的政治集团,而首席顾问则是王后的叔叔萨瓦的威廉(William of Savoy);同时为了偿还国王结婚所耗费的债务,亨利三世开始向贵族强行收取额外的捐税。参见 Carpenter, King, Magnates and Society: The Personal Rule of King Henry III. 1234 - 1258, *Speculum*, 1985, pp. 39 - 70。

了对于国王政策的强烈不满。[110]

因此,对于这一时期的国王来说,最急迫的政治问题即是如何缓和与英格兰贵族之间的矛盾,以避免正在酝酿中的正面冲突。面对这一危局,亨利三世开始努力拉拢英格兰贵族中支持国王的势力,其中一个重要的举措就是扩大咨议会的人选范围,扩大本土贵族在咨议会中的比重。[111] 为此,在原本十二人的小咨议会的基础上,亨利三世又增加了三名人选,而在这三人中,除约克郡郡长约翰·杰弗里(John fitz Geoffrey)与林肯公爵约翰·莱西(John de Lacy)之外,另一位人选即是本案的当事人德比公爵威廉·费勒斯(William de Ferrers)。[112]

之所以选择老德比公爵,不仅因为其本人在英格兰贵族中的身份与地位,更因为他曾经忠诚地服务于理查德、约翰王和亨利三代国王,并且在1215年约翰王与贵族的内战中,一直坚定地站在国王的阵营之中。因此,当国王寻求英格兰贵族的支持时,德比公爵无疑就成为了首先需要考虑的最佳人选。[113] 这里,我们也就不难发现,此时的德比公爵,已经远非一场有关"圣职推荐权"的普通诉讼案件中的当事人,而实际上在英格兰的政治格局中扮演了举足轻重的关键角色。也因此,国王与德比公爵的关系,也就不仅仅是一般的领主与封臣的关系,而事实上构成了影响英格兰政治局势稳定的决定性因素之一。

在这个意义上,我们也就可能重新理解德比公爵一案的政治意涵。在当时的政治情势下,亨利三世维持与德比公爵等支持国王的贵族的关系,远远比某个教堂的圣职推荐权来的更加重要。因此,尽管从表面上看,支持德比公爵的判决意味着国王圣职推荐权的丧失和王室利益的损失,但如果将"视线"拉长,就不难发现,这一判决实际上更为符合

---

[110] F. M. Powicke, *Henry III and the Lord Edward: The Community of the Realm in the Thirteenth Century*, Vol. 1, Oxford University Press, 1947, p. 153.

[111] F. M. Powicke, *The Thirteenth Century, 1216 – 1307*, The Clarendon Press, 1953, p. 56.

[112] F. M. Powicke, *Henry III and the Lord Edward: The Community of the Realm in the Thirteenth Century*, Vol. 1, Oxford University Press, 1947, p. 154.

[113] R. V. Turner, *The King and His Courts: The Role of John and Henry III in the Adminstration of Justice, 1199 – 1240*, Cornell University Press, 1968, p. 141.

王室的根本利益和长远利益。在王室法院取得胜诉的德比公爵,完全可能更加感激国王的"公正"与"无私",也更为积极地支持国王的利益,甚至可能在咨议会中主动地寻求国王与贵族关系的缓和。[114]

相反,如果此时的法官一味地偏袒国王的利益,判决德比公爵败诉,那么尽管从表面上看有利于王室,但从长远来说,却可能失去德比公爵对于王权的支持,给王室带来严重的政治危机。因此,在这个意义上,我们也重新理解了本案中王室法官的"独立"与"秉公办事"。在表面的"中立"的背后,同样可能隐含了法官对于本案的政治影响的洞悉,因而构成了另一种意义上的"偏袒"。至少,在本案中,对于亨利三世而言,决定司法决策的因素,并不一定是案件本身的是非曲直或是"自然正义"的信条,而同样可能来自于国王本人的政治判断与"深谋远虑",依然服务于隐藏在司法案件背后的政治利益的角逐。

总之,以上的分析表明,在安茹改革之后的英格兰,尽管普通法的法院与法官得以从"王廷"中走出,并初步形成了脱离于国王人身的自主运行的司法机构,但这并不意味着国王的"个人化"因素已经在法院的实践中彻底退出。相反,在涉及王室利益的"重大案件"中,依然不得不诉诸作为当事人的国王本人。尽管在个别案件中,国王可能纠正前任或是其本人的错误,但更多的情形依然是倾向于王室的利益。[115]国王与法官的关系,也并非简单的"独立"或"服从",而实际上处于相互平衡与制约的复杂关系之中。与此同时,国王的这种干预同样是政治的。他不仅考虑案件事实的本身,也可能注意到案件的判决可能产生的潜在的政治影响;即便是那些看上去直接有损王室利益的判决,实际上却可能包含了国王追求更为广阔和长远的政治利益的"有意为之"。

---

[114] Carpenter, King, Magnates and Society: The Personal Rule of King Henry III, 1234 – 1258, *Speculum*, 1985.

[115] 尤其是在关系到国王土地或利益的纠纷中,国王的言辞具有终局性。这再一次地表明了,"法官首先是国王的臣仆,他们不愿意做任何有损国王利益的事情"。R. V. Turner, *The King and His Courts: The Role of John and Henry III in the Adminstration of Justice, 1199 – 1240*, Cornell University Press, 1968, p. 156.

三、作为最高法官的国王

在这一时期的司法审判中，国王的“身影”不仅出现在那些与王室利益息息相关的“重大案件”之中，同时还可能出现在那些法律上的“疑难案件”与存在争议的“错判案件”之中。

依据中世纪的政治理论，国王不仅是一国的行政长官，同时还具有“神圣”的因素，被认为是上帝在人间的代表。因此，与上帝“主持正义”与“裁断是非”的形象相一致，国王又被视作一国之内“正义的源泉”与“最高的法官”。[116] 也因此，当司法实践中出现法官难以裁决或是缺乏共识的“疑难”案件时，或是当出现明显的错误判决或是当事人不满于王室法院的判决时，人们也同样不得不求助于作为“正义源泉”与“最高法官”的国王。所以，要理解这一时期王权与司法的复杂关系，在关系王室利益的“重大案件”之外，我们还有必要对于“疑难案件”与“错判案件”中的王权背景作一些初步的分析。

（一）“疑难案件”的解决

由于法律固有的“不完备性”，在任何的法律体系中，总是不可避免地存在一定比例的“疑难”问题，[117]尤其是在中世纪的英格兰，法律原则的“简陋”与规则的“模糊”，都使得法律的“疑难”问题层出不穷。尽管英格兰的法官事实上具有确定法律规则的权力，但在许多重大的问题上，依然需要诉诸作为“最高法官”与“法律施予者”（lawgiver）的国王。与此同时，中世纪英格兰的法律（尤其是刑法）又往往过于严酷且僵化，从而在许多时候导致处罚的过重，而此时国王的“介入”则可

---

[116] 参见［法］布洛赫：《封建社会》（下卷），李增洪、侯树栋、张绪山译，商务印书馆2007年版，第612～617页；或参见［英］甄克斯：《中世纪的法律与政治》，屈文生、任海涛译，中国政法大学出版社2010年版，第61～63页。

[117] 关于法律的不完备性，参见［美］皮斯托、许成钢：《不完备的法律》，汪辉敏译，载吴敬琏主编：《比较》（第3辑），中信出版社2002年版，第111～136页；或参见［美］波斯纳：《法理学问题》，苏力译，中国政法大学出版社2002年版，第58～59页。

能构成衡平司法和缓和法律严苛的有效机制。[118]

首先讨论“疑难案件”。这类案件在当时的刑事法领域十分常见。例如,在1208年的一个指控杀人的案件中,原告在控告谋杀后又撤销了指控,但陪审团已经作出证明被告有罪的裁决。对于这一问题,法官无法决定是否应当继续审理,于是将案件提交给了国王的咨议会裁决。[119] 又例如,1229年的一个抢劫案中,多雷塞特(Deulesset)等三人被控告抢劫,而约翰和他的妻子则被怀疑为这一犯罪的背后指使,并且有证据表明多雷塞特等人在犯罪前的一个晚上曾住在约翰的家中。然而,最终陪审团却认为这三个被指控抢劫的人无罪,这就使得针对约翰和他的妻子的教唆犯的指控出现了疑问,[120]该案最终被交给国王本人来处理。[121]

民事法领域的一些案件,由于关系重大,也可能出现必须提交给国王解决的“疑难”问题。例如,在中世纪欧洲的继承法中,“代位原则”(principle of representation)是一个普遍的原则,即当继承人先于被继承人死亡时,继承人的子女可以替代其位置而成为继承人,从而取得死者应得的遗产份额。[122] 然而,在约翰王时期,这一原则的适用却成为继承法上的“疑难”问题。因为当1199年理查德一世去世时,理查德的弟

---

[118] 依据中世纪的理论,尽管已经出现了专门的法庭,但国王仍然保留了“剩余司法权”,一旦常规程序无法为某些个案提供充分的救济,国王就可以在常规制度之外行使司法权,弥补和纠正法律的僵硬。国王的这一衡平权也构成了后来的衡平法院的基础,但在这些法院产生之前,主要是通过国王本人的衡平权实现的。参见J. H. Baker, *An Introduction to English Legal History*, Butterworth, 1990, pp. 112 – 113,或参见冷霞:《英国早期衡平法概论——以大法官法院为中心》,商务印书馆2010年版,第56~57页。

[119] R. V. Turner, *The King and His Courts: The Role of John and Henry III in the Adminstration of Justice, 1199 – 1240*, Cornell University Press, 1968, p. 132.

[120] 因为即便嫌疑人实际上没有抢劫,也依然不排除约翰曾经教唆犯罪的可能。但依据当时的法律规则,只有当主犯被证明有罪时,从犯才能够接受审理。F. Pollock, F. Maitland, *The History of English Law Before the Time of Edward I*, Vol. 2, Cambridge University Press, 1923, p. 509.

[121] R. V. Turner, *The King and His Courts: The Role of John and Henry III in the Adminstration of Justice, 1199 – 1240*, Cornell University Press, 1968, pp. 133 – 134.

[122] F. Pollock, F. Maitland, *The History of English Law Before the Time of Edward I*, Vol. 2, Cambridge University Press, 1923, p. 286.

弟约翰先于兄长杰弗里的儿子亚瑟(Arthur)即位(世系参见图5),[123]显然,这就意味着被继承人的弟弟可以先于他的侄子(即他兄长的儿子)继承土地。从表面上看,这只是一次单纯的政治变更,但由于国王同时也是最大的封建领主,这一变化也就在事实上影响了土地继承中的基本原则。

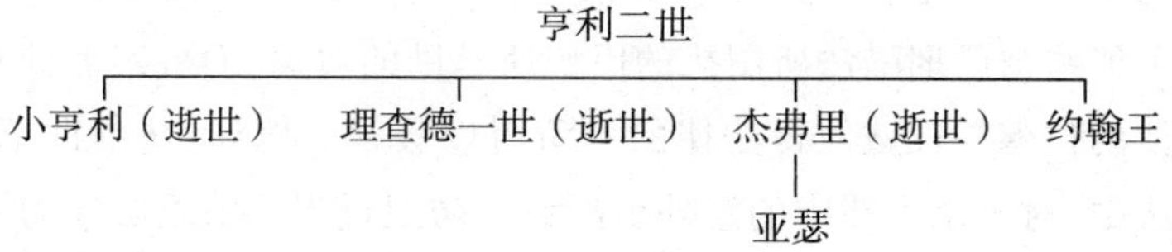

图5　亨利二世及其子孙世系图

因此,在这一时期的卷宗中,我们看到,许多涉及代位继承问题的收回继承地之诉(assize of Mort d' ancestor)都成为了王室法官们谨慎处理的问题。例如1201年西蒙(Simon)的儿子沃尔特(Walter)向康沃尔(Cornwall)的巡回法官提起的收回继承地之诉(家族世系参见图6):

沃尔特宣称他是他伯父菲利浦的土地的合法继承人,而土地后来被菲利浦的弟弟休(Hugh)所占有。休应诉答辩并承认他的大哥菲利浦保有这块土地直到去世,但他同时指出沃尔特的父亲也并非菲利浦,而是他的二哥西蒙。这时,法官面对的问题是,究竟是菲利浦的弟弟休,还是菲利浦的侄子沃尔特,才是具有更大权利的继承人。王室法官显然将这一案件与约翰王的王位继承联系了起来。因此,法官们暂时中止了案件的审理,以等待咨询国王的意见后再作出判决。[124]

在法律的"疑难"问题之外,中世纪英格兰法律的另一个突出问题是法律(尤其是刑事法)的过于"严苛",以至于在许多时候无法实现罪

[123] 理查德一世死后,尽管约翰继承了王位,但在究竟是效忠于约翰还是亚瑟的问题上,安茹王朝的各领地都产生了较大的分歧。参见蒋孟引主编:《英国史》,中国社会科学出版社1988年版,第116页。

[124] R. V. Turner, *The King and His Courts: The Role of John and Henry III in the Adminstration of Justice, 1199 – 1240*, Cornell University Press, 1968, p. 125, 或参见 Pleas before the King or His Justices, *1198 – 1200*, Vol. II, Selden Society, 1948, p. 144。

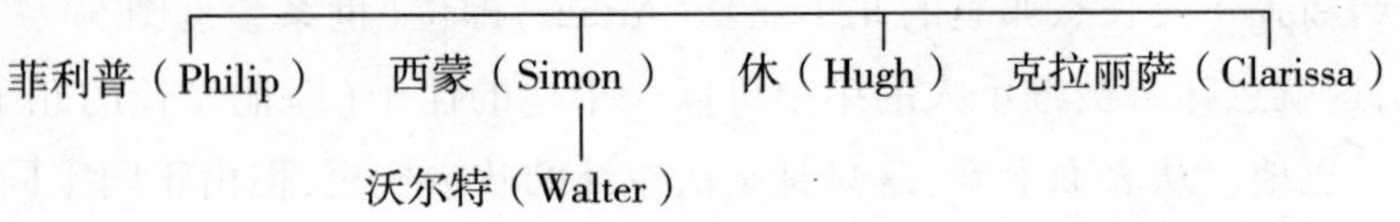

图6 沃尔特案家族世系图

与罚的衡平。这里,作为"正义源泉"与"最高法官"的国王,也再一次成为了那些被严刑酷法所困扰的臣民所求助的对象;而事实上,国王也通过他的仁慈与权威使得法律的严苛得以缓解。例如,在中世纪的英格兰法中,对于杀人罪中的意外事故或是防卫过当都缺乏必要的考虑,这就使得一些因意外或自卫而杀人的人往往受到与故意杀人者同等刑罚的对待。这时候,国王的赦免权往往发挥了重要的作用。例如,1237年的一个典型案例即说明了这一点:

在米迦勒节的开庭期上,约克大主教提出的一个案件引起了亨利三世的注意。一个妇女在她的女儿死后躲避到教堂,约克主教为她向国王申诉,坚持女孩是死于意外而非故意杀人。国王对此进行了调查,并发现事情的真相是这位母亲因为孩子偷了邻居家的苹果而进行责罚,结果意外导致了女儿的死亡。最终,国王赦免了她的死罪。[125]

国王赦免的必要性,同样也体现对于自卫导致他人死亡案件的处理上。

在1216年的拉尔夫(Ralph de Foun)杀死罗伯特(Robert)一案中,陪审员证明拉尔夫是德比公爵费勒斯(William de Ferrers)的猎场巡查管,而罗伯特是一名偷猎人。当拉尔夫在猎场内发现罗伯特时,偷猎者袭击并伤害了他,因此拉尔夫是在自卫过程中杀死了他。最终,亨利国王赦免了他的死罪。[126]

---

[125] R. V. Turner, *The King and His Courts*: *The Role of John and Henry III in the Adminstration of Justice*, *1199 - 1240*, Cornell University Press, 1968, p. 150, 或参见 Select Pleas of the Crown, ed. by F. W. Maitland, Vol. I, Seldon Society, 1888, p. 119。

[126] R. V. Turner, *The King and His Courts*: *The Role of John and Henry III in the Adminstration of Justice*, *1199 - 1240*, Cornell University Press, 1968, pp. 150 - 151, 或参见 Bracton' s Note Book, ed. F. W. Maitland, Vol. III, pp. 229 - 230。

尽管国王的赦免权同样存在滥用的可能,[127]但在中世纪英格兰,它的存在依然是有必要的。在这些法律的“疑难案件”中,国王干预司法的权力在实质上正是国王的最终“衡平权”的体现;也正是这一权力构成了后来的衡平法庭创生的理论基础。[128] 只不过,在最初的时候,这一权力依然掌握在国王的手中,它可以确保法律出现漏洞时得到弥补,也可以防止法律的过于严苛和僵化。当然,相对于王室法院处理的众多案件来说,这种国王的“衡平权”的行使依然是特殊的,它只是在关系重大利益或是明显有违正义的情形下才会出现。

(二)谁来纠正“错案”

作为“正义源泉”与“最高法官”,国王“介入”司法的另一个重要理由,是对于王室法院的错误判决的纠正。由于任何的司法审判都可能存在一定的错误或偏差,因此,对于错判的纠正机制与上诉机制,无疑是法律体系的正常运转所无法或缺的重要制度。[129] 然而,在中世纪的西欧,上诉机制的建立却并不是一个简单的过程。在神明裁判的时代,由于判决本身被认为是依据神意作出的,任何的质疑与挑战都无从产生,更不用说是专门的纠正错判的司法机制。[130] 直到中世纪的后期,随着神明裁判的废除和陪审团制度的引入,人的因素才越来越多地参与到司法判决之中,从而为上诉机制的确立创造了前提。

从12世纪开始,上诉机制首先出现在教会法的内部。作为教皇中央集权的结果,一个科层制的法院体系被创设出来,从低级法院到高级

---

[127] 例如,前述国王滥用赦免权以获得更多的参战士兵。A. Musson, W. M. Ormrod, *The Evolution of English Justice: Law, Politics And Society In The Fourteenth Century*, MacMillan Press Ltd, 1999, p. 79.

[128] 参见 J. H. Baker, *An Introduction to English Legal History*, Butterworth, 1990, pp. 112-113,或参见冷霞:《英国早期衡平法概论——以大法官法院为中心》,商务印书馆2010年版,第56~57页。

[129] 关于上诉的功能,参见[美]夏皮罗:《法院——比较法上和政治学上的分析》,张生、李彤译,中国政法大学出版社2005年版,第68~77页。

[130] 正如贝克指出的,当一个判决得到神意的支持时,它本身是无可置疑的,也不可能存在人类的错误。直到陪审团成为事实查明的裁判机构之前,人的判断在纠纷解决中只扮演了很小的角色。参见 J. H. Baker, *An Introduction to English Legal History*, Butterworth, 2007, p. 135。

法院层层复审的上诉机制也随之诞生。当事人可以从地方法院出发,沿着科层制的阶梯,上诉到主教的法院,甚至一直上达大主教和罗马教皇本人。[131] 之后,在西欧的世俗国家中,也开始出现了类似的机制,其中典型的代表是13世纪法国巴黎高等法院的设立。1258年,路易九世颁布了著名的废除决斗裁判的法令,并正式将巴黎高等法院设置为常设的上诉法院,由全日制的专业法官主持民事和刑事审判,其中大多数是受理对邑长法院判决的上诉,偶尔受理对贵族领主判决的上诉。国王也逐渐减少并最终不再参加审判。在此基础上,13世纪的法国初步形成了一个等级制的法院制度,并形成了一整套从邑吏法院上诉到邑长法院,又从邑长法院及领主法院上诉到巴黎高等法院的常规上诉程序。[132]

然而,在中世纪的英格兰,科层制的"上诉审"却长期缺席。尽管在12世纪结束时,已经出现了王室法院推翻地方法院(郡法院和领主法院)判决的机制,但这种机制依然存在两方面的问题。首先,与现代的针对判决本身的上诉制度不同,这里的"上诉"是针对地方法院的"法官"而作出的。正如梅特兰指出的,"针对判决上诉而不是控告法官,这一观念的形成并不容易"。[133] 至少在13世纪初,对于低级法院的判决的纠正,主要是通过在王室法院中证明作出错误判决的"法官有罪"。[134] 其次,更重要的是,对于同样是作为初审法院的中央王室法院的错误判决,长期以

---

[131] R. C. Van Caenegem, *History of European Civil Procedure*, *International. Encyclopedia of Comparative Law*, *XVI*, Tubingen, Paris, New York, 1973, p. 18.

[132] 参见 A. Esmein, *A History of Continental Criminal Procedure*: *with Special Reference to France*, trans. by John Simpson, John Murray, Albemarle Street, 1914, 或参见[美]伯尔曼:《法律与革命——西方法律传统的形成》,贺卫方、高鸿钧、张志铭、夏勇译,中国大百科全书出版社1993年版,第562~563页。

[133] F. Pollock, F. Maitland, *The History of English Law Before the Time of Edward I*, Vol. 2, Cambridge University Press, 1923, p. 668.

[134] 正如布洛赫指出的,在中世纪的封建社会,任何诉讼一旦作出判决,同一诉案的双方便不能再到不同的法庭起诉,因为人们认为,对于一个真正的错误,即使由良好的意愿所致,也没有任何补救措施。然而,如果诉讼双方中的一方认为法庭故意作出错误判决,或者诉讼中的这一方指责法庭直截了当地完全拒绝审理案件,当事人就有理由在某个更高级的法庭上起诉这个法庭的法官。因此,这一时期的上诉不是针对原来诉讼中的胜诉方,而实际上是在"控告法官"。参见[法]布洛赫:《封建社会》(下卷),李增洪、侯树栋、张绪山译,商务印书馆2007年版,第603页。

来都缺乏常规的纠错机制。这一方面是因为中央王室法院的判决被视作终局判决，但主要的原因还是英格兰的中央法院体系一直缺乏科层制的构造，以至于无法形成自下而上的层层复审机制。[135]

但无论如何，一旦错判发生，或当事人对于判决结果不满，要求纠正错判的需求依然存在。而依据中世纪的理论，如果常规的程序无法提供"正义"或消除疾苦，那么唯一可行的救济途径就是向国王申诉，作为"正义源泉"与"最高法官"的国王对于所有法官的判决都享有"纠错权"。在实践中，当已有的令状不能纠正法院的错误时，当事人可以通过请求状(plaint)向国王寻求救济。同时国王本人同样也倾向于积极地介入错判的纠正，因为这不仅可能实现国王"输送正义"的职责，也可以在很大程度上增加国王的财政收益，甚至在一定程度上包含了国王通过"仁慈"的展示以获取政治权威的努力。[136] 因此，在12、13世纪的诉讼卷宗中，我们看到了国王积极充当"上诉法官"的图景。

从现有资料来看，国王对于错判的介入，包括了许多对于郡法庭和领主法庭等地方法院的监督。依据当时的法律，由个体指控的刑事程序往往开始于郡法庭，而威斯敏斯特的王室法官则较少审理刑事案件。但如果当事人对于判决结果严重不满，并且愿意支付相当数量的资金购买国王的令状，那么案件依然可能被提交国王和他的法庭重新审理。这一令状制度也构成了后来的移卷令(writ of Pone)和误判令状(Writ

---

[135] 依据达玛什卡的研究，法律程序可以区分为科层型与协作型两种理想类型，而一般来说，英美法系更加偏向于协作型的法律程序，因此更倾向于平面化的单一决策层级，而非科层制的层层审查。这一诉讼结构导致了上诉制度在普通法世界中的普遍姗姗来迟。卡内冈教授也认为，英格兰并不存在类似法国的地方性初审法院体系，所有普通法法官都辖属于国王的中央法院系统，这就使得上诉制度所要求的等级制的先决条件并不存在。参见[美]达玛什卡：《司法与国家权力的面孔——比较视野中的法律程序》，郑戈译，中国政法大学出版社2004年版，第90~91页；或参见[比]卡内冈：《法官、立法者与法学教授——欧洲法律史篇》，薛张敏敏译，北京大学出版社2006年版，第5~6页。

[136] 夏皮罗的研究表明，上诉制度往往被视作一种展示统治者的权威或仁慈的特殊机制，从而可能强化底层民众对于中央政权的认同与效忠。参见Martin Shapiro, "Appeal", *Law & Society Review*, Vol. 14, No. 3, 1980。关于上诉的政治治理功能，还可以参见于明：《司法审级中的信息、组织与治理——从中国传统司法的"上控"与"审转"切入》，载《法学家》2011年第2期。

of False Judgement)的基础。[137] 例如,1220年的卷宗记录了一起郡法院的杀人案判决被王座法院的复审所纠正的情形。但这一最初在郡法庭审理的案件却被提交给国王复审,由于当时亨利三世尚在幼年,案件由摄政官赫伯特·布赫(Hubert Bugh)主持的咨议会审理。[138] 最终的判决支持了原告的起诉。[139]

除此之外,国王对于错判的干预,更多的还是针对王室法官的判决作出的。例如,1219年的一起藏匿罪犯的案件中,国王及其咨议会就纠正了王室巡回法官作出的错误判决:

最初,当巡回法官到达当地时,公诉陪审团指控彼德(Peter)涉嫌藏匿一名罪犯并接受了他盗窃的财物。然而,面对王室法官的询问,彼德却否认了接受盗窃财物的事实。由于神明裁判的方法已在1215年废除,于是法官选择召集12名陪审员来证明彼德是否有罪,但彼德却反对这样做。这些陪审员都共同指证彼德的名声很差,并且他们听说被盗窃的货物藏在彼德的仓库中。依据这一结果,彼德最终被法官裁决处死。随后,彼德的儿子对于巡回法官的裁决提出了申诉,请求国王及其咨议会重新审理案件。在接到申请后,咨议会命令审理案件的王室法官将记录带到威斯敏斯特接受审查,最终,国王及其咨议会认定"彼德是错误地不公正地被绞死的",并恢复了彼德儿子

---

[137] 参见J. H. Baker, *An Introduction to English Legal History*, Butterworth, 1990, p. 27。

[138] 依据原告的起诉,被告蓄谋将威廉灌醉,并趁其熟睡将其杀害。咨议会重新复审了整个案件,但基于一些原因,并没有召集陪审团对于"出于憎恨和恶意"(de odio et atia)的问题进行了调查,而是让起诉人和被告人准备决斗。参见R. V. Turner, *The King and His Courts: The Role of John and Henry III in the Adminstration of Justice, 1199 - 1240*, Cornell University Press, 1968, pp. 188 - 189。

[139] 当然,本案的一个特殊之处在于,案件的当事人只缴纳了很小数额的资金购买令状。对于案件之所以能够被咨议会受理,波威克(Powicke)认为,可能的解释是,咨议会希望看到正义被公平地赋予每一个人,而不论他们本人的地位与身份。F. M. Powicke, *Henry III and the Lord Edward: The Community of the Realm in the Thirteenth Century*, Vol. 1, Oxford University Press, 1947, pp. 38 - 39.

的继承权。[140]

但仅仅依靠国王个人的亲自复审，显然并不足以构成一种常规的救济机制。随着诉讼案件的增多和“王廷”内部分工的完善，到13世纪后，逐渐形成了“民事高等法庭”和“王座法庭”分担纠错的双重救济机制：由“民事高等法庭”复审地方法庭或封建法庭的判决；而对于“民事高等法庭”本身的错误判决，则交由“王座法庭”复审。[141] 当然，这并不意味着国王就彻底退出了司法错判的救济，相反，由于国王具备“最高法官”的身份，即便是经过这些法院复审的案件，依然可能寻求国王本人的救济；而至于“王座法庭”本身的错误判决，则同样依然有待于处于“议会中的国王”作出裁决。[142]

总之，以上分析表明，在中世纪的英格兰王室法院，国王“介入”司法的途径是多方面的。国王的身影，不仅出现在关系王室利益的“重大”案件之中，也频繁地出现在法律的“疑难”和“错判”案件之中。对于这些非常规的案件，作为“正义源泉”与“最高法官”的国王，享有广泛的“衡平权”与“纠错权”，从而构成了对于王室法院“管辖权”的重要补充。这种“剩余管辖权”的存在，也决定了这一时期的王室法院依然无法全然脱离国王的人身，并在很大程度上受到国王个人意志的制约。尽管12世纪以来的安茹改革已经带来了“一个近乎自主运行的司

---

[140] 实际上，咨议会裁决巡回法官判决错误的一个重要理由是“陪审团的审判没有得到彼德的同意”。在当时的语境下，由于神明裁判刚被废止不久，而咨议会发布给巡回法官的指示并没有包括陪审团审判的规则，故只有当被告人自愿地将自己提交给陪审团审判时，才能够使用这一审判方式。因此，本案还在一定程度上反映了13世纪初期审判方式转型的历史特征。参见 R. V. Turner, *The King and His Courts: The Role of John and Henry III in the Adminstration of Justice, 1199 - 1240*, Cornell University Press, 1968, p. 194。

[141] 关于普通法法院中的复审机制，参见 J. H. Baker, *An Introduction to English Legal History*, Butterworth, 2007, pp. 135 - 143。关于王座法院的上诉管辖权，可参见 W. S. Holdsworth, *A History of English Law*, Vol. I, Methuen & Co. Ltd., 1923, pp. 222 - 224。

[142] 在王座法院的纠错管辖权形成之后，国王及其咨议会依然掌握着最高的司法终审权。此外，为了解决对于财政署法院与王座法院判决的上诉，1338年还成立了财政署内室法庭（Court of Exchequer Chamber）；此后，1585年又成立了第二财政署内室法庭，专门审理来自王座法院的上诉案件。同时随着议会的兴起，议会上院也逐渐取代大咨议会成为了最高的上诉法庭。参见 W. S. Holdsworth, *A History of English Law*, Vol. I, Methuen & Co. Ltd., 1923, pp. 242 - 246, pp. 365 - 394。

法机器”,[143]但依然在一定范围内保留了国王介入的空间,并服务于王室利益的本身。英国王室司法的“常规化”与“去个人化”还远未完成。

四、“职业化”及其新问题

在王室法庭的“专业化”之后,是法官群体的“职业化”。如果说“自主运行”的法庭只是“去个人化”的起步,“职业化”的到来则使得司法治理内部“自主性”与“依附性”的矛盾更趋复杂。

这里所谓的“职业化”,首先是“专业化”的延伸,不仅是专业的法院,而且出现了专门从事司法审判的职业群体,而不再混同于一般的王室政府官员。其次,“职业”还意味着司法审判成为“一种要求深奥的专业知识的工作岗位”,而这种知识“只有通过专门的正式教育或精细的学徒制才能获得”。[144] 在许多学者看来,这种依靠专业知识武装起来的职业阶层,也构成了拒斥国王或是其他非专业人士介入司法的“天然屏障”,从而进一步强化了司法与国王人身的分离。[145] 但与此同时,这种独立化的倾向,也带来了代理人的风险,从而引起了统治者强化个人控制的努力与反弹,导致了衡平法庭与特权法庭的兴起。在17世纪之前,这两种相反的趋势基本维持了司法治理的平衡,但根本的问题远未解决。

(一)司法“职业化”的进程

这一时期的司法“职业化”首先表现在法院机构与国王咨议会的进一步分离。有如前述,与民事高等法庭在最初即被视为“自主性”机

---

[143] R. Carlyle, A. Carlyle, *A History of Medieval Political Theory in the West*, Ⅲ, Balckwood, 1962, p. 31.

[144] [美]波斯纳:《道德和法律理论的疑问》,苏力译,中国政法大学出版社2001年版,第217页。

[145] 参见陈绪纲:《法律职业与法治——以英格兰为例》,清华大学出版社2007年版;或参见何勤华、任超:《法治的追求——理念、路径和模式的比较》,北京大学出版社2005年版,第190~224页。

构不同，王座法庭的初衷恰恰是强化国王对于司法的控制，是对于“去个人化”的一种反动。正如“国王面前的法庭”（coram rege）这一名称所显示的，王座法庭从一开始就被认为当然地应有国王本人出席。但这一状况并没有持续太久。诉讼业务的增长、普通法程序的复杂化与国家治理“去个人化”，都使得国王逐渐放弃了通过“身体力行”来强化司法控制的期待。尽管在理论上，国王依然保留着“亲临王座法庭”的权力，但在实践中，15 世纪之后，国王多数时候已不再出席王座法庭的审判；[146]即便是国王出席审判，也更多只是旁听而并非直接判决。

王座法庭与咨议会的分离直到 14 世纪末才最终完成。在王座法庭成立之初，案件的审判很大程度上与咨议会的审判合一；案件在被交给王座法庭时，也意味着同时被交给咨议会。例如，1315 年的一个上诉案件，被从民事高等法庭提交到王座法庭。但现有资料表明，除王座法庭法官外，民事高等法庭的法官、财政署的男爵、大法官以及其他咨议会的成员都共同参与了审判。[147] 但到了 14 世纪末，随着议会政治的形成，咨议会逐渐开始摆脱了全能型政府的角色，更多专注于行政事务的处理；王座法庭也和咨议会在机构上彻底分离，集中于案件的审判，一个重要的标志就是王座法庭独立的诉讼档案（coram consilio）的出现。尽管在此后的数世纪，较之民事高等法庭，王座法庭依然与王室政府有着更为紧密的联系，但一般观点倾向于认为，从 15 世纪开始，王座法庭已经成为了一个单纯的普通法法庭（simply a common law court）。[148]

不仅是“机构”的分离，司法的“职业化”更多表现在“人事”的变化。首先是“专职”法官的出现。在民事高等法庭与王座法庭成立之

---

[146] 事实上，在亨利四世之后，国王逐渐不再亲自出庭审案，即使国王在座，也总是由法官作出裁决。爱德华四世在他担任国王的第二年，到王座法院听审三天，目的仅仅只是观看王座法院的案件审理形式而已。都铎王朝的国王们除了在特殊的情况下对王座法院的审判进行几次干预外，已经很少过问其司法审判工作。参见何勤华主编：《英国法律发达史》，法律出版社 1999 年版，第 466 页。

[147] W. S. Holdsworth, *A History of English Law*, Vol. I, Methuen & Co. Ltd., 1923, p. 209.

[148] Ibid., p. 211.

初,并不具有固定的专职法官;法官往往是由王室政府官员兼任的;不仅任职时间很短,也难以和一般的行政官员区别开来。[149] 这一情况在约翰王时期(1199—1216 年)开始改变,专职的法官的发展呈现上升趋势。[150] 而到了亨利三世(1216—1272 年)时期,普通法法院的法官队伍几乎全部由"专职"法官组成,一个显著的标志就是原本位列法官之首的政法官(Juscitiar)开始退出法官队伍,不再直接从事审判。在梅特兰看来,政法官这一职位的消失,事实上标志着"司法和行政职能的分立"。[151] 基于这些显著的变化,很多学者倾向于认为,到 13 世纪的末期,一个职业的法官群体已经在英格兰普通法法院形成了。[152]

在职位专门化的同时,法官的任职资格也日益"职业化"。在亨利二世与理查德一世时期(1154—1199 年),法官的任命还往往是"非专业"的。他们之所以被任命为法官,并不是因为个人的法律知识或司法经验,而更多地基于政治资历与权势背景,与一般的王室官员的任命并无多大差别。[153] 但这一情况在约翰王时期(1199—1216 年)开始发生变化。教士出身的法官往往具有欧洲大陆法学教育的背景,而世俗法官中也大多有较长时间的法官助手的经历,或是曾经担任过贵族领主

---

[149] 特纳对于12 世纪后期(亨利二世与理查德一世时期)的普通法法官的研究表明,尽管这一时期已经开始出现少数长期任职的法官,但大多数法官的任职时间依然很短。R. V. Turner, *The Enlish Judiciary In The Age of Glanvill and Bracton*, 1176 – 1239, Cambridge University Press, 1985, p. 126.

[150] 在现有资料记载的十七名出席王室法庭较多的法官中,只有三人在财政署兼职,其余十四名法官几乎全部专职从事司法审判。Ibid., pp. 126 – 137.

[151] 首席政法官这一职位的消失,发生在亨利三世统治末期。1232 年,亨利三世罢免了首席政法官赫伯特·伯格(Hubert de Burgh)的职位,后来又在法国势力的影响下,委任斯蒂芬·西格雷夫(Stephen Segrave)为首席政法官,但斯蒂芬·西格雷夫在两年后的贵族反法风潮中被罢免。此后,这一职位长期空缺,直至亨利三世统治结束前又出现一位首席政法官,但在亨利三世死前的 1268 年,首席政法官职位再度空缺,并再无人填补。参见[英]梅特兰:《英格兰宪政史》,李红海译,中国政法大学出版社 2010 年版,第 88 页。

[152] 参见程汉大、李培峰:《英国司法制度史》,清华大学 2007 年版,第 138 页;或参见陈绪纲:《法律职业与法治——以英格兰为例》,清华大学出版社 2007 年版,第 139 页。

[153] R. V. Turner, *The Enlish Judiciary In The Age of Glanvill and Bracton*, 1176 – 1239, Cambridge University Press, 1985, pp. 28 – 32.

的管家，因而具有较多的领主法院和地方公共法院的司法经验。[154] 也因此，在1215年的《大宪章》中，国王曾明确许诺，任命为法官的人应当懂得法律。[155] 到亨利三世时期(1216—1272年)，这一趋势得到强化，多数法官都或多或少具有相应的法庭任职经验。[156] 这一时期的法律教育也不再只限于担任法庭职员的实践经历和法官的口头传授；带有经验总结性的法律文集开始增多，使得法律的学习也逐渐"书面化"与"理论化"。[157] 总之，到13世纪后半期，法律知识的背景和司法实践的经历已经越来越成为确认法官任职资格的重要考虑因素。

但只是专职的法官还不够。法律职业阶层的形成，还依赖于职业律师队伍的兴起与"律师晋升法官"规则的确立。英格兰职业律师的最早出现是在13世纪后半期。尽管此前也有法庭上的辩护人或代理人，但他们往往首先是法庭的职员，只是在业余时间从事代理工作而已。[158] 到爱德华一世时期(1272—1307年)，职业律师的人数开始明显增加，其活动范围也几乎遍布了所有的法庭。与此同时，这一时期也形成了作为律师会馆(Inns of Court)前身的"法庭学徒"(apprentices of the Common Bench)的职业律师培养模式，法律学徒们出席法庭旁听，观摩法庭辩论，从中掌握辩论技巧与法律知识。[159] 此后，以中殿、内殿、

---

[154] R. V. Turner, *The Enlish Judiciary In The Age of Glanvill and Bracton*, 1176 - 1239, Cambridge University Press, 1985, pp. 154 - 157.

[155] 参见［英］霍尔特：《大宪章》，毕竞悦、李红海、苗文龙译，北京大学出版社2010年版。

[156] 在当时的十三名法官中，有六人曾在大法官庭工作过，有三人做过法庭职员，其余的人则在地方政府中担任过郡长等职务。R. V. Turner, *The Enlish Judiciary In The Age of Glanvill and Bracton*, 1176 - 1239, Cambridge University Press, 1985, pp. 205 - 220.

[157] 这一时期出现了许多带有经验总结性质的法律文集，称为人们学习法律的教科书。此外，如何起草法律文书之类的实用性手册也开始增多，并开始出现令状集与案例汇编。Ibid., pp. 226 - 239.

[158] 依据现有的资料，直到1260年左右，我们才发现了连续不断地在不同案件中充当代理人的职业人员，但这一群体的人数仍然很少(八人左右)，并且只限于民事高等法院。参见［英］布兰德：《英格兰律师职业的起源》，李红海译，北京大学出版社2009年版，第116页。

[159] 参见［英］布兰德：《英格兰律师职业的起源》，李红海译，北京大学出版社2009年版，第196～199页。

格雷和林肯为代表的四大律师会馆也在14世纪相继形成,[160]使得法律职业教育具有了类似"封建行会"的统一管理机构,也使得律师的行业准入资格被严格限定下来。因此,一般观点认为,到14世纪初,一个职业律师的群体已经出现。[161]

职业律师阶层的形成,也进一步推动了"律师晋升法官"原则的确立。一方面,在职业法律群体出现后,原本仅仅通过担任法官助手或书记员来学习法律的途径逐渐被抛弃。这种单纯的法庭资历不仅无法满足日益复杂的法律技艺的要求,也使相关人员无法在法律服务的市场上与经过系统训练的"法院学徒"相竞争。这就使得那些原本希望通过法庭职业的历练谋求法官职位的人,也逐渐进入"法庭学徒"的群体之中。当然,另一方面,更重要的是,职业的法律教育也为王室法官的选任提供了充足的人才储备。这些有志于从事法律职业的年轻人,只有在经历了多年的"法庭学徒"的训练后,才有可能被接收为正式的辩护律师(barrister),并进而成为高级辩护律师(serjeant - at - law)和御用高级律师(king' s serjeant)。[162] 因此,当国王在任命法官时,也逐渐倾向于从代表律师界最高职业水平的御用高级律师中挑选。一个显著的事实是,除了1326年成为首席法官的哈维之外,1316年之后再也没有法官助手或书记员被任命为民事高等法庭法官;1320年后,王座法庭的情形也大体如此。[163]

因此,一般观点认为,从这一时期开始,从御用高级律师中选拔王

---

[160] 律师会馆的兴起,参见 W. S. Holdsworth, *A History of English Law*, Vol. Ⅰ, Methuen & Co. Ltd. ,1923,p. 211。

[161] [英]布兰德:《英格兰律师职业的起源》,李红海译,北京大学出版社2009年版,第134~151页。

[162] 参见 W. S. Holdsworth, *A History of English Law*, Vol. Ⅰ, Methuen & Co. Ltd. , 1923,p. 213。

[163] 这一规则的确立,也与这一时期英格兰王室政府的"去宗教化"有关,原本担任王室官员和法官的教士阶层逐渐不再担任这些职务,而转而由普通人担任。参见 *Select Csese in the Court of King' s Bench*, edited for the Selden Society by G. O. Sales, Vol. 5, B. Quaritch, 1936, pp. xlvi - xlvii。

室法庭的法官，已经成为一项常规制度。[164] 对于一名王室法官来说，高级律师的经历已经成为法官职业的必经阶段；而那些离职后的法官也可能重新返回到律师界继续从事律师业务。也因此，历史上的普通法院的法官群体总是和高级律师群体以“兄弟”相称，甚至高级律师本身就是法官群体的一部分，并在事实上履行法官的职责。[165] 总之，正是律师晋升法官原则的确立，使得律师阶层与法官阶层形成了一个紧密的高度同质化的“共同体”，普通法法官的“职业化”也由此定型。

（二）强化司法“控制”的努力

但“职业化”也可能带来新问题。

事实上，从一开始，英格兰早期国家治理的“去个人化”就并非一种单线进化，它在扩张王权与维系政治运行稳定的同时，也带来了潜在的代理人风险。在中央王室法庭诞生之初，民事高等法庭与王座法庭即分别代表了国家治理的“去个人化”与国王的“个人统治”这两种相反的趋势。

只是，国王的努力似乎不大成功。在此后的两个世纪（13—14 世纪），随着法律职业阶层的兴起，不仅民事高等法庭的职业化程度不断提高，连原本用来维系直接司法控制的王座法庭，也逐渐脱离与国王“人身”和咨议会的联系，俨然成为另一个自主运行的“职业化”机构，并呈现出日益“独立化”的倾向。[166] 用梅特兰的话来说，这一时期已经出现了“司法和行政职能的分立”；“从此时起可以说就存在了一个被

---

[164] 例如，在 1315 年任命的四个御用高级律师中，赫利（William Herle）成为民事高等法院的法官（1320—1327 年）和首席法官（1327—1329 年），斯克罗普（Geoffrey Scrope）被任命为民事高等法院的法官（1323 年）和王座法院的首席法官（1324—1329 年）。又例如，奈维特（John Knyvet）在 1356—1361 年被任命为御用高级法官，随后又成为了民事高等法院的法官（1361—1365 年）和王座法院的首席法官（1365—1372 年）；而他的同事托马斯·恩格比（Thomas Ingleby）也在 1361 年成为王座法院的法官。参见 A. Musson，W. M. Ormrod，*The Evolution of English Justice*：*Law*，*Politics And Society In The Fourteenth Century*，MacMillan Press Ltd，1999，p. 33。

[165] 参见［美］波斯纳：《英国和美国的法律及理论》，郝倩译，北京大学出版社 2010 年版，第 23～24 页。

[166] W. S. Holdsworth，*A History of English Law*，Vol. I，Methuen & Co. Ltd.，1923，pp. 209－211.

期望与政治无关的法官团体:他们不仅要在普通当事人的纷争中保持司法公正,在涉及国王时也应如此"。[167]但与此同时,国王也并没有就此放弃对"个人统治"的追求。在此后的数个世纪中,王室政府也不断尝试使用新的"机构"来维系对于司法的直接支配。

首先一种新机构是咨议会。与普通法法院一样,咨议会也是这一时期王室机构"走出王廷"的产物,由王廷中的"小会议"演变而来。咨议会在13世纪初就已经出现,只是最初的成员并不固定。作为1257年贵族斗争的结果,1258年的《牛津条例》规定成立一个以大贵族为主体的15人委员会参与国事,国王必须依据委员会意见治理国家;咨议会的人员组成也日益稳定。[168]咨议会的职权是多方面的。除立法与行政之外,还享有部分司法职能,代表国王行使常规法律体系之外的"剩余司法权"。[169]因此,当出现普通法法院无法有效解决的案件和事关国王利益的重大案件时,当事人都可能转而求助于国王及其咨议会。最初,国王也总是在咨议会中亲自处理这些案件,尤其是在约翰王时期,国王更是经常性地出席咨议会进行审判。但是,随着国家治理任务的增多,国王逐渐不再亲自审理案件,而将这部分"剩余司法权"交给了咨议会代为行使。[170]

作为国王的特权机构,咨议会的审判方式较之普通法法院具有独特的优势。首先,咨议会的审判可以不受普通法的形式束缚,运用一些基于国王特权的程序。例如,咨议会可以以政策而非法律作为判决的依据;它的司法程序也更加简单灵活,采取法官纠问的方式来发现事

---

[167] [英]梅特兰:《英格兰宪政史》,李红海译,中国政法大学出版社2010年版,第88页。

[168] 阎照祥:《英国政治制度史》,人民出版社1999年版,第64页。

[169] 有如前述,在英国的传统观念中,国王被视作"正义的源泉",他发誓"以仁慈实现平等和公正的司法";如果常规程序被证明有缺陷,提供必要的救济则是王室责任的所在。参见J. H. Baker, *An Introduction to English Legal History*, Butterworth, 1990, pp. 112-113,或参见冷霞:《英国早期衡平法概论——以大法官法院为中心》,商务印书馆2010年版,第56~57页。

[170] W. S. Holdsworth, *A History of English Law*, vol. I, Methuen & Co. Ltd., 1923, p. 478.

实,而不需要陪审团的参与。与此同时,咨议会却并不满足于“剩余司法权”的行使,同时也积极寻求管辖权的扩张和对于普通法法院的干预,但这些行为也很快遭到了普通法法院与议会的抵制。[171] 此外,在14、15世纪,议会还多次通过制定法限制咨议会作为初审法院的管辖权,并抗议咨议会对于普通法法院管辖权的侵蚀。但已有的研究表明,在几乎所有的冲突中,从理查德二世到亨利六世的历届国王,都毫无例外地站在支持咨议会的立场上,[172]王权与咨议会的紧密关系也由此可见。

随着诉讼业务的增多,从咨议会中又进一步分离出了“大法官法庭”和“星宫法庭”这两个专门的法庭。

首先是14世纪末大法官法庭(Court of Chancellor)的出现。当时,大法官已经取代司库大臣成为国王的首席大臣,也自然成为了国王咨议会的召集人,并在案件的审理过程中扮演了主持人的角色。[173] 又由于这些咨议会的审判往往在大法官所在的文秘署(Chancery)进行,以至于在咨议会的内部逐渐形成了一个大法官领导的法庭。而随着咨议会受理案件的增多,与国王本人一样,咨议会的贵族们也越来越难以应付琐碎的司法事务,因而逐渐将大多数案件(尤其是那些普通法无法解决的案件)交给大法官来审理。而大法官在爱德华三世(Edward III,1327—1377年)以后不再跟随国王巡游而常驻威斯敏斯特,这就使得大法官法庭与咨议会在物理上进一步隔离。到1474年,大法官第一次

---

[171] 例如,1365年,咨议会就曾经推翻了巡回法院的判决,但民事高等法院拒绝承认这一撤销。1402年,议会也颁布了制定法,宣布咨议会无权纠正普通法法院适用法律的错误。Bryce Lyon, *A Constitutional and Legal History of Medieval England*, Norton & Company, 1980, p. 614.

[172] Joseph Parkes, *A History of the Court of Chancery*, Longman, 1828, pp. 39 – 54.

[173] 例如,“负责召集双方当事人、确定开庭日期、向诉讼人提出问题、回答异议、认可律师。即使在其他咨议会成员反对的情况下,仍能凭自己的责任讨论案件,宣布法庭的决定”。参见 W. S. Holdsworth, *A History of English Law*, Vol. I, Methuen & Co. Ltd., 1923, p. 404。

以自己的名义宣布判决，标志着大法官法院与咨议会的完全分离。[174]

从咨议会中分离出来的另一个机构是16世纪的星宫法庭（Court of Star Chamber）。尽管大法官法庭已经从咨议会中分割了很大一部分司法管辖权，但在理论上说，作为国王的特权机构，咨议会对于关系国王利益的重大案件，依然享有"最终"的管辖权。只不过，从总体上说，14、15世纪的英格兰长期处于王权衰弱和政局动乱之中，因此咨议会的司法事务也并不算太多。[175] 但这一局面在红白玫瑰战争（the Rose War，1455—1485年）结束后发生了根本的转变。随着都铎王朝（the Tudor，1485—1603年）的建立和王权的兴起，作为国王特权机构的咨议会又重新获得了重要地位，它的司法职能也开始复兴。尤其是在亨利七世（Henry VII，1485—1509年）镇压贵族反叛的过程中，咨议会更是在打击叛乱与惩罚犯罪等方面发挥了积极作用。[176] 但这也导致了咨议会司法事务的激增，使得原本已经承载繁杂行政事务的咨议会不堪重负。因此，咨议会的职能被进一步分离，出现了一个专掌司法的内部法庭和一个由国王亲信组成的专司行政的小咨议会（后来演化出枢密院）。由于这个咨议会的法庭总是在威斯敏斯特的"星宫"审理案件，因而逐渐在此基础上形成了被称为"星宫法庭"的新法院。[177]

与大法官法庭最终走向职业化不同，星宫法庭却始终作为"非职业化"的特权法院而存在，也最为典型地展现了这一时期的特权法院在王权扩张中的积极作用。在人员构成上，星宫法庭主要由大法官、掌玺大臣、财政大臣、大主教等枢密院大臣组成；尽管王座法庭和民事高等

---

[174] W. S. Holdsworth, *A History of English Law*, Vol. Ⅰ, Methuen & Co. Ltd., 1923, p. 404. 当然，关于大法官法院与咨议会正式分离的时间，在英国学界还存在许多争论，参见冷霞：《英国早期衡平法概论——以大法官法院为中心》，商务印书馆2010年版，第52～66页。

[175] 玫瑰战争（1455—1487年）的爆发，更是使得咨议会的工作几乎陷于停顿，卷宗的记录也一度中断。W. S. Holdsworth, *A History of English Law*, Vol. Ⅰ, Methuen & Co. Ltd., 1923, p. 490.

[176] 阎照祥：《英国政治制度史》，人民出版社1999年版，第133～134页。

[177] E. P. Cheyney, "The Court of Star Chamber", *The American History Review*, Vol. 18, No. 4, 1913, p. 729.

法庭的首席法官也是该法庭的当然成员，但作为法庭主持者的枢密院大臣始终在案件判决中起着决定性作用。[178] 在审判的对象和程序上，星宫法庭也与普通法法庭有着很大的不同。作为国王“剩余司法权”的体现，星宫法庭受理的案件基本上是普通法法庭没有能力审判的关系王国安宁的重大案件（叛逆罪与重罪除外）。又由于星宫法庭的权力基于国王的特权，因而案件的审判方式也更为灵活，[179]诉讼程序也更加快捷。因此，在16世纪，星宫法庭几乎被视作完美的化身，也取得了“从国王到乞丐”的大多数英格兰人的信任，成为当时最受欢迎的法院之一。[180]

当然，这一时期的特权法院远不止这些。处理民事诉讼的恳请法庭（Court of Request）、监护法庭（Court of Words）、土地没收法庭（Court of Augmentations）等财政特权法庭以及威尔士边区法庭（The Court of Wales）、北方法庭（The Court of the North）等地方特权法庭，都是都铎王朝创立的基于国王特权的司法机构，也都代表了王权对于司法的全方位控制与渗透。[181] 这些名目繁多的特权法庭的出现，以及我们之前所讨论的咨议会、大法官法庭和星宫法庭的成长，都清楚地展现了王室特权法院生长的基本逻辑，以及英格兰国王为了维系“个人统治”及其对司法的“控制”所作出的努力。当然，从制度运行的逻辑来看，这些特权法庭的出现，也同样不可避免地朝着“自主性”与“理性化”的方向缓慢演进，因而同样可能在一定程度上构成王室司法的“常规化”与

---

[178] 也因此，梅特兰将这一法院称为“供政客们推行其政策的法庭，而不是一个由法官适用法律的场所”。参见［英］梅特兰：《英格兰宪政史》，李红海译，中国政法大学出版社2010年版，第170页。

[179] 星宫法院的程序不采用普通法法院的陪审制，而使用盛行欧陆的纠问制审判方式；在诉讼过程中，质询、答辩等许多程序也都是通过口头程序完成的。星宫法院的程序，参见 E. P. Cheyney, “The Court of Star Chamber”, *The American History Review*, Vol. 18, No. 4, 1913, pp. 735 – 740。

[180] W. S. Holdsworth, *A History of English Law*, Vol. I, Methuen & Co. Ltd., 1923, p. 506.

[181] 关于这些特殊管辖权的法院概况，参见 W. S. Holdsworth, *A History of English Law*, Vol. I, Methuen & Co. Ltd., 1923, pp. 526 – 532。

“去个人化”的萌芽。至少较之国王的个人司法,这些法庭的运作仍然具有更高的“科层化”倾向。只不过,相比职业化的普通法法官,这些法庭的组成人员大多来自国王直接控制的王室官员,因此可能较之普通法法院更为直接地回应国王的意志与需求。

总之,以上的分析表明,14 世纪至 16 世纪英格兰的司法图景是复杂与多元的:在普通法法院的“专业化”与“职业化”发展的同时,国王也始终未曾放弃对于司法的直接控制;在国家建构与变革的每一个关键时刻,英格兰王室都努力试图打破职业化的“樊篱”,将司法机构作为政治治理的重要突破口。但总体说来,这两种看似相反的趋势,在 16 世纪之前仍保持了大致的平衡;尽管冲突始终存在,但由于服务于共同的政治目标,依然能够在最低限度上维系国家的稳定。更尖锐的问题的出现,是在革命与内战的 17 世纪。

第六章　法庭与革命：为独立而斗争？

17 世纪被视作欧洲历史上的“总体危机”的时代。而在英国的历史上，充斥着叛乱、流血与革命的 17 世纪，更是历史学家无法绕过的重要时刻。在激荡的政治旋涡中，原本“潜伏”的法庭与王权的矛盾被彻底激化，并不可避免地被卷入国会与国王争夺最高“主权”的“宪法冲突”之中，也使得普通法法律人的职业阶层与作为政治决断者的主权者的关系更趋复杂。

随着 14 世纪以来“职业化”的发展，法庭的运作日益常规化，并逐渐形成了追求“独立”的职业品格。① 而为了维系对于司法的控制，国王的特权法庭也日益“坐大”，并与普通法法院在管辖权方面摩擦不断。② 再后来的故事则近乎家喻户晓：在 17 世

---

① 参见[英]梅特兰：《英格兰宪政史》，李红海译，中国政法大学出版社 2010 年版，第 88 页；或参见程汉大主编：《英国法制史》，齐鲁书社 2001 年版，第 143 ~ 148 页；陈绪纲：《法律职业与法治——以英格兰为例》，清华大学出版社 2007 年版，第 227 ~ 233 页。

② W. S. Holdsworth, *A History of English Law*, Vol. I, Methuen & Co. Ltd. ,1923, pp. 526 – 532.

纪的“宪法冲突”中,中世纪的司法“独立”传统岌岌可危,以爱德华·柯克爵士(Sir Edward Coke)为代表的坚持“独立”品格的职业法律人奋起反抗,[③]并借助与议会的联盟,最终取得胜利,在1701年的《王位继承法》中初步确立“法官独立”的原则。总之,在后世的话语中,17世纪的普通法法律人成为了“自由”与“法治”的化身,与英格兰议会一起被视作反对专制王权的革命性力量,并一手缔造了英格兰版本的“司法独立”。[④]

可这是历史的真实吗?为了更深入地理解英国的法庭与法官在国家治理结构中的位置,及其与最高主权者之间的复杂关系,在本书的最后一章,我将重新审视这个有关“司法独立”的英国故事。借助一些较新的研究与材料,本章的分析将表明,仅仅是一些法官试图追求独立的“光荣”事迹,还很难证明司法独立传统在中世纪英国的存在;而用以解释这种传统的“宪政主义”与“职业主义”的进路也存在过于简单化的倾向。事实也证明了这一点。在17世纪的宪法斗争中,面对王权的压力,所谓的法律职业阶层很快分裂了,大批的法官倒向了国王的阵营;[⑤]更为语境化的分析也表明,这些职业化的法官始终受制于王室臣仆的政治角色,追求职位的晋升依然是影响政治态度的关键。

甚至不仅是利益。在一个政治分裂的时代,王室法官已被置身于政治斗争的旋涡之中,仅仅是选择支持或反对国王,都并不代表法官道

---

③ 最为著名的故事是1608年柯克法官反对詹姆斯国王审理的Prohibitions案,参见Sir Edward Coke, Reports Ⅻ, in Sheppard Steve, *The selected writings and speeches of sir Edward Coke*, Vol. Ⅰ, Liberty Fund, 2003, p. 478–481。当然,这一故事后来被证明很可能是柯克本人虚构的。Roland G Usher, *James I and Sir Edward Coke*, English Historical Review, Vol. 18, No. 72, 1903. 对故事的评论,可参见于明:《法律传统、国家形态与法理学谱系——重读柯克法官与詹姆斯国王的故事》,载《法制与社会发展》2007年第2期。

④ Lord Brooke, "Judicial Independence: Its History in England and Wales", in Cunningham ed., *Fragile Bastion: Judicial Independence in the Nineties*, Judicial Commission of New South Wales, 1997;或参见[德]茨威格特、克茨:《比较法总论》,潘汉典、米健、高鸿钧、贺卫方译,法律出版社2003年版,第291~292页;程汉大、李培峰:《英国司法制度史》,清华大学出版社2007年版,第138~154页。

⑤ 参见W. J. Jones, *Politics and the Bench: The Judges and the Origins of the English Civil Law*, George Allen & Unwin Ltd, 1971。

德或职业水准的高低,而更多的是派系斗争中的政治选择与"站队"。[⑥]在司法中立的问题上,辉格派的法官也并不比托利派更优越;在追求"独立"的背后,同样隐藏着狡诈、卑劣的权力斗争与利益角逐。最后,即便是1701年原则的确立,也并非是普通法法院的胜利;相反,这个过程本身就是以"牺牲"部分的法官独立为代价的,因而在一定程度上可以说是"反独立"的。在这一政治的决断之后,实际上是议会作为新的主权者对于法官的支配地位的确立,也意味着新的治理方式的诞生。

一、司法独立的故事

17世纪是英国历史上最重要的时期。国家分裂、内战爆发、流血弑君、共和诞生、军事独裁、王朝复辟、光荣革命与君主立宪,几乎政治史上所有的重大主题与跌宕起伏的篇章,都在这短短不到一百年的时间里集中呈现。对于内战与革命及其历史意义的讨论,也成为英格兰史学界争议不休的话题。[⑦]尤其是在辉格派史学家的努力下,17世纪

⑥ A. F. Havighurst, "The Judiciary and Politics in the Reign of Charles Ⅱ", *Law Quartely Review*, Vol. 66.

⑦ 关于17世纪革命的研究,主要的争论在早期的"托利史学"、"辉格史学"与晚近的"修正史学"(Revisionist)之间展开。在革命结束后,托利党与辉格党就革命的性质与意义发生了激烈争论,并将其作为各自政治主张的依据。最初,托利派的克拉兰敦(Clarendon)和休谟(Hume)等的观点占据了支配地位,将革命的发生视作议会中少数人不顾民族利益而争权夺利,以至于破坏了君主制的基础。但19世纪中叶以后,以麦考莱(Macaulay)、加德纳(Gardiner)等为代表的"辉格史学"又开始居于优势,他们倾向于将17世纪的革命视作一些以下议院议员为核心的爱好自由的人们为了争取自由而进行的反对专制的斗争。此后辉格史学的观点一直居于主流,直到20世纪70年代后罗塞尔(Russell)、克里斯安森(Christianson)等的"修正史学"兴起。尽管"修正史学"并没有统一的观点,但他们共同反对将革命视作"不可避免"的历史决定论,而更多地强调国王派与议会派之间的一致性和革命发生的偶然性。参见 Earl of Clarendon, *The History of the Revolution and Civil Wars in England*, Vol. I, 1958; S. R. Gardiner, *The History of England*, 1603 – 1649, Longmans, 1894; S. R. Gardiner, *History of the Great Civil War*, 1895; C. Russell eds., The Origins of the English Civil War, 1973;相关的综述,参见 R. C. Richardson, *The Debate on The English Revolution Revisited*, Routledge, 1988;或参见王觉非:《欧洲史论》,南京大学出版社1992年版,第224~239页。

的英格兰政治史被塑造成为一段议会和普通法法院联手对抗专制王权与争取“自由”的历史。[⑧] 至少,在司法史的领域,一个有关“司法独立”的故事长久以来一直被热烈地讨论着。

故事有很多讲法,但主要情节可概述如下:

最初,英格兰的王室法官只是国王的臣仆,由国王任命与支付薪金,也因此在理论上可以依据“国王个人喜好”(at king's pleaseure)而撤换。从本质上说,这些法官与其他王室官员并没有本质差别。但随着14世纪以来的司法职业化的发展,尤其是随着高度“技术化”的普通法及其会馆教育的形成,在法律职业阶层内部逐渐形成了法官应当不受干扰地公正司法的观念;法官对于国王的个人忠诚逐渐转变成了对于非个人的王权和普通法的更为客观的忠诚。[⑨] 从总体上说,这一时期的司法大致奉行“不干涉主义”,也很少有法官被国王撤职,并且出现了一些法官抵制国王干预的著名事例。[⑩] 因此,中世纪的普通法法官也被认为在事实上享有一种“相对”的独立。[⑪]

但这一平静在17世纪被打破。斯图亚特君主的绝对主义主张打破了传统的混合君主制的平衡。这不仅导致了王权与议会的激烈碰撞,也使得中世纪以来司法“相对”独立的传统面临“生死考验”。[⑫] 对

---

⑧ 参见 W. Stubbs, *The Constitutional History of England: in its Origin and Development*, Clarendon Press, 1903;或参见 S. R. Gardiner, *The History of England*, 1603 - 1649, Longmans, 1894。

⑨ Lord Brooke, "Judicial Independence: Its History in England and Wales", in Cunningham ed., *Fragile Bastion: Judicial Independence in the Nineties*, Judicial Commission of New South Wales, 1997.

⑩ 例如,据说在1405年,加斯科(Gascoigne)曾拒绝国王要求王座法庭判处大主教克罗普的要求;甚至当王子亨利(后来的亨利五世)威吓法庭时,加斯科依然能够不畏权贵将其判处监禁。T. E. T. Plucknett, *A Concise History of the Common Law*, Little, Brown, 1956, p. 241; J. H. Baker, *An Introduction to English Legal History*, Fourth edition, Oxford University Press, 2007, p. 166.

⑪ 程汉大、李培峰:《英国司法制度史》,清华大学出版社2007年版,第139~143页。

⑫ Lord Brooke, "Judicial Independence: Its History in England and Wales", in Cunningham ed., *Fragile Bastion: Judicial Independence in the Nineties*, Judicial Commission of New South Wales, 1997;程汉大、李培峰:《英国司法制度史》,清华大学出版社2007年版,第144页。

此，以爱德华·柯克为代表的普通法法官与国王的特权展开了激烈斗争，被激怒的国王最终在1616年罢免了柯克法官的职务。[13] 随后，又有多名法官被相继解职。[14] 到查理一世（Charles I，1625—1649年）后期，法官已经完全臣服于国王，堕落为王权专制的工具。[15] 但柯克等坚定的法律人并没有因此放弃。在被迫离开法院后，他们开始与议会结盟，继续与专制王权进行不懈的斗争。

这些斗争也取得了一些成果，在查理一世和查理二世（Charles II，1660—1685年）时期，都曾在一定程度上接受法官"品行良好"（during good behavior）即不得解职的原则，并事实上维持了法官职务的相对稳定。[16] 但好景不长。随着国王与议会在宗教和外交政策上的分歧日益扩大，查理二世逐渐认识到控制法官是战胜政治反对派和维护王权的一种重要手段，于是重新拾起了单凭个人好恶任免法官的老办法；[17]在他在位的最后数年中，有大批法官因政治原因被罢免。而1685年即位的詹姆斯二世（James II，1685—1688年），更是在短短四年内罢免了十

⑬ 参见C. Bowen，*The Lion and the Throne*：*The Life and Times of Sir Edward Coke*，Brown & Company Ltd.，1957；或于明：《爱德华·柯克的著述、理论及其影响——写在柯克爵士诞辰460周年》，载高鸿钧主编：《清华法治论衡》（第16辑），清华大学出版社2012年版。

⑭ 查理一世时期的首席法官克鲁（Crew）和黑斯（Heath）也分别在1626年和1634年因政治原因被免职；财政署首席男爵沃尔特（Walter）尽管未被直接免职，但事实上也在1630年被禁止出庭。W. S. Holdsworths，*A History of English Law*，Vol. V，Methuen & Co. Ltd.，1924，p. 351.

⑮ 尤其是在1638年的汉普顿案中，王座法院判决支持国王无需议会即可征收船税，更是使得法官的声誉降到了底点。Lord Brooke，"Judicial Independence：Its History in England and Wales"，in Cunningham ed.，*Fragile Bastion*：*Judicial Independence in the Nineties*，Judicial Commission of New South Wales，1997.

⑯ 1642年，长期国会召开后，查理一世曾一度被迫承认了法官"品行良好"即不得解职的原则，但查理一世的统治也在随后的内战中被推翻。1660年斯图亚特王朝复辟之初，查理二世也再次确认了法官"品行良好"不得解职的原则，并在最初的八年统治中较好地维持了法官职位的稳定。参见C. H. McIlwain，"The Tenure of English Judges"，*The American Political Science Review*，Vol. 7，No. 2，1913。

⑰ 程汉大、李培峰：《英国司法制度史》，清华大学出版社2007年版，第148页。

二名法官,[18]以至于这一时期依然留任的王室法官大多是一些善于看风使舵的投机钻营之徒,政治派性特色鲜明,道德业务水准和社会威信一落千丈,普通法法官已然蜕变为国王的附庸和走狗。[19]

面对专制王权的肆虐,那些"业务精良"、"道德高尚"的法律人重返律师界,继续与议会联手抗争。1688 年"光荣革命"的爆发,最终拯救了岌岌可危的法官独立性。尽管由于威廉三世(William III,1689—1702 年)的反对,1689 年的《权利法案》中并未对于法官任职作出规定,[20]但在法律人的不懈努力下,1701 年的《王位继承法》中明确规定:"法官只要品行端正即可一直任职;法官只有在议会两院的请求下才能罢免;法官的基本薪俸应予以保障"。[21] 这一规定被认为在事实上肯定了法官终身制的基本原则,英格兰的司法独立也由此确立。[22]

这是一段激动人心的故事。尤其在当代中国,这足以令法律人感慨不已。故事中所展现出的英国法律人的坚强品格与抗争精神,也无疑使其成为法律史上追求自由与法治的经典象征。但也正是因为意识到其中可能夹杂较多情感化的叙事,在分享这段故事的同时,我们仍有必要保持足够的谨慎。从以上的叙事中,我们不难看出,传统的解读主要来自两种进路。

首先是一种"宪政主义"的进路,认为 1701 年的原则,实际上植根

---

[18] A. F. Havighurst, James II and the Twelve Men in Scarlet, *Law Quartely Review*, Vol. 69, 1953.

[19] 程汉大、李培峰:《英国司法制度史》,清华大学出版社 2007 年版,第 149 ~ 150 页。

[20] 1688 年年底召开的"非常议会"在讨论《权利宣言》的内容时,就曾经有议员提出要写入法官终身任职的规定,并对此有了较充分的讨论,但由于威廉国王的反对,最后的《宣言》和《法案》中却并没有提及这一内容。Lord Brooke, "Judicial Independence: Its History in England and Wales", in Cunningham ed., *Fragile Bastion: Judicial Independence in the Nineties*, Judicial Commission of New South Wales, 1997;或参见[英]梅特兰:《英格兰宪政史——梅特兰专题讲义》,李红海译,中国政法大学出版社 2010 年版,第 202 页。

[21] C. H. McIlwain, "The Tenure of English Judges", *The American Political Science Review*, Vol. 7, No. 2, 1913.

[22] 当然,在此后的半个世纪,在国王逝世时,法官的任期将自动中止,而留待新国王重新任命。直到 1760 年,法官任期不因国王去世而中断的原则才最终确立。但尽管如此,多数学者还是倾向于将 1701 年视作司法独立确立的标志。参见程汉大主编:《英国法制史》,齐鲁书社 2001 年版,第 366 页。

于中世纪英格兰已隐隐出现的法官“独立”的历史传统;而这一传统又可以追溯到封建社会的“王在法下”(the king under the law)与“古代宪制”(Ancient Constitution)之中。[23] 这一时期的封建王权始终受到来自各方面的制约,难以发展成为类似于专制君主的“恣意”力量,从而维护了普通法法官的“相对”独立。这些悠久的历史传统,为1701年原则的生长埋下了“种子”,并成为17世纪的普通法法律人与专制王权不懈斗争的伟大旗帜。

其次,以上的故事还隐含了一种“职业主义”的进路。1701年的法官独立,还被认为是普通法职业阶层不断发展的结果。随着以律师会馆为核心的中世纪法律职业教育的展开,一个拥有专业技艺的“封闭”的法律职业阶层逐渐生产,并伴之以一整套以“技艺理性”(artificial reason)[24]和“普通法心智”(common law mind)[25]为核心的意识形态。这种普通法的“职业主义”倾向,构成了法律人不断追求自身“独立”的内在动因与社会基础。

但这两种进路也明显存在瑕疵。一些晚近的研究表明,仅仅是“王在法下”或“古代宪制”,可能并不能全面地概括中世纪英格兰的政治图景,而只是众多政治话语中的一个侧面,因此也很难真正构成对法律人行为选择的有效约束。而“职业主义”的解说,尽管具有一定的现实基础,但仅仅是法律职业阶层的形成或是所谓的“普通法心智”,也并非影响英格兰法律人政治立场的唯一因素,甚至可能不是最重要的因

---

[23] 关于英国“中世纪宪政主义”和“古代宪制”的学说,参见[美]麦基文:《宪政古今》,翟小波译,贵州人民出版社;J. G. A. Pocock, *The Ancient Constitution and the Feudal Law: A Study of English Historical Thought in the Seventeenth Century*, Cambridge University Press, 1987。

[24] 这一观念认为,只有拥有独特技艺理性的法官,才能作出公正的司法裁决。参见于明:《法律传统、国家形态与法理学谱系——重读柯克法官与詹姆斯国王的故事》,载《法制与社会发展》2007年第2期。

[25] 关于普通法心智,参见[英]波考克:《古代宪法与封建法:英格兰17世纪历史思想研究》,翟小波译,译林出版社2014年版,第28~38页;W. Tubbs, *The Commom Law Mind*, The Johns Hopkins University Press, 2000;李栋:《试述英格兰法律职业共同体的“普通法心智”观念》,载《华中科技大学学报》2009年第1期。

素。事实上,前述斯图亚特职业法官群体的在王权压力之下的分裂,就证实了这种担心的存在。

或许是意识到这种危险,在上述“英国故事”中,又往往强调了法律职业阶层的内部的两条“路线斗争”。在这一叙事中,面对专制王权的扩张,原本“职业化”的王室法官群体,分裂成两个对立的阵营:一方是道德与职业水准低下的“趋炎附势”的“坏法官”,另一方则是不畏强权、坚守独立的“好法官”与法律人。而1701年原则的最终确立,就很大程度上来自于这些“道德高尚”、“业务精良”的“好”法律人对于专制王权及其附庸的不懈斗争。[26]

可这里依然存在疑问。所谓“两种法律人”的解说虽然看到了法律职业阶层的分化,但却过于简单地将法律人分化的原因归结为“道德”操守或“职业”水准的高下。可只要我们更谨慎一些,就不难发现仍有许多问题值得追问:仅仅是因为选择支持国王,那些托利派的法律人就一定是“趋炎附势”的吗?反抗王权的辉格派法律人,就一定是因为“道德高尚”或“业务精良”吗?或真的是在为争取“独立”而斗争?遗憾的是,对这些问题,传统的故事都缺乏深入的分析,而代之以简单的“道德主义”进路,或是另一种“改头换面”的“职业主义”。

最后,我们还应重新思考,这里是否真的存在一个为“独立”而斗争的故事?1701年后的法官获得了独立,可这仅仅是对于议会任命的新法官而言的,而之前国王任命的法官却以革命的名义被免职。追求独立的过程恰恰是“反独立”的,以牺牲另一批法官的独立为代价。可在一个政治分裂的时代,选择支持或反对国王,是否真的构成判断法官道德高下的标准?辉格派的法官就一定比托利派法官有更高的职业品格吗?如果真是法官独立,又凭什么以政治立场的选择决定法官的去留呢?而在这一决断的背后,又是否存在另一种形式的政治干预?

---

[26] Lord Brooke, “Judicial Independence: Its History in England and Wales”, in Cunningham ed., *Fragile Bastion: Judicial Independence in the Nineties*, Judicial Commission of New South Wales, 1997;程汉大、李培峰:《英国司法制度史》,清华大学出版社2007年版,第139~143页。

这并不是质疑司法独立的理想，本文同样坚持这一信念。但我们不能因为追求理想，就把追求的过程也理想化了，甚至“美化”或“神话”追求的历史。在接下来的部分，我将从对于历史材料的解读出发，重新展现与理解近代早期英格兰政治图景的复杂性。我的分析将表明，对于17世纪的英国故事，传统的“古代宪制”与“职业主义”进路，都难以给出令人信服的解说；1701年原则的确立，既非古代传统的单线进化，也并非法律人不懈斗争的必然结果；在职业化法律人的内部，同样充满了利益的冲突与权力的角逐。而所谓“司法独立”的确立，背后的推动力依然是政治的，是主权者革命与国家治理转型的副产品。

二、两种“传统”的质疑

在对于17世纪的司法史展开分析之前，本文首先尝试对传统解读的两种进路作一简要分析。这些分析将表明，“宪政主义”与“职业主义”的两种解读，尽管具有相关史料的支撑，但本身的论证都存在明显的疑问与漏洞。无论是“古代宪制”还是“法律职业”，这些来自于中世纪历史传统的影响，都只能在边际意义上影响法律人的行为选择，更无法构成1701年原则确立的决定性力量。

（一）“古代宪制”的传统？

在回溯制度起源的过程中，人们总是倾向于为那些“伟大”的制度寻找一个“光荣”的起源，或者说寻找一个“好出身”。[27] 对于英国的“司法独立”也同样如此。在传统的解说中，英国的司法独立，绝非1701年的法官任职原则那样简单，更不是在17世纪的革命斗争中“一蹴而就”；相反，它同样拥有一个历史“悠久”的传统。这个传统又是与

---

[27] 正如有学者指出的，近代以来，由于对人类理性的过分崇拜，我们已习惯于将某个后人认为良好的制度视为一种正当理性的逻辑展开，视为个别或少数精英清醒意识和追求的产物；考察一个成功制度时，习惯于从善良愿望出发考察它的纯洁、崇高的起源。就好像钱钟书批评的那样，“暴发户造家谱”或是“封建皇朝的大官僚诰赠三代祖宗”。苏力：《制度是如何形成的》，北京大学出版社2007年版，第54～55页。

一连串的伟大名字联系在一起的。[28]

依据学者们的探寻，普通法法官不畏王权、捍卫独立的故事，早在13世纪就出现了。当时的巡回法官对咨议会推翻一项判决不满，他们联名上书抗议，认为既然咨议会（当时亨利三世年幼）授权法官审判是"为了国王和王国的安宁"，就应当"为所有人伸张正义，对富人和穷人一视同仁，绝不考虑个人利益"。[29] 又例如，据说在1405年，加斯科（Gascoigne）曾明确拒绝国王要求王座法庭判处大主教克罗普的要求，甚至当王子亨利（后来的亨利五世）威吓法庭时，加斯科依然能够不畏权贵将其判处监禁。[30]

即便是在绝对主义王权的都铎时代，也同样不乏与国王抗争的法官。1485年，在王朝建立之初，当亨利七世就一桩叛逆罪案件询问法庭意见时，首席法官休斯（Huse CJ）即断然回绝，认为"该案件应当在王座法庭审理；法官将依据自己的权力做他们应当做的事"。[31] 1550年，面对枢密院强行中止诉讼的要求，莱斯特（Lyster）、布罗姆利（Bromley）和波特曼（Portman）法官严厉提出抗议，认为这种做法将"有违他们当初作出的遵循正当程序的誓言"。[32] 而当玛丽女王在1557年暗示法官作出反对尼古拉斯（Nicholas）的判决时，他们也曾"因为女

---

[28] 对于这一传统的回顾，可参见 T. E. T. Plucknett, *A Concise History of the Common Law*, Little, Brown, 1956, pp. 240 – 243；J. H. Baker, *An Introduction to English Legal History*, Fourth edition, Oxford University Press, 2007, pp. 166 – 167；Lord Brooke, "Judicial Independence: Its History in England and Wales", in Cunningham ed., *Fragile Bastion: Judicial Independence in the Nineties*, Judicial Commission of New South Wales, 1997。

[29] 参见 R. V. Turner, *The Enlish Judiciary In The Age of Glanvill and Bracton*, 1176 – 1239, Cambridge University Press, 1985, p. 276。

[30] 这个故事的真实性不明，但在16世纪广为流传。参见 T. E. T. Plucknett, *A Concise History of the Common Law*, Little, Brown, 1956, p. 241。J. H. Baker, *An Introduction to English Legal History*, Fourth edition, Oxford University Press, 2007, p. 166。

[31] J. H. Baker, *An Introduction to English Legal History*, Fourth edition, Oxford University Press, 2007, p. 167.

[32] W. S. Holdsworths, *A History of English Law*, Vol. V, Methuen & Co. Ltd., 1924, p. 348.

王的命令有违法律”而拒绝。[33] 总之，这一时期，“法官不畏权势，坚持自己有独立解释、适用法律之权利的事例不胜枚举”。[34]

其次，不仅是个别的事迹，法官的职位也似乎呈现出逐渐稳定的趋势。从理论上说，作为国王臣仆的王室法官，与其他政府官员一样，任免完全取决于“国王的喜好”（at the King's pleasure），因此，在最初的13、14世纪，法官因政治原因被罢免甚至危及人身的例子也屡见不鲜。例如，普拉克内特在论及14世纪的司法时，就曾提到了1340年的“长刀之夜”和1386年的冲突。前者因爱德华三世不满王室司法的背叛而将首席法官斯托纳（stoner）和三名普通法官任意革职；而后者更是因为王室法院反对理查德二世成立的特别委员会，导致了王座首席法官被绞死而其余法官被流放的结果。[35] 但就像布鲁克勋爵指出的，“在此之后，司法在很长一段时间内十分平静”。[36]

或许是吸取了之前的教训，从15世纪开始，王室法官开始从政治斗争中退却，即便在长达三十余年的红白玫瑰战争中，以利特尔顿为代表的法官也大都保持了中立，并拒绝就约克家族与兰开斯特家族的王位继承权发表意见，从而使得法官的职位得以在动荡的政局中维持稳定。[37] 这一趋势在16世纪表现得更加明显。“随着司法专业化和技术化程度的提高，法律和政治的距离进一步拉大，加之该时期是司法界和政界关系相对平稳的时期，法官的独立性有所增长。”[38]在整个都铎时期，除玛丽女王曾罢免试图阻止女王继位和坚持清教信仰的三名法官

---

[33] J. H. Becker, *The Oxford History of the Laws of England*, Vol. 6, Oxford University Press 2003, p. 419.

[34] 程汉大、李培峰：《英国司法制度史》，清华大学出版社2007年版，第144页。

[35] 1340年被免职的其余三名法官分别为Shardelow、Sharshull、Willoughby；1386年被流放的法官分别为民事高等法院首席法官Belknap、普通法官Fulthrop、Holt、Burgh。参见T. E. T. Plucknett, *A Concise History of the Common Law*, Little, Brown, 1956, pp. 240－241。

[36] Lord Brooke, "Judicial Independence: Its History in England and Wales", in Cunningham ed., *Fragile Bastion: Judicial Independence in the Nineties*, Judicial Commission of New South Wales, 1997.

[37] 参见T. E. T. Plucknett, *A Concise History of the Common Law*, Little, Brown, 1956, pp. 241－242。

[38] 程汉大、李培峰：《英国司法制度史》，清华大学出版社2007年版，第143～144页。

之外，法官的职位几乎不曾受到政治斗争的影响。即便在1558年伊丽莎白继位重新恢复国教统治时，许多坚定的天主教法官依然得以连任。[39]

基于以上事实，许多学者倾向于认为，在17世纪之前的英格兰，存在一个追求司法独立的传统；至少到都铎时代，法官的职位取得了“事实上”的独立地位。[40] 但注意，这只是“事实上”。因为从理论上说，国王依然是国家权力的最终所有者，是“司法的源泉”，而王室法官也依然是国王的臣仆，可能因为“国王的喜好”而被罢免；[41]此外，法官的薪俸也取决于国王的慷慨，既不丰厚，也毫无法律保障。因此，对于此时的王室法官来说，“大棒”（免职威胁）与“胡萝卜”（晋升或加薪）的外在制约是同时存在的。可这显然不符合那个要求法官职务和职薪都必须稳定的“法官独立”的经典定义。所谓中世纪或近代早期的“司法独立”的命题显然存在理论上的“瑕疵”。

当然，也有学者试图对其进行修补。一种典型的说法是，将中世纪英格兰的司法独立视作一种“相对”独立。依据这一理论，尽管存在法官追求独立的事例，但却只是“零散的个别现象”；由于法官任职保障的缺乏，这一时期的司法独立只能是一种“相对”的独立，“在封建君主制时代的英国，法官作为王座下的雄狮（培根语），实现完全独立的历史条件尚不具备”。[42] 也正是这一“相对”独立传统的存在，为1701年原则的最终确立奠定了基础，埋下了革命的“种子”，并且在17世纪的

---

[39] 玛丽时期被罢免的三名法官分别为Cholmeley、Montague和Hale。参见T. E. T. Plucknett, *A Concise History of the Common Law*, Little, Brown, 1956, p. 242。

[40] 参见J. H. Becker, *The Oxford History of the Laws of England*, Vol. 6, Oxford University Press 2003, p. 68；或参见Lord Brooke, "Judicial Independence: Its History in England and Wales", in Cunningham ed., *Fragile Bastion: Judicial Independence in the Nineties*, Judicial Commission of New South Wales, 1997。

[41] C. H. McIlwain, The Tenure of English Judges, *The American Political Science Review*, Vol. 7, No. 2, 1913.

[42] 程汉大、李培峰：《英国司法制度史》，清华大学出版社2007年版，第142页。

宪政冲突中，成为鼓舞法律人“为独立而斗争”的光辉旗帜。[43] 在这个意义上，这些斗争的本身，也就并非法律人的“反叛”，或是对权力的追逐，而更多是为了恢复原本属于他们的权利与光荣。

与此同时，英国法官的这种“相对”独立地位的形成又并非偶然，而实际上可以追溯至更为悠久的“古代宪制”(Ancient Constitution)的传统。这一观点认为，英格兰的司法独立，早在盎格鲁－撒克逊的时代就埋下“种子”，在那里，英国国王从一开始就受到古代习惯法的限制，与他的人民一样服从法律。诺曼征服后，封建制度的确立又带来了以权利与义务相互性为特征的“契约社会”，从而催生了“法律至上”(the supremacy of the law)和“王在法下”(the king under the law)的观念；[44] 又由于维持契约关系的手段往往依靠司法，也因此“司法成为了政治权力的核心形态”，[45]“司法至上”的原则也得以生长。[46] 而1215年的《大宪章》，更是将“王在法下”的封建原则以成文法的形式固定下来，并形成了一个被称为“古代宪制”的悠久传统。[47] 总之，在“宪政主义”的话语中，英格兰的司法独立与古老的法治传统一脉相承；对于法治的维系和国王权力的约束，无不要求普通法法官能够坚守独立的品格，并

---

[43] 在这一语境中，专制王权的扩张，实际上意味着中世纪以来“相对独立”传统面临“生死存亡的严峻考验”，而最终光荣革命胜利的意义即在于“成功拯救了岌岌可危的法官独立性”。参见程汉大、李培峰：《英国司法制度史》，清华大学出版社2007年版，第144～150页。或参见 Lord Brooke, “Judicial Independence: Its History in England and Wales”, in Cunningham ed., *Fragile Bastion: Judicial Independence in the Nineties*, Judicial Commission of New South Wales, 1997。

[44] 尽管马考莱等辉格史学家将1066年的诺曼征服看作英格兰古老自由的丧失，但更多的学者还是倾向于认为，诺曼建立起的封建主义政体并没有导致所谓的“诺曼枷锁”，相反，正是在领主与封臣的“封建契约”关系中，自由与法治的传统寻找到了新的生长点。参见钱乘旦、陈晓律：《在传统与变革之间——英国文化模式溯源》，浙江人民出版社1991年版，第30～31页。关于封建主义对于法治传统的影响，还可以参见［美］庞德：《普通法的精神》，唐前宏、高雪原、廖湘文译，法律出版社2010年版。

[45] ［美］安德森：《从古代到封建主义的过渡》，郭方、刘健译，上海人民出版社2001年版，第156页。

[46] 魏建国：《多维视野下：英国法治秩序生成的深层解读》，黑龙江大学出版社2009年版，第11页。

[47] 参见 J. G. A. Pocock, *The Ancient Constitution and the Feudal Law: A Study of English Historical Thought in the Seventeenth Century*, Cambridge University Press, 1987。

且能在关键的时刻挺身而出,捍卫"古代宪制"的传统及其所保守的自由价值。

这一进路在西方历史话语中被广泛接受。从19世纪的辉格史学,到后来的梅特兰(F. Maitland)、加德纳(S. Gardiner)、庞德(R. Pound)等法律史家,再到晚近的哈耶克(F. Hayek),都或多或少都受到这种宪政主义解说的影响。[48] 但挑战也随之而来。不少学者开始质疑"辉格史学"对于日耳曼传统社会的描绘,认为这种以近代政治图景去裁量古代政治的做法带有明显的主观臆断的特征。[49] 至于将"自由"和"法治"的传统视作所谓"封建契约"的产物,尽管在很大程度上描绘了封建制度的法理结构,但也并非毫无疑义的。布洛赫(M. Bloch)等的封建史研究表明,在封建治理结构中,国王与封臣的关系从来是不对等的,国王不仅享有人身的不可侵犯,也免去了"效忠礼"的义务;尽管从理论上说,重大决策应由国王和咨议会商议作出,但这并不意味着国王就必须"真的"这样做,因为"这一规则如何严格实施,则取决于力量的对比"。[50]

本章的研究无意探寻"王在法下"或"古代宪制"的真伪。对于遥远的古代,理想与现实、观念与实践的反差本来就是常态,即便是对于同一事实,观察的角度不同,结论也各不相同。提出这个问题只是表明,"宪政主义"进路给出的解说,本身就是一种并不确实的假说,依然

---

[48] 参见 W. Stubbs, *The Constitutional History of England: in its Origin and Development*, Clarendon Press, 1903;[英]梅特兰:《英格兰宪政史——梅特兰专题讲义》,李红海译,中国政法大学出版社2010年版;S. R. Gardiner, *The History of England, 1603 - 1649*, London, 1893;[美]庞德:《普通法的精神》,唐前宏、高雪原、廖湘文译,法律出版社2010年版;[美]哈耶克:《自由秩序原理》,邓正来译,三联书店1997年版。

[49] 后世的研究表明,盎格鲁-撒克逊的政府形式更多是一种"独断王权",而很难被视作自由的起源。参见屈维廉:《英国简史》,转引自钱乘旦、陈晓律:《在传统与变革之间——英国文化模式溯源》,浙江人民出版社1991年版,第32页。

[50] [法]布洛赫:《封建社会》(下卷),李增洪、侯树栋、张绪山译,商务印书馆2007年版,第655页。国内的许多学者也认为,"法律对王的限制也只是一种习惯,国王经常可以逾越它。王受不受法律的限制,经常是一个力量对比的问题"。马克垚:《英国封建社会研究》,北京大学出版社2005年版,第74页。或参见孟广林:《英国封建王权论稿——从诺曼征服到大宪章》,人民出版社2002年版,第19~21页。

存在较多疑问和争论，因此也很难被视作形塑中世纪司法独立传统的理论基础。[51] 即便是存在一些追求“独立”的事迹，也无法等同于中世纪的多数法官都具有这种独立的品格，更不用说这些现象是否与某个传统之间存在必然的因果联系。[52] 而实际上，本书之前对于司法个案的研究也表明，在涉及王权的重大问题上，作为王室臣仆的法官总是倾向于偏袒王室的利益；即便在个别案件中作出了似乎不利于国王的判决（想想之前提到的“牛津伯爵案”），[53]也可能并非基于崇高的法治理念，而实际上有着更深层次的政治利益的考量。而本文之后的分析也将表明，当王室法官面对真实世界的政治冲突时，所谓古代传统的约束将更加脆弱不堪。

（二）“职业主义”的传统？

另一种可能更实际的解说是职业主义的。在这一观点看来，中世纪英格兰的司法之所以能够取得相当程度的独立，更重要的原因来自于 13 世纪以来的司法职业阶层的兴起和“职业化”法官群体的形成。

中世纪英格兰的王室法庭，最初只是为了应付国王“人身”治理的不足而产生的司法治理机构；但随着国家治理的“去个人化”，这些法庭在 13 世纪后期逐渐发展成为专业化的机构，并呈现出“职业化”的趋势。尤其是随着专职法官与律师职业的兴起和“律师晋升法官”原则的确立，更是形成了一个严格准入的法律职业阶层和“职业化”的法

---

[51] 对于中世纪英国的“王在法下”和宪政传统，最新的中文研究与反思，参见孟广林：《王在法下的浪漫想象：中世纪英国法治传统的再认识》，载《中国社会科学》2014 年第 4 期。

[52] 如果仅仅是存在追求独立的话语表达，或是一些追求独立的事例，就可以被视作司法独立的起源，或一种相对独立，那么人类不同文明的早期历史中，尤其是古代中国，法官反抗强权、坚持自主审判的故事恐怕不会少于中世纪的英国。参见李克非、杨军：《中国古代公正执法真人真事集》，中国政法大学出版社 2002 年版；或参见卢建荣：《铁面急先锋——中国古代法官的血泪抗争》，中国政法大学出版社 2012 年版。

[53] 关于“牛津伯爵案”，参见本章第 5 章第 2 节，或 R. V. Turner, *The King and His Courts: The Role of John and Henry III in the Adminstration of Justice*, 1199 – 1240, Ithaca, Cornell University Press, 1968, pp. 141 – 142。

官群体。[54] 在许多学者看来，正是这种“职业化法官”的出现，使得中世纪的“司法独立”具有了现实的物质基础。“职业性质和切身利益决定了他们本能地利用手中控制的专职法庭努力追求司法独立，因为司法越独立，法律的权威和作用就越大，他们的社会政治地位就越高。”[55]

从社会科学的视角进入，“职业主义”的解说似乎比“宪政主义”的解说显得更坚实有力，至少看上去更“科学”。但问题是，“职业化”与“法官独立”这两者之间是否真的存在一种必然的联系呢？为什么职业化的法官就必定追求“独立”？这里面仅仅是因为“越独立”，“法律权威就越大，或法官政治地位就越高”吗？要回答这些问题，首先需要理解中世纪的司法“职业化”是如何发生的，及其带来了怎样的后果。鉴于之前对基本史实已作了必要的交代，[56]本章的分析，我将主要围绕法律职业的社会学理论展开。

对于法律职业的形成与特征，理查德·波斯纳（Richard Posner）曾有过很好的研究。在他看来，所谓“职业”，意味着一种要求深奥的专业知识的工作岗位；这种知识只有通过专门的正式教育或精细的学徒制才能获得。[57] 因此，各种职业总是要设置严格的行业准入，组成类似于手工行业卡特尔的组织，抗击内部的竞争和新人的进入，以达到职业利润的最大化。[58] 也因此，在中世纪英格兰法律史上，我们看到了以四

---

[54] 关于这一过程的概述，参见第5章第4节。或参见 R. V. Turner, *The Enlish Judiciary In The Age of Glanvill and Bracton*, 1176－1239, Cambridge University Press, 1985；［英］布兰德：《英格兰律师职业的起源》，李红海译，北京大学出版社2009年版；W. S. Holdsworth, *A History of English Law*, Vol. I, Methuen & Co. Ltd. ,1923。

[55] 参见程汉大：《论中世纪英国司法的相对独立性》，载《山东师范大学学报》2001年第6期。茨威格特也曾指出，“英国的法律家阶层已经形成了严密的组织结构、较强的职业内聚力，他们致力于维护普通法，为了原则，也为了利益”；“在同专制王权的斗争中，普通法成为议会手中的强大武器，因为普通法在长期的历史发展中，形成了某种韧性，它的繁琐的和形式主义技术，使得它能够顽强地抵制来自上级的进攻”。［德］茨威格特、克茨：《比较法总论》，潘汉典、米健、高鸿钧、贺卫方译，法律出版社2003年版，第291页。

[56] 关于英国法律职业的发展，参见本文第4章第4部分。

[57] ［美］波斯纳：《道德和法律理论的疑问》，苏力译，中国政法大学出版社2001年版，第217页。

[58] 对此，可以参见波斯纳对于12世纪法国盖尔蒙公爵领地的亚麻编织行会的分析。［美］波斯纳：《超越法律》，苏力译，中国政法大学出版社2001年版，第46～51页。

大律师会馆为中心的法律职业阶层的形成。与同一时期的手工业卡特尔一样，这一法律职业的卡特尔同样设置了严格的准入机制、限制内部竞争与复杂的学徒制教育。[59] 而推动职业形成的根本驱动力同样来自于对垄断利润的追求，只不过，法律职业的利润既包括经济收益，也包括政治社会地位带来的隐性收益。在这个意义上，波斯纳一言以蔽之，"法律职业的历史就是这一职业努力保证自己财政权力和社会地位的权力显赫的历史"。[60]

职业化的进程，不仅带来了垄断，也带来了新的知识、话语与"意识形态"。出于对高额利润的追求，职业主义总是强调本行业知识的神秘，以防止外来的监督和便利对客户的盘剥，甚至并不一定需要"真的有"，而只要让人们相信他们拥有这种知识就够了。而为了维持这种确信，还有必要通过各种技巧来保持神秘。[61] 与此同时，为了掩盖自己受金钱驱使的程度，职业主义者总是标榜自己很少利己专门利人，宣称他们之所以从事这一职业，是为了追求一种天职，或是满足为人民服务的欲望。[62] 总之，职业化的过程本质就是一个创造"神秘"的过程；而正是通过这种"神秘化"知识和"魅力型"人格的塑造，这一职业获得了

---

[59] 律师会馆的实践与教学是纯经验式的，法律思想总是从个别到个别，而绝不会试图从个别案件中归纳出一般原则，再从这些原则中推导出个别案件的判决。在这种情况下，不可能产生合理的法学教育与法学理论。因为当时法律实务者特别是出庭律师控制着法律教育并对律师的接收实行行会式的垄断，经济方面的因素即对于收费的关心变得十分重要，对传统法律程序的任何攻击都构成对实务者物质利益的威胁。参见[德]茨威格特、克茨：《比较法总论》，潘汉典、米健、高鸿钧、贺卫方译，法律出版社2003年版，第289页；或参见[德]韦伯：《法律社会学》，康乐、简惠美译，广西师范大学出版社2005年版，第184～188页。

[60] [美]波斯纳：《超越法律》，苏力译，中国政法大学出版社2001年版，第39页。

[61] 例如，通过风格含混难懂的话语（使人无法了解推理过程），培养有魅力的人格（给人留下有深厚知识技术的印象和拥有独一无二的称职），保持工作流程不被分解（防止被外行一眼看穿），以及避免将职业知识系统化（因为留在脑袋里的知识总是垄断的）。参见[美]波斯纳：《道德和法律理论的疑问》，苏力译，中国政法大学出版社2001年版，第217～220页。

[62] 同上注，第219页。例如，最典型的两个例子，医生总是宣扬自己是"救死扶伤"和"悬壶济世"，而律师特别喜欢展示自己的"公正无私"或是标榜自己是"正义的使者"。

“独立于政治控制和市场控制的正当理由”。[63]

英格兰法律职业的构建即很好地说明了这一点。普通法职业阶层的诞生很大程度上就是从法律知识与技术的复杂化开始的。普通法以程序为中心的生长形式，使得法律的技术从一开始就是围绕着各种令状、诉请、答辩所展开的，因此，法律的知识不仅烦琐复杂，而且只能通过会馆的学徒制教育习得。[64] 同时为了维持这种知识的神秘性，在数个世纪的时间里，普通法法律人不遗余力地发展出一套艰涩的术语和拒绝体系化的凌乱知识。[65] 更重要的是，普通法法律人还极力营造出一套以“古代宪制”（Ancient Constitution）和“普通法心智”（Common Law Mind）为核心的意识形态。[66] 在他们看来，普通法是“超出记忆的”（Immemorial），蕴藏在诺曼征服之前的习惯之中，也因此构成了英国人的古老自由的守护者；同时普通法又是“没有作者”的，并非任何

---

[63] ［美］波斯纳：《超越法律》，苏力译，中国政法大学出版社2001年版，第39页。

[64] 与近代罗马法学以立法的问题为中心不同，英格兰的法学是通过一个个具体案件的解决与无数细小的司法经验累积而成的，是一种“以司法为中心”的“经验型”知识体系，因此，其本身很少关注法学知识的体系化，也难以为严密的逻辑体系所涵盖。从知识社会学的视角来看，普通法的知识更多的是一种“实践理性”而非“自然理性”；它“往往散落在针对具体问题的司法意见和学术议论中”，而很难获得体系化的表达。参见［美］斯托纳：《普通法与自由主义理论》，姚中秋译，北京大学出版社2005年版，第184页；或苏力：《什么是法理学》，载氏著：《波斯纳及其他》，法律出版社2004年版，第21页。

[65] 这一点，只要想一想当时的学者对于普通法模糊晦涩的抱怨，以及柯克等普通法法学家对于罗马法学的体系化的强烈抵制，就不难理解。这一问题的讨论，参见Richard Helgerson，“Writing the Law”，in *Law，Liberty，and Parliament，Selected essays on the writings of Sir Edward Coke*，edited by Allen D. Boyer，Liberty Fund，2004. p. 65；或参见于明：《爱德华·柯克与英国法学近代化》，载《环球法律评论》2009年第2期。

[66] “古代宪制”与“普通法心智”的观念都来源于波考克的《古代宪制与封建法》一书。这一观念来源于14世纪以来的福蒂斯丘、利特尔顿、圣·日耳曼、波洛登、戴维斯、柯克等普通法法律家，其认为普通法及英格兰宪制的权威来源于古老的习惯，是生活其中的无数代人的智慧积累，并在王国内具有至上性。参见J. G. A. Pocock，*The Ancient Constitution and the Feudal Law：A Study of English Historical Thought in the Seventeenth Century*，Cambridge University Press，1987，pp. 31－54；或参见李栋：《试述英格兰法律职业共同体的“普通法心智”观念》，载《华中科技大学学报》2009年第1期。

个人意志的产物。[67] 由于这种知识的无法言说，又只能通过法律人长期实践的"技艺理性"才能获得，也因此，包括国王在内的任何基于个人意志或自然理性的对于司法的干预，都是对于这一"神秘"知识和职业领域的"僭越"，理应为普通法法律人所抵制。

这的确是一种有说服力的解说。它向我们展示了普通法的复杂技艺对于职业化形成的关键性影响，也揭示了在"司法职业化"与"司法独立"的追求之间合乎逻辑的因果联系。在这个意义上，我们有理由将中世纪英格兰司法的独立传统，视作法律职业阶层兴起的结果或"副产品"。但这只是问题的一方面，我的疑惑并没有消除。因为这里的分析在展现职业主义可能带来的意想不到的好处的同时，也揭穿了披在它身上的神秘外衣。我们看到，在纷繁复杂的法律知识与捍卫自由的话语之下，职业主义的驱动力可能依然来自于对利润的追逐。[68] 而如此一来，在"职业化"与"法官独立"之间所建立起来的那个因果联系也就变得不再可靠。因为这意味着，一旦"放弃"独立可能带来更大利益的话，普通法法律人是否依然会坚守这套话语就变得值得怀疑。尽管从长远来说，坚守职业主义的立场，可能在总体上收益更大，但作为法官的个体选择却可能各不相同。不同的外部和内部的约束条件，完全可能导致法官的立场选择的摇摆与转身。

在这个意义上，职业主义也就并非最"根本"的解释。在职业化的背后，利益的解说可能更为贴近本源；或者说，职业主义本身就是职业利益构建起的一套精致话语。因此，在表面的独立传统的背后，除了职业主义的考量外，更为深层的决定因素依然来自于国王与法律人的利益博弈。在法官表面地抵制国王的背后，同样可能隐藏着精巧的或长远的利益策

---

[67] 参见 J. G. A. Pocock, *The Ancient Constitution and the Feudal Law: A Study of English Historical Thought in the Seventeenth Century*, Cambridge University Press, 1987, pp. 35 – 28；或参见［美］斯托纳：《普通法与自由主义理论——柯克、霍布斯及美国宪政主义之诸源头》，姚中秋译，北京大学出版社 2005 年版，第 36 ~ 40 页。

[68] ［美］波斯纳：《超越法律》，苏力译，中国政法大学出版社 2001 年版，第 39 ~ 40 页；［美］波斯纳：《道德和法律理论的疑问》，苏力译，中国政法大学出版社 2001 年版，217 ~ 220 页。

略的选择;而法官之所以能够在事实上获得相对稳固的职位,也可能更多基于国王与法律人在重大政治问题上的一致性,以至于国王根本不需要通过强行罢免法官(这样同样可能减损国王的利益)的激烈手段来获得司法的支持。[69] 总之,无论是法官对国王的顺从或反抗,还是国王是否选择强行解除法官职务,都可能并非仅仅基于某种"理念",或是仅仅因为法官的"职业化";更为根本的决定因素,或许依然来自于具体语境中的政治力量的对比,来自于现实政治利益和职业利益的考量。

但这只是也许。要证实这些假定,还需要更精细的论证。实际上,本书之前对于12、13世纪的个案考察,已经在很大程度上展示了王权与法官在司法问题上的"实用主义"态度。王室法院在大多数常规案件上的自主运行,并不妨碍国王对于涉及王室利益的重大案件的直接干预,甚至即便是法官在个别案件中看似有悖王权的判决,依然可能包含了更为长远的政治利益的考量。[70] 如果说,这些讨论还只限于对前职业化司法的考察的话,在接下来的部分,我将把目光进一步转向职业化之后的17世纪。我的分析将表明,即便在这一时期的司法,决定国王与法官合作或对抗的关键因素,依然在很大程度上来自于后果的利益计算与战略选择。尤其是在内战与革命的旋涡中,在政治共识破碎和利益分裂的危局中,普通法法律人的分裂同样不可避免,而所谓的司法独立的传统更是脆弱不堪。

---

[69] 有研究表明,在都铎王朝时期,由于在宗教改革等重大政治问题上的利益一致性,国王与普通法法院之间保持了很长一段时期的"蜜月期"。在当时,进行宗教改革,挑战罗马教廷的权威,是英国国王和议会所代表的各世俗阶层的共同利益所在,为了实现这一目标,国王对议会、普通法法院作出了相应的妥协和退让,后者也全力配合国王的要求,从而实现了很长时间内的国王与议会、普通法法院的关系缓和,甚至密切合作。例如,亨利八世曾将原本属于大法官法院的利润丰厚的用益制管辖权转移给了普通法法院。同时这也在一定程度上解释了都铎时期法官职位相对稳定的原因。参见冷霞:《英国早期衡平法概论——以大法官法院为中心》,商务印书馆2010年版,第443~446页。

[70] 例如,前述"牛津伯爵案",参见第5章第2节,或参见 R. V. Turner, *The King and His Courts: The Role of John and Henry III in the Adminstration of Justice*, 1199－1240, Cornell University Press, 1968, pp. 141－142; F. M. Powicke, *Henry III and the Lord Edward: The Community of the Realm in the Thirteenth Century*, Vol. 1, Oxford University Press, 1947, pp. 153－154。

三、内战前夕的法官：职业进路的反思

依据传统叙事，1701 年法官终身制的确立，直接来源于 17 世纪争取独立与自由的斗争。面对斯图亚特王权的扩张，英格兰的古代自由与宪政传统受到前所未有的挑战，而相对独立的司法传统也遭遇了“生死存亡的严峻考验”。[71] 在这一危急关头，以爱德华·柯克为代表的普通法法律人奋起反抗，并与议会结成抵制专制王权的联盟，[72]在经历了近一个世纪的斗争后，最终赢得胜利，司法独立的原则也由此确立。[73] 总之，在传统观念中，我们看到的是一幅泾渭分明的革命图景，革命的一方是主张绝对主义统治的斯图亚特王权，而另一方则是携手并肩“为法治而战”的普通法法院和英格兰议会的坚固联盟。

但这一图景的真实性也令人怀疑。这种怀疑，不仅来自于阅读的深入和事实复杂性的呈现，也来自于对职业主义进路的质疑。一方面，已有的研究表明，面对激烈的宪法斗争与革命洪流，普通法法律人的内部并非同仇敌忾，而实际上存在着严重的分裂。[74] 而另一方面，之前对于职业主义的分析也表明，这种依靠“职业”或“身份”来划分革命阵营的做法本身是不可靠的。尽管普通法法律人的斗争总是以所谓“古代宪

---

[71] 程汉大、李培峰：《英国司法制度史》，清华大学出版社 2007 年版，第 145 页。

[72] 正如有学者指出的，“这场反对君主专制运动的领导人是英国最著名的法律家之一爱德华·柯克”；“法律家们有意识地在议会背后施加影响”，而“在同专制王权的斗争中，普通法也成为议会政党手中的强大武器”。参见［德］茨威格特、克茨：《比较法总论》，潘汉典、米健、高鸿钧、贺卫方译，法律出版社 2003 年版，第 291 页。或参见 John Hostettler, *Sir Edward Coke: A Force for Freedom*, Barry Rose Law Publishers Ltd., 1997; Sir William Holdsworth, *A History of English Law*, Vol. V, Methuen & Co. Ltd., 1945, p. 352。

[73] 参见 Lord Brooke, “Judicial Independence: Its History in England and Wales”, in Cunningham ed., *Fragile Bastion: Judicial Independence in the Nineties*, Judicial Commission of New South Wales, 1997。

[74] 参见 W. J. Jones, *Politics and the Bench: The Judges and the Origins of the English Civil Law*, George Allen & Unwin Ltd, 1971；或参见 W. R. Prest, *The Rise of the Barrister: A Social History of the English Bar 1590 – 1640*, Clarendon Press, 1986, pp. 256 – 257。

制"或"自由"为旗帜,并且职业化的因素也天然具有抵制政治干预的倾向,但这并不构成生活于具体约束条件中的普通法法官或律师的行为选择的全部动机,甚至可能不是最重要的因素。要真正理解17世纪革命中的法律人,还有必要重新回到历史的语境中,作更为全面与深入的考察。

(一)两种普通法法官

1640年是英格兰历史上不安的一年。

迫于应付苏格兰战争和"抗船税"[75]斗争的需要,查理一世被迫召开了停止多年的国会,即著名的"长期国会"(直到1660年被解散)。由于长期国会此后成为了反对查理为首的王党的中心,所以这一年也一般被视作英国革命的开始。国会召开后,提出了许多重要的限制王权与保障议会权力的法案,[76]并对于斯特拉福伯爵(Strafford)和劳德大主教(Laud)等"邪恶"的王室官员提出了指控;[77]此外,星宫法院、宗教高等法院、北方委员会、威尔士委员会等长期以来支持王室政策的一大批特权法院也被撤销。[78]

但还有一项重要的指控,长期以来却被有意无意地忽略了。这就是在国会指控的"邪恶"官员的名单中,除臭名昭著的斯特拉福和劳德外,还有一大批普通法法官的名字。正如琼斯(W. Jones)指出的,"尽管我们对于英格兰革命以及针对斯特拉福伯爵和劳德大主教的著名审判已经有了许多的研究,但我们却较少注意到长期国会对于普通法法

---

[75] "船税"(Ship money)原是伊丽莎白时代向沿海市民征收的税种,用以替代这些地方的居民准备船只到海军服役的义务。但1635年,查理一世将原来只向沿海征收的船税扩展都内地,并且连续征收,使其成为了一种固定的捐税。由于此时议会已中断,这项未经议会同意的税收遭到了许多人的反抗。许多地方都爆发了抗缴船税的浪潮。参见王觉非:《近代英国史》,南京大学出版社1997年版,第35页。

[76] 例如,查理一世被迫签署通过的"三年法案":规定议会必须定期召开;每两届议会间隔不得超过三年;如国王到期不召开,议会可自行开会;国王非经议会同意不得解散或中断议会。参见 J. R. Tanner, *English Constitutional Conflicts of the Seventeenth Century, 1603 – 1689*, Cambridge University Press, 1960, pp. 96 – 99。

[77] 最终,斯特拉福被送上了断头台,而劳德则被囚禁于伦敦塔中,直到内战爆发后被处死。蒋孟引主编:《英国史》,中国社会科学出版社1988年版,第340~341页。

[78] T. E. T. Plucknett, *A Concise History of the Common Law*, Little, Brown, 1956, pp. 192 – 193.

官群体的指控”。[79] 尽管大多数的叛逆罪指控最终并未获得通过，但这一事件的本身却值得重视。因为它标志着原本作为法律权威的普通法法官，在英国内战爆发的前夕已经“受到了政治上的排斥”，成为革命的对象。那么，究竟是什么原因导致了这样一种反差鲜明的转变呢？

这显然是一个棘手的难题。至少，它挑战了之前对于中世纪普通法传统的解说。如果说，长期国会废除星宫法院等特权法庭尚可理解的话，对于普通法法官的指控则显得令人费解。这些被后世学者视作“自由堡垒”[80]的普通法法庭为何同样成为了长期国会所指控的对象？这些受到指控的普通法法官们，谁没有在律师会馆中接受过严格的职业法律教育呢？又有谁不具有普通法法律人独特的“技艺理性”或“普通法心智”呢？在传统的解读中，“职业化”的普通法法官理应成为法律的守护者，可为什么最终却成为被革命的对象？

这就有必要回到1640年之前的英格兰，看看法官们都做了些什么。

变化开始于1603年詹姆斯一世（James I，1603—1625年）即位。这位来自苏格兰的斯图亚特君主似乎并不太适应英格兰的政治环境，[81]都铎以来的政治平衡很快被打破了。[82] 宗教与政治的许多领域

---

[79] W. J. Jones, *Politics and the Bench: The Judges and the Origins of the English Civil Law*, George Allen & Unwin Ltd., 1971, p. vii.

[80] 正如学者指出的，“英国人总是把普通法看作基本自由的保障，用它保护公民的权利，对抗专制权力的肆虐”；“因为普通法在长期历史发展中，形成了某种韧性，它的烦琐的和形式主义技术，使得它能够顽强地抵制来自上级的进攻”。参见［德］茨威格特、克茨：《比较法总论》，潘汉典、米健、高鸿钧、贺卫方译，法律出版社2003年版，第291页。

[81] 詹姆斯一世以博学见长，是历史上少有的亲自著书立说的国王。出于宗教的热忱，詹姆斯曾翻译《圣经》，该译本至今仍然是《圣经》英语版本的典范；但也同样是出于对宗教的虔诚，詹姆斯撰写了《自由君主制的真正法律》（1598年）和《君主赠言》（1599年），在英国首相系统提出了君权神授的理论学说。参见 *King James VI and I: Political Writings*, edited by J. P. Sommervile, Cambridge University Press, 1994。

[82] 过去的观点往往将詹姆斯说成生性愚蠢、缺乏常识。但晚近的研究表明，詹姆斯一世在许多重大问题的处理上是得当的。至于詹姆斯一世的政治立场，传统的观点倾向于将其视作专制主义，但也有一些研究不认为詹姆斯支持绝对主义，而只是对于宪政主义的理解不同。参见 P. Christianson, “Ancient Constitutions in the Age of Sir Edward Coke and John Selden”, in E. Sandoz eds., *The Roots of Liberty: Magna Carta, Ancient Constitution, and the Anglo - American tradition of rule of law*, University of Missouri Press, 1993。

都开始陷入严重的分裂与对抗之中。在这股强大的政治洪流面前,原本平静的普通法法庭与律师界也很快被卷入了冲突旋涡之中。"所有的宪政问题都存在重大的争议,我们几乎无法设想一名法律人的观点不受政治考量的影响,无论是有意还是无意。"[83]而随着宪政冲突与派系斗争的升级,普通法法官与国王所主张的绝对王权的冲突也不可避免。

事实也证明了这一点。在这一时期涉及王室利益的案件中,当国王要求法官暂停审判或是作出有利于王室的判决时,[84]普通法法官的拒绝与抵制明显增多。与都铎的君主不同,斯图亚特的国王对此并没有多少耐心,他们开始频繁使用罢免法官的权力来清除反对派的法官,以确保王室利益的实现。例如,1616年,在著名的爱德华·柯克法官与詹姆斯国王的冲突中,柯克本人即被免去了王座法院首席法官的职务。[85] 此后,查理一世的首席法官克鲁(Crew)和黑斯(Heath)也都先后因政治原因被免职。[86] 而财政署首席男爵沃尔特(Walter),虽然未被免职,但也在事实上被禁止出庭。[87] 此外,一些普通法律师也开始质疑王室的政策,并因此受到特权法庭的指控。[88] 总之,在对待法庭的问题

---

[83] W. S. Holdsworths, *A History of English Law*, Vol. V, Methuen & Co. Ltd., 1924, p. 350.

[84] 有如前述,依据中世纪的传统,对于涉及王室利益的案件,法官应当停止审判征求国王的意见,并且在多时候,法官的判决也往往倾向于国王。参见 R. V. Turner, *The King and His Courts: The Role of John and Henry III in the Adminstration of Justice*, 1199 - 1240, Cornell University Press, 1968。

[85] 参见 Catherine Bowen, *The Lion and the Throne: The Life and Times of Sir Edward Coke*, Brown & Company Ltd., 1957, p. 376。

[86] 克鲁和黑斯被免职的时间分别为1626年和1634年。参见 W. S. Holdsworths, *A History of English Law*, Vol. V, Methuen & Co. Ltd., 1924, p. 351。

[87] 与王座法院和民事高等法院不同,财政署的法官自中世纪以来即遵循"品行端正"即可任职的原则,因此沃尔特本人无法被免职。参见 Jones, *Politics and the Bench: The Judges and the Origins of the English Civil War*, George Allen & Unwin. Ltd., 1971. p. 39。

[88] 例如,反对宗教高等法院的富勒(Fuller),就曾被该法庭指控犯有分裂教会罪。甚至在中殿律师会馆讲授爱德华三世的法律也被禁止,因为这一法律涉及了普通法法庭对于教会案件的管辖权,被认为构成了对于王室特权的侵犯。W. S. Holdsworths, *A History of English Law*, Vol. V, Methuen & Co. Ltd., 1924, p. 350.

上，较之都铎时代的国王，詹姆斯一世与查理一世的做法显然已经挑战了法官职位的稳定。

但面对斯图亚特王权的专制政策与“倒行逆施”，并不是所有的普通法法官都表现出不畏强权的英勇气概。在这一时期的政治图景中，我们看到的是两类截然不同的法官群体。

首先，不可否认，这一时期的确涌现出一些坚持普通法的独立品格、勇敢抵制专制王权的“好法官”。以柯克法官为例，当詹姆斯一世在1608年试图由本人亲自在王座法院审理案件时，柯克以国王不具有普通法法律人特有的“技艺理性”为由拒绝了这一要求，并再次重申了“国王应臣服上帝与法律”的古老命题。[89] 此后，在前述1616年的托管圣俸案（Commendams）中，由于案件涉及国王的利益，詹姆斯向柯克颁发了“中止审理令状”，要求王座法院暂停审理该案，在与国王商议之后再作决定。但柯克却联合普通法法院的十二名法官拒绝执行令状。面对国王的斥责，其他的法官都纷纷表示忏悔，但柯克却依然宣称，“如果再有类似情形，我仍将按照一名法官应当做的那样审理案件”。[90] 此后不久，柯克被解除法官的职位，并从1621年开始投身于国会斗争，成为国会反对派的领导人，促成了《抗议书》和《权利请愿书》等重要宪法文件的通过。[91]

其次，同时不可否认的是，更多的普通法法官选择倒向国王的阵营。现有研究表明，除前述柯克（Coke）、克鲁（Crew）和黑斯（Heath）等

---

[89] 参见 Sir Edward Coke, Reports Ⅻ, in Sheppard Steve, *The selected writings and speeches of sir Edward Coke*, Vol. Ⅰ, Liberty Fund, 2003, pp. 478 – 481。这一故事也可能是虚构的。Roland G Usher, *James I and Sir Edward Coke*, English Historical Review, Vol. 18, No. 72, 1903。对故事的评论，可参见于明：《法律传统、国家形态与法理学谱系——重读柯克法官与詹姆斯国王的故事》，载《法制与社会发展》2007年第2期。

[90] 参见 C. Bowen, *The Lion and the Throne: The Life and Times of Sir Edward Coke*, Brown & Company Ltd., 1957. p. 376。

[91] 关于柯克的生平，可参见 C. Bowen, *The Lion and the Throne: The Life and Times of Sir Edward Coke*, Brown & Company Ltd., 1957; John Hostettler, Sir Edward Coke: A Force for Freedom, Barry Rose Law Ltd., 1977; 于明：《爱德华. 柯克的生平与著述》，载《法律文化史研究》（第4卷），商务印书馆2009年版。

少数法官外,这一时期大多数的普通法法官都并没有表现出应有的“独立品格”,而更多顺从了国王的意志,选择了支持国王的立场。[92]“他们逐渐成为仅仅是国王的臣仆,而不再是独立的法律阐释者——就像他们在都铎时期那样。”[93]在多数涉及国王特权的案件中,普通法法官都作出了有利于王室的判决。其中,最著名的案件是关于查理一世不经议会征收“船税”的汉普顿案(Hampden's Case)。除两名法官外,其余的十位法官都裁决支持国王拥有征收船税的权力。[94] 而这一事件也使得普通法法官的中立性的声誉已经降到了最低点。[95]

因此,我们也就不难理解 1640 年长期国会召开时发生的那一幕。在反对派的议员看来,查理一世统治下的法官早已堕落成为专制王权的“帮凶”,而不再是自由与法治的守护者,因此应当与其他邪恶的王室官员一样受到指控。尽管这些指控多数没有获得通过,[96]但却再次提醒我们,在这一时期的普通法法官群体中,已经有相当数量的法官站到了国王的阵营之中。整个法官职业阶层分裂了:一方面,是少数以爱德华·柯克为代表的坚守“独立”的法官;而另一方面,是多数顺从国王意志的法官。尽管他们都是“职业化”的法官,都在律师会馆中接受了职业训练,都具有所谓“技艺理性”和“普通法心智”,但面对王权的压力,这一职业团体却陷入严重的分裂之中。正如波考克(J. Pocock)所承认的,在“每一个反对王权的普通法判决的同时,都还有另一个支

---

[92] 这种分化,实际上在 1616 年柯克法官与詹姆斯国王的冲突中就显露出来了;想想在国王的斥责下坚持抵抗的柯克和幡然忏悔的那十一名法官,就不难理解这种独立性与职业团体的脆弱。

[93] W. S. Holdsworths, *A History of English Law*, Vol. V, Methuen & Co. Ltd., 1924, p. 352.

[94] 1637 年,针对查理不经议会而擅自扩大“船税”的做法,白金汉郡议员汉普顿首先向议会提交了审查“船税”合法性的议案。为了逃避议会的审查,国王将案件直接提交全体法官审判。最终,即便两名反对的法官亦服从多数签署了同意裁决。参见王觉非:《近代英国史》,南京大学出版社 1997 年版,第 35 页。

[95] J. H. Baker, *An Introduction to English Legal History*, Fourth edition, Oxford University Press, 2007, p. 167.

[96] W. J. Jones, *Politics and the Bench: The Judges and the Origins of the English Civil Law*, George Allen & Unwin Ltd., 1971, pp. 13 – 14.

持王权的判决”。[97]

实际上，对于法律职业阶层的政治倾向，史学界一直以来存在争论。自辉格史学以来，学界传统的观点，总是倾向于将普通法法律人视作斯图亚特王权反对派的领袖，无论是在法院内还是在议会中都是如此，以至于有学者将其形象地描绘为“普通法锻造了砍下查理一世头颅的铡刀”。[98] 可也有的学者质疑这种将普通法法律人“天然”等同于反对派的主张，认为在英格兰内战前半个世纪的政治联盟中并不存在这样一种立场鲜明的图景。与其他领域一样，法律职业阶层从没有呈现团结一致的局面；在内战的前后，法律人中都既包含了王室最忠诚的臣仆，也包括了政府的批评者。即便在1628年的议会中，法律人占据了主导的地位，但他们也并不曾“团结在柯克爵士的法律至上的观点之下”。[99] 而那种将17世纪的宪政冲突解释为“国王特权与普通法，或是国王与议会的斗争”的说法，更多是一种“教科书式”的简单化。[100]

法律人在内战时期的政治立场也很好地说明了这一点。“当战争来临时，与整个国会的分裂一样，律师议员明显地分成保王党与议会派的事实表明，法律界缺乏任何独特的政治一致性，更不必说特别的激进偏好。”[101]依据普雷斯特（W. Prest）的统计，内战期间普通法法律人在派系与地理上的分布，大致如下：

---

[97] J. G. A. Pocock, *The Ancient Constitution and the Feudal Law: A Study of English Historical Thought in the Seventeenth Century*, Cambridge University Press, 1987, p. 55.

[98] A. K. Kiralfy, *Potter's Historical Introduction to Enlish Law and its Institutions*, 1958, p. 43. 转引自 W. R. Prest, *The Rise of the Barrister: A Social History of the English Bar 1590 – 1640*, Clarendon Press, 1986, p. 235。

[99] C. Russell, *Parliaments and English Politics* 1621 – 1629, Oxford University Press, 1979, pp. 349 – 363.

[100] 正如布鲁克斯对于这一时期的普通法法律人的研究表明的，“近代早期法律职业最重要的特征就是多元性”。C. W. Brooks, “Common Lawyers in England, 1558 – 1642”, in W. R. Robertson, *Lawyers in Early Modern Europe and America*, Croom Helm Ltd., 1981, pp. 59 – 60.

[101] 参见 W. R. Prest, *The Rise of the Barrister: A Social History of the English Bar 1590 – 1640*, Clarendon Press, 1986, pp. 273 – 274。

	议会派	保王党	中立	立场不明
高级律师(Bar)	34	15	2	11
法官(Bench)	72	44	2	20
东部和东南部比例	68%	22%		
中部和西南部比例	21%	53%		

图7　内战时期的法律人分化及其政治倾向概况

以上数据统计的来源参见 W. R. Prest, *The Rise of the Barristers: A Social History of the English Bar* 1590 - 1640, Clarendon Press, 1986. pp. 275 - 277。

从以上数据不难看出,尽管高级律师和法官中的议会派人数占据了多数(前者为34人,后者为72人),但普通法法律人中倾向于保王党阵营的人数依然占了相当的比例(高级律师15名和法官44名)。尤其引人注目的是,包括13名威斯敏斯特法官与2名掌玺大臣在内的高级法官群体更是压倒性地站在了保皇党的阵营。[102] 此外,对于长期国会的研究也表明,在曾接受律师会馆教育的310名议员中,也至少有120人选择支持保王党。[103] 而如果进一步考察这些法律人中保王党与议会派的地理分布,也同样不难发现,保王党的法律人更多来自于英格兰的中部和西南;而包括伦敦在内的东南部的法律人则更多支持议会派。而这一布局与整个议会分裂的两大阵营在地理上的分部同样是吻

[102] 参见 W. R. Prest, *The Rise of the Barrister: A Social History of the English Bar 1590 - 1640*, Clarendon Press, 1986, p. 275。

[103] 尽管长期国会初期的人员变动很大(大约500人),但有的研究表明,其中至少有310人曾接受过律师会馆的教育,尽管其中只有64人取得了律师资格。尽管长期国会中支持国王的人数并不多,但当内战爆发时,这些接受过会馆教育的议员还是分裂成了2个旗鼓相当的阵营,其中,184人支持议会,而120人支持国王。参见 W. J. Jones, *Politics and the Bench: The Judges and the Origins of the English Civil Law*, George Allen & Unwin Ltd, 1971, p. 46。

合的。[104]

那么,究竟什么原因导致了普通法法官与律师群体的分裂呢?显然,传统的宪政主义或职业主义的进路都不足以回答这一问题。在现实的政治冲突中,我们既看不到普通法法律人对于自由或法治的明显偏好,也看不到法官或律师的职业归属对于政治选择的决定性影响,更谈不上所谓"普通法心智"对职业法律人的约束。对此,有的学者试图将这些问题归结为法官的个人品格,认为他们之所以未能像柯克法官一样英勇斗争,主要的原因在于自身的道德低下或性格懦弱,以至于在国王的威逼下迅速屈服,"不顾职业道德地曲意逢迎国王旨意"。[105]

这当然可以作为一种解释,并且也不难找到一些事实的支持。但我并不满足于这种道德的解说。毕竟,在当时的政治环境中,屈从于强权本身或许并不构成太大的道德瑕疵,尤其是面对大多数法官的集体"堕落",我们就不能仅仅将其中的原因简单归结为道德或个性因素,而同样应从更深层的社会历史语境中探寻这一现象的成因。而在我看来,这就有必要超越思想传统、职业主义或是道德话语的思维,更多地从现实语境中讨论法官行为的客观制约条件。

(二)作为"臣仆/官僚"的法官

另一种可能的解释是,在"职业"与"道德"因素之外,这些法官的行为还受到了其作为"臣仆/官僚"的身份制约。换言之,这些普通法法官之所以沦为王权的附庸,丧失职业的操守,很大程度上是由这些"职业

---

[104] 依据传统的观点,1642 年的英国内战被定义为一场资产阶级性质的革命,因此,议会派和保王党的划分也更多地归于阶级属性的差异。但晚近的研究却表明,议会的分裂并不具有明显的阶级差异。当 1642 年战争爆发时,整个议会被分成了两半,在 507 名下议员中,有 236 人站在了国王的一边。这时的议会完全代表土地阶级利益,商人和金融的代表微乎其微。在双方阵营中,社会阶层的分布情况差不多。双方都有贵族、乡绅、小土地所有者和商人。因此,在英国革命中很难用阶级界限来划分阵营。两者的界限更多地表现在地理的分布和宗教信仰之上。一般来说,东部和东南部地区,或是反对国教者,大多支持议会;而在北部和西南部,或是支持国教者,则大多支持国王。参见钱乘旦、许洁明:《英国通史》,上海社会科学院出版社 2007 年版,第 158 ~ 159 页。当然,对此还有许多不同的观点,有关长期国会议员的阶级成分的争论,参见王觉非:《欧洲史论》,南京大学出版社 1992 年版,第 52 ~ 59 页。

[105] 程汉大、李培峰:《英国司法制度史》,清华大学出版社 2007 年版,第 145 页。

化”的法官同时还具有的另一个身份——国王的臣仆或官僚——所决定的。这种王室臣仆/官僚的身份,不仅使得法官的任职取决于国王的意志,也决定了法官自身无法摆脱对政治地位与权势的追逐。[106] 摆在法官面前的影响,既有“大棒”,也有“胡萝卜”。但我们或许会有疑问:不是说14世纪以来的普通法法官已经“职业化”了吗?[107] 这些普通法法官所受到的职业化因素之外的影响来自哪里?

这里,首先有必要简单考察一下这些法官的来源(入口)与晋升(出口)。

有如前述,14世纪以来,在英格兰的普通法法院,逐渐形成了“律师晋升法官”的遴选机制,即所有新任命的法官都必须来自于高级律师的群体,[108]而这些高级律师资格的取得又必须以四大律师会馆的长期职业教育为前提。因此,我们有理由认为英格兰法官的任职资格是“职业化”的,并且与律师群体形成一个紧密的同质化的职业阶层。尤其是在15世纪之后,随着律师会馆教育的不断完善,法律人的职业素质有了明显的提升。律师会馆中严格的训练,不仅旨在确保其成员的职业技术水准,也意在塑造高尚的理想,以保持法律职业的声誉。正如霍茨沃斯指出的,“在整个16世纪,律师界人才辈出,也很少有法官被证明是贿赂或有其他不符合职业伦理的行为”。[109] 总之,这种职业化的教育方式与法官遴选机制,大体上保持了普通法法官在职业能力与职业伦理上的较高标准。

但这只是问题的一方面。在“职业化”同时,我们不应忘记,普通法法官作为国王臣仆的身份并没有改变;他们依然是庞大政府官僚群体中

---

[106] 参见 W. J. Jones, *Politics and the Bench: The Judges and the Origins of the English Civil Law*, George Allen & Unwin Ltd., 1971, pp. 16 – 19。

[107] 参见 A. Musson, W. M. Ormrod, *The Evolution of English Justice: Law, Politics And Society In The Fourteenth Century*, MacMillan Press Ltd., 1999, p. 33。

[108] 参见 *Select Csese in the Court of King's Bench*, edited for the Selden Society by G. O. Sales, Vol. 5, B. Quaritch, 1936, pp. xlvi – xlvii。

[109] W. S. Holdsworths, *A History of English Law*, Vol. V, Methuen & Co. Ltd., 1924, p. 346.

的一员,任命与晋升也始终依赖于国王的个人恩宠;[110]而一旦失去国王的信任,则可能导致政治生命的终结,甚至于丢掉饭碗。这就意味着,王室法官在受到普通法职业伦理约束的同时,还必然受制于政府官僚的一般制约。与其他官僚一样,这些"职业"的法官同样可能谋求职位的晋升和薪俸的提高,并因此有意识地回避与国王的冲突。因此,与现代社会中的具有稳定职务保障的法官不同,这一时期的王室法官依然可能受到一名普通官僚在行政科层内所承受的各种制约与压力。[111] 尽管律师会馆的技术教育和职业精神,可能使法官更强调职业的独立性和中立性,但只要作为王室臣仆/官僚的身份不改变,这种潜在的行政化制约就必然存在。

在这个意义上,我们也就发现,14 世纪以来的所谓"司法与行政的分离"实际上远未结束。尽管梅特兰宣称,早在 13 世纪末,三大中央法院首席法官的出现,已经标志着王室政府之内的"司法与行政职能的分离";[112]但实际上,只要看看 17 世纪初的政治结构,就不难发现,这种分离的程度依然是有限的,在许多领域,司法与行政的界限依然模糊不清。正如琼斯(W. Jones)在研究斯图亚特早期的王室政府时发现的,"尽管行政与司法的区分是重要的,但事实上的困难是,大多数法官都是行政官员,而大多数行政官员也都是法官。从理论上说,人们理解两者的区分,但实践中却很难在两者之间划出现代术语所具有的清晰界限。无论司库大臣(Lord Treasurer)、监护大臣(Master of the Wards)、王玺掌管大臣(Lord Privy Seal)、海军大臣(Lord Admiral)、司礼大臣(Earl Marshal)

---

[110] C. H. McIlwain, "The Tenure of English Judges", *The American Political Science Review*, Vol. 7, No. 2, 1913.

[111] 显然,这里的外部影响,既包括"大棒"(处罚、降薪、革职),也包括"胡萝卜"(任命、加薪、晋升)。相反,对于终身制与固定薪金保障之下的法官的效用函数的分析,可以参见[美]波斯纳:《法官最大化些什么?》,载《超越法律》,苏力译,中国政法大学出版社 2001 年版。

[112] [英]梅特兰:《英格兰宪政史》,李红海译,中国政法大学出版社 2010 年版,第 88 页。

还是其他的官员——他们都是法官”。[113] 这些官员在处理自身政务的同时,也总是拥有自己的法庭,随时处理行政过程中产生的各种纠纷。

更严重的挑战,还有16世纪以来的法官“行政化”的逆向趋势。从总体上说,普通法法官逐渐从王室臣仆/官僚的群体中分离出来,一直是英格兰王室司法发展所遵循的基本趋势;[114]但实际上,许多学者都观察到,从16世纪中期开始,普通法法官的职务又开始出现了相反的“行政化”趋势。这一趋势的突出表现,就是王室法官遴选机制的变化。尽管从高级律师中遴选法官的基本原则并没有改变,但这一任职条件已经在很大程度上流于形式,或在事实上被“规避”了。许多时候,只是在任命某个官员为王室法官之前象征性地将其任命为高级律师。[115] 到17世纪初,这已成为一种通行的做法。

此外,到17世纪初,由总检察长(Attorney - General)或副总检察长(Solicitor - General)晋升为法官的做法也逐渐成为惯例。例如,著名的柯克法官、赫斯(Heath)法官都是从总检察长的位置上晋升为首席法官的。而由于总检察长的职位与王室利益的天然亲和性,这些职位的人员也往往由最忠诚于王室的法律人担任。[116] 尽管这样检察长同样出身于律师会馆,并往往担任过公会的高级讲师(double reader),但却并不一定是高级律师。即便那些已经是高级律师的法律人,在被任命为总检察长

---

[113] W. J. Jones, *Politics and the Bench: The Judges and the Origins of the English Civil Law*, George Allen & Unwin Ltd. ,1971,p. 16

[114] 参见 A. Musson and W. M. Ormrod, *The Evolution of English Justice: Law, Politics And Society In The Fourteenth Century*, MacMillan Press Ltd. ,1999,p. 33。

[115] 早在1545年,我们就看到,财政署首席男爵莱斯特(Lyster)被任命为王座法院的首席法官,而册封他为高级律师的命令也恰恰是同一天作出的。参见 W. S. Holdsworths, *A History of English Law*, Vol. V, Methuen & Co. Ltd. ,1924,p. 341。

[116] 作为国王在法庭上的辩护人,检察长的职务总是以捍卫王权为核心的。当案件涉及国王的利益可能受到侵害时,他们往往会频繁地干预案件的审判,以至于古德曼(Godfrey Goodman)将这些代理人称作“打向那些可能贬损国王的人的棍棒”。参见 W. J. Jones, *Politics and the Bench: The Judges and the Origins of the English Civil Law*, George Allen & Unwin Ltd. ,1971,p. 40。

时也往往被撤销这一头衔，而等到被晋升为法官时再重新授予。[117] 显然，这种法官遴选机制（入口）的变化，必然对于法官的政治倾向产生重要影响。

不仅是“入口”，“出口”的影响可能更重要。的确，如果我们以今天的眼光来衡量中央法院的法官，他们无疑在普通法职业阶层中居于最崇高的地位。以当时的三大普通法法院来说，每个法院都由一个首席法官和三名法官组成，总人数在12人左右，[118]能够成为中央法院的法官，在众多的法律人中已是“凤毛麟角”。即便是担任高级律师或是总检察长，也无疑是其中“佼佼者”。因此，我们似乎有理由认为，担任三大法院的法官或首席法官，无疑成为普通法法律人所可能达到的职业生涯的顶峰。如果说职位晋升构成摆在法律人面前的一棵“胡萝卜”的话，那么对于一名王座法院或是民事高等法院的首席法官来说，这棵“胡萝卜”可能并不存在；即便存在，恐怕也只是微不足道的一棵。

但事实上，17世纪的王室法官却并不总是这样想。对于一名追逐权势最大化的行政官员来说，王室法院的首席法官远非他们追求的职业生涯的顶点。在斯图亚特王室的官职系统中，尽管这些法官职位崇高而荣耀，但却谈不上什么“位高权重”。这一点，从当时掌握实际最高权力的枢密院的构成就可以看出。[119] 当时，枢密院的规模一般不超过20人，由王室政府中地位最高的官员组成，他们一般包括首席国务秘书、大法官、财政大臣、掌玺大臣、枢密大臣（President of the Council）、掌礼大臣（Lord Great Chamberlain）、海军大臣（Lord Admiral）、司礼大臣（Master of

---

[117] W. J. Jones, *Politics and the Bench: The Judges and the Origins of the English Civil Law*, George Allen & Unwin Ltd., 1971, p. 40.

[118] W. S. Holdsworths, *A History of English Law*, Vol. V, Methuen & Co. Ltd., 1924, p. 342.

[119] 有如前述，在都铎时期，从原来的小咨议会中，逐渐分离出了一个以首席秘书（Chief Secretary）为首的专门的行政机构，并实际上获得了国王之下的王室政府的最高权力，并因此往往由政府中地位最高的官员担任枢密院的成员。参见阎照祥：《英国政治制度史》，人民出版社1999年版，第132~135页。

Marshal)等有权出席上院的王室重臣。[120] 尽管在斯图亚特早期枢密院扩张到三四十人的规模,普通法法院的首席法官也往往成为枢密院的成员,但权势与地位却远远低于上述职位。因此,从这些首席法官的政治职业生涯的规划来说,完全有可能进一步谋求更高级别的职位。

这一时期首席法官们的“职业履历”,也同样说明了这一点。例如,前述柯克法官在1616年被解职后,继任王座法院首席法官职务的是亨利·蒙太格(Henry Montagu)。但他本人显然并不喜欢这个首席法官的职位。[121] 四年后,他终于成为首席财政大臣(Lord High Treasurer),并在1621年担任了枢密大臣。最终,在1628年,蒙太格晋升为代表政治生涯顶峰的掌玺大臣。[122] 又例如,在蒙太格之后接任王座法院首席法官的詹姆斯·雷尔(James Ley),也经历了类似的职业轨迹。在经历了议员和巡回法官等多个职位之后,雷尔于1621年开始成为王座法庭的首席法官。在任期间,他曾积极谋求接任因弗朗西斯科·培根(Francis Bacon)被弹劾而空缺的大法官职位。虽然这一努力失败了,但四年后,雷尔还是离开了王座法庭,成功晋升为首席财务大臣,并成为枢密院成员。[123] 尽管蒙太格和雷尔的职业经历并不能代表普通法法官的整体,但它们至少表明,对于相当一部分“有野心的”王室法官来说,担任普通法法院的首席法官,并非他们职业规划的终极目标,而更多的是用以谋求更高职位的一块“跳板”。[124]

即便是作为坚定反对派的柯克法官,同样无法排除对于地位和权势

---

[120] 其中,又以首席国务秘书、大法官、财政大臣和掌玺大臣四个职位最为重要。参见郭方:《英国近代国家的形成——16世纪的英国国家机构》,商务印书馆2007年版,第56页。

[121] 蒙太格明确地表示,他不喜欢整个上午的时间都耗在威斯敏斯特宫,也十分厌倦在高级律师公会(Serjeant' s inn)晚餐上的讨论。W. J. Jones, *Politics and the Bench: The Judges and the Origins of the English Civil Law*, George Allen & Unwin Ltd. ,1971,p. 42。

[122] 关于蒙太格的生平,可参见 http://en. wikipedia. org/wiki/Henry_Montagu,_1st_Earl_of_Manchester。

[123] 关于雷尔的生平,参见 http://en. wikipedia. org/wiki/James_Ley,_1st_Earl_of_Marlborough。

[124] W. J. Jones, *Politics and the Bench: The Judges and the Origins of the English Civil Law*, George Allen & Unwin Ltd. ,1971,p. 42.

的追逐。尽管出身一般的律师家庭，但柯克的职业目标显然不只是做一名普通的法律人。在内殿律师会馆毕业并执业律师数年后，柯克开始谋求进入政界。在伊丽莎白的首席国务大臣伯利勋爵（Lord Burglley）的提携下，柯克在1592年担任副总检察长，并在两年后击败竞争对手培根（Francis Bacon），晋升为总检察长。[125] 1603年詹姆斯一世即位后，柯克又相继提起了多起试图颠覆斯图亚特政权的叛逆罪指控，其中最为后人所诟病的，就是对于罗利爵士（Sir Walter Raleigh）的粗暴而不正当的指控。[126] 这些行为被认为是柯克取悦国王以谋求晋升的表现。事实上，1606年，柯克也如愿以偿地被詹姆斯国王任命为民事高等法庭的首席法官。

不可否认，在担任法官的十年中，柯克的确在多数问题上坚持了法律人应有的立场，面对国王强大的政治压力，他的表现也确乎值得称道。但这并不意味着柯克放弃了对政治权力的追求，而完全退守到中立的立场之上。实际上，即便是在前述1616年托管圣俸案（Commendams）的冲突中，也同样可能隐含了政治斗争的嫌疑。[127] 同时罢免柯克的职务也可能并非詹姆斯国王的本意，相反，在此之前，詹姆斯实际上已经在考虑将

---

[125] 柯克与培根是政坛上的宿敌，在他们的竞争背后，实际上是双方的支持者伯利勋爵和艾塞克斯伯爵的较量。因此，在柯克担任总检察长提起的指控中，就包括1600年对艾塞克斯伯爵的成功指控。由于柯克的出色表现，伊丽莎白女王甚至于1601年亲临柯克在斯托克的寓所，这在当时无疑是最为隆重的恩典。参见A. D. Boyer, *Sir Edward Coke and the Elizabethan Age*, Stanford University Press, 2003。

[126] 在这一案件中，柯克不仅表现得言语恶毒，并在没有确凿证据的情况下，通过刑讯与暗中勾结法官和陪审团等极不正当的手段将罗利判为有罪。关于罗利案，参见C. D. Bowen, *The Lion and the Throne: The Life and Times of Sir Edward Coke*, Boston, Little & Brown, 1957. pp. 190－224；另参见［美］约翰·赞恩著：《法律简史》，孙运申译，中国友谊出版公司2005年版，第202～206页。

[127] 例如，琼斯的研究就指出，在这一事件中，柯克与其说是针对詹姆斯国王，不如说是与大法官埃尔斯密尔、总检察长培根等政敌的争锋相对；而这种对立的背后，可能并不仅仅是出于捍卫普通法的考虑，而实际上与当时围绕霍华德派而展开的政治斗争有着很大的关联。参见W. J. Jones, The Crown and the Courts in England, 1603－1625, *Law, Liberty, and Parliament, Selected essays on the writings of Sir Edward Coke*, edited by Allen D. Boyer, Liberty Fund, 2004, p. 298。

柯克提升为财政大臣的可能。[128] 甚至在1616年被解职之后,柯克还不惜采取一些在后人看来近乎卑劣的手段来重新争取国王的支持,也在事实上恢复了枢密院大臣的职务。[129] 只是到了1620年,当柯克重返法院和成为财政大臣的努力落空后,他才开始将主要精力转向议会。

总之,以上的讨论表明,尽管这一时期的普通法法官都是职业化的,并且具有相当高的职业素质,但这并不意味着全体法官的行为或意志都统一在共同的职业理想之下;相反,他们总是生活于现实的制约条件之中,更多受到自身所属的行政官僚身份的制约。与此同时,这种身份的制约,又并不仅仅是所谓"终身任职"的缺乏,以至于法官畏惧失去职位而屈从法官;更多的时候,还表现为行政官员最大化自身地位与权势的职业驱动。而对于法官个体的分析也表明,许多时候,晋升带来的"胡萝卜"的诱惑,要远远大于被免职的威胁。尤其是对于"积极要求进步"的首席法官来说,对于权势与地位的追求,完全可能构成摆在王室法官面前的一根"胡萝卜",并可能是那"关键"的一根。

当然,这并不是说每一个王室法官都是"野心勃勃"的,尤其是首席法官以外的普通法官,可能并没有明显的政治抱负,因而较少受到晋升职位的"利诱";同时还应当看到,这种臣仆/官僚身份的影响也并不总是决定性的,比如前述柯克法官就在很大程度上突破了这种制约,为维持普通法法院的"自治"作出了一名法律人所能够做的最大努力。因此,以上对于柯克等人的分析,就绝不是为了说明这些法官在道德品格上的"瑕疵",更不是为了说明"瑕不掩瑜";恰恰相反,它提醒我们,在一个司法与行政尚未完全分开,一个职业法官同时也是王室官僚的政治体

[128] 许多研究者都倾向于认为,解除柯克的法官职务并非詹姆斯国王的本意,而更多的是受到政坛宿敌培根等人的鼓动。实际上,柯克在1616年6月与国王产生冲突后,也并没有立即被解除法官职务,这一决定直到数月之后才作出,这似乎也表明了王室政府内部在对待柯克的问题上的矛盾与斗争。参见 C. D. Bowen, *The Lion and the Throne: The Life and Times of Sir Edward Coke*, Boston, Little & Brown, 1957, pp. 190 - 224。

[129] 为了重新获得王室的恩宠,柯克使用暴力手段强迫他的女儿嫁给国王宠臣白金汉公爵的兄弟韦勒斯(John Villiers)。国王显然十分满意柯克的表现,并亲自主持了这场婚礼。S. Stevein, "Chronology of Events", in S. Steve eds., *The selected writings and speeches of sir Edward Coke*, Vol. 1, Liberty Fund, 2003, pp. lvii - lviii。

制内,要寄希望于依靠法官的“职业精神”或“高尚品格”来维持司法的中立,将是多么的困难与危险。

在这个意义上,我们也重新理解了法律人走向分裂的原因。在所谓“自由守护者”或“普通法心智”的外衣之下,我们看到的是一个个身处政治纷争之中的历史行动者。他们既是奉行自主的职业化法官,也是以追逐权势为目标的行政官员。他们之中,既有柯克这样坚守法律、敢于抗争的伟大法官(但也不纯粹),同时也包含了蒙太格和雷尔等为追逐晋升而顺从国王的平庸政客。[130] 当王权与法院存在基本共识时(比如都铎时期),法官们完全可能在最大程度上与王室保持一致(想想伊丽莎白时代的柯克),[131]法官的职位也可能获得相对的稳定与独立。而一旦这种共识与平衡被打破,或是整个国家都陷于根本的政治分裂之中,兼具职业法官和行政官员双重身份的法官群体的分裂也自然无可避免。

在这个意义上,我们才可能重新理解司法独立的“英国故事”。1701年法官独立原则的确立,尽管与中世纪以来“古代宪制”和法律职业化的传统存在着历史的关联,但这并不等于在两者之间存在必然的因果,或是单线的进化,即便这种影响真实存在,也并非是决定性的。因此,对于法官独立原则在1701年的确立,就不能仅仅从“古代宪制”或是“法律职业”的解说中去寻找,而应当更多地关注17世纪宪法冲突中真实的权力运作与利益角逐。也只有在此基础上,我们才能真正理解在法律人追求独立的斗争之下所隐含的宏大历史变迁。

四、复辟时代的法官:道德话语的反思

有如前述,或许正是意识到“宪政主义”或“职业主义”解说的缺陷,

---

[130] 参见 W. J. Jones, *Politics and the Bench: The Judges and the Origins of the English Civil Law*, George Allen & Unwin Ltd., 1971, p. 42。

[131] 参见 A. D. Boyer, *Sir Edward Coke and the Elizabethan Age*, Stanford University Press, 2003。

在有关司法独立的“英国故事”中,又往往通过强调“两种法律人”之间的对立与竞争来修正传统解释的不足,以至于“故事”的叙事被进一步渲染为坚守职业理想的“好法官”与议会中的法律人团结在一起,与专制王权及其附庸的“坏法官”不懈斗争,最终成功挽救法官“独立”的传统并将之写入1701年立法。[132]

可对于这样一种似乎更“复杂”的叙事,疑问仍然存在。尽管这个故事在“宪制传统”或“法律职业”的影响之外,特别强调了法律职业阶层内部的分裂与斗争,但有如前述,这种解说仍然可能是简单化的。法律人的分化,被简单归因于法官的“道德”与“职业”水准的高下;仿佛在法官的“职业”水平、“道德”操守和政治立场之间,存在某种必然的因果。而在我看来,这或许只是另一“版本”的“职业主义”进路,或是一种同样简单化的“道德主义”解说。

可真实的历史远没有这样简单。在接下来的部分,我将通过对于斯图亚特复辟时代(1660—1689年)的历史分析,进一步展现17世纪英国革命中的司法与政治的复杂关系。这些分析将表明,在一个政治全然分裂的时代,置身于政治旋涡之中,无论是辉格派,还是托利派,都难以维持客观的中立地位。仅仅是选择支持或反对国王,都无关乎法官道德或职业水准的高低;而一味地强调法官与法律人对于政治斗争的参与,只可能导致法官应有中立地位的进一步丧失。

(一)“劣迹斑斑”的法官

《1701年王位继承法》关于法官任职的规定的出现并非偶然。

尽管法律的通过是在“光荣革命”后的十余年,但有关法官任职保障的讨论却很早就开始了。光荣革命胜利后,人们开始反思斯图亚特后期正义力量身陷逆境的原因。其中,一个很重要的原因就是“法官的堕落”,普通法法官们不仅没有担负起捍卫自由的使命,反而堕落为专制王

[132] Lord Brooke, “Judicial Independence: Its History in England and Wales”, in Cunningham ed., *Fragile Bastion: Judicial Independence in the Nineties*, Judicial Commission of New South Wales, 1997;程汉大、李培峰:《英国司法制度史》,清华大学出版社2007年版,第139~143页。

权的附庸与帮凶，以至于在斯图亚特后期的叛逆罪指控中，国王反对派的力量一再惨遭屠戮。因此，“对斯图亚特时期的司法行为的深恶痛绝，也就成为了1688年革命的一大主题”。[133] 在1689年2月的《权利宣言》开篇，即明确将革命归咎于詹姆斯二世及其“邪恶的顾问、法官和大臣们”。[134] 威廉三世即位后，詹姆斯二世时代的法官被全部撤换，“无一留任”；[135]法官终身制的基本原则也在1701年最终确立。

实际上，这种对于王室法官的抱怨与指责，早在查理二世的后期就出现了。在1660年复辟之初，查理基本信守了“布列达宣言”，恢复了法官“品行端正得继续任职”（hold offices during good behavior）的原则，宣布不再依据“国王个人的喜好任免法官”。[136] 同时在经历了内战与独裁统治的创伤后，整个国家都趋向于支持国王的统治，法官也不例外。除了在1672年因《信仰自由宣言》导致的小冲突外，国王与法官的关系在总体上还算不错。可随着议会中围绕天主教问题和对法外交的斗争日趋激烈，查理越来越认识到“严格控制法官对于王室的意义”。[137] 1676年后，查理开始频繁撤换普通法法官。首先被撤职的是民事高等法院的艾利斯（William Ellis）爵士，在丹比公爵的建议下，其职位由效忠于王室的斯格罗格斯（William Scroggs）接替。此后，1978年，首席法官雷恩斯福德

---

[133] ［美］兰博约：《对抗式刑事审判的起源》，王志强译，复旦大学出版社2010年版，第76页。

[134] 1689年年初，议会召开了两院联席特别会议，决定邀请威廉和玛丽来共同统治英国，同时向后者提出一项《权力宣言》（Declaration of Rights）。《权力宣言》中坚持人民享有真正的权利，宣布国王不经议会不得制定法律、征税和建立常备军等内容。这一宣言在12月被议会制定为正式的法律，即所谓的《权力法案》（Bills of Rights）。参见王觉非：《近代英国史》，南京大学出版社1997年版，第165页。

[135] 参见A. F. Havighurst, “James II and the Twelve Men in Scarlet”, *Law Quartely Review*, Vol. 69, 1953。

[136] C. H. McIlwain, “The Tenure of English Judges”, *The American Political Science Review*, Vol. 7, No. 2, 1913.

[137] Lord Brooke, “Judicial Independence: Its History in England and Wales”, in Cunningham ed., *Fragile Bastion: Judicial Independence in the Nineties*, Judicial Commission of New South Wales, 1997.

(Rainsford)也被解职,斯格罗格斯又随之晋升为首席法官。[138] 对于这些破坏法官任免原则的行为,议会中的许多议员都表达了强烈的不满。[139]

到1679年,法院与议会的裂痕进一步扩大。这一时期的冲突主要是围绕约克公爵(后来的詹姆斯二世)的王位继承权而展开的。[140] 为防止笃信天主教的约克公爵的即位,1679年的议会提出了旨在"排斥"詹姆斯王位继承权的《排斥法案》。围绕这一法案,英格兰的政治力量也形成了反对詹姆斯的"辉格派"和支持詹姆斯"托利派",[141]这种政治上的派系斗争,也很快从议会进入到法院。1680年6月,在辉格派领袖萨夫茨伯里的支持下,大陪审团曾指控约克公爵"不服从国教",要求法院以叛逆罪论处;但这一指控遭到了王座法院的反驳,并且强行解散了该陪审团。这一事件激起了辉格派议员的强烈反对。在随后10月召开的议会上,"下议院开始考虑将司法改革作为仅次于阻止詹姆斯继位的重要任务",要求限制法官权力和保障法官的任职。[142]

议会还对一些法官提出了弹劾。11月,下议院专门成立了普通法法庭的调查委员会,对法官的非法和专断的行为进行调查。随后,依据调查委员会的报告,下议院对王座法院的斯格罗格斯、琼斯(Jones),民

---

[138] 斯格罗格斯被认为是"趋炎附势"的法官的典型。他在晋升为法官典礼上的演说,据说"包含了比复辟以来数以百计的各种宣言都更多的效忠"。参见W. S. Holdsworths, *A History of English Law*, Vol. VI, Methuen & Co. Ltd., 1924, p. 504。

[139] 在1677年的国会中,Sacheverell等议员指责如今的法官"既缺乏智识又缺乏忠诚";而Williams也批评指出,"我们知道谁任命了法官,在任何重要的问题上,法官无疑都会支持国王"。参见A. F. Havighurst, "The Judiciary and Politics in the Reign of Charles Ⅱ", *Law Quartely Review*, Vol. 66, 1950。

[140] 自16世纪宗教改革以来,英格兰社会就弥漫着反天主教的情绪;到17世纪后期,随着复辟王朝与天主教法国的联盟,对于天主教复辟的恐惧更加强烈。更糟糕的是,查理的第一合法继承人偏偏是公开信仰天主教的约克公爵詹姆斯。王觉非:《近代英国史》,南京大学出版社1997年版,第136~137页。

[141] 钱乘旦、许洁明:《英国通史》,上海社会科学院出版社2007年版,第180页。

[142] 议员们普遍认为,"法官已经被蒙蔽,并沦为了王室的工具";要求王室法官"应当有能力、正直廉洁与尊重清教,并且可以在品行端正时保有职位和薪水"。但对于司法改革的具体方案,议员之间却产生了分歧:一些人主张任期改革,赋予法官以固定的任期;而另一些人则认为仅仅改革任期是不够的,改革的重点应是限制法官权力。参见A. F. Havighurst, "The Judiciary and Politics in the Reign of Charles Ⅱ", *Law Quartely Review*, Vol. 66, 1950。

事高等法院的诺斯(North)和财政署的韦斯顿(Weston)等法官提出了弹劾指控。[143] 但对于这些法官的弹劾在上议院遭到了阻力,上议院拒绝对斯格罗格斯等人进行审判。这使得许多下议院的议员都更加担心约克公爵即位之后的司法状况将变得更糟。[144] 尽管这一届议会本身很快被解散,但这些努力还是起到了一些效果。在1681年议会解散后不久,斯格罗格斯还是被国王解除了法官职务;只不过,他同时被给予了高达1500英镑的退休金,以表彰"他对于王室的忠诚服务"。[145]

1681年的议会被解散后,直到1685年逝世,查理二世再没有召集新的议会。这就使得原本议会中的政治斗争完全转移到了王室法院。由于国王此时已经完全控制了法院,"这一变化显然受到了查理的欢迎"。[146] 从这一时期开始,普通法法院开始频繁地受理王室政府对于辉格派的叛逆罪指控,并且屡屡给予反对派不公正的审判。辉格派也同样展开了反击,他们利用自己的成员在郡长中占据多数的优势,挑选出支持辉格派的大陪审团来抵制不公正的指控,[147]并且在辉格党领袖萨夫茨伯里等案件中曾一度取得胜利。[148]

但在大多数案件中,辉格派并不总是这么幸运,更多的人遭遇了严

---

[143] W. S. Holdsworths, *A History of English Law*, Vol. VI, Methuen & Co. Ltd., 1924, p. 507.

[144] 例如,Thomas Lee声称,"像斯格罗格斯这样的人,除非他直接反对国王,上议院不会认为他是叛逆罪。如果有一个由天主教徒担任国王,并有这样的法官,真不知我们将处于何种境地?"参见A. F. Havighurst, "The Judiciary and Politics in the Reign of Charles Ⅱ", *Law Quartely Review*, Vol. 66, 1950。

[145] W. S. Holdsworths, *A History of English Law*, Vol. VI, Methuen & Co. Ltd., 1924, p. 505.

[146] A. F. Havighurst, "The Judiciary and Politics in the Reign of Charles Ⅱ", *Law Quartely Review*, Vol. 66, 1950.

[147] 例如,在1681年6月的斯蒂芬·科勒基(Stephen College)案中,科勒基被指控在牛津议会期间具有煽动暴乱的言辞和行动。然而,这一指控却遭到了由辉格派郡长挑选的陪审团的否定。Ibid.

[148] 其中,最著名的案例是1681年对辉格派领袖萨夫茨伯里的叛逆罪指控。在挑选陪审团的过程中,米德尔塞克斯的治安法官与郡长就陪审团的任命产生了激烈的冲突。最终,辉格派取得了斗争的胜利,萨夫茨伯里被保释;而查理国王则对本案的结果表示失望,认为"自己的正义未能得到实现"。参见[英]马特莱:《詹姆斯二世与英国政治》,林东茂译,上海译文出版社2001年版,第42页。

重不公正的审判。其中,最著名的案件是1683年辉格派密谋刺杀国王与约克公爵的"莱伊宅案"。[149] 查理二世抓住这一时机,展开对辉格派的反击,除有较大嫌疑的拉塞尔等人外,[150]罗素(Lord Russell)和西德尼(Algernon Sidney)等许多无辜的辉格派政治家也都被指控为犯有叛逆罪,并遭遇了极不公正的审判。[151] 最终,罗素和西德尼被判处死刑,蒙墨斯、拉雷、维尔德曼等人则被流放。尤其是对于西德尼的审判,被认为是最严重的司法不公之一。[152] 而主持审判的新上任的杰弗里法官(Jeffreys),则被认为是当时"最贪得无厌和毫无原则的法官"。[153]

当然,在这些叛逆罪审判中,最为严厉的还是詹姆斯二世时期的"血腥审判"。[154] 为惩罚蒙默思暴动中的叛乱分子,王座法院首席法官杰弗里接受了特别巡回审判的令状,亲自前往西部地区审理这些罪犯。最

---

[149] 事情的起因是为了阻止詹姆斯的继位,一些辉格派人士秘密计划对詹姆斯实施暗杀。当他们听说国王和詹姆斯要到纽马凯去观看赛马时,就计划在赫特福德郡一处地势险要的"莱伊住宅"埋伏。一旦国王的队伍在归途中路过此处,就可成功刺杀国王与詹姆斯。尽管纽马凯的一场火宅,使得计划未能实施,但谋杀的计划却被泄露。参见王觉非:《近代英国史》,南京大学出版社1994年版,第151页;或参见J. R. Jones eds., *The Restored Monarchy*, 1660-1688, Macmillian, 1979, p. 55。

[150] 尽管缺乏证据表明拉塞尔直接参加了行动,但由于他参与了这些讨论,依据当时的法律已经构成了叛逆罪。参见L. G. Schwoerer, "The Trial of Lord William Russell: Judicial Murder?", *Legal History*, Vol. 9, 1988。

[151] "莱伊宅案"中对于罗素和西德尼的审判,参见Michael Landon, *The Trimph of the Lawyers: Their Role in English Politics* 1678-1689, Alabama University Press, 1970, pp. 160-171。

[152] [美]兰博约:《对抗式刑事审判的起源》,王志强译,复旦大学出版社2010年版,第73页。

[153] 有的学者甚至认为:"他的法律知识也很匮乏,仅仅因为对王室的效忠而成为法官"。在审判西德尼的法庭上,杰弗里极力主张有罪判决,数次打断西德尼自己的辩护;以至于坚定的托利派John Evelyn也认为,对于西德尼的审判是不公正的。A. F. Havighurst, "The Judiciary and Politics in the Reign of Charles Ⅱ", *Law Quartely Review*, Vol. 66, 1950, p. 246.

[154] 1685年查理二世逝世,在一些因"莱伊宅案"被迫流亡的辉格派的鼓动下,查理的私生子蒙默思在英格兰西部发动了一场清教徒暴动,试图阻止詹姆斯继承王位。叛乱曾在英国西部一度取得成功,但声势浩大的暴乱也引起了包括辉格党人在内的上层统治阶级的恐慌,担心内战的再次爆发。因此,国王与议会以及地方政府很快达成了统一战线,最终联合镇压了反叛,近一千四百名叛乱者被捕,并被指控为犯有叛逆罪。参见J. R. Jones, *The Revolution of 1688 in England*, Weidenfeld and Nicolson, 1972, p. 59。

终，至少有两三百人被绞死，其他八百多人则被流放，这一审判也因此被称为“血腥审判”。[155] 在这场血腥审判中，杰弗里“表现得专横和腐败，使斯图亚特时期的法官沉沦到谷底”。[156] 尽管这些罪犯中大多数都是确实参加了反叛的人员，但依然有无辜者蒙冤，比如，著名的对于莱尔的审判，就是典型的事例之一。[157]

总之，依据传统的解读，在复辟后的斯图亚特，英格兰的王室法官逐渐沦为了国王个人权力的工具，他们被用来平息议会、保护约克公爵和打击辉格党。尤其是法官在针对辉格派指控中的表现，更是后来为人们所诟病的重要原因。这些法官不仅被全部革职，也遭受了严厉的指控。[158] 也正是这些令辉格派刻骨铭心的痛苦记忆，构成了推动革命后的司法改革的直接与强大动力。[159] 人们清楚地认识到，离开了职位保障的法官是多么容易滑向王权的附庸，而一旦法官与国王联成一体，随之而来的灾难将不可想象。因此，为了防止无辜的政治精英再次遭遇厄运，在革命后的英格兰，辉格派开始了一场捍卫被告权利和司法公正的社会运动，催生了1689年的《权利法案》和1696年的《叛逆者审判法》等重要

---

[155] 实际上，“血腥审判”的名称更多地来源于革命后反对派对于历史的渲染与控诉。有如前述，由于辉格派同样支持对于叛乱的镇压，在当时，并没有多少人对于这场审判表示关注，更谈不上悲哀与痛恨。参见 A. F. Havighurst, “James II and the Twelve Men in Scarlet”, *Law Quartely Review*, Vol. 69, 1953。

[156] 那些被绞死的叛乱者被下令分尸，遗体被柏油包裹悬挂于路边，直到一年后詹姆斯二世下令才被撤除。同时杰弗里还通过出卖赦免资格从中牟利，仅售给普利多家族一个名额就高达14500英镑。参见 M. Zook, “The Bloody Assizes: Whig Martyrdom and Memory after the Glorious Revolution”, *Albion*, Vol. 27, 1995.

[157] 年逾古稀的老妇人爱丽丝·莱尔被指控收容一名战败后溃逃的反叛者希克斯。莱尔当时已双耳失聪，虽然她辩称自己从衣着和举止中完全看不出希克斯参与了叛乱，但在杰弗里的威逼下，陪审团还是作出了有罪判决。参见［美］兰博约：《对抗式刑事审判的起源》，王志强译，复旦大学出版社2010年版，第74页。

[158] 1689年，当残暴的杰弗里死于狱中后，议会立即宣布剥夺其财产和荣誉。在血腥审判中蒙冤的爱丽丝·莱尔的侄子托马斯·蒂平上校在下议院中控诉杰弗里“手上沾满了拉塞尔勋爵和西德尼上校的鲜血；他残害无辜的莱尔女士，靠践踏法律而聚敛财富”。M. Zook, “The Bloody Assizes: Whig Martyrdom and Memory after the Glorious Revolution”, *Albion*, Vol. 27, 1995.

[159] ［美］兰博约：《对抗式刑事审判的起源》，王志强译，复旦大学出版社2010年版，第75～77页。

法律,并在1701年确立法官终身制这一改革中达到高潮。[160]

(二)政治漩涡中的法官——以"天主教阴谋案"为例

但法官何以会堕落如此呢?真是因为个人的残暴或贪婪吗?

对此,有学者提出了不同看法。维赫斯特(A. Havighurst)的研究即表明,尽管在查理二世后期的确出现了许多法官滥用职权的例子,但如果仅仅依据斯格罗格斯和杰弗里等少数法官的行为,或是少数的一些政治审判,就得出这一时期的司法腐败堕落的结论,未免过于草率。实际上,"诸如托马斯·琼斯(Thomas Jones)、威廉·多尔本(William Dolben)、弗朗西斯·潘伯顿(Francis Pemberton)、罗伯特·阿特金斯(Robert Atkins)、托马斯·雷蒙德(Thomas Raymond)以及埃德蒙·桑德斯(Edmund Saunders)等人,无论是作为法官还是律师,在当时都具有较高的声望"。[161] 尽管他们之中有许多人选择支持王室和托利,但并没有证据表明他们本人在道德和品格上有重大瑕疵。因此,对于这一时期的法官的评价,应当超越那些仅仅是指责法官无能、腐败和残暴的辉格派观点,而更多从那个时代的政治语境中去理解。

另一种可能的解释,是从法官与政治的"紧密关联"入手。

有如前述,较之都铎时期与之后的18世纪,斯图亚特时代的一个显著特点是政治上的分裂。围绕宗教与政治的重大问题,整个国家分化为相互对立的派别,以至于本应坚守中立的法官也不得不陷入派系斗争之中。[162] 这在查理二世和詹姆斯二世时期,就突出表现为围绕天主教和詹姆斯继位而形成的"辉格"与"托利"的斗争。"这一时期辉格与托利的

---

[160] 在革命后的改革者看来,斯图亚特后期叛逆罪审判中的不公,一方面是因为法官缺乏职位的保障而容易屈从于法官;另一方面是因为叛逆罪中的控方力量过于强大。1696年的《叛逆罪审判法》首次在刑事审判中引入了辩护律师,以实现控辩双方的平等。而法官的职位保障制度则是由1701年的《王位继承法》确立的。[美]兰博约:《对抗式刑事审判的起源》,王志强译,复旦大学出版社2010年版,第89~91页。

[161] A. F. Havighurst, "The Judiciary and Politics in the Reign of Charles Ⅱ", *Law Quartely Review*, Vol. 66, 1950.

[162] 正如霍茨沃斯指出的,较之都铎时期的政治团结,17世纪的宪法斗争将国家分裂成了两个阵营,以至于我们"几乎无法设想一名法律人的法律观一点不受政治考量的影响"。参见W. S. Holdsworths, *A History of English Law*, Vol. V, Methuen & Co. Ltd., 1924, p. 350。

斗争日趋激烈,迫使王室法官们也卷入争端之中,不得不在政治上选择自己的站队。"[163]

因此,我们似乎也很难过多地指责法官的司法不公,因为这种"指责"的背后可能本身就带有政治派系的偏见。一个在辉格派看来糟糕透顶、严重不公的判决,在同时的托利党人看来,可能无比光荣、伟大、正确。尤其是考虑到"光荣革命"后辉格党人在话语权上占据的优势,我们有理由对于那些指控法官的言辞保持必要的谨慎。[164] 更进一步地说,即便这一时期的法官真的作出了具有明显倾向性的判决,我们恐怕也很难将之归因于法官个人的道德问题("趋炎附势"或"胆小懦弱");[165]实际上,这些判决可能更多来源于法官本人所属的政治派别,源于他们个人对于当时的政治局势的判断——这种判断不一定是正确的,但却可能是"独立"的。

著名的"天主教阴谋案"或许就很好地说明了这一点。[166] 尽管所谓

---

[163] A. F. Havighurst, "The Judiciary and Politics in the Reign of Charles Ⅱ", *Law Quartely Review*, Vol. 66, 1950.

[164] 辉格党人在光荣革命后对于旧司法的指控与清算,参见[美]兰博约:《对抗式刑事审判的起源》,王志强译,复旦大学出版社 2010 年版,第 75 ~ 77 页。实际上,许多研究都表明,辉格党人对于这些司法不公的指控带有明显的夸张与事后的渲染。例如,前述对于"血腥审判"的评价。参见 M. Zook, "The Bloody Assizes: Whig Martyrdom and Memory after the Glorious Revolution", *Albion*, Vol. 27, 1995;或参见 A. F. Havighurst, "James II and the Twelve Men in Scarlet", *Law Quartely Review*, Vol. 69, 1953。

[165] 程汉大、李培峰:《英国司法制度史》,清华大学出版社 2007 年版,第 149 ~ 150 页;或参见 W. S. Holdsworths, *A History of English Law*, Vol. V, Methuen & Co. Ltd., 1924, p. 504。

[166] 案件的起因大致是这样的:1678 年秋天,一个名叫泰特斯·奥茨(Titus Oates)的不得志的圣教会教士向政府报告,他在法国无意中得知一项阴谋,以约克公爵詹姆斯的秘书科尔曼(Coleman)为首的一些天主教徒打算杀害查理国王,并纵火焚毁伦敦和再屠杀十万名新教群众。由于奥茨的报告漏洞百出、荒诞不经,查理国王明确地表示不相信这是事实。但此时的英格兰到处弥漫着反天主教的浓烈气氛,人们普遍认为天主教徒什么邪恶的行径都干得出来,也很少有人冷静地思考事实问题。随后的一些事实似乎也增强了这种确信。在对科尔曼的搜查中,人们确实发现了一些未来得及烧毁的信件,其中提及了在英国恢复天主教和天主教徒对查理二世的失望等内容;与此同时,最初取得奥茨指控书并对科尔曼进行审讯的法官埃德蒙·戈弗雷也在这时突然离奇地死亡,更使得人们相信天主教徒在竭力掩盖某些事实。关于天主教阴谋案的基本事实,参见 J. Kenyon, *The Popish Plot*, Heinemann, 1972;或参见[英]马特莱:《詹姆斯二世与英国政治》,林东茂译,上海译文出版社 2001 年版,第 2 ~ 8 页。

"阴谋"的内容漏洞百出、荒诞不经,但国王的反对派还是抓住了这一打击天主教势力的大好时机。在反对派领袖萨夫茨伯里伯爵的鼓动下,被奥茨(Oates)指控的鲍维斯伯爵、斯坦福子爵等多名天主教贵族被上议院逮捕。随后,从1678年到1680年,在首席法官斯格罗格斯的领导下,王室法院相继提起了一系列针对天主教徒的审判。[167] 尽管查理国王曾试图阻止一些证据并不充分的死刑判决,但这些建议都未能被法庭接受。到1681年,共有35人因"天主教阴谋案"被判处死刑。[168] 以今天的眼光来看,这些针对天主教徒的审判几乎都是站不住脚的。[169] 总之,通过诬告和伪证等不正当的手段,以萨夫茨伯里为首的辉格派在这场反天主教的运动中取得了巨大的成功。[170] 尽管随着谎言一点点被揭穿,到1685年已经很少有人相信阴谋的真实性,但许多辉格党人却始终拒绝承认"天主教阴谋案"是冤案。

当然,这并不是说"天主教阴谋"一定是虚假的。由于年代的久远,我们已经很难完全恢复历史的真相,但本案的审判过程本身却表明,无论是法官与国王的关系,还是辉格派对待司法的态度,都远比传统的解说更为复杂。

首先,在这一案件中,所谓"趋炎附势"的法官与国王的意见并不一

[167] 科尔曼、卡斯尔梅因、斯坦福等多位耶稣会的教士,以及诸多被控图谋不轨的罪犯都在法庭上受到指控。[美]兰博约:《对抗式刑事审判的起源》,王志强译,复旦大学出版社2010年版,第70页。

[168] 参见王觉非:《近代英国史》,南京大学出版社1997年版,第143页。

[169] 19世纪的刑法学家斯蒂芬在读到《国家审判实录》中奥茨和其他指控者的荒唐陈述时写到,"他们的证据漏洞百出,也从不把自己和任何事情的关系说清楚。一旦假装告诉他们会有证人来对质,他们就总是支吾、退缩,然后就开始健忘了"。Stephen, *History of Procedure*,转引自[美]兰博约:《对抗式刑事审判的起源》,王志强译,复旦大学出版社2010年版,第71页。

[170] 以"天主教阴谋案"为契机,辉格党领袖沙夫茨伯里伯爵还借机在议会展开对托利党领袖丹比(Danby)伯爵的弹劾,并在约翰·梅纳德(John Maynard)、威廉·琼斯(William Jones)、弗朗西斯·温宁顿(Francis Winnington)等辉格党法律人的积极配合下在1679年3月取得成功,将丹比伯爵送进伦敦塔。关于对丹比伯爵的弹劾,以及辉格党法律人的作用,参见Michael Landon, *The Trimph of the Lawyers: Their Role in English Politics 1678 - 1689*, Alabama University Press, 1970, pp. 63 - 80。相关中文研究,参见李栋:《英国宪政革命中的辉格党律师》,载《华东政法大学学报》2011年第5期。

致。有如前述,对于奥茨等人的阴谋说辞,查理国王从一开始就持怀疑态度,尤其是当王座法院对皮克林(Pickering)等人作出死刑判决时,国王一度出面阻止死刑判决,认为法庭给他们定罪的证据是不充分的。[171]但面对天主教恐慌的蔓延和来自枢密院和议会的联合压力,斯格罗格斯等王室法官还是坚持这些证据是"充分和令人信服的",最终将三人处死。而斯格罗格斯本人恰恰是作为"国王的忠实仆人"被任命为首席法官的。[172] 但在"天主教阴谋"的问题上,却"没有任何证据证明司法是顺从国王的,相反,法官总是支持国王的反对派"。[173] 尽管这并不意味着法官站在了国王的对立面,但它至少说明,即便是那些被认为"见风使舵"的法官,依然可能具有独立于国王意志之外的政治立场与判断。

其次,这一案件的审判还表明,在司法公正的问题上,辉格派也并不比托利派做得更好。面对阴谋论的喧嚣直上,以萨夫茨伯里为代表的反对派议员似乎并没有多少耐心去证实传闻的真实性;相反,他们抓住这一"天赐良机"主动出击,将大批天主教贵族的议员逮捕羁押。[174] 对于此后的审判,他们同样竭尽全力支持法院的指控,即便这些审判的过程中充斥着诬告和伪证,并通过刑讯逼供与剥夺辩护权利等不正当手段作出有罪判决时,[175]也没有一个辉格派的议员对此提出异议,甚至在国王试图予以干预时积极地支持王室法官的裁决。或许,正如有学者指出的,"这是一个充斥阴谋和两面派的时代,无论是对于伪证和告密、阴谋和反阴谋还是涉及生命的政治斗争,辉格派的手段并不比托利派干净多少"。[176] 总之,

---

[171] A. F. Havighurst, "The Judiciary and Politics in the Reign of Charles Ⅱ", *Law Quartely Review*, Vol. 66, 1950.

[172] 有如前述,斯格罗格斯被视作"趋炎附势"的法官的典型,在此后的审判中作出了许多支持王室的判决。参见 W. S. Holdsworths, *A History of English Law*, Vol. Ⅵ, Methuen & Co. Ltd., 1924, p. 504。

[173] A. F. Havighurst, "The Judiciary and Politics in the Reign of Charles Ⅱ", *Law Quartely Review*, 1950, p. 233.

[174] 王觉非:《近代英国史》,南京大学出版社 1997 年版,第 142 ~ 143 页。

[175] J. Kenyon, *The Popish Plot*, Heinemann, 1972, pp. 179 - 180.

[176] A. F. Havighurst, "The Judiciary and Politics in the Reign of Charles Ⅱ", *Law Quartely Review*, 1950, p. 250.

在斯图亚特时代,对于基本的政治伦理与规范的共识还远未形成,政治斗争的态势也依然是按照传统政治的格局展开的;无论是辉格,还是托利,都并非"司法独立"或"公平正义"的天然代表。

甚至,托利派的立场也未必就是"趋炎附势"。当时,辉格派反对詹姆斯继承王位主要是出于对詹姆斯本人天主教立场的反感,以及对天主教复辟的担忧。[177] 但这并不意味着托利党就站在了支持天主教或鼓吹专制的立场上。相反,他们中的大多数人依然是反天主教的,之所以支持詹姆斯的继位,更多是因为不希望就此破坏君主世袭的原则。[178] 同时在辉格的内部,对于谁来接替詹姆斯继位的问题始终存在严重的分歧,也就使得越来越多的人担忧继承权的不明确最终会导致巨大的政治动荡,甚至内战的再度上演。[179] 因此,这一时期辉格与托利的分歧,也就并不在于天主教或是专制统治,而实际上是对待国家前途命运的两种态度。尽管托利派带有浓厚的保守色彩,但在当时的历史条件下,维护国家稳定和防止大规模的动乱又何尝不是一种"审慎"的政治选择呢?[180]

在这个意义上,我们也就重新理解了斯图亚特后期的法官"堕落"。

---

[177] 自16世纪宗教改革以来,英国社会就弥漫着反天主教的情绪,并在政治领域反映出来。在英国人的心目中,天主教总是与专制君主制联系在一起的,因此意味着邪恶的力量,也遭到了珍视英格兰自由传统的议员们的抵制。又由于当时与英国争夺海上霸权的法国和西班牙都是天主教国家,因此宗教问题更是与民族和外交问题纠缠在一起。尤其是面对查理二世联合法国与信奉天主教的政策,反对天主教的斗争更加激烈。参见 R. Clifton, "Fear of Popery", in C. Russell ed, *The Origins of the English Civil War*, Macmillan, 1973;或参见[英]马特莱:《詹姆斯二世与英国政治》,林东茂译,上海译文出版社 2001 年版,前言第 2~3 页。

[178] 只不过他们担忧如果让查理二世的女儿玛丽或私生子蒙默思继承王位,将构成对于君主世袭原则的破坏。同时上议院的贵族议员还担心君主世袭原则的改变会影响到贵族的财产世袭权利。参见 J. P. Kenyon eds., *The Stuart Constitution: Documents and Commentary*, 1966, p. 452。

[179] 参见[英]马特莱:《詹姆斯二世与英国政治》,林东茂译,上海译文出版社 2001 年版,第 21~23 页。

[180] 但托利的这种审慎立场也并非教条;相反,一旦认识到天主教的复辟不可避免,他们又可能及时转变立场,实现与辉格的联合。"光荣革命"前夕的"七主教案"就说明了这一点。参见王觉非:《近代英国史》,南京大学出版社 1997 年版,第 160 页;或参见 G. V. Bennett, "The Seven Bishops: A Reconsideration", in D. Baker eds., *Religious Motivation*, Blackwell, 1989。

与传统的辉格史学将原因归结为法官个人的道德品质不同，本书的解说更多地将其视作司法与政治的紧密纠缠所导致的后果。对于“天主教阴谋案”的分析表明，法官的态度并不仅仅取决于国王的意志；即便是国王“一手提拔”的法官，在许多时候也可能基于自身的政治派别与形势作出不同的判断。[181] 同时我们也看到，在对待司法的态度上，辉格派也并非严谨中立；在运用诬告与伪证等司法手段打击对手的方面，辉格的做法与托利并不存在本质的差别。[182] 总之，在斯图亚特后期的政治斗争中，并不存在“正义”与“邪恶”的非此即彼的对立；辉格与托利的派系之争也并非立场与观念的对立，而更多的只是在道路选择上的差别，而不是道德品质上的差别。无论是否愿意，王室法官都被迫地卷入这场政治纷争之中，也不得不作出政治上的站队与选择。尽管这里面不排除法官的个性因素与追名逐利的考虑，但面对一个司法与政治混同且充斥着分裂与对抗的时代，我们又有什么理由要求这些法官们作出更好的选择呢？

五、“反独立”的司法独立

但这并不是否认法律人的斗争与努力。面对斯图亚特王权的司法干预，那些坚守职业自主性的法律人依然值得赞赏，并在事实上推动了法官独立原则的确立。但问题是，我们不能因为赞同这些努力，就对其中的复杂性视而不见；不能因为尊重，或“为尊者讳”，就将辉格法律人的“不公正”记录一笔抹去。真正的历史研究，应当是直面复杂的世界，从表面的“悖论”中去寻找那真实的历史。

与“古代宪制”与“法律职业”的进路一样，本文的分析表明，仅仅是

[181] A. F. Havighurst, “The Judiciary and Politics in the Reign of Charles II”, *Law Quartely Review*, Vol. 66, 1950.

[182] 参见 J. Kenyon, *The Popish Plot*, Heinemann, 1972。或参见［美］兰博约：《对抗式刑事审判的起源》，王志强译，复旦大学出版社 2010 年版，第 70 ~ 71 页。

诉诸道德话语的所谓法律人的斗争,同样无法解释法官独立原则的最终确立。在深入的分析之后,原本清晰的"高尚"与"卑鄙"、"进步"与"落后"的划分变得模糊起来,我们看到的是一幅各种力量相互交错的复杂图景。我们开始怀疑,是否真的存在一部辉格法律人"为独立而斗争"的历史?1701 年原则,真是古老传统在经历了革命洗礼之后的重生吗?在"宪制"的、"职业"的传统以及辉格法律人的斗争之外,究竟是怎样的力量从根本上塑造了 1701 年的法官独立?

(一)独立的"悖论"

事实上,只要我们重新思考一下 17 世纪普通法法律人对于法官独立的追求,以及 1701 年原则最终确立的过程,就不难发现其中所隐藏的深刻"悖论"。

首先一个"悖论"是,这些为捍卫"独立"而斗争的法律人,可能本身就未能坚持"中立"。依据传统的解读,那些坚守普通法自治精神和独立品格的辉格的法律人,似乎构成了争取司法独立的推动者。但本书以上的分析却动摇了这一看法。的确,较之那些依附国王的法律人,他们更"高尚"也更"勇敢",但不可否认,其选择本身也同样是"政治性"的。如果说托利派法律人是因为自身政治立场而支持国王的话,那么辉格派法律人的选择也同样可能是基于政治立场的选择,而并非简单的"趋炎附势"。更何况,辉格在运用诬告与伪证等不正当手段的方面也并不比托利好多少。[183] 因此,从受制于政治斗争的角度来说,与支持国王的法官一样,辉格派法官同样可能是"不独立的";在对于国王的"独立"之下,同样可能隐藏着政治倾向的"偏私",而无关道德的高下。甚至我们也没有理由认为这些法官就一定更"勇敢";相反,正如有学者指出的,"那些坚持独立的法官可能更多是出于对议会的畏惧,而并非对原则的坚守"。[184] 除非只有国王的压力才算是"干预",否则,这种因为害怕得罪

---

[183] 参见[英]马特莱:《詹姆斯二世与英国政治》,林东茂译,上海译文出版社 2001 年版,第 2~8 页。

[184] A. F. Havighurst, "The Judiciary and Politics in the Reign of Charles Ⅱ", *Law Quartely Review*, Vol. 66, 1950.

议会的法官，又何尝不是另一种意义上“趋炎附势”呢？

其次，更大的“悖论”在于，独立的过程本身就带有“反独立”的意味。不错，1701年的《王位继承法》事实上确立了法官独立的原则（尽管还不完善），但这里却有一个“前提”问题：这是“哪些”法官的独立？显然，这些“被独立”的法官不大可能是詹姆斯任命的法官。有如前述，在光荣革命前后，王室法官的声誉已降到最低点，英格兰政治话语中充斥着对法官的痛斥与谩骂。[185] 在詹姆斯逃往法国后，一切司法活动也都中止；法官成为了“腐败”、“无能”的代名词。人们首先面对的问题，是如何处置这些“前政权”留下的法官。对此，威廉三世在1689年的决定是，一个也不保留！詹姆斯二世时代的法官被全部撤换，“没有一名继续留任或重新获得任命”。[186] 至于法官的终生任职问题，则直到以霍尔特（Holt）爵士为代表的十二名全新的王室法官获得任命之后，[187]才被“正式”提上议程。这也就意味着，司法独立在“光荣革命”后的确立，实际上隐藏着一个重要却经常被忽略的前提——以“革命”的名义罢免旧法官。

在这个意义上，我们也可能理解法官终身制为什么没有出现在1689年的《权利法案》，而是在十余年后的《王位继承法》才最终确认。实际上，正如有学者指出的，当1688年年底召开的“非常议会”开始讨论《权利宣言》（《权利法案》的前身）的内容时，就有议员提出了法官终身任职

---

[185] 参见［美］兰博约：《对抗式刑事审判的起源》，王志强译，复旦大学出版社2010年版，第75～77页。

[186] A. F. Havighurst, "*James II and the Twelve Men in Scarlet*", 69 Law Quarterly Rev. 523, 1953.

[187] 约翰·霍尔特（John Holt）爵士1642年出生于一个托利派家庭，但他本人却是辉格派的坚定支持者。1686年，霍尔特曾出任伦敦首席司法官，但由于提出与国王相反的观点而被撤职。在光荣革命中，霍尔特发挥了关键性的领导作用。1689年4月，他被任命为革命后的首位王座法院首席法官。此后，他担任这一职务二十余年，对于英国普通法的发展，尤其是商法和刑事诉讼的改革作出了重要贡献。参见W. S. Holdsworths, *A History of English Law*, Vol. VI, Methuen & Co. Ltd., 1924, pp. 516－522。

的问题,但最后的《权利宣言》和《权利法案》中却并没有提及。[188] 其中的原因是多方面的,但重要的一点,却无疑是考虑到此时的法官依然是詹姆斯任命的法官,而这些法官本身正是革命的对象! 因此,只有在全部罢免了这些旧法官,并任命了忠诚于新政权的新法官之后,法官的终身任职才可能被提上议事日程。1701 年的议会立法最终赋予了这些新法官以稳定的职位,可同样是依据合法程序被任命的旧法官却在"革命"的名义下丢了饭碗。[189] 在这个意义上说,1701 年确立的法官"独立",仅仅是革命派法官的"独立",并且恰恰以牺牲旧法官的"独立"为代价!

可凭什么牺牲这些旧法官的"独立"呢? 理由可以有很多。依据传统的"宪政主义"和"职业主义"进路,这些法官的解职,完全有理由归因于普通法的自由精神和职业素养的丧失:一方面,这些依附于国王的法官,不过是一些"道德败坏"、"趋炎附势"的无耻之徒,[190]早就丢掉了应有的独立品格,堕落为专制王权的帮凶;另一方面,这一时期的法官任命以政治忠诚为首要标准,从而导致法官在业务水准上一落千丈,因此在职业素质上也不够格。[191] 这些解说都有一定的道理。可有如前述,在 17 世纪这样一个基本共识破裂与纷争不止的时代,要指责某个法官道德"不高尚"总是容易的,但却在智识上无所增益,并可能遮蔽了更为重要的问题。而许多研究也已表明,斯图亚特后期的法官尽管存在品格的瑕疵,

---

[188] Lord Brooke, "Judicial Independence: Its History in England and Wales", in Cunningham ed. ,*Fragile Bastion: Judicial Independence in the Nineties*, Judicial Commission of New South Wales,1997.

[189] 尽管依据这一时期的惯例,王室法官在新君即位时需要重新获得任免,但一般来说,原有的法官往往会被继续委任职务。威廉三世在即位之初全部罢免原有的法官显然是基于革命需要的非常规行为。参见 A. F. Havighurst, "*James II and the Twelve Men in Scarlet*",69 Law Quarterly Rev. 523. 1953。

[190] 参见程汉大、李培峰:《英国司法制度史》,清华大学 2007 年版,第 149 页;或参见 Lord Brooke,"Judicial Independence: Its History in England and Wales",in Cunningham ed. , *Fragile Bastion: Judicial Independence in the Nineties*, Judicial Commission of New South Wales,1997。

[191] 例如,霍茨沃斯就认为,这些"政治法律人"往往"毫无原则、巧舌如簧、法律知识少得可怜"。参见 W. S. Holdsworths,*A History of English Law*, Vol. VI, Methuen & Co. Ltd. , 1924, p. 504。

但在总体上的道德与智识水平却仍然高于当时的平均水平。[192] 因此，我们还有必要寻求“宪政主义”和“职业主义”之外的解说。

（二）司法独立与议会主权

当然，也有人会辩称，1701 年的原则，并非无条件的终身制，其基本的前提是法官的“品行端正”。因此，如果这些詹姆斯国王任免的法官被认为违反了“品行端正”的要求，就有理由被罢免，而并不违背法官独立的原则。可这里的问题是，由谁来判断法官的品行；又凭什么来判断品行的端正。

在这里，真正的问题开始浮现。1701 年原则结束了“国王依个人喜好任免法官”的历史，但这并不一定意味着法院与法官的胜利。尽管“品行端正”的原则，避免了法官任免上的恣意，可问题是，“品行端正”本身依然是一个难以准确界定的语词，而对于“端正”的解释权则成为了重要问题。依据 1701 年的原则，这个解释权的主体不是国王，而正是革命后的议会。换言之，通过对于“品行端正”的解释权，议会取代国王，成为了决定法官去留的关键。

但有如前述，在革命的话语中，由议会来裁断法官的“品行端正”与否，本身也许就有失公平。在革命之后的辉格议会中，一个重要的议题，就是反思复辟时期“正义”力量遭受的不公正待遇，以及王室法官的“堕落”。国王任命的法官被一律归结为“邪恶的顾问和法官”，理所当然地被视作“品行不端”而解职。可注意，这并不是一个“中立”的裁决。至少，由受害方来充当仲裁者，本身就违背了“不可为自己的法官”的“自然正义”。而我们也很难想象，在一片声讨“反动”法官的辉格话语中，这些法官会得到多少公正的对待。

可这正是革命与政治的逻辑。

事实上，1688 年的“光荣革命”的性质，一直以来都是英格兰史学界

---

[192] A. F. Havighurst, “The Judiciary and Politics in the Reign of Charles Ⅱ”, *Law Quartely Review*, Vol. 66, 1950.

争议不休的话题。[193] 许多研究者都倾向于认为,从政治学或法理学角度来观察,"光荣革命"的发生,首先回应的还是一个国家主权的"归属"问题,或者说是"位置"问题。[194] 一般来说,在中世纪的英格兰,基本的政治架构可以大致归类为一种"王在议会中"[195]的"混合政体",[196]即由国王、上议院和下议院共同行使国家权力,但究竟由哪一方掌握最高主权的问题却并不明确,而只是被模糊地认为由"议会中的国王"拥有。换言之,在这一时期,"没有人关系国家主权的归属"。[197]

然而,进入 17 世纪后,伴随着现代主权国家的建构与兴起,最高主权的归属问题越来越成为政治与法律的核心问题。在英国,自中世纪以来的"王在议会中"的微妙平衡逐渐被打破,并同时受到来自国王与国会的两方面的挑战。斯图亚特君主提出的"君权神授"理论,[198]首先对英国的最高主权提出了明确的要求,也构成了现代主权理论最初的政治神学表达。[199] 与此同时,随着经济社会变迁与新阶层的兴起,英国议会的力量也在这一时期迅速崛起,并逐渐摆脱作为国王最高法庭的封建樊

---

[193] 关于"光荣革命"的评价,历史上的英国史学界一直存在麦考莱、屈威廉等人的"辉格史学"和休谟等人的"托利史学"的争论,相关讨论,参见 H. T. Dickson, "The Eighteen Century Debate on the Glorious Revolution", *History*, Vol. IXI, 1976, pp. 28–45。

[194] 在梅特兰看来,在 17 世纪的英格兰,对于主权的归属实际上有三种主张,即分别归属国王、王在议会和法律(即普通法及其法院)。[英]梅特兰:《英格兰宪政史——梅特兰专题讲义》,李红海译,中国政法大学出版社 2010 年版,第 191~194 页。

[195] 所谓"王在议会中"的观点,是将英国的主权归于议会中三位一体的国王和上下两院。这一观点形成于亨利八世的宗教改革时期,盛行于爱德华六世和伊丽莎白时期。参见阎照祥:《英国政治制度史》,人民出版社 1999 年版,第 115~118 页。

[196] 关于英国的混合政体,参见[美]戈登:《控制国家——从古雅典至今的宪政史》,应奇等译,江苏人民出版社 2008 年版,第 255 页。

[197] S. B. Chrimes, *English Constitutional History*, Oxford University Press, 1953, pp. 122–123.

[198] 詹姆斯一世撰写的著作《自由君主制的真正法律》(1598 年)和《君主赠言》(1599 年),在英国最早系统提出了君权神授的理论学说。所谓"君权神授",首先是指君主的权力来自于上帝的授予,君主的世袭权利是神圣不可剥夺的;作为世俗君主的国王只对上帝负责,而无需遵循人间的法律。参见 *King James VI and I: Political Writings*, edited by J. P. Sommervile, Cambridge University Press, 1994。

[199] J. N. Figgis, *The Divine Right of Kings*, Hardpress Publishing, 1922, p. 271.

篱，开始寻求作为最高主权者的至上权力。[200] 在这两种趋势的共同作用下，国王与议会的主权之争，迅速上升为17世纪英国政治斗争的主题。[201] 斯图亚特王朝以来的冲突与内战无不围绕这一主题展开；而1660年的复辟仅仅是一次妥协，并未从根本上解决国王与议会的主权归属问题。这一问题在1688年再次爆发，并通过“光荣革命”的革命手段获得解决，而革命的结果，正是君主立宪制的初步确立与“议会主权”的兴起。

“议会主权”原则带来的后果是多方面的。一方面，它意味着“君主主权”的失败，议会成为了国家主权的最终归属，曾经与上议院、下议院共同行使主权的国王，已经完全被置于议会权力之下。尽管从表面上看，“王在议会中”的原则依然得以维持，但国家主权的重心已无可挽回地从国王的一边转移到了议会。并且与中世纪的议会不同，此时的议会已经拥有了完整意义的主权。“英国实际上首次有了一个现代类型的立法机关——不再仅仅是宣布法律的机构而是创制法律的机构。”[202]而此时的国王无论继续保有怎样的权力，都只能在议会的限制内行使；且一旦两者冲突，议会总能采取相应手段使国王屈服。

但另一方面，“议会主权”的确立还意味着另一种可能的方案——“法律主权”或“普通法主权”——的落空。许多学者都曾指出，在国王与议会之外，以柯克法官为代表的普通法法律人提出了另一种“普通法至上”的主张，要求将国王与议会都置于法律的主权之下；[203]而作为“法

[200] C. H. McIlwain, *The High Court of Parliament and Its Supremacy*, Yale University Press, 1910, pp. 389 - 390.

[201] 参见钱乘旦、许洁明：《英国通史》，上海社会科学院出版社2007年版，第185页；或参见 Michael Landon, *The Trimph of the Lawyers: Their Role in English Politics* 1678 - 1689, Alabama University Press, 1970, pp. 24 - 25。

[202] C. H. McIlwain, *The High Court of Parliament and its Supremacy*, Yale University Press, 1910, p. 93.

[203] 在兰顿看来，普通法法律人大多主张国家的最终主权在于法律本身。不仅是柯克，即使是支持王权的培根，也并不否定主权在法，而只是主张对于法律的不同路径的解释。参见 Michael Landon, *The Trimph of the Lawyers: Their Role in English Politics* 1678 - 1689, Alabama University Press, 1970, pp. 24 - 25, 25 - 31。

律神谕者”的法官与法院,[204]则成为了“既能制约国王又能限制议会”的独特权威中心。[205] 而在亨廷顿等人看来,这一“基本法至上”(而非“机构至上”)的主张正是中世纪政治区别于现代政治的主要标志。[206] 但在17世纪英国革命中,这一主张却最终被抛弃。“英格兰议会活跃的立法活动,已使得任何普通法高于国王和议会的理论成为了不切实际的原理”;“各种事件都表明关于主权的斗争只存在于国王和国王加议会之间”。[207] 最终,“议会至上”而非“法律至上”的主张取得了胜利。尽管这同样意味着“君主主权”的失败,但从本质上说,“议会主权”却与“君主主权”分享着一致的政治逻辑——“机构至上”——区别仅在于这个机构是君主还是议会。

因此,在这个意义上,光荣革命的司法意义,就并非法官相对于主权者的独立,而仅仅是法院从对于国王的依附转向了对于作为新的主权者的议会的依附。[208] 换言之,主权者依然是法院的“主人”,变化的仅仅是主人的身份。

---

[204] 在一些学者看来,柯克最重要的贡献在于英国的司法体系作为既独立于国王又独立于议会的一个独特的政治权威中心的确立;它勾勒了完全不同于亚里士多德的三元模式的“混合政体”,将普通法法院作为第四个主要的重要实体。参见[美]戈登:《控制国家——从古雅典至今的宪政史》,应奇、陈丽微、孟军、李勇译,江苏人民出版社2008年版,第271页。

[205] 正如有学者指出的,这一主张的实质,不仅是要分开立法与司法,而且是要司法制约立法。参见刘星:《西方法律思想导论》,法律出版社2007年版,第281页。

[206] 在亨廷顿的政治现代化理论中,现代政治与中世纪政治的一个重要区别就在于权威的来源是“机构”而非“基本法”(Fundamental Law)。从17世纪开始,欧洲各国的主权权威开始从基本法转移到国家机构。只不过,与欧洲大陆主权转向君主不同,英格兰的主权转向了议会。但相比之下,基本法至上的中世纪传统却在美国得以一直延续下来。参见[美]亨廷顿:《变化社会中的政治秩序》,王冠华、刘为等译,上海人民出版社2008年版,第82~86页。

[207] 参见[英]梅特兰:《英格兰宪政史——梅特兰专题讲义》,李红海译,中国政法大学出版社2010年版,第191~194页。庞德也曾指出,1688年光荣革命确立的议会至上原则,实际上意味着“柯克的主张落空”。参见[美]庞德:《普通法的精神》,唐前红等译,法律出版社2001年版,第43页。

[208] 夏皮罗也认为,1688年的英国革命并没有把法官从他们的主人——国王那里解放出来,而且革命的长期影响不过是将法院由附从国王转向了附从于议会。参见[美]夏皮罗:《法院——比较法上和政治学上的分析》,张生、李彤译,中国政法大学出版社2005年版,第141页。

正是在这一语境中，我们或许可以重新反思17世纪后期司法独立的历史。无论是旧法官在革命后的免职，还是1701年独立原则的确立，都实际上来源于“光荣革命”所带来的主权者的变更，以及由此产生的一系列根本性的政治判断。首先，詹姆斯二世的法官之所以被全部罢免，就并非如同传统解读所说的那样，仅仅是由于这些旧法官的“道德沦丧”或“知识欠缺”，而更重要的原因依然是“光荣革命”所带来的主权者的变更。“议会主权”的确立，也就意味着原有主权者任命的法官已经彻底丧失了合法性，必须在人事上被替换为效忠于议会主权者的新法官——即便他们中的一些人在品行和职业上可能并不算太糟。

也正是在这个意义上，1701年的法官“独立”，也就并非古代自由或普通法传统的重获新生，而同样来自于新的主权者的政治判断。为了防止作为曾经的竞争者的国王重新争夺主权，还有必要对于国王的权力作出一些限制。其中，除了在财政和军事上限制国王的收入与武装之外，另一个在司法领域的重要措施，就是剥夺国王“依据个人喜好”罢免法官的权力，赋予法官“品行端正”即可以终身任职的特权。只不过，判断法官是否“品行端正”的权力也同样落入了议会手中，议会的上下两院从此获得了“依法”罢免法官的权力。[209]

更进一步地，在法官“独立”与国会成为“新主人”的背后，我们还可以看到国家治理方式转型的变迁。与中世纪政治中“主权”归属的模糊和王权对于司法“赤裸裸”的控制不同，光荣革命确立的“议会主权”恰恰生动展现了现代政治的复杂。一方面，以议会为主体的“机构至上”取代了中世纪政治的“基本法至上”，实现了主权的至上性与唯一性；[210]

---

[209] C. H. McIlwain, “The Tenure of English Judges”, *The American Political Science Review*, Vol. 7, No. 2, 1913.

[210] “基本法至上”（而非“机构至上”）的主张正是中世纪政治区别于现代政治的主要标志。只不过，与欧洲大陆主权转向君主不同，英格兰的主权转向了议会。参见［美］亨廷顿：《变化社会中的政治秩序》，王冠华、刘为等译，上海人民出版社2008年版，第82～86页。

而另一方面，国家的治理也变得更“间接”与“隐蔽”。[211] 议会依据“品行”来决定法官去留的权力，正体现了现代政治的精髓：它既保持了主权者对于重大政治问题的最终决断，也最大限度降低了“个人好恶”的恣意，将政治判断纳入更理性、稳定的决策程序之中。

在这个意义上，议会主权对于法官职位的控制，也同样是国家治理模式变迁的反映。在这种新的治理中，法官与主权者之间的紧张被消解，法官的地位也不再受制于个人的喜好，而只需要在整体上与主权者的意志——所谓“法律”——保持一致。法官及其所附属的法律职业阶层，不再是国家主权者的“敌人”，而成为最亲密的“战友”与有力的“合作者”。正如我们之前的分析所展示的，在经历了革命的洗礼后，不仅议会获得了对于法院与司法的控制，同时普通法法律人——尤其是辉格法律人——也成功占领了议会。而所谓的普通法法律人阶层，恰恰成为了主权者与法院之间的沟通桥梁与“缓冲”。这的确是一次“法律人的胜利”，[212]但却是主权者权威之下的胜利。

在本章的最后，我们发现，传统的有关司法独立的“英国故事”实际上已经被重新讲述。在这里呈现的“新故事”中，作为“理想状态”的司法独立不复存在，为独立而斗争的主体也被逐渐消解。原本普通法法律人为了捍卫自由传统和职业自主而不断斗争的完美图景也陷于碎片化。在这里，我们看到的，不再是古老的光荣理想，而是残酷的政治与赤裸的利益；不再是坚守独立精神的高尚法律人，而是现实世界中“追名逐利”的卑微个体；不再是不畏强权反抗专制的政治精英，而是为党派利益而不择手段的平庸政客。故事的结尾也不再是“自由”战胜“专制”、司法从此“独立”的“光荣”革命，而是议会成为新的主权者，也成为了法院和

---

[211] 在福柯的语境中，现代政治的治理，就在于从中世纪以来的“统治权技术”，转向国家借助于法律与社会力量的更为“间接”与“隐蔽”的治理术。参见［法］福柯：《安全、领土与人口——法兰西学院演讲系列 1977—1978》，钱翰、陈晓径译，上海人民出版社 2010 年版，第 3～8 页。

[212] 借用迈克尔·兰顿（Michael Landon）的书名《法律人的胜利》，参见 Michael Landon, *The Triumph of the Lawyers: their Role in English Politics*, 1678－1689, University of Alabama Press, 1970。

法官的“新主人”。[213]

这的确是一个不太招人喜欢也多少有些悲观的故事。但有如前述，这并不是要贬低革命者的崇高，更不是否定司法独立的理想；相反，本书同样坚持这些理想，并赞赏这些为了理想而奋斗的法律人的伟大。但正因为对于理想的珍视，更需要我们认真地对待这段历史，也更努力地去发现历史之后的真实，而不是将复杂的历史简单化，或是神圣化。尽管我同样不确信本书的解读就完全正确，但在我看来，较之传统的“宪政主义”与“职业主义”的解释，它可能使我们更清楚地认识到真实历史的复杂性，提醒我们更多地注意司法独立得以确立的“革命”背景，以及隐藏在“革命”之后的利益计算与权力角逐。

[213] 参见[美]夏皮罗：《法院——比较法上和政治学上的分析》，张生、李彤译，中国政法大学出版社2005年版，第141页。

结语：司法治国之后？

故事讲到这里。但最后似乎还有一些需要交代的话。在回溯了中世纪后期到近代早期的英国故事之后，一个疑问仍然存在：这个司法治国的故事结束了吗？如果故事已经终结，我们今天回溯它的意义又何在？如果它仍在当下延续，它又在何处？今天的司法治国与历史上的故事又有何关联？在最后的结语，本书并不追求全面的总结，而试图探寻一个司法治国"之后"的故事。

一、政治现代化中的司法

对于中世纪政治的性质，一直以来存在两种看法。一种观点主张将中世纪政治完全视作"前现代"的传统政治的范畴，将现代的起点放在16世纪之后的欧洲。但也有许多学者认为，从12世纪开始，欧洲的政治现代化进程已经开启，以英国和法国为代表的早期现代国家已经开始孕育现代政治的一些基本构成要素。[①] 用斯特雷耶的话来说，即“现代国家的中世纪起源”。[②]

这些观点的分歧，很大程度上来自于不同学者对于政治现代化的理解不同。在政治学或社会学的理论中，“现代化”的含义从来是模糊不清的。自中世纪后期以来出现于西方社会的“城市化、工业化、世俗化、普及教育和新闻参与”等现象都可能被归于“现代化”的范式之中。[③] 因此，要理解中世纪的西欧是否出现了某种“现代政治”或“现代国家”的要素，就需要首先界定所谓“政治现代化”的内涵。依据亨廷顿的概括，政治现代化大致由三方面内容构成。

首先，现代化要求权威的理性化，即以单一的、全国的政治权威来取代传统的、多元的、地方性的政治权威。权威的理性化意味着现代主权观念的诞生，现代国家的对外主权不受他国干预，中央政府的对内主权不被地方权力所左右。其次，政治现代化还包括“划分新的政治职能并创制专业化的机构来执行这些职能”。[④] 在这一过程中，司法、军事、行政等一些特殊职能的领域逐渐从原来综合的政治领域中分离出来，并设立有自主权的、专业化的机构来实施这些职能。最后，政治现代化还意味着政治参与的扩大，尤其是底层民众对于政府的广泛参与，即我们今天所说的民主化进程。

依据这样一个定义，现代政治与传统政治的区别，就在于权威理性化、结构离异化和大众参政化这三种现象的逐步呈现。当然，需要注意

---

① 参见[美]哈斯金斯：《12世纪的文艺复兴》，夏继果译，上海人民出版社2005年版；布洛赫：《封建社会》（下卷），李增洪、侯树栋、张绪山译，商务印书馆2007年版；[美]伯尔曼：《法律与革命——西方法律传统的形成》，贺卫方、高鸿钧、张志铭、夏勇译，中国大百科全书出版社1993年版；Joseph Strayer, *On The Medieval Origins of The Modern State*, Princeton University Press, 1970；[英]迈克尔·曼：《社会权力的来源》（第1卷），刘北成、李少军译，上海人民出版社2002年版。

② J. Strayer, *On The Medieval Origins of The Modern State*, Princeton University Press, 1970.

③ B. Lerner, *The Passing of Traditional Society*, Free Press, 1958, p. 15. 转引自[美]亨廷顿：《变化社会中的政治秩序》，王冠华等译，上海人民出版社2008年版，第25页。

④ [美]亨廷顿：《变化社会中的政治秩序》，王冠华等译，上海人民出版社2008年版，第27页。

的是,这里所谓的“现代”与“传统”,仍然只是一些理想型概念。在现实政治中,我们很难找到一个纯粹的政体,完全具备这三种要素,或完全不具有。事实上,现实政体,更多是介于理想型的“传统政体”与“现代政体”之间的混合政治。例如,即便在今天的西欧和美国的高度发达的政体中,我们仍然会看到“地方性政治”与“熟人政治”的巨大影响。而在之前讨论的中世纪英格兰,中央王室法庭的“集权化”与法庭的“专业化”、“职业化”,都已达到了较高水平。

因此,在这个意义上,我们有理由将中世纪的英格兰视作早期现代国家的典型。尽管它并不具有理想型“现代国家”所具备的统一的政治权威、成熟的专业机构与全社会范围内的大众参与,但不可否认,在权威理性化与结构离异化方面,英格兰的政治现代化已远远走在欧洲各国前列。由中央巡回法庭与地方治安法庭共同完成的治理“跨地方化”,以及具有自主性的普通法职业阶层所带来的“超人身化”,都在不同层面上开启了英国的政治现代化进程,并取得了相当的成就。尽管以大众教育普及和言论表达自由为基础的大众参政化在英格兰还远未出现,但在这一时期的巡回法庭和四季法庭中,我们仍然可以看到乡绅阶层甚至底层民众对于英格兰基层司法的参与程度的不断提升。⑤

在这个意义上,我们也重新理解了司法在早期政治现代化中所扮演的关键角色。首先,在权威理性化方面,在大规模现代立法机构诞生之前,从“王廷”中走出的各种法庭成为了将中央权威延伸到地方的有效载体。通过中央王室法庭的运作与各种巡回法庭的派出,通过与各种地方法庭、领主法庭的管辖权竞争,中央王室的权威逐渐取得了对于各层级的封建性与地方性权力的胜利,从而建立起中世纪欧洲最强大的中央集权制度。与此同时,这种“司法”的权力集中,还具有“低成本”的优势。无论是“一身二任”的巡回法官,还是建立在与地方乡绅阶层亲密合作基础上的治安法官,都同样贯彻了低成本的权力策略,更

⑤ 英格兰乡绅阶层和底层民众对于基层政治的参与,还可以参见 A. B. White, *Self-government at the King's Command: a study in the beginnings of English Democracy*, Minneapolis, 1933。

为语境化地回应了中世纪政治所始终面对的资源供给不足的难题。

其次，在结构离异化方面，从综合性“王廷”不断分离出的各种专业化的法庭，构成了贯穿政治职能分工与专业化机构生成的一条主线。有如前述，在中世纪的各种政治职能中，司法与财政是最早从综合性的政治事务中分立出来的，并最早形成了专业化的永久性机构。用斯特雷耶的话来说，“高等法院与财税部门远在外交和国防部门之前”。⑥这些专业化的法庭，也构成了整个中世纪后期到近代早期的英格兰政治治理的“中心地带”，司法成为“政治权力的核心形态”。⑦ 在法庭走向“专业化”的同时，法庭的从业人员——法官——也日益“职业化”，形成了具有较高准入资格的法律职业阶层，以及与之相配套的以“技艺理性”和“普通法心智”为核心的职业意识形态。这种对于职业资格与职业伦理的强调，也同样符合亨廷顿所谓“结构离异化”的另一个侧面，即“官位和权力的分配更多地根据实绩，选贤任能，摒弃阿谀奉承，使庸碌之辈无晋身之阶”。⑧ 在这个意义上，英格兰的法庭与法律职业，构成了中世纪后期与近代早期政治现代化与“超人身化”的典范。

正是在英格兰的历史经验中，我们看到了司法治国的典型形态，看到了法庭与司法在早期现代国家的形成与治理中可能扮演的关键角色。同时透过英格兰的历史所呈现出的司法治国的图景，又并非所谓政治现代化的“单线”演进；相反，其中充满了各种对抗、转折与意外，各种前现代的传统交织在一起。在王室的“控制”与地方的“自治”之间，在司法的“自主性”与对王权的“依附性”之间，都存在深刻的矛盾与冲突。尽管法庭与司法在今天的国家治理中已经不具有中世纪政治中的核心地位，但其中所隐含的基本问题却依然存在，并且依然左右着我们对于司法与政治理论的理解。因此，本书所讨论的英国版本的司

---

⑥ J. Strayer, *On The Medieval Origins of The Modern State*, Princeton University Press, 1970. p. 27.

⑦ ［美］安德森：《从古代到封建主义的过渡》，郭方、刘健译，上海人民出版社 2001 年版，第 156 页。

⑧ ［美］亨廷顿：《变化社会中的政治秩序》，王冠华等译，上海人民出版社 2008 年版，第 27 页。

法治国的故事,就不仅仅是一种历史的陈迹,而可能依然影响着当代世界的司法与宪制,并可能对于当下的制度变革仍具有智识意义。

二、司法治国的衰落:欧陆与英国

但司法治国仍然衰落了。不仅是在欧洲大陆,即便是在作为典型的英格兰,司法治国也只是一个远去的理想。有如前述,在1701年以来的英国,议会作为绝对主权者的地位已经确立,法庭与司法作为国家治理技术的主要载体已经失去往昔的意义。但这一衰落的过程仍然值得回顾。也只有在此基础上,我们才能理解司法治国对于现代政治的意义,及其在当下语境中重生的可能。

在西方政治现代化的版图中,欧陆、英国与美国构成了三种截然不同的类型。尽管欧陆与英国的道路看上去大相径庭:前者依赖于绝对主义的君主权力,而后者是国会作为主权者的胜利,但事实上两者在很大程度上分享了共同的本质,即它们都共同拒绝了中世纪以来的"混合政体"与"司法治理",而倒向了"主权至上"与"立法理性"的现代政治架构,所不同的仅仅是主权者的身份。而相比之下,美国的政治现代化恰恰是最不彻底的,最大限度地保留了中世纪的传统,尤其是作为中世纪政体总结的"都铎宪制",并在当下仍然接续着司法治国的故事。[9]因此,要理解司法治国在近代的衰落及其演变,我们首先要回到17世纪以来的欧陆与英格兰。

(一)欧陆:从"司法"到"立法"

近代的欧洲大陆,勾勒出政治现代化的经典路线图。自17世纪以来,权威理性化与结构离异化成为不可阻挡的趋势。法国的路易十四(Louis XIV,1643—1715年)、西班牙的腓力四世(Philip IV,1621—1665年)、普鲁士的腓特烈二世(Friedrich Ⅱ,1740—1786年)、奥地利的约

⑨ [美]亨廷顿:《变化社会中的政治秩序》,王冠华等译,上海人民出版社2008年版,第80~81页。

瑟夫二世(Joseph Ⅱ,1765—1790年)等一大批欧陆君主都不遗余力地推进集权化与科层官僚体系的建立。这个时代是主权国家建构的时代,也是绝对主义的时代。正是借助绝对君主的力量,欧洲大陆彻底摒弃了中世纪以来的“混合政体”与“司法治理”,建立起现代主权国家的政治架构。[10] 尽管专制王权最终随着民主化时代的到来而终结,但它所代表的“立法主权”却不曾改变,只不过由新的主权者——人民选举的议会——所取代。

在从“司法理性”到“立法理性”的过程中,以近代早期的法国最为典型。在中世纪的国家治理中,以法庭为核心进行国家治理是欧陆的通行做法。当国王开始寻求权力集中时,主要依靠自下而上的“上诉”制度,以及作为中央王室法院的巴列门(Parlement)的建构。通过上诉制的确立,矫正了曾经把司法权封建化的进程,重新将统一的因素导入司法组织之中。[11] 而借助高度技术化的管辖权争夺,以巴黎巴列门为中心的王室法院也逐渐实现了将王权扩展到王国内每个地方、每个人的目标。[12] 但在进入17世纪后,随着新一轮国家建设的开启,这样一种被动的、以司法为中心的治理模式不再适应新的绝对主权国家建构的需求,逐渐让位于以立法权或执行权(或行政权)为核心的更为积极主动的治理。

从路易十四时代开始,国王开始垄断立法权,并开始借助统一立法进一步整合国家;同时国家治理的多数职能都从由司法官员掌控转由新兴的行政官僚掌控。“权贵们丧失了经济和军事的自主权,转变为受制于国王的官吏。”[13]传统的由贵族所掌握的司法机构(巴列门)逐渐

---

⑩ 参见[美]安德森:《绝对主义国家的系谱》,刘北成等译,上海人民出版社2001年版。

⑪ [法]布洛赫:《封建社会》(下卷),李增洪、侯树栋、张绪山译,商务印书馆2007年版,第203~204页。

⑫ 陈颐:《立法主权与近代国家的建构:以近代早期法国法律为中心》,法律出版社2008年版,第18页。或参见J. H. Shennan, *The Parlement of Paris*, Cornell University Press, 1968。

⑬ [英]迈克尔·曼:《社会权力的来源》(第1卷),刘北成、李少军译,上海人民出版社2002年版,第642页。

丧失了行政权力,国王以及财政大臣、国务秘书等新兴的官僚攫取了正在增长中的国家权力。到路易十四的时代行将结束时,一个立法主权至上的新的统治方式已经确立。尽管这一治理模式之后也曾遭遇大革命的洗礼,但就像托克维尔所说,大革命不仅不曾摧毁这个"旧制度",而且进一步强化了这一机制。⑭ 在这个意义上,以法国为代表的欧陆各国的政治现代化,最典型地展现了那个曾经的司法治国的衰落,近代主权国家的建构近乎一致倒向以立法主权为核心的现代政治架构。

(二)英国:"都铎宪制"及其结束

紧随其后的,是曾经作为司法治国典型的英格兰。

中世纪以来的司法治理,经过长期发展,最终成熟于16世纪的都铎时代。从亨利八世时代开始,宗教改革的开展、枢密院的设立、治安法官的加强以及各种特权法庭的发达,都在不同程度上强化了英国王权与中央集权,重新塑造了民族国家的认同,大大增强了王室和行政机构的权力。因此,有学者甚至认为在都铎时代的英格兰,已经出现了一种"专制君主制"(Autocratic monarchy),或"绝对主义君主制"(Absolutism monarchy)。

但另一方面,又有很多学者认为,都铎时代的王权仍然是一种"有限君主制"(Limited monarchy)。这一时期的王权虽然较之前的时代的王权大大强化,但仍然受到来自议会与普通法法庭的各方面的束缚。这一时期形成的"王在议会中"(king in parliament)的传统,更是将国王与议会形成了一个紧密的整体。用亨利八世的话来说,"国王如同首脑,两院议员如同躯干四肢,我们连在一起,组成国家"。⑮ 在这个体制中,国家的主权归属依然是模糊不清的,它既不属于国王,也不属于议会,而属于国王(君主制)、上院(贵族制)与下院(民主制)共同构成的"混合政体"。此外,在英格兰版本的"混合政体"中,除国王和议会外,普通法法庭也被视作既制约国王又制约议会的一个独立的权力中心,

---

⑭ [法]托克维尔:《旧制度与大革命》,冯棠译,商务印书馆2010年版,第49页。

⑮ G. R. Elton, *Studies in Tudor and Stuart Politics and Government*, Vol. 2, Cambridge University Press, 1983, p. 270.

从而形成了一个不同于亚里士多德的三元“混合政体”的多中心主义宪制结构。[16]

也正是在这个意义上，尽管16世纪的“都铎宪制”构成了迈向现代主权国家的关键过渡，但它在本质上仍然被视作是“中世纪”的。即便在伊丽莎白时代的政府，无论王权如何强大，英国政治的要义仍然是保持“中世纪基本因素的连续性”。[17] 都铎王朝所带来的各种改革与变化，仍然未能打破“封建制度的基本原则”，“甚至连封建政治结构也未能动摇”。[18] 在都铎时代的政治观念中，英国宪制中的各组成部分仍然是一个和谐的有机体：“基本法”来源于古代的传统而非立法者的创制；无论是王权，还是国会，本质上都是“司法”性质的；不仅国王的本质是“最高的法官”，国会在很大程度上仍然只是一个“最高法院”。[19] 在这些带有明显中世纪痕迹的思想与实践中，显然没有给一位至上的“绝对主权者”留下空间——无论这个最高主权者是国王，还是国会。

依据欧克肖特（M. Oakshott）的区分，这种以“司法”为核心的“都铎宪制”，很大程度上是中世纪以来的“怀疑论”政治的产物。这种怀疑论政治在人类历史上源远流长，它拒绝那种认为人类是完美的幻想，对于人类前途抱有谨慎的不自信。因此，怀疑论者总是倾向于“节省”地使用权力，拒绝依据事先构建的蓝图去纠正或干预人类的活动，所以总是倾向于将治理活动停留在“司法”活动之上。在“怀疑论”之下，中世纪英国对于政府的理解只是法庭与司法，只是以适当的压力来维持秩序。“它不会把我们引向天堂，却使我们免于地狱之苦；它未向我们指明真理，却使我们免于愚蠢之灾。”[20]而所谓的英国国会，直到17世

⑯ ［美］戈登：《控制国家——从古雅典至今的宪政史》，应奇等译，江苏人民出版社2008年版，第271页。

⑰ A. L. Rowse, *The England of Elizabeth*, Macmilan, 1951, p. 262.

⑱ S. B. Chrimes, *English Constitutional History*, Oxford University Press, 1953, pp. 121－123.

⑲ C. H. McIlwain, *The High Court of Parliament and its Supremacy*, Yale University Press, 1910, p. 386.

⑳ ［英］欧克肖特：《信念论政治与怀疑论政治》，张铭等译，上海译文出版社2009年版，第54页。

纪,也不过是一个"最高级别的法庭"。而后来被认为是"立法"的职能,只是来源于司法职能履行过程中的一种略微的延展。在这个意义上,都铎时代的英国,仍然没有摆脱中世纪的"怀疑论",政治的本质仍然是"司法",而非"立法"。

但这种"怀疑论"的政治色彩在17世纪的宪法冲突中逐渐褪去。首先对于中世纪的司法政治发起挑战的是斯图亚特的君主。詹姆斯一世在《自由君主制之真正法律》中明确提出布丹式的君主主权观,主张一种绝对的不可分割的主权,宣称"国王创制法律而非法律创制国王",㉑反对中世纪以来的"混合政体"与"司法治理"。在今天看来,詹姆斯的主张不过是现代主权理论的神学表达,"中世纪政治与现代政治的必要过渡",㉒也颇符合欧陆的历史潮流,但在英格兰却遭到了爱德华·柯克等古代宪制主义者的反对。可最终的结果,却并非古代宪制的胜利,或是普通法法律人的成功。相反,在17世纪的宪法冲突中,无论是斯图亚特的绝对君主制,还是都铎传统的混合君主制都宣告失败,柯克主张的"普通法至上"与法院作为独立权力中心的主张也同样落空。在对抗"王权至上"这一主张的过程中,最终胜出的是"议会至上"的主张;国会最终取代国王,也取代王在议会中的混合体,成为国家的最高主权者。㉓

在这个意义上,英国的光荣革命同样是一次"信念论"政治的胜利。中世纪的"怀疑论"及其司法治国理念被抛弃,"国会"取代"法庭"成为国家政治的中心。或者更准确地说,国会不再只是一个最高的法庭,而第一次成为了一个现代的立法机关——"它不再仅仅是宣布法律的机构,而成为了创制法律的机构"。㉔ "基本法至上"与"混合政

㉑ James I, "The trew Law of Free Monarchies", 载[英]詹姆斯:《国王詹姆斯政治著作选》(影印本),中国政法大学出版社2003年版,第62页。

㉒ J. N. Figgis, *The Divine Right of Kings*, Hardpress Publishing, 1922, p. 271.

㉓ C. H. McIlwain, *The High Court of Parliament and Its Supremacy*, Yale University Press, 1910, p. 354.

㉔ C. H. McIlwain, *The High Court of Parliament and its Supremacy*, Yale University Press, 1910, p. 96.

体”的中世纪传统在英国遭到了与在欧洲大陆一样的失败，“机构至上”的现代政治架构，及其背后的“信念论”政治哲学，取得最终的胜利。在这个新的政体中，国会作为最高的主权者，不再仅仅满足于消极的秩序维持，而试图为人类的未来设计宏伟蓝图，以人为创制的法律去指引人的行为，追求更完美的生活。[25] 而在这一“信念论”的政治中，总是存在一个至高无上的主权者，在欧陆是国王，在英国则是国会。

三、延续与复兴：美国故事

但就在欧陆与英格兰走向立法主权的同时，在大洋彼岸，新诞生的美国却在很大程度上延续了都铎时代的英国宪制，以及作为宪制核心的司法治国的传统，并且在二十世纪依然不断影响世界各国的宪制选择。在这个意义上，司法治国的故事从未消失，仍然潜藏在现代国家治理的深层结构之中。

在美国宪制的诸多历史渊源中，中世纪传统被认为是关键的一支。用亨廷顿的话来说，“16 世纪的英国政治制度的主要成分，恰恰是当它在母国被摒弃时被移植到新世界的，并在那里生根，获得了新的生命。这些成分本质上是都铎时代的那一套，因此明显带有中世纪的烙印”。[26] 麦基文（C. H. McIlwain）在讨论美洲殖民地选择和英国分裂的原因时也认为：“美国殖民者显然还高度地保留着英国都铎时代的传统”，“殖民地与母国的决裂很大程度上是由于相互间的误解，而误解主要又基于这样一个事实：国会把旧观念清除出了英国本土，而殖民地却仍然保留了这些旧观念”。[27] 美国独立战争前后有关宪制问题的讨

[25] ［英］欧克肖特：《信念论政治与怀疑论政治》，张铭等译，上海译文出版社 2009 年版，第 35 页。

[26] ［美］亨廷顿：《变化社会中的政治秩序》，王冠华等译，上海人民出版社 2008 年版，第 81 页。

[27] C. H. McIlwain, *The High Court of Parliament and its Supremacy*, Yale University Press, 1910, p. 386.

论中,殖民地的革命者在很大程度上是在为英国本土已然没落的"混合政体"辩护,反对的恰恰是"光荣革命"后确立的"议会主权"的新宪制。

美国宪制对于中世纪传统的延续,首先体现在对"立法主权"的拒斥。在欧洲大陆与英国,人只能宣布法律而不能制定法律的"怀疑论"被一扫而空,主权者享有不受限制的立法权的"信念论"被奉为最高的政治原则。但在美国的宪制中,中世纪以来的"混合政体"学说却仍然盛行,绝对主权或立法至上的观念虽然存在,却并未取得支配地位。事实上,美国殖民地最初选择反对英国统治的基本依据,即在于否定国会拥有任何形式的"立法主权"。就像波拉德(A. F. Pollard)指出的,"美国革命的深远意义就在于否认一切主权","这些观念是美国的,但它们从前却是英国的,它们是中世纪思想体系的一部分"。[28] 与英国的"议会主权"不同,美国所能接受的主权观念是"人民主权"。但与作为一个"机构"的议会相比,人民的概念却是模糊不清的,除了批准宪法等少数例外,人民极少"出场"。换言之,一切权力来自于人民,但这并不等于一切权力由人民行使。[29] 人民只是主权的拥有者,只是一种在具体政治行动中不能显现的"拟制"性宣示。[30] 因此,在美国宪制中的主权,仍然并非绝对与唯一,尽管名义上属于人民,但在行使时却被"分散"于各种分立与制衡的机构之中。

在权力结构方面,美国宪制也同样不同于"光荣革命"后的英国,而更接近于中世纪英格兰的"混合政体"。有如前述,尽管出现了法庭的专业化,但直到都铎时代的英国,各种法庭与政府机构的职能依然存在混合性。一个法庭常常行使多种职能,而一种职能又常常由多个机构分担。这一混合的权力结构同样被美国宪制所继承。尽管存在国会、总统与法院的机构分立,但任何机构都不独享立法、行政和司法中

---

[28] A. F. Pollard, *Factors in American History*, Macmillan, 1925, p. 39.

[29] M. N. Sellers, *American Republicanism: Roman Ideology in the United States Constitution*, New York University Press, 1994, p. 24.

[30] Edmund Morgan, *Inventing the People: the Rising of Popular Sovereign in England and America*, W. W. Norton & Company, 1989.

的任何一种权力。在美国宪制中，洛克所主张的那种将立法权完全授予议会的主张被拒斥，而更多接受了孟德斯鸠所尝试的将立法权分别授予代表三种传统的不同机构的做法。就像我们今天在美国宪法中所看到的，贵族制的参议院、民主制的众议院和君主制的总统，在立法的过程中仍然扮演着激烈对抗、互有胜负的竞争性角色；而在大洋彼岸的英国，贵族院与国王在立法中的功能几乎形同虚设。因此，在这个意义上，与其说美国宪法是建立了一个分权的政府，不如说是一个由各个独立机构分享权力的政府。[31]

这种权力的"混合"，不仅体现于立法权的分散，还表现为司法与其他政治权力的混同。在中世纪的欧洲，无论是法国的巴列门，还是英国的国会，都同时承担着立法与司法的职能，甚至部分的行政职能。但在"大革命"与"光荣革命"之后，法国巴列门最终退出历史舞台，并在司法权与行政权之间划出清晰的界限；[32]而英国国会逐渐从高等法庭演变为至上的立法机构。尽管国会在很长时间内仍然担任最高法庭的角色，但其主要功能无疑是立法性的，并且确立了国会立法权对于法院的绝对权威。无论国会的立法多不合理，法院都无权拒绝或宣布其无效。而在美国的宪制中，法院及其司法权的"尊荣"依然如故。司法审查权的确立，不仅意味着法院可以拒绝那些它们认为不符合宪法的立法，而且还获得了对于宪法的解释权；换言之，拥有一种可能是更高的"立法权"。这种由法院垄断宪法解释权并要求其他机构服从的主张，被一些法律人称为"司法至上"(Judicial Supremacy)的传统。尽管"司法至上"在实践中受到来自总统和国会的挑战，但本身已然成为美国宪制结构的显著特征。[33] 在这个意义上，与英国的法庭完全臣服于主权者权威不同，美国的法庭仍然在国家的政治治理中扮演着关键角色，

---

[31] R. E. Neustadt, *Presidential Power: The Politics of Leadership*, John Wiley, 1960, p. 33.

[32] J. H. Shennan, *The Parlement of Paris*, Cornell University Press, 1968.

[33] 关于司法至上的形成，及其在历史上与总统权的竞争，参见[美]威廷顿：《司法至上的政治基础：美国历史上的总统、最高法院及宪政领导权》，牛悦译，北京大学出版社2010年版。

“司法治国”的故事也仍然在当下延续。

甚至不仅是延续。在当下世界的政治格局中,就像许多学者观察到的,“司法”导向的治理模式似乎又呈现出复兴之势。从19世纪后期开始,在17、18世纪的欧陆与英国曾盛极一时的“立法主权”又遭遇了来自多方面的挑战。随着大工业社会与垄断经济的到来,贫富分化、阶级冲突、高度风险、环境污染等各种问题接踵而至,形式理性化的法典越来越难以应对日益复杂的社会治理,议会也难以承担日益繁重且特殊化的立法任务,从而使得更灵活、高效的行政机构成为社会治理的核心,各种行政立法与行政裁量权的扩张使得传统“立法主权”日渐衰微。[34] 但与此同时,行政权的膨胀也带来了很多问题。对于行政效率的单向度追求,也往往构成对民主决策与法治程序的威胁,因而同样遭致很多批评。因此,面对立法权的困境和行政权的危险,司法治理开始重新回归国家治理的中心地带。[35] 用桑托斯的话来说,正是“国家的民主特征(和立法机关相连)和福利(和执行机构相连)特征的双重失败,导致了国家合法性的中心发生脱位,从立法机构和执行机构转向司法机构”。[36]

司法治国的回归,也被学者视作全球法律的“美国化”。[37] “时隔三个世纪之后,美国制度中的某些因素又悄悄返回了其欧洲发祥地。”[38] 尤其是作为美国宪制核心的司法审查制度和“司法至上主义”在20世纪后半期大规模地开始在欧洲的“反殖民”。欧洲的司法审查,既包括德国和意大利等国的宪法法院模式,即所谓“欧洲模式”,也包括北欧

㉞ 桑托斯将这一问题称为组织化资本主义时代的问题,参见[葡]桑托斯:《迈向新法律常识:法律、全球化和解放》,刘坤轮译,中国人民大学出版社2009年版,第54~62页。

㉟ 关于从立法治理到行政治理再到司法治理的历史过程的分析,参见高鸿钧等主编:《英美法原论》,北京大学出版社2013年版,第11页。

㊱ [葡]桑托斯:《迈向新法律常识:法律、全球化和解放》,刘坤轮译,中国人民大学出版社2009年版,第414页。

㊲ M. Shapiro, The Globalization of Law, *Global Legal Studies Journal*, Vol. 1, 1993, p. 61.

㊳ [美]亨廷顿:《变化社会中的政治秩序》,王冠华等译,上海人民出版社2008年版,第110页。

国家和希腊、瑞士的一般法院审查模式，即所谓“美国模式”。即便是奉行“事前审查”的法国宪法委员会也在2008年改革后也逐渐转变为事实上的“宪法法院”。与此同时，发端于美国的司法能动主义和政治司法化也同样在欧洲大行其道，法国、比利时、荷兰、德国、希腊、西班牙等国的法院在政府权限争议、腐败官员指控、国家滥用权力、基本人权保护等方面都发挥了积极能动的作用。[39] 即便在奉行“议会主权”的英国，随着英国加入欧盟与《欧洲人权公约》，法院已经事实上获得了“在欧盟法范围内的审查议会立法的权力”；[40]1998年的《人权法案》也赋予法院解释法律与宣告抵触的权力。因此，有学者认为，这一法案意味着“政治权力从立法和行政部门向司法部门转移，法院在重大的政治争论中掌握方向盘”，[41]甚至于“司法主权”时代的来临。[42]

四、司法治国的限度

也正是在司法治国的复兴中，对英国传统的讨论呈现出特殊意义。

一方面，这意味着司法治国的故事从未结束，并仍然可能在当代宪制中扮演重要角色。因此，对历史上的司法治国所带来各种问题的讨论，也就并非“闲坐说玄宗”，而同样对于现代国家治理问题的解决具有现实意义。而另一方面，对于历史的回顾，还可能使我们对于当下“司法治理”甚或“司法主权”的话语与实践保持冷静与客观，在看到其“优越性”的同时，也清醒意识到司法治国本身的限度，以及强调司法话语的背后所可能遮蔽的问题。

---

[39] 关于20世纪末以来的欧洲司法改革，参见[葡]桑托斯：《迈向新法律常识：法律、全球化和解放》，刘坤轮译，中国人民大学出版社2009年版，第393～394页。

[40] 何海波：《司法审查的合法性基础——英国话题》，中国政法大学出版社2007年版，第173页。

[41] K. D. Ewing, “The Human Rights Act and Parliamentary Democracy”, *Modern Law Review*, Vol. 62, 1999, p. 79. 转引自何海波前注，第250页。

[42] A. L. Young, “Judicial Sovereignty and the Human Rights Act 1998”, *Cambridge Law Review*, Vol. 53, 2002.

在道德共识缺乏与文化多元的现代社会,司法治理具有明显优势。凭借专业性与技术性,司法治理可能将原本极端冲突的政治或文化问题转化为法律的技术问题,从而在很大程度上达到“去政治化”的效果,以减少激烈的政治冲突带来的社会动荡。[43] 同时法庭作为看上去更“中立”的第三人的形象,以及法庭所遵循的“看得见”的程序,也有助于当事人和社会公众接受裁判的结果,从而尽快给社会纠纷一个可接受的“终点”。[44] 尽管过于强调“程序”可能导致效率的降低,但只要是“不太严重的低效”,还可能对社会争论起到一种“冷化”作用,从而无形中降低社会矛盾的激烈程度。最后,司法的手段较之立法和行政更加“隐蔽”,在司法包装下的政治改革,可能在一定程度上降低改革的阻力。尤其是对于那些民主并不充分的国家,法庭与司法可能降低政治制度的负担,同时扩大公众的承受力与容忍度。[45] 司法制度,尤其是以程序为中心的法庭技术,越来越成为现代政治的“蒙眼布”与“晚礼服”。[46]

在此基础上,司法治国终得复兴,并随着全球化的到来,迅速成为强势的政治话语,深刻影响世界各国。但同时也应看到,这一复兴历程,实际上已很大程度上偏离了传统司法治理的路径与轨迹。在今天的司法话语中,司法已不再是中世纪政治所呈现的消极治理,而越来越趋向积极、能动的治理模式。事实上,即便在延续司法治国传统的美国,司法的政治功能也同样经历了由消极走向积极的过程。在最初的美国宪制中,司法部门尽管获得特殊的尊荣地位,但它仍然从属于“混

---

[43] Ran Hischl, *Towards Juristocracy: The Origins and Consequences of the New Constitutionalism*, Harvard University Press, 2004, pp. 169 - 176.

[44] [美]夏皮罗:《法院——比较法上和政治学上的分析》,张生、李彤译,中国政法大学出版社 2005 年版,第 52 页。

[45] [葡]桑托斯:《迈向新法律常识:法律、全球化和解放》,刘坤轮译,中国人民大学出版社 2009 年版,第 423 页。关于司法治理的优点,参见高鸿钧:《英美法原论》,北京大学出版社 2013 年版,第 12 页。

[46] 参见冯象:“正义的蒙眼布”,载冯象:《政法笔记》,江苏人民出版社 2004 年版。

合政体”的共和政治理想之中。[47] 但从20世纪后期开始，司法部门逐渐在与立法权、行政权的较量中获得了较强势的话语与地位，借助对公民自由和权利保护赢得对宪法解释权的垄断，从而逐渐将“司法至上”由理论变为现实。[48] 而在司法治国的当代复兴中，美国版本的更为积极、能动的司法治理同样占据绝对优势地位，成为世界法律全球化与“美国化”的一个重要侧面。

但这一强势版本的司法治理，本身却隐藏着诸多问题。即便在美国，对于能动的司法治理或“司法至上”的批评也一直存在。联邦最高法院在沃伦时代取得的许多“民权革命”的成果，尽管为法院赢得了信任和权力，但在实践中却可能遭致来自立法部门、行政部门以及社会层面的阻力，导致最初所追求的社会变革的理想落空，[49]以至于成为一种“空洞的希望”。[50] 同时政治的司法化固然可以借助“中立”的司法形象和法律话语来缓和、冷却各种政治冲突，但如果司法过渡介入政治，又不可避免带来司法政治化的难题。当党派化的政治与情感过多影响到法院的运作时，其判决本身应有的“中立性”与“说理性”都将受到质疑和挑战。正如福山指出的，“法院主导的政府”已经构成美国政治走向衰败的重要原因，行政职能不断被司法化，成本高昂的诉讼爆炸式增长，决策和执行的效率却不断走低，司法的制衡功能已完全走向它的反面。[51] 最后，当这种强势版本的司法治国脱离美国的司法文化，被移植

---

[47] 20世纪之前美国司法审查的性质，及其之后的转变，参见强世功：《司法审查的迷雾——马伯里诉麦迪逊案的政治哲学意涵》，载强世功：《立法者的法理学》，三联书店出版社2007年版，第263~277页。

[48] ［美］威廷顿：《司法至上的政治基础：美国历史上的总统、最高法院及宪政领导权》，牛悦译，北京大学出版社2010年版。

[49] 沃伦时代表面上赢得的权利，无论是学校的种族融合、穷人的法律援助，还是刑事被告权利的保护，最终的结果都可能极大偏离最初的理想。参见［美］波斯纳：《联邦法院：挑战与改革》，邓海平译，中国政法大学出版社2002年版，第348~349页。

[50] G. N. Rosenberg, *The Hollow Hope: Can Courts Bring about Social Change?*, University of Chicago, 1993.

[51] Francis Fukuyama, "The Decay of American Political Institutions", *The American Interest*, Dec. 08, 2013.

或输出到政治后发国家或地区时,往往可能引发“激烈司法”[52]或加剧政治冲突的负面效应。

也恰因问题的存在,重温司法治国的中世纪故事,具有了另一层特别的意涵。有如前述,无论是中世纪的司法治国,还是都铎时代的混合政体,以至于美国早期的宪制,事实上都带有深厚的“怀疑论”色彩,因而更多倾向于以被动解决纠纷的司法作为政治治理的核心。[53]然而,在20世纪后期开始形成的现代版本的司法治国中,我们却更多看到司法对于政治和社会的主动介入,并试图凭借法庭和司法的力量积极推动社会的变革。这样一种强势版本的司法治国无疑在很大程度上背离了中世纪以来的“怀疑论”传统,倒向了以“议会主权”与“立法至上”为代表的“信念论”政治。在“司法至上”与“立法至上”这两者之间,所不同的只是主体的身份,但却几乎分享相同的本质。

相比之下,中世纪的英国宪制与美国建国所继承“都铎体制”中蕴含的那个“消极版本”的司法治国,可能更契合于司法治理技术的本质,也因此构成一种在当代语境中仍然值得重视的选择。在中世纪的司法治国中,我们看到的是一种接近于“自生自发”的自然秩序演进。尽管这种自发秩序在今天已无法获得(在当时也未必真的存在),但其中所蕴含的经验主义的治理模式却仍然对于今天具有启示意义,尤其是对于那些在当代世界广泛存在的、以美国经验为摹本的“整体性”、“前瞻性”的司法改革。古典的司法治国构成了一种善意的提醒,可能启发我们更多地关注被移植本土的内在需求和实践效果。同时英国历史的经验也提醒我们,法官的职业化会带来更加“中立”的司法,但这并不意味着“司法至上”必然是一个好的选择。在一个缺乏相应制度保障与“不成文宪法”支撑的条件下,简单移植现代美国版本的司法治国,反而可能导致司法权威的削弱,以及国家治理能力的整体弱化。本

[52] 在欧洲司法改革中,法院对于备受瞩目的政治案件的明确介入引起了很多关注,但这种司法却对于老百姓的日常司法却并无助益。参见[英]桑托斯:《迈向新法律常识:法律、全球化和解放》,刘坤轮译,中国人民大学出版社2009年版,第394页。

[53] [英]欧克肖特:《信念论政治与怀疑论政治》,张铭等译,上海译文出版社2009年版,第115页。

书前述17世纪英国革命的司法故事也同样表明，法官过于主动地介入重大宪政争端与派系斗争之中，不仅无力化解政治纷争，还可能导致法官与司法应有的中立地位的进一步丧失。

总之，在现代国家的治理格局中，司法治理已经成为一个无法回避的重要问题，法庭与司法技术在宪制体系中的位置也逐渐从边缘回归中心，越来越成为现代政治秩序赖以维系的制度基础与“掩饰”策略。[54]然而，在这一历史进程中，我们不应只看到现代美国版本的司法治国或司法至上，还应当将历史的视野放长，返回中世纪与近代早期的英格兰，重温那个曾经存在数个世纪并且当下仍具生命力的司法治国的古老故事。这不仅是因为它构成了当代司法治理的源头与前身，更因为它的自发性与原生态，可能更真实、丰富地展现司法治理技术的复杂面相，也更多地蕴藏了解决当代问题的答案与可能。

---

[54] 参见冯象：《政法笔记》，江苏人民出版社2004年版，第168～173页。

附录 I　法律传统、国家形态和法理学谱系

——重读柯克法官与詹姆斯国王的故事*

故事发生在17世纪初的英格兰，当时的君主是詹姆斯一世（James Ⅰ，1603—1625年），具体日期是11月10日，一个星期天。应坎特伯雷大主教班克罗夫特（Bancroft）的奏请，詹姆斯国王召见了英格兰各法院的法官们。其目的是寻求法官们认可大主教给他提出的一个建议：

国王接受了坎特伯雷大主教班克罗夫特的奏请，要求取消对国王审判案件的禁令。因为国王被告知，对于法院的法官审理的案件，如果法律未能作出明确规定的，无论案件的性质如何，概可以由国王自己"以王者的身份"直接进行裁决；法官不过是国王的代理人而已，因此国王可以把任何他希望审判的案件交由自己裁决……

面对国王的这一要求，我当场予以了回答：由英格兰全体法官、财税法庭法官见证，并经他们一

---

* 本文原载《法制与社会发展》2007年第2期。

致同意,国王本人不能裁决任何案件,不管是刑事的,比如叛国罪、重罪,还是各方当事人之间有关其遗产、动产或货物的案件;相反,这些应当在某些法院中,根据英格兰的法律和习惯来决定和裁判……

对此,国王说,他认为法律是以理性为基础的,而除了法官之外,他和其他人也一样具有理性。

针对这一说法,我是这样回答的:确实,上帝赋予了陛下以卓越的技巧和高超的天赋,但陛下对于英格兰本土的法律并没有研究,而涉及陛下之臣民的生命或遗产、货物、财富的案件,不应当由自然的理性来决定,而应当依据技艺理性(artificial reason)和法律的判断来决定,而法律是一门需要长时间地学习和历练的技艺,只有在此之后,一个人才能对它有所把握,法律是用于审理臣民的案件的金质标杆和标准,它保障陛下处于安全与和平之中,正是靠它,国王获得了完善的保护。

听到我的这番话,国王感到受到了极大的冒犯,他说:那么,如此说来他将处于法律之下了,要知道这种说法是构成叛国罪的。

对此,我回答说:布拉克顿曾说过"*Quod Rex non debet esse sub homine, sed sud Deo et Lege*"(国王不应当受制于任何人,但应受制于上帝和法律)。①

一、故事是真实的吗

这就是我们所知的著名的柯克法官与詹姆斯国王的论争。当然关于这一场景的描述还有许多不同的版本,但多出于后人所添加的带有

① Sir Edward Coke, Reports Ⅻ, "Prohibitions del Roy", 载 Sheppard Steve, *The selected writings and speeches of sir Edward Coke*, Vol. Ⅰ, Liberty Fund, 2003, pp. 478－481。该故事的其他中文翻译可参见:[美]萨拜因:《政治学说史》,刘山译,商务印书馆1986年版,第509～510页;[美]罗斯科·庞德:《普通法的精神》,唐前红等译,法律出版社2001年版,第41～42页;[美]爱德华·S.考文:《美国宪法的高级法背景》,强世功译,三联出版社1997年版,第34～35页;[美]小詹姆斯·R.斯托纳:《普通法与自由主义理论》,姚中秋译,北京大学出版社2005年版,第48页。但由于以上的中文翻译的出入比较大,影响了对原文的理解,这里重新依据原文译出。

文学色彩的场景渲染。[②] 依据这一故事最初的出处——柯克法官的《判例报告》第 12 卷中《对国王禁令案》(*Prohibitions del Roy*)一则的记载,我们所能确定的真实情景仅限于以上的对话。但颇令人费解的是,无论在柯克本人的著作中,还是其同时代人的文字中都鲜有提及这一今天看来具有里程碑意义的对话,以致后世的西方学者不断有人怀疑柯克所记载的这场对话是否属实甚或是否存在过。[③]

由于我们长期以来对西学成果的隔膜,国内的研究还不曾对这一故事的真实性提出过怀疑,而多半将之作为确定无疑的经典予以接受和阐发。西方学者对之考证最为细致的是罗兰·厄舍(Roland Usher)教授在《英国历史评论》上发表的《詹姆斯一世与爱德华·柯克》一文。[④] 从中,我们对这一故事的来源和真伪大体可以有一个较为客观的认识。

首先是记载该故事的柯克《判例报告》第 12 卷的真伪问题。由于柯克法官与王室的矛盾,其著作的许多手稿生前都未能发表,1634 年,在柯克逝世的数个月后,查理一世国王即下令查封了柯克所有的手稿。直到 1656 年,柯克的这些以法律法语写成的手稿才被重新整理与翻译成英文,并在议会的支持下作为《判例报告》第 12 卷得以出版。这些手稿在二十余年间是如何被处置的,人们不得而知。因此,第 12 卷的《判例报告》很难被视为法律史研究的第一手权威资料。[⑤]

其次是柯克同时代作者的记叙,是否能够印证柯克与詹姆斯的对话。依据厄舍教授的研究,关于这一辩论,除柯克自己的记叙外,同时

---

② 例如,贺卫方教授的《柯克的故事》一文中对故事的叙述就采取了"说故事"的形式,情节也更为生动。参见贺卫方:《司法的理念与制度》,中国政法大学出版社 1998 年版,第 247～249 页。

③ 参见 Sheppard Steve 为"Ptohibitions del Roy"撰写的按语。Sheppard Steve, *The selected writings and speeches of sir Edward Coke*, Vol. Ⅰ, Liberty Fund, 2003, p. 479.

④ Roland Usher, "James I and Sir Edward Coke", *English Historical Review*, Vol. 18, No. 72, 1903, pp. 664－675.

⑤ W. S. Holdsworth, *A History of English Law*, Vol. Ⅴ, Methuen & Co. Ltd. , 1927, p. 461.

代还有三份记录或多或少提及了这次争论。[⑥] 但通过对四种不同记录的比较，我们会发现“其间的分歧和出入是如此之大，以至于柯克自己的记叙很难被证实是完全真实的”。例如，就这次会议的时间，所有四种记录都认为其发生在一个星期天，但其具体的年月与日期却各不相同。[⑦] 此类抵牾之处还有许多，都从不同角度动摇了柯克《判例报告》中的记录的可靠性。

当然，以上同时代其他作者的记述与怀疑也未必就是完全真实的，可以肯定的是，面对詹姆斯国王扩张王权的言论，柯克确实在某种场合提出了自己的异议和忠告，只是时间、地点与方式也许并不如柯克本人所记载的那样清晰准确。因此，最接近于真实的情景也许是，面对詹姆斯在这些会议上发表的“由国王裁判案件”等有违普通法的言论，柯克终于感到无法容忍而向国王坦陈了自己的意见，并决意将之记录下来，以流传于后世。为了使人们确信其言论的正确，他有意隐去了许多国王的论证，同时对自己的言论进行了加工，许多话也许是他准备说却未能向国王表达的言辞。也就是说，或许柯克自己在多年后记录这段对话时，自己也已经混淆了“他本来想说的话”与“他在真实场合中对国王说过的话”。

通过以上辨析和考证，我们似乎很难确定柯克在其报告中记述的这段著名的对话是对事实的忠实记录，但同时需要指出的是，这些论证仅仅能动摇其在史料学意义上的权威，其本身的意义并不因此而受到多大的减损。正如厄舍教授在该文最后总结到的，“柯克是否引用了布拉克顿的名言，或是否曾在詹姆斯国王面前卑躬屈膝，这些都是一些细枝末节的东西，它们丝毫不能改变最后的结局，即他最终未能容忍国

---

⑥ 它们分别为：(1) Julius Caesan 关于会议的记录；(2) John Herry 的私人信件；(3) Rafe Boswell 的私人信件。

⑦ 在柯克的报告中，只记录日期是 11 月 10 日，却不曾提及年份；在 Boswell 的信件中将这一时间推定为 1607 年，但实际上 1607 年 11 月 10 日是星期二；Caesan 的记录则将时间定在 1608 年 11 月 13 日；这一时间得到了 Herry 的记录的支持。一般人认为这一时间可能最接近真实的时间。Roland Usher, “James I and Sir Edward Coke”, *English Historical Review*, Vol. 18, No. 72, 1903, p. 670.

王的行为"。[⑧]

也正因为如此,尽管本文所依据的故事可能不是完全真实的,但仍然可以在这里被用于分析故事中人物的思想和所处的时代。这就好比我们都知道《史记》中许多人物的对话和心理描写,例如陈胜的"燕雀安知鸿鹄之志哉",公孙杵臼对程婴说的"请先死",都不可能被证明是真实的,但这并不妨碍我们坚信《史记》是一部信史,其中的许多话语都可以被作为权威史料所引用。[⑨] 柯克与詹姆斯的对话也同样如此,它之所以为我们所相信,就在于它在很大程度上符合历史的逻辑。尽管有虚构的成分,却是对历史真实更高的提升和概括,是一种高度浓缩了的"真实"。

二、詹姆斯国王在主张什么

抽象来看,詹姆斯国王在这场争论中扮演了一个专横跋扈的暴君,是一个地道的"反派"角色。但是如果放到故事的文本以及这个故事相关的事件脉络和时代背景中,对詹姆斯国王的这一定位似乎并不准确,至少有欠公允。尽管詹姆斯国王在这段对话中被直接引述的话只有两句,但假使我们抛却先入为主的"前见",冷静细致地分析这些话语的措辞,却不难从中发现某些至今仍具价值的学术信息。

(一)"专制"抑或"民主"

面对柯克关于"国王不能裁决案件"的主张,国王回答说:法律是以理性为基础的,而除了法官之外,他和其他人一样也具有理性。

显然,国王在这里是试图论证国王可以裁决案件的理由的。但值得留心的是,国王此处的说理与论证并非我们印象中的那样专横无理,

⑧ Roland Usher, "James I and Sir Edward Coke", *English Historical Review*, Vol. 18, No. 72, 1903, p. 675.

⑨ 参见苏力:《这是一篇史学论文?这是一篇史学论文!》,载杨念群等主编:《新史学——多学科对话的图景》,中国人民大学出版社2003年版,第567页。

相反，却是“有理有据”，甚至是“入情入理”的。至少从逻辑上来看是严密的，其大前提是“法律以理性为基础”，其小前提是“国王和法官乃至其他人一样都具有相同的理性”。如此一来，国王可以如同法官一样审理案件便是顺理成章的结论了。

倘若詹姆斯国王确乎是一位专制暴君，他完全可以径直宣布其个人的意志处于众人之上，宣称自己拥有某种全知全能的才智；或者依据“君权神授”理论，认为其个人的意志即神的意志，等等。又何必将自己降低到普通人的地位，绕着弯子去论证“法律的理性”与“人人皆有理性”呢？可见，柯克法官与詹姆斯国王的论争并非我们传统意识形态中的“海瑞式”的刚烈谏臣对昏庸暴君的“犯颜直陈”，[10]而其实是一次双方基于各自政治与哲学立场的甚至不乏学术意味的对话。

更进一步说，詹姆斯国王的这一论证非但不具有丝毫“专制”的气息，相反，却是在很大程度上包含了“司法民主”的因素。因为柯克所主张的“法官司法”是认为法官具有特殊的技能与知识并从而“垄断”司法，其实质是一种“精英司法”的观念。詹姆斯国王与之争锋相对，指出任何人的理性都是相同的、平等的，否认某个人或某一阶层对司法权的垄断。其目的或许是论证“国王裁决案件”的观点，但在客观上也承认了普通人能够运用与生俱来的常识或良心对案件作出公正的审判，而这一点正是“司法民主”得以成立的基石。

当然，我并不认为“精英司法”与“普通人司法”两者中的某一方具有必然的优越性。直至今日，我们的司法模式仍处于“两难”选择的境地。英国的司法活动在高度精英化的同时，仍实行着代表“普通人心智”的陪审团制度。但是，当这一近乎学术化的争论发生在国王与他的大法官之间时，人们却表现出了对柯克法官的观点近乎“一边倒”的支持；而詹姆斯国王的观点、论证及其间蕴含的学术价值则不假思索地

---

⑩ 梁治平教授曾撰写《海瑞与柯克》一文，将海瑞对嘉靖皇帝的直言犯上与柯克对詹姆斯国王的冒犯相比较，旨在探讨中西法律传统的不同。参见《海瑞与柯克》，载梁治平：《法辨——中国法的过去、现在与未来》，中国政法大学出版社2003年版，第267～284页。

被否定乃至被根本忽略了。⑪

(二)“国王”抑或“主权者”

詹姆斯国王在对话中第二次打断柯克的发言,是当柯克直接宣称“国王受制于法律”的时候,他感到自己受到了极大的冒犯,并斥责柯克:如此说来他将处于法律之下了,要知道这种说法是构成叛国罪的。倘若说詹姆斯国王的前一句话在表面上还保持冷静、克制,并不乏学理的话,那么此时的国王显然已怒不可遏,直接将柯克的言论定为“叛国罪”。一副专制暴君“穷凶极恶”的嘴脸,似乎顿时使其原形毕露了。

事实似乎又并非那么简单。因为这仅仅是一种道德上的评论,我仍试图探寻詹姆斯在此处发怒的其他原因。为什么之前还冷静克制的詹姆斯对于“国王应处于法律之下”这一言论如此不可容忍呢?这仅仅是所谓“专制”、“暴虐”所能解释的吗?

这就有必要回到詹姆斯国王本人的政治乃至哲学立场上进行回答。正如上文所分析的,詹姆斯国王并非我们传统史学中描绘的一位鼓吹“君权神授”、“专制独裁”的暴虐之君,相反,其本人在许多场合都表现出渊博的学识与思维缜密的论辩。更确切地说,詹姆斯国王除却其在英国政治史中扮演的专制君主的角色外,他本人同时也是一位著述颇丰的哲学家,并在欧洲17世纪的哲学史上占据了举足轻重的地位。早在1598年,当詹姆斯还是苏格兰的国王詹姆斯六世时,他就曾撰写并匿名发表了《自由君主之真正法律》一书。在该书中,詹姆斯明确地认为“君主拥有的是一种绝对权力,他们是凭借上帝的意志和万物的自然秩序而有此职位的”。因此,“君主是所有法律无可争议的来源,而他们的臣民必须以耐心的顺从忍受他们的统治”。⑫

当然,“绝对权力”的理论并非詹姆斯国王的首创,他的许多思想

⑪ 相比之下,霍布斯撰写的《哲学家与英格兰法律家的对话》一书,尽管同样是讨论自然理性与司法理性的关系,但后人更多将之作为哲学与法学的学术探讨来看待。可詹姆斯国王又何尝不是如此呢?参见[英]托马斯·霍布斯:《哲学家与英格兰法律家的对话》,姚中秋译,上海三联书店2006年版。

⑫ H. J. Berman, “The Origins of Historical Jurisprudence: Coke, Seldon, Hale”, *Yale Law Journal*, Vol. 103, 1994.

来源于欧洲大陆的马基雅维利和布丹,尤其是后者的主权学说。在其名著《国家论六卷》中,布丹指出:任何一种政治体制要维持稳定,最基本的前提就是要存在一种能制定法律并在行使其立法权时不受任何其他人限制的权威,即国内意义上的主权。它可以归属于一个人,也可以归属于少数人或多数人的团体,无论君主制、贵族制还是民主制,在所有的情形中都必须存在一个拥有主权的实体。⑬

倘若回到历史中看,詹姆斯的政治理论并不会像我们今天读到它时显得那样冥顽不灵。实际上,绝对君权的理论正是17世纪欧洲大多数国家流行的政治理论,同时也是最具革新意义的哲学思潮。⑭ 布丹已经为这种学说提供了哲学上的论证,而詹姆斯只不过从君主权力的视角将这一理论向前推进了一步。更何况,詹姆斯的态度与立场也不是这一理论的极端表现,相比法王路易十四"朕即国家"的宣言,⑮只能通过匿名著作与国会演说来表达其主张的詹姆斯一世,显然要相形见绌的多。

但同时这并不意味着詹姆斯的理论在英格兰是孤立无援的,绝对君主制的理论对于英国而言也并非就是全新的。它们在过去的70年就曾隐含存在着,并通过主权者的声音时而显露出来,尤其是在伊丽莎白的统治时期。只不过斯图亚特前两位国王缺乏将各派政治势力糅合在一起的能力,过于粗鲁地表达他们的思想,才最终导致了内战的爆发。⑯ 此外,詹姆斯理论在英格兰的受欢迎还可以从17世纪英国的哲

---

⑬ [美]斯科特·戈登:《控制国家》,应奇等译,江苏人们出版社2001年版,第22页。

⑭ K. Ryan,"Lex Et Ratio: Coke, The Rule of Law, and Executive Power", *The Vermont Bar Journal*, Spring, 2005.

⑮ 当然,这句话本身可能也不是真实的。相传法王路易十四年轻时走进巴黎议会,打断正在进行的辩论,而后宣称这句我们耳熟能详的名言:朕即国家(L'état c es tmoi),但是根据艾旭雷(Maurice Ashley)与卢尔(John Rule)等专家学者的研究,这则有关路易十四的故事全属虚构,当然他也没说过这句名言,这句名言显然是根据路易十四的若干言行渲染而成的。[美]汪荣祖:《引经据典》,载《南方周末》2006年3月23日。

⑯ H. J. Berman,"The Origins of Historical Jurisprudence: Coke, Seldon, Hale", *Yale Law Journal*, Vol. 103, 1994.

学思想界得到最有力的支持,几乎堪称17世纪英国最伟大的两位思想家培根[17]与霍布斯[18]都是绝对君权理论的附庸或支持者。

至此,我们已经不难理解詹姆斯国王面对柯克提出的“国王在法律之下”的论断如此不能容忍的原因。当然有人可以将其理解为詹姆斯对柯克对于国王至高无上地位的挑战,本能的“龙颜大怒”。至少在中国的传统语境下,这可能是更为准确的解说。但这毕竟不是发生在传统中国背景下的故事,而是发生在由中世纪传统迈向近代的英国。因此,如果将故事本身置于当时当地的语境中,就可以发现詹姆斯国王发怒并不仅仅是因个人的意气,更多是因为柯克的言论触及了他所竭力主张的同时也是他不曾达到的绝对主权观念。这样一来,国王与柯克第二回合的对话同样获得了政治哲学与法学的学术意味,而不再仅仅是宫廷内君臣之间的权力斗争。

三、柯克法官在主张什么

现在回到柯克法官。

与上述对詹姆斯观点的讨论相似,我们同样可以将柯克的在论争中的话语转化成这样两个问题:一是司法裁判应当依据怎样一种理性;二是法律与主权者,谁居于国家的最高位置。

(一)“自然理性”与“技艺理性”

柯克在这里首先提出了“技艺理性”学说。面对国王关于“法律是以理性为基础”和“他本人和其他人一样具有理性”的说法。柯克没有

[17] 弗朗西斯·培根长期担任詹姆斯国王的检察总长,始终对强大君权有着真诚的信念。他也是柯克法官一生的劲敌,在他撰写的《论司法》中将柯克归于坏法官的类型,并宣称:“法官应该是狮子,但他们是国王宝座下的狮子”。见《培根论说集》,水天同译,商务印书馆1958年版,第197页。

[18] 霍布斯的绝对君权思想可参见[英]霍布斯:《利维坦》,杨昌裕译,商务印书馆1995年版;或参见[英]托马斯·霍布斯:《哲学家与英格兰法律家的对话》,姚中秋译,上海三联书店2006年版。

一味否认国王的说法,而是对之进行了巧妙的区分。在承认国王具有“高超天赋”的基础上,将人的理性一分为二:一为自然理性;一为技艺理性。前者是人所与生俱来的,也为每一个人所共有的理性,但却不能用来裁判司法案件;后者是需要长时间学习和历练才能获得的技艺,却是唯一可以运用于审理案件的理性。

可见,詹姆斯国王与柯克法官双方都将自己的法律诉诸理性,其内涵却大不相同。詹姆斯所借助的自然理性乃是希望从人类与社会共通的本性出发,找到建立社会秩序的一般原理,从而建立一套完美无缺的法律制度。[19] 这不仅意味着主权者能够依据其理性制定出适用于全体社会成员的普世性法律,而且还预示了任何一个社会成员都可以依据该法律对案件作出公正的裁决。既然普通人可以依据其“自然理性”对案件作出裁判,那么作为立法者的主权者在裁判案件上自然更具有天然的优势,并理所当然地成为“最高的法官”。[20] 因此,这种对“自然理性”的尊崇,表面上继承了对英国“普通人司法”的古老传统,但实际上为主权者通过立法来重构法律秩序和操控司法铺平了道路。

与之相反,柯克诉诸的技艺理性从根本上否定了普通人尤其是主权者制定法律、理解法律和运用法律的可能。因为技艺理性既非与生俱来,也非人所共有,它是“通过漫长研究、考察和经验而实现的一种技艺上对理性的完善,是经历了许多时代兴替,为无数伟大博学之士一再去芜取精,完善而成的”。[21] 所以只有在法学教育中浸淫数年,阅读过无数历史判例的法官们才可能获得这种理性,也因此才能把握法律的内容,并依据其对案件作出合理的裁决。

诉诸这一概念,也不难从中看出柯克的目的或是“用心”,那就是

---

[19] H. J. Berman, “The Origins of Historical Jurisprudence: Coke, Seldon, Hale”, *Yale Law Journal*, Vol. 103, 1994.

[20] 霍布斯对这一问题进行了专门的论述,参见[英]霍布斯:《哲学家与英格兰法律家的对话》,姚中秋译,上海三联书店2006年版,《国王是最高法官》一章,第22~35页。

[21] [英]霍布斯:《哲学家与英格兰法律家的对话》,姚中秋译,上海三联书店2006年版,第4页。关于技艺理性的解说,李猛的《除魔的世界与禁欲者的守护神》一文中有很好的说明。该文载李猛编:《韦伯:法律与价值》,上海人民出版社2001年版。

通过知识上的垄断与专有来确立法官在司法上的独立权威。这即使在人类历史上也并不少见,因为对某种特殊知识的垄断占有总是权威赖以确立的基础。中国古代的“刑不可知,则威不可测”[22]恐怕也能从这个角度获得解说。但这毕竟对于当时的思想界来说是一个异端,也长期为之后的法学家或哲学家所诟病。例如,霍布斯就认为,普通法的“技艺理性”是一种含混不清的东西,因为并不存在特殊的法律理性。在世上的生灵中,只存在一种人类理性,而普通法却拒绝承认这一点。[23] 再例如法学家边沁也认为所谓“技艺理性”是纯属虚构的,普通法充满了缺陷、神话和误解,法庭程序复杂,完全是非理性的。[24]

这种批评也许是正确的。因为“技艺理性”这一词组被创造出来在文法上就不是完全自洽的,有如霍布斯所言,理性确乎只是一种,也只能是与生俱来的理性。而且这种技艺理性同样不能排除边沁所说的混乱、含混不清等非理性的特征,其在成功抵御主权者权力侵害的同时,也将其他社会成员的“常识”或“普通人心智”拒之门外。

但与此同时,柯克所称的“技艺理性”又并非是完全虚构的,而是真实地存在于英格兰的法律与历史之中的。其实质是对英格兰古老普通法中的“判例传统”与“程序传统”的一种抽象与提炼。一方面,技艺理性乃是一种历史理性,其起源也超过了人们所能记忆的时代。[25] 其真实的载体就是历史上无数法官因袭下来的判例,是历代法官所经历的实践尝试,而非立法者自由意志的产物。正是这种判例法的传统使得法律非通过专门与长期的学习而不能获得,同时也使得法官从最初延伸国王权威的工具转变为约束国王恣意权力的机制。另一方面,技

---

[22] 《左传·昭公六年》(唐人孔颖达疏语)。

[23] [英]霍布斯:《哲学家与英格兰法律家的对话》,姚中秋译,上海三联书店2006年版,第1~7页。

[24] See H. L, A. Hart, *Essays on Bentham*, Clarendon Press, 1982, p. 26. 转引自李猛:《除魔的世界与禁欲者的守护神》,载李猛编:《韦伯:法律与价值》,上海人民出版社2001年版,第164页。

[25] 关于普通法理性与历史主义的关联,参见J. G. A, Pocock, *The Ancient Constitution and the Feudal Law : a study of English historical thought in the seventeenth century*, Cambridge University Press, 1987, pp. 30 - 55。

艺理性乃是一种程序理性,程序性优先于实体性是普通法的特点。这种对程序的强调即意味着一种比掌握实体法要求更高的技艺,它几乎不能通过直接阅读法律而获得,而有赖于一种学徒式的言传身教。

因此,柯克对第一个问题的回答是明确的,即司法裁判只能依据法官所特有的技艺理性作出。尽管柯克如此回答不乏"别有用心"甚至是"狡黠",但詹姆斯国王何尝不是一个精明而狡猾的论辩对手,其表面上尊崇"自然理性"而实质是为国王获取司法裁判权寻求论证。如此一来,柯克既要否定国王的实际主张,又不能断然否定法律之具有理性。面对这一微妙而棘手的局面,柯克以"技艺理性"作为反击就不失为一种大胆而高明的策略。[26]

(二)"王在法上"与"王在法下"

接下来是第二个问题:法律与主权者,谁居于国家的最高位置?

面对国王的愤怒与威吓,柯克近乎平静而优雅地回敬以英国中世纪法学家布拉克顿的名言:"国王不应当受制于任何人,但应当受制于上帝和法律。"

我们似乎已经从中得到答案:柯克毫无疑问地支持法律处于王权之上。

但这仅仅是似乎,真的没有疑问了吗?

疑问首先来自于材料的本身,即历史学家们怀疑,柯克是否真的以布拉克顿的话无礼地反驳国王。一位曾亲临现场的人写的信中说:詹姆斯"勃然大怒","柯克爵士感觉到了落在他头上的全部力量,忙不迭地乞求陛下怜悯他,宽恕他"。[27] 当然,这一疑问也许是可以忽略的,正如本文第一部分所分析的那样,这些记述至多只能证明柯克并不如我们原本所设想的那样有"骨气",但这仅仅是道德的评述,并不足以否认柯克在内心是坚定地拥护法律高于王权的。

---

[26] 类似的分析,参见苏力:《制度是如何形成的?——关于马伯里诉麦迪逊案的故事》,载《比较法研究》1998 年第 1 期。

[27] C. D. Bowen, *The Lion and the Throne: The Life and Times of Sir Edward Coke*, Brown & Company Limited, 1957, p. 305.

同样的疑问甚至来源于布拉克顿的名言本身。依据历史学家的考证,布拉克顿身处13世纪,其研习的法律是罗马法,其观念也更接近于罗马法中"立法权至上"乃至"君主的意志具有法律效力"的观念,只不过依据英格兰的观念作了一定修正。柯克所引用的这句话在布拉克顿的著作中显得如此自相矛盾,以至于人们将其看作是后人的窜改。[28]当然,这一疑问本身并不确信,也同前一个疑问一样并不足以否认我们对柯克思想的论断。

更大的疑问来自于柯克一生中对待王权的态度的"转变"与"矛盾"。至少在伊丽莎白女王的时代,柯克的确是以强大王权的坚定拥护者的形象出现的。他本人即被伊丽莎白一世任命以检察总长这一最具王权色彩的重要职位。为捍卫王权,他曾为王室提起了多个诽谤罪和叛国罪的公诉。直到詹姆斯国王的初期,在罗利(Raleigh)一案中,继续担任检察总长的柯克仍然在没有确凿证据的情况下,将曾经反对詹姆斯登基的罗利宣布为犯有叛国罪。[29]英国宪政史学家斯塔布斯称柯克是英国历史上"第一个赋予王室法律上法人地位的人,是他在封建权力的纷争中,将国王在法律上重新认可为国家的代表"。[30]

这一疑问显然最具挑战性。我们当然可以将其中的原因归于柯克本人职位的转变。"作为检察总长,柯克是王室利益的首席辩护人,他的工作就是捍卫王室的特权;作为一名法官,他宣誓要忠于法律,他的职责乃是捍卫法律的利益。"[31]这或许可以被视为"屁股决定脑袋"的又一个典型例证,但是如果将这一转变仅仅视作一种圆滑世故或一种缺乏原则,或仅仅是为了权力或声誉,又显得过于肤浅,仍停留在道德品评的层面上。

---

[28] [美]考文:《美国宪法的高级法背景》,强世功译,三联出版社1997年版,第24页。

[29] 参见C. D. Bowen, *The Lion and the Throne*: *The Life and Times of Sir Edward Coke*, Brown & Company Limited, 1957, pp. 190–218。

[30] W. Stubbs, *The Constitutional History of England*, Vol. 2, Clarendon Press, 1911, p. 107.

[31] K. Ryan, Lex Et Ratio: Coke, The Rule of Law, and Executive Power, *The Vermont Bar Journal*, Spring, 2005.

实际上,正如大多数柯克研究者指出的,柯克在王权问题上的态度前后变化如此之大,并不仅仅是因为其职位与立场的变化,而是"他越来越注意到新国王的绝对主义倾向"。换言之,"斯图亚特的英国不同于都铎时代的英国,一个人可以无比忠诚地支持伊丽莎白的王权,也可以同时极端贬损詹姆斯的王权"。[32] 伊丽莎白与詹姆斯在统治的策略上有很大的区别,前者的治理善于权衡利弊,懂得在必要的时候妥协,"绝对立法权"意义上的主权概念变成了仅限于国王习惯上"依照议会的建议并争得议会同意"而行使的那部分权力。[33] 但相比之下,斯图亚特的詹姆斯是在苏格兰相对落后的政治文化环境中长大的,对英格兰议会制度和普通法传统缺乏深刻理解,加之自身性格,一味宣扬君权神授与绝对至上,最终激怒了包括柯克在内的"伊丽莎白主义者"。

由此可见,在柯克的眼中,也许并不存在议会、国王与法院何者行使最高统治权的问题,也不存在我们一开始就设问的"王在法上"还是"王在法下"的问题,这些问题本身都是后人以近世的眼光观察历史才产生的新问题。柯克只是坚信"英国政府是一个由国王、上院、下院与法院共同组成的混合政体",[34]这些主体之间相互依存、相互牵制,而绝非相互排斥,他们之间的关系完全是由古老英格兰的普通法设计的,是一个和谐有机的整体。因此,在柯克眼中,同样不存在赞成王权与反对王权的问题,历史决定他也无法提出这样一个问题。所需要讨论的,也唯一需要关注的仅仅是君主特权的范围问题,而这一问题也只能依据普通法而非任何人或任何其他法律来裁决。

四、两种主张的背后——什么的对立

柯克的故事为我们理解 17 世纪英国的政治与法律提供了许多线

---

[32] C. D. Bowen, *The Lion and the Throne*: *The Life and Times of Sir Edward Coke*, Brown & Company Limited, 1957, p. 293.

[33] [美]考文:《美国宪法的高级法背景》,强世功译,三联书店 1997 年版,第 41 页。

[34] [美]戈登:《控制国家》,应奇等译,江苏人们出版社 2001 年版,第 254 页。

索和启示,它使我们发觉历史的复杂性远不如我们传统意识形态中理解的那样简单、泾渭分明。在这一则经典故事的背后,还有许多更深刻的文化信息留待我们解读。

(一)"普通法"与"罗马法"——法律史的解读

柯克法官与詹姆斯国王之所以冲突的分歧之一是关于法的理性的理解不同,前者主张的是技艺理性,后者则推崇自然理性。究其实质,技艺理性乃是法官与律师等法律人之于案件裁判的一种专业技能,其核心观点是以为法律存在司法程序和诉讼判例之中,因而我们可以称之为"判例法的理性"。而自然理性则代表了在承认人类共通理性的基础上寻求制定普世性一般规则的努力,其核心观点是认为人类可以依据其理性制定出完美无缺的法律,而法官不过是简单地适用法律,因此我们也可以将其归结为一种"制定法的理性"。而判例法与制定法的区分正是英国普通法与欧陆罗马法这两大法律传统之间最重要的分别。

放到故事的背景中,17世纪的英国正是本国固有之普通法面临全面危机的时代。有如茨威格特所言,"在英国法律史中,只有一个时期,普通法曾全面面临被罗马法完全驱除至少被挤到一边的危险"。[35]在当时的欧洲大陆,从11世纪开始的罗马法复兴运动已取得了完全的胜利,民族国家的潮流与立法理性相结合正孕育着法、德等国第一批近代法典的诞生,并迅速向四周传播与扩张。相比之下,英国普通法则仍然显得杂乱无章、晦暗不明,仍处于前科学化的"混沌和黑暗"之中。面对正在兴起的罗马法和衡平法,普通法受到了日益严厉的挑战。在批评者的眼中,这种混乱的法律,简直是一个"耳目闭塞的暴君"。越来越多的人主张对普通法进行改革,其中积极倡导的代表人物就是前文述及的弗朗西斯·培根。他专门起草了25条法律公理,希望运用"理性的一般命令来贯穿各种不同的法律事务",赋予法律以一贯性,从而能够"治愈法律中的不确定性,它是当前我国法律面对的

---

[35] [德]茨威格特、克茨:《比较法总论》,潘汉典等译,法律出版社2003年版,第290页。

最重要的挑战”。[36]

故事的主角之一詹姆斯国王显然也是以罗马法为代表的立法理性的代言人。这不仅是由于他本人所来自的苏格兰在很大程度是继受罗马法的，[37]更由于罗马法中“国王的意志具有法律的效力”这一主张对詹姆斯国王有极大的吸引力。同时詹姆斯也明显偏袒衡平法庭及其他新兴的特权法庭，而这些法庭也多半是受到罗马法思维的影响的。[38]

从这个意义上说，柯克法官在这场对话中关于“技艺理性”的主张实际上是代表英国固有之普通法对罗马法正在发起的进攻进行了反击。在柯克看来，普通法同样是具有理性的，只不过这种理性是不同于罗马法自然理性的技艺理性。他同样认为普通法需要系统化，不过他采用的形式不是培根的法律公理，也不是罗马法的法典化体例，而是通过在《法律年鉴》中添加新的判例，编纂更完善、案例更“现代”的《判例报告》来为普通法的进一步发展提供一个理性化的基础。[39]如此一来，柯克法官与詹姆斯国王的论争表面上是“技艺理性”与“自然理性”这两种“理性”之间的分歧；但更深层次上，是英国传统的普通法与欧洲大陆正在兴起的罗马法之间的碰撞，是 17 世纪英国普通法所面临的总体危机的一个缩影。

这也许再次印证了詹姆斯国王的论争绝非我们之前想象的那样“强词夺理”，相反，在其身后同样也存在着深刻的理论背景。他提出“自然理性”也绝非偶然，尽管不排除这仅仅是其推行专制理论的“说辞”或“借口”，但这恰恰说明了詹姆斯国王对整个欧洲哲学与法学思潮的深刻体察。在他身上同样不缺乏法学家的气质，尤其是罗马法学

---

[36] C. Hill, *Intellectual Origin of English Revolution*, Clarendon, 1997, p. 204.

[37] 苏格兰继受罗马法很大程度上为抵抗英格兰的侵略而与法国结盟的结果，参见[美]格林顿等:《比较法律传统》，法律出版社 2003 年版，第 169 页。

[38] 在 1615 年的牛津伯爵案中，他就坚定地站在与柯克相对的大法官艾尔斯密尔一边，宣布“衡平法优先于普通法”。关于此案的评论，参见 C. D. Bowen, *The Lion and the Throne: The Life and Times of Sir Edward Coke*, Brown & Company Limited, 1957, pp. 356 – 369。

[39] W. S. Holdsworth, *A History of English Law*, Vol. Ⅴ, Methuen & Co. Ltd., 1927, p. 465.

的素养。

当然,这并不意味着我就完全站在了詹姆斯国王或是罗马法的立场上。在我看来,柯克法官的智慧同样令人赞叹。面对罗马法这种显而易见的外在形式的优势与自然理性在近代哲学中几乎绝对的话语霸权,柯克法官既不丝毫屈服,也不一味守旧,而是凭借其对普通法古老传统敏锐的把握,创造性地提出了普通法中同样蕴含这一种足以对抗"自然理性"的"技艺理性",并通过编纂《判例报告》等活动亲身推进技艺理性和普通法的完善,从而有效地化解了普通法在17世纪所遭遇的这场前所未有的危机,捍卫了古老普通法的传统。

(二)"封建主义"与"绝对主义"——国家史的解读

仅仅是法律史的解读还不足以充分使我们理解这一故事,如果放大到政治与社会历史的视野中来看,我们会发现一些更为宏大的历史因素可能是造成故事中冲突的更深层次的背景。

从故事中争论的另一个焦点来看,在"国王是否受制于法律"这一问题的背后实际上是詹姆斯国王代表的"绝对主义"主权观念与柯克代表的"非绝对主义"观念的冲突。如果说詹姆斯国王的"绝对主义"代表的是一股民族国家兴起的历史潮流的话,那么在柯克所坚持的"非绝对主义"的背后,是否存在另一股力量的驱动呢?

一种比较有说服力的观点是认为柯克反对"绝对主义"王权的动因导源于其根深蒂固的"封建主义"立场,其"国王受制于法律"的观点皆来源于"国王与陪臣的封建契约关系之中"。[40] 萨拜因甚至毫不夸张地宣称"柯克之所以违抗詹姆斯是由于他是一个彻头彻尾的保守派,甚至是反动派"。[41] 这种概括在理论层面看,无疑是极为深刻的,其实质是将柯克反对国王的原因置于"封建主义"与"绝对主义"对立这一宏大的历史背景之下,是一般拘泥于将柯克的"反对王权"等同于现代

---

[40] K. Ryan, "Lex Et Ratio: Coke, The Rule of Law, and Executive Power", *The Vermont Bar Journal*, Spring, 2005;或参见 C. D. Bowen, *The Lion and the Throne: The Life and Times of Sir Edward Coke*, Brown & Company Limited, 1957, pp. 293 - 295。

[41] [美]萨拜因:《政治学说史》,刘山译,商务印书馆1986年版,第511页。

“民主”或“法治”思想的人所无法观察到的。因而,至少对于中国当下流行的理论可能具有某种“颠覆性”。

而且欧洲的历史的发展也似乎如此。中世纪的欧洲在10世纪到11世纪形成了封建制度,并直接导致了王权的日益衰微。国王与贵族之间的张力维持了社会一定的自主性空间,一些新的因素在这些空间里生长出来,其中最重要的就是“法”的地位得到了提升,“统治者必须在法律之下统治”成了流行的政治信条。[42] 但历史发展到16世纪后发生了逆转,随着商业贸易与战争规模的迅速扩大,中世纪的封建体制开始瓦解,强大的王权开始成为历史进步的因素。欧洲的封建制国家逐渐开始向近代民族国家形态演变,开启了政治近代化的序幕。而以专制王权为代表的“绝对主义国家”正是这一转型的中间状态,是历史上最早出现的主权民族国家。[43]

詹姆斯国王与柯克法官的冲突就发生在这样一个历史变迁的宏大背景之下。从这个角度来看,詹姆斯国王代表的是正在形成、尚不稳固但必将成为此后一个世纪全欧洲政治潮流的绝对主义国家;而柯克法官代表的是正在衰落但影响仍然巨大的封建主义传统。在这个意义上,我们甚至可以说,詹姆斯代表的是一种“变革”的力量,而柯克代表的是一种“保守”的力量。[44]

但我并不认为这种将柯克的立场归之于“封建主义”的观点就是完全正确的,在颠覆性的背后,它可能只是一种“片面的深刻”。在我看来,柯克所处的这个历史转型的时代恰恰决定了他的性格与思想是复杂的,甚至是“矛盾”的,似乎又无法为一种简单的“保守主义”或“封建主义”所能概括,至少不是那么纯粹。

---

[42] J. G. A, Pocock, *The Ancient Constitution and the Feudal Law: a study of English historical thought in the seventeenth century*, Cambridge University Press, 1987, p. 53.

[43] 中世纪以来,欧洲国家形态的近代化经历了从封建国家到绝对主义国家再到宪政国家的历程。参见[美]波齐:《近代国家的发展——社会学导论》,沈汉译,商务印书馆1997年版。

[44] 苏力对戏剧《安提格涅》中克瑞翁和安提格涅的人物分析也同样如此。参见苏力:《自然法、家庭伦理和女权主义?——〈安提格涅〉重新解读及其方法论意义》,载《法制与社会发展》2005年第6期。

正如本文在第三部分所分析的,柯克在要求限制王权的同时,其本人又正是王权的坚定拥护者,甚至是“绝对主义的理论信徒”。[45]只不过他所拥护的是“伊丽莎白式”的绝对君权,是一种未曾逾越普通法范围的专制权力。詹姆斯国王却欲在此基础上继续前进,试图将普通法的约束也置之不顾或是减少到最低程度。但在柯克看来,“只要再多走一小步,仿佛是向同一方向迈的一小步,真理便会变成错误。”[46]

如果说前述西方学者的解说还带有很强的“唯心”(不含贬义)色彩的话,那么柯克身上所表现出的这种“矛盾”同样可以在封建主义向绝对主义转型的这一历史变迁中获得一种更为“实证”的解说。在这里起决定作用的同样是柯克所处的时代与环境:一方面,柯克处在17世纪英国政治的中心,必然强烈感受到绝对主义这一政治潮流的趋向,这促使他近乎真诚地忠于英国的王权;但另一方面,16、17世纪之交的英国毕竟仍是一个封建传统依然强大的时代,柯克生长于这个时代,尤其是早年在内殿法律学院的学习,注定其基本的知识结构是封建主义的,这又决定了他不可能在绝对主义的道路上走得太远,至少不能接受王权对古来普通法的逾越。可见,柯克的“矛盾”正是这个新旧交替的时代特质的反映,“新的潮流”与“旧的传统”交织汇集,“保守性与进取性常交战于胸中”,[47]使柯克的一生都处在这种“新”与“旧”的冲突与抉择之中,尽管柯克本人也许并不曾意识到这一点。

这是一个时代的“宿命”,任何身处其间的人都无法摆脱,以此观之,本故事的另一位主角詹姆斯国王又何尝不是如此呢?尽管在绝对主义的道路上,他无疑比同时代的人走得更远,似乎是“领风气之先”的人物,但只要我们认真检视其全部的思想与言论,就不难发现,在其思想的深处同样存在着这个时代所固有的“新”与“旧”的冲突。在其

[45] H. J. Berman, “The Origins of Historical Jurisprudence: Coke, Seldon, Hale”, *Yale Law Journal*, Vol. 103, 1994.

[46] 《共产主义运动中的“左派”幼稚病》,载《列宁选集》(第4卷),人民出版社1972年版,第257页。

[47] 这是不是使人想到20世纪初中国的风云多变,想到梁启超的“不惜以今日之我难昔日之我”呢?梁启超:《清代学术概论·二十六》,天津古籍出版社2003年版,第77页。

《自由君主的真正法律》一书中，尽管詹姆斯一再声称“国王是高于法律”的，“国王是法律的创造者和赋予效力者”，但与此同时，仍不得不承认“一位好国王会使自己的行为保持与法律的一致”，“仍应当服从法律并约束自己”。[48] 这种“国王应接受法律约束”的观点同样不能不说是封建主义传统在詹姆斯思想中的反映。当然，我们也可以将之视为善于伪装的詹姆斯的“美丽的谎言”，但这不恰恰说明了当时封建主义传统在英国政治生活中的强大吗？

（三）“形式主义”与“现实主义”——法理学的解读

以上两种解读，分别从“法律史”与“国家史”的角度对这一故事作了“可能”是比较新的分析，但这并不意味着故事的意义仅限于“历史”的解读，它同样可能对现代有所启示。实际上，从现代法理学的角度来说，柯克法官和詹姆斯国王的论争已经触及了“法律是什么”这一法学的根本问题，这也就意味着两者的争论在当下并不会结束，它们仍在现代法理学的话语中延续。而在波斯纳法官看来，两者提出的“技艺理性”与“自然理性”的论辩思路其实正隐含着“形式主义”与“现实主义”两种基本法学观点的对立。

1.“法律形式主义”

如前所述，柯克在这场论争中诉诸的是法官特有的“技艺理性”，并认为国王也应当服从这种特殊的理性，其根本的观点就是法律是“脱离政治统治机构而存在的，是一种职业等级的领地”。也许这正是波斯纳将这一类观点称之为“法律形式主义”的原因，在他看来，柯克的观点在根本上将法律“独立于现实世界”，将法律的本质归之于“法官提出的并在他们的司法决定中表述或隐含的学理体系”。[49]

回到故事的语境中，我们不得不承认波斯纳法官的洞见。“技艺理性”的实质本是将法律的权威归于历史上无数法官的司法判例，其初衷也许是以此作为抵御政治权力侵袭的屏障，但同时也造成了法律与现实世界的隔绝，使法律成为一种高度“形式化”的封闭体系。

---

[48] ［爱］凯利：《西方法律思想简史》，王笑红译，法律出版社2002年版，第170页。

[49] ［美］波斯纳：《法理学问题》，苏力译，中国政法大学出版社2002年版，第13页。

柯克的这一观点在随后的世纪里为布莱克斯通所继承,并得到进一步的推进。布莱克斯通把自然法体系引入英国法中,使普通法具备了来自上帝的超验效力。[50] 这尽管在某种程度上降低了法官的创造性作用,但并没有改变法律的"形式主义"色彩。因为此时的法官已经成为法律的"神谕宣示者","这一隐喻把法官放到一个远离政客与政治家的位置上",[51]把法官描述成一个发现并宣布永恒自然法的传令者,法律的权威仍然来自于某种不变的原则与信条。

但随着自然法理论在19世纪的衰弱,普通法再度面临危机,这次挽救"法律形式主义"的是当时哈佛大学法学院的院长兰德尔,他成功地将柯克与布莱克斯通的学说进行了综合。与柯克一样,兰德尔认为法律的权威来自于历史上已经公布的成千上万的司法判决,但同时他又认为法律的本质并非这些判决本身,而是隐藏在这些判决中的少量的永存的、不变的、无可争议的法律原则,而这些判决不过是那些永恒原则的不完善体现。[52] 显然,在这里,兰德尔也吸收了布莱克斯通的自然法学说,只不过以"永恒的原则"取代了"自然法",并将"神谕的宣示"代之以"科学归纳"的现代方法。

于是,柯克与布莱克斯通开创的"法律形式主义","身披世俗的、科学的外衣重新登堂入室",它在当代的西方法理学仍不乏追随者,德沃金就是其中的代表。德沃金坚定地认为法律的主要组成部分是"原则",在他看来,法官并不是"运用公共政策改变和创立了法律",而是"通过解释这些原则发现了适用于手中的法律"。尽管德沃金也区分"原则"与"政策",但同时他又认为,原则问题才是更具实质的问题,也比政策问题更重要。[53]

总之,柯克在这场论争中提出的"技艺理性",其实质是"法律形式主义"长长的理论谱系中的一个链条,尽管他也许并非最初的环节,但

---

[50] [英]伍达德:《威廉·布莱克斯通爵士与英美法理学》,载[美]肯尼迪·W.汤普森编:《宪法的政治理论》,张志铭译,三联书店1997年版。

[51] [美]波斯纳:《法理学问题》,苏力译,中国政法大学出版社2002年版,第15页。

[52] 同上书,第18页。

[53] [美]德沃金:《原则问题》,张国清译,江苏人民出版社2005年版,第117、121页。

却是这一谱系在英美法理学中的关键。也正是基于这一点,我们重新理解了柯克反对詹姆斯国王裁决案件的原因,因为在柯克的眼中,任何的案件中总是存在一个唯一的“正确答案”(借用德沃金的一个论断),[54]而司法裁决的实质乃是法官依循某种既定的原则寻找“正确答案”的过程。除此之外,任何人依据任何其他方法对案件进行的裁判都只能得到“错误的答案”,纵使英明如詹姆斯国王也不能例外。

2.“法律现实主义”

詹姆斯国王的论辩思路与之争锋相对,其依据的是人类共有的自然理性,认为主权者是法律的来源与制定者。尽管詹姆斯国王囿于他的时代与自身立场,坚定地认为国王应当居于主权者的位置上,但其论辩思维的实质并不仅仅在于将法律视为国王的意志,而是将法律权威的来源归之于“占支配地位的群体的意愿”,而不再来源于法律职业阶层的内部。

依据波斯纳的划分,这种思路的实质是一种“法律的现实主义”,即认为法律的权威来源于活生生的现实世界,法律“彻头彻尾地就是政治”,因此普通法法院的法官在司法裁判的问题上并不具有天然的优势,任何人只要能洞悉其所处社会的需求与潮流,就能够对案件的审理作出“合乎情理”的裁决(注意:不是“正确”的裁决)。

在詹姆斯之后继承这一观点的是英国的霍布斯,有如前述,他坚定地站在了与詹姆斯国王几乎相同的立场上,并进一步论证了由强有力的君主作为立法者与“最高的法官”的原因。但专制君主的表现总是令人不满,在随后的几个世纪里,欧洲的专制统治纷纷被推翻,被代之以君主立宪或民主共和的政体。表面上看,这种革命性的变化摧毁了詹姆斯国王与霍布斯的理论基础,但依据“法律现实主义”的思路,其实质不过是将议会这一也许代表多数人意志的机构推上了主权者的位置,所不同的只是“占社会支配力量”的代表由“一人”变为“多人”,是一种数量上的改变。詹姆斯国王及其他专制君主的统治被推翻了,但

[54] 参见德沃金《原则问题》第5章“疑难案件真的没有正确答案吗?”。[美]德沃金:《原则问题》,张国清译,江苏人民出版社2005年版,第151~187页。

其思维仍统治着这些国家。

这一时期的典型代表是18世纪的边沁，他明确地反对柯克的“技艺理性”与布莱克斯通的自然法，主张法律的本质不过是实现最大多数人最大幸福的工具，因此制定法律的中心应从法院转移到更能反映社会主流意志的议会。[55] 尽管这一主张不乏民主的色彩，但其实质仍是詹姆斯开创的“法律现实主义”的进路。正如波斯纳指出的，“如果有一个开明君主可以信任，边沁同样会赞同把所有的权力都授予这位君主”。[56]

到19世纪，当以兰德尔为代表的“法律形式主义”再度喧嚣直上时，“如同边沁当年对待布莱克斯通那样，现在则是霍姆斯来同布莱克斯通的传人交手了”。[57] 霍姆斯大法官比他的前辈更为明确地主张“法律现实主义”，在他看来，“法律的生命不是逻辑，而是经验。一个时代为人们感受到的需求，主流道德和政治理论，对公共政策的直觉，甚至是法官与同胞们共有的偏见，在决定赖以治理人们的规则方面的作用都比三段论的推理大得多”。[58]

但与此同时，霍姆斯的观点也并非完全等同于詹姆斯与边沁，他并不认为法律仅仅是国王的命令或是朝令夕改的议会法令。他仍将法律的发现付诸法官，“政治力量初步地开凿了法律，而法官将之琢磨定型”。但这又并非意味着霍姆斯向柯克的靠拢，因为同样是依赖法官，柯克主张的是法官应当回到历史上的司法判例之中，从而寻找隐藏在这些司法决定中的法律原则；而霍姆斯则认为，“最好的法官是把法律琢磨得最精确符合甚至预见到社会中占支配地位群体的愿望的法官，而所谓占支配地位的群体就是那些顺应了历史潮流的人们”。[59] 稍晚

---

[55] 参见《正义/司法的经济学》第2章“布莱克斯东与边沁”。[美]波斯纳：《正义/司法的经济学》，苏力译，中国政法大学出版社2002年版，第38页。

[56] [美]波斯纳：《法理学问题》，苏力译，中国政法大学出版社2002年版，第17页。

[57] 同上书，第20页。

[58] [美]霍姆斯：《普通法》，冉昊、姚中秋译，中国政法大学出版社2006年版，第1页。

[59] [美]波斯纳：《法理学问题》，苏力译，中国政法大学出版社2002年版，第21页。

一些时候的卡多佐法官也曾表达了类似的观点。[60]

可见,与兰德尔和德沃金之于"法律形式主义"一样,"法律现实主义"也在霍姆斯与卡多佐等人的手中完成了现代转型。它在美国当代法理学界也同样不乏后继者,兴盛于20世纪上半期的"现实主义法学运动"乃至"批判法学"都奠基于此,包括波斯纳法官本人也大体属于这一阵营(尽管其本人有意划清界限)。

但"法律现实主义"在当代仍然面临着巨大的挑战与质疑,其中最突出的一点是"法律现实主义"具有某种危险,尽管当代的现实主义者主张的是"群体"的意愿,但它们毕竟脱胎于专制君主的言说,绝对主义的影子仍不时地显露出来,以至于近代以来总有人不断指出它们同极权主义存在的某种内在联系。[61] 这种担心也许并非毫无必要,但正如尼采所说的,"一件事的起因和他的最终用途、它的实际效应,以及它的目的顺序的排列都全然不是一回事"。[62] 而且事实上,法律实证主义者也并不试图回答这些质疑,因为这恰恰说明法律在本质上是功能性的,它本身并不能保证我们政治统治的"正确"。事实证明,法律形式主义也做不到这一点。因此,如果仅就"法律是什么"这一法理学的核心论题而言,"法律现实主义对法律实体的把握要深刻得多。"[63]

至此,依循波斯纳法官的指引,我们已经构造了两条由各自杰出人物组成的法学谱系,柯克与詹姆斯显然处于这两条谱系的前端,他们的论争正是现代法理学中这两种根本观点在17世纪英国的一次正面交锋。但必须指出的是,这里的法学谱系仅仅是在时间上的前后相递关系,而绝非意味着柯克或是詹姆斯对后世的继承者的观点具有何种决定性的影响。因为"所有的现存事物,不管它的起源是什么,总是不断地被那些掌握权柄的人改头换面,根据他们的需要加以歪曲"。[64] "法

---

[60] [美]卡多佐:《司法过程的性质》,苏力译,商务印书馆2002年版,第69~88页。

[61] 类似的批评,参见[英]哈耶克:《自由秩序原理》(上),三联书店1997年版,第129~131页。

[62] [德]尼采:《论道德的谱系》,周红译,三联书店1992年版,第55~56页。

[63] [美]波斯纳:《法理学问题》,苏力译,中国政法大学出版社2002年版,第34页。

[64] [德]尼采:《论道德的谱系》,周红译,三联书店1992年版,第56页。

律形式主义"与"法律现实主义"也是如此,无论是柯克与詹姆斯还是他们的后来者,其主张都是在其所属时代背景之下的选择。因此上述法理学的解读,其意义就绝非是为了追溯两种法学观点的源头,而是试图框定柯克与詹姆斯的论争在英美法理学谱系中的位置,其根本目的仍然是更为"语境化"地理解这一论争的意义。

结语——对重读的反思

柯克与詹姆斯国王的论争距今已近整整四百年了,也构成了法律史上为数不多的经典之一,因而似乎已无专论一篇的必要。但我依然觉得这则故事与当下中国的法律和法学有某些被忽视的关联,因此对它的重新解读仍然可能是有意义的。

首先,可能来自于故事所包含的信息,来自于它对现今中国的政治与法律进步可能的启示。我们对这则故事的传统解读可能更多是以"司法独立"、"反抗王权"或"法律职业精英化"为视角,这些无疑都是正确的,但我更看中其中所蕴含的法理学的智慧——不仅是柯克的智慧,还包括詹姆斯国王的智慧。因为相比上述观念在中国的普及,人们很少注意到这种"职业化"的背后所可能带来的"形式主义"的弊端。当然,这并不意味着柯克主张的技艺理性的进路就一定不好,法律职业化无疑仍是目前中国司法改革的基本目标,但危险的是我们对这一进路可能导致的不利后果不曾察觉或有意回避。这也许恰恰说明我们对这场论争本身的意义挖掘不够,以至于看不到故事中双方人物的主张其实都蕴含着对当下中国有益的经验。

其次,重读的意义可能更多来自于故事的本身,来自于对中国法学中传统解读的一种修正。柯克的故事已成为中国法学的经典,但经典又往往是被误读的。故事本身的细节往往被"肢解"与"滥用",而无须再仔细阅读原本的文献与案例。我国法学界对柯克的故事的原始版本及其真实性的忽视似乎就很好地说明了这一点。"这些具体、生动的故事往往只变成一个概念、一个符号，有的甚至被严重的意识形态化了，失去了其揭示法学理论问题，人类制度和智识难题的潜在意义，也因此失去了其学术的活力及其在中国的本土的繁殖力。”[65]

通过细致分析故事文本及时代背景提供给我们的相关信息，我们会发现，无论是詹姆斯还是柯克，其人物的性格与内心世界都是极端复杂的，甚至是不乏“矛盾”的，而绝非传统的“专制”或“法治”等符号化概念那么简单。进一步深入到历史中，我们还会发现这些人物性格的矛盾又绝非偶然，而是其身处的宏大历史变迁的结果，从而有可能获得更多有关法律理论或历史的启示。

甚至更进一步说，这则故事还可能有其中国式的解读，中国人普遍将这则故事简化为“反对专制王权”的抗争，这种简单化与道德化的倾向是否来自于中国人自古以来对“不畏强权”、“直言犯上”的忠臣良相的崇拜与呼唤？是否是“武死战，文死谏”的古老传统在当下的延续？如果我们再将视界放宽，柯克的故事甚至于有助于我们理解中国春秋时代的“叔向致子产书”、“孔子反对铸刑鼎”等法律大事件，从而可能从另一种角度深化我们对中国古代儒家与法家之法律思想的理解。[66]

当然，这都仅仅是“可能”，甚至我自己也无法排除本文在某种程度上对这则故事进行了“新的误读”的“可能”。但我想，重要的是我们重新回到了故事的本身，回到了柯克所身处的那个时代之中。我们可以继续讨论故事对于今天的启示，但首先要听懂的是，故事中的“他们”在说些什么。

---

[65] 苏力：《自然法、家庭伦理和女权主义？——〈安提格涅〉重新解读及其方法论意义》，载《法制与社会发展》2005年第6期。

[66] 参见于明：《法律规则、社会规范与转型社会中的司法——〈叔向使诒子产书〉的法理学解读》，载《北大法律评论》（第10卷·第2辑），北京大学出版社2009年版。

附录Ⅱ “政治”地理解司法

——读夏皮罗《法院:比较法上与政治学上的分析》*

这是一部关于“法院”和“司法”的著作。如同弗兰克的《初审法院:美国司法中的神话与现实》①一样,夏皮罗的《法院》②,似乎同样旨在揭开流行于英美法理学语境中的有关法院与司法的诸多“神话”。更进一步地,本书的目标指向了一般意义上的“法院”或司法机构,而并不仅仅局限于普通法意义的初审法院;考察的对象也不只是美国的司法,而更多地运用了比较法律史的研究,将目光投向了英国、欧陆、中国与伊斯兰等诸多不同法系的司法历史与实践。尤其值得注意的是,本书的研究方法始终贯穿了基于政治科学或“政治法理学”(Political Jurisprudence)的分析,从而使我们可能超

---

* 本文原载苏力主编:《法律书评》(第9辑),北京大学出版社2011年版。

① [美]弗兰克:《初审法院:美国司法中的神话与现实》,赵承寺译,中国政法大学出版社2007年版。

② [美]夏皮罗:《法院:比较法上和政治学上的分析》,张生、李彤译,中国政法大学出版社2005年版。

越传统法理学的视野,从一个较新的视角重新审视司法的社会逻辑与制度功能。或许,正如本文标题所揭示的,作者所追求的,是“政治”地理解司法。

一

什么是法院或司法?问题似乎很简单。在英美法理学的著述中,尤其在法学院的课堂中,对于这一问题的回答也似乎早已有了答案。这个答案就是被夏皮罗称为法院的“理想化模型”的一组概念与命题。在夏皮罗看来,“理想化模型”的观念在传统法律人的头脑中是如此的根深蒂固,以至于此后的主要工作就是不断重申这些“模型”或“神话”,并依据这些标尺去衡量真实世界中的法院与司法,发现那些偏离“理想模型”的地方,然后,将其纠正过来。

“模型”或“神话”主要表现为四个方面。首先,是所谓的“司法独立”,即认为司法的前提,是必须存在一个完全独立的法院或法官,强调司法权对于立法、行政等其他政治权力的“纯洁”;其次,是“先存规则”,认为任何司法裁判的作出都必须依据事先明确存在的法律规则,反对法律的“溯及既往”;再次,是“两分式的判决”,即坚持法院总是应当作出使一方胜诉且另一方败诉的“判决”,主张“判决”与“调解”的截然分开;最后,是关于“上诉”,认为设置上诉机制的目的,是保障不公正判决中的败诉方重新获得正义的权利,是“正义的最后一道防线”。

但真的存在这些理想化的“模型”吗?夏皮罗的答案是否定的。在他看来,只要我们深入真实的历史与现实中,去考察不同历史时期与不同形态的法院与司法时,我们就会发现,“法院的模型几乎不符合其中任何一个”(第1页)。更进一步地,当我们从政治科学或社会学的视角出发,将法院视作政治机构的一个重要组成部分,进而重新审视上述“模型”与“神话”时,甚至会发现,真实的情形可能“完全相反”。对此,在本书中,夏皮罗几乎是针锋相对地提出了自己有关法院与司法的四个方面的命题;而全书的主要线索,也正是围绕这四个命题的论证所展开的。

首先,作为政治机构的一部分,法院必然无法完全独立于行政与立法等其他政治权力,司法的独立只能是有限度的;其次,法院裁决的作出也并非仅仅依据事先存在的规则,很大程度上还依赖于法院作为立法者自身所创制的规则;再次,法院并非完全地排斥调解,法院的判决往往不可避免地与谈判、仲裁、调解等诸多因素混合在一起,形成一个统一的连续体;最后,上诉的普遍存在更多的是基于政治控制的目的,而非对于正义的寻求,中央政权的集权化控制才是推动上诉制度得以设立的根本动因。总之,在本书的第一章中,夏皮罗从分析法院与司法的社会逻辑与制度功能入手,逐一反驳了流存于传统法理学中的种种“模型”与“神话”,并大致为我们勾勒了真实世界中的司法图景,尽管“真话”往往并不“动听”。

这显然是“得罪人”的事。之所以如此,很大程度上与作者的学术背景与长期的学术追求有关。马丁·夏皮罗(Martin Shapiro)是美国加州大学伯克利分校的法学教授。虽然身处法学院,但夏皮罗教授的主要领域一直是政治学与法学的交叉研究。他早年毕业于哈佛大学政治学专业,曾经先后担任西方政治学学会(WPSA)主席与美国政治学学会(APSA)副主席。在本书出版的十余年前,夏皮罗教授曾明确提出“政治法理学”的主张,并发起了一场相应的法学运动,倡导“将法院与法官视作政治性的机构(political agencies)与政治上的行动者”(political actors)。③ 从今天的眼光来看,这场运动很大程度上是美国的

③ “政治法理学”的主要观点,可以参看 M. Shapiro,“Political Jurisprudence”, *Kentucky Law Journal*, Vol. 52, 1964,或参看 M. Shapiro, *Law and Politics in Supreme Court: New approaches to political jurisprudence*, The Free Press of Glencoe, 1964。

政治科学入侵传统法学,尤其是司法研究的产物。[④] 本书亦可以看作这一努力的结果。

但如果仅仅如此,本书的贡献或许并不是那么大,至少对于当时的英美法理学界来说,并没有太大的知识增量,更多的是对于一些似是而非的主流观点的一次有组织地集中反击。夏皮罗同样也意识到了这一问题。尽管“政治法理学”在二十世纪五六十年代的美国繁荣一时,也给传统的法理学带来了许多“新鲜”的东西,但很快陷入了困境。原因并非此前的一些判断错了,也并非美国的司法开始“远离政治”,而更多的是由于新一代的“正统”法学家大多接受了政治科学提供的知识,因而昔日的“政治法理学”不再那么“新鲜有趣”,也不再那么具有吸引力。因此,要使得“政治法理学”重新占据法学院的讲台,而不仅仅局限于政治学内部的“自说自话”,就必须进一步融合社会学、历史学与比较法的知识,使之获得更强的解释力,乃至“征服力”。因此,用夏皮罗本人的话来说,这本书亦代表了二十世纪八十年代以来的重振“政治法理学”的努力。[⑤]

学科资源的扩展,首先体现在本书的第一章。在论证法院的社会逻辑与制度功能的过程中,夏皮罗较多地运用了社会学与人类学的研究成果,尤其是西方学者有关初民社会的司法与调解的诸多研究以及功能主义的分析方法。而本书的后四章,则集中地展示了夏皮罗对于比较法与法律史知识的运用。作者选取了四个不同法系的司法历史与实践,对上述四种有关司法的“模型”与“神话”进行了逐一的“证伪”。值得注意的是,作者在选取这些个案时,同样也别具匠心。它们往往是传统观念中最可能支持这些“司法神话”的“典型”,但在夏皮罗的细致

④ 尽管同样受到“法律现实主义”运动的影响,但和法律与社会、法律与经济以及批判法学不同,“政治法理学”的主要参与者都来自于美国政治学界。随着政治科学由行为主义向新制度主义的转型,政治法理学也经历了两个不同的发展阶段,B. Rehder,“What Is Political about Jurisprudence: Courts, Politics and Political Science in Europe and the United States”, *MPIfG Discussion and Working Papers*, 2007。

⑤ 对于“政治法理学”在二十世纪八十年代遭遇的困境,以及新的发展,参见 M. Shapiro,“Recent Developments in Political Jurisprudence”, *The Western Political Quarterly*, Vol. 36, No. 4, 1983。

分析下,却最终"叛变",沦为了否定这些神话的"铁证"。例如,主流的学说往往将英国视为司法独立的起源,而夏皮罗的论证却"无情"地表明,司法独立在英国的历史上几乎没有真正地实现过,它更多地来自于对于英国法院的一个"相当模糊的印象"(第175页)。而作为"先存规则"的典范的欧陆国家,也同样被证明,在这些国家的法院中广泛存在着法官的司法造法现象,法律规则也并非完全来自于先存的法典。中国与伊斯兰的个案,也同样如此。

需要指出的是,这些经验的,尤其是历史的分析,也很快遭到了一些法律史学家的指责,比如伯尔曼(Harold Berman)就认为,夏皮罗对于一些史实的运用存在有意的取舍与忽略,以至于很大程度上可能造成读者对于西方法律传统的误解。⑥ 严谨的学术批评总是值得尊重的,但这并不意味着夏皮罗的论证因此被推翻。即使伯尔曼也承认,夏皮罗的主要论点依然是可以成立的,只是对于历史的处理过于简单化了,遗漏了许多可能导致不同结论的重要细节。毕竟,对于历史的解释总是开放的,我们无法等到掌握了所有的历史细节之后才进行理论的思考。因此,这些批评的存在,或许可以促使我们进一步关心历史的真实,但却很难否认夏皮罗将历史研究融入政治学理论构架的努力。尽管可能不完美,但却使我真正感受到了历史经验的分析对于我们"重新"理解司法所可能具有的意义。

二

但仅仅揭开了"神话"仍然不够。随之而来的问题是,"神话"为何会产生。较之对于"神话"的否定,或许,更重要地是理解其产生的原因与功能。因为即使是非理性的教条与神话,一旦在历史上长期存在,

⑥ 伯尔曼的批评,参看其为本书撰写的书评,H. J. Berman,"Courts and the Comparative Historical Method",*The Yale law Journal*,Vol. 91,No. 2,1981。

同样可能具有语境化的功能。[⑦] 只有真正洞悉了它所面对的问题，我们才可能从中更深刻地理解制度的真实运作，寻求可能的解决与“替代”。

对于这一问题的探索，夏皮罗是从司法的社会逻辑（social logic）开始的。在夏皮罗看来，司法的最初原型来源于争议解决中的三方逻辑。换言之，当争议的双方寻求第三方解决纠纷时，总是倾向于选择双方均“认可”的中立第三人，并适用经双方“同意”的裁判规则。这就构成了一种典型的中立的三方结构，从而也构成了司法裁判的最基础的合法性来源。然而，这样一种三方结构，本身却是极不稳定的。正如波斯纳所指出的，法官与医生的一个重要差别就在于，医生救治行为的结果不以牺牲他人来帮助另一人，而法官解决纠纷的方式几乎肯定会伤害一方而有利于另一方。[⑧] 因此，一旦第三方作出支持一方的判决，对于败诉方而言，中立的三方结构就可能遭到破坏，转变为二对一的结构。至少在败诉方看来，这样一种二对一的结构违反了司法最基础的社会逻辑，因而也丧失了根本的合法性。

因此，如何防止这一中立的三方结构转变为二对一的结构，以维持司法判决的权威，尤其是对于败诉方的合法性，在很大程度上就成为司法所始终面临的核心问题。最初，这一问题的解决，主要依靠双方当事人的共同认可。由于双方事先就中间人的选择，以及规则的适用，达成了一致的“同意”，因此，即使最终的判决不利于某一方，败诉方依然应当承认判决的权威与合法性。问题也似乎暂时得到了解决。

然而，国家与法院的出现，使得这一问题再次复杂起来。因为无论是作为政治机构一部分的法院，还是作为国家法律的裁判规则，都更多的是一种“强制”，而无需事先取得争议双方的“同意”。如此一来，一旦法院作出不利于一方的判决，败诉方就有理由认为作为司法的社会

---

⑦ 关于政治神话的功能，参见［德］恩斯特·卡西尔：《国家的神话》，范进译，华夏出版社1999年版。

⑧ 参见［美］波斯纳：《法理学问题》，苏力译，中国政法大学出版社2002年版，第8页。

逻辑的三方结构已经丧失了中立性，从而质疑这样一种"强制"的法院判决的合法性。在夏皮罗看来，这样一种挑战实际上使"当代法院被卷入到一场持久性的危机之中"（第12页）。[⑨] 于是，为了挽救危机，强化司法的权威，法官与法律人开始不遗余力地为法院的"中立性"与"合法性"进行辩护，有关法院与司法的诸多"模型"与"神话"也因此被创造出来。换言之，在夏皮罗看来，司法"神话"的产生动因，实际上来源于"宣传"与"辩解"的需要，是为了"掩盖"现代法院对于司法的最初的社会逻辑的背离。

但这并非全部的原因，甚至并不是主要的原因。毕竟，以上的讨论只涉及了纠纷的解决，而司法的"功能"却并非仅限于此。除此之外，在夏皮罗看来，司法还具有两个重要却往往为人们所忽视的功能——法官造法与社会控制。或者更直接地说，是"立法"与"政治"的功能。然而，这两类功能的出现，不仅未能缓解司法的合法性危机，相反，法院与其社会逻辑的背离程度因此而大大加深了。首先，"法官造法"的存在，意味着法官所适用的规范，不仅未经双方当事人的同意，甚至根本不是"事先存在的"，而在很大程度上，是由第三方在解决争议的过程中创制出来的。这就不仅使得法院适用的规则缺乏基于"同意"的合法性，甚至有违"法不溯及既往"的正义原则。而败诉方一旦洞悉这一"残酷"的事实，对于判决合法性的质疑也必然更加尖锐。

其次，司法的"社会控制"，或"政治"功能，也同样如此。依据夏皮罗的理解，司法的"社会控制"很大程度上意味着司法与行政的一致性。换言之，历史上的法院从来不仅仅是作为纠纷解决的机关出现的，它同时也担负了许多纠纷解决之外的行政性职能，即对于社会的政治控制职能。这一点在国家初创与社会转型时表现得尤为明显。而此时作为裁决者的法官，不仅无需双方当事人的同意，甚至本身也不是中立

---

⑨ 关于司法合法性的危机，详细的讨论还可以参见格罗斯曼的书评。该文认为，夏皮罗潜在的批评对象，实际上是以朗·富勒（Lon L. Fuller）为代表的对法院角色的"本质主义"的理解。参见J. B. Grossman, "Judicial Legitimacy and the Role of Courts", *American Bar Foundation Research Journal*, Vol. 9, No. 1, 1984。

的,而更多地代表了当事人之外的国家,尤其是中央政权的利益。他们本身就代表国家权力的延伸,为中央政权的利益服务,甚至纠纷解决的过程本身也成为执行国家利益与政策的一部分(第 33 页)。因此,司法的“社会控制”,或者是“政治功能”,同样进一步削弱了法院作为中立裁决者的社会逻辑,当事人之外的“第三方利益”被“公然”地引入了三方结构之中,司法合法性的危机也因此更加严重。

面对持续存在的危机,如前所述,传统的法律人更多地试图通过“宣传”与“构建”有关法院与司法的“神话”,以增强其自身的“神圣”与“权威”,维持其判决的合法性。无论是对于“司法独立”的强调,还是对于“先存规则”的反复重申,似乎都意在强化法官及其所适用法律的“中立”与“纯洁”,而有意无意地掩饰了法院在事实上执行的“立法”的与“政治”的职能。在这样一种“神秘化”的进路下,法院与司法被认为具有了某种神圣且纯粹的“理想型”,一切与之不符的特征与职能都是“落后”与“异端”的表现,需要对之加以改造,以尽可能地接近理想化的“模型”。

我并不一概地反对这种做法。至少从历史上看,这一做法不仅长期存在,并且很大程度上具有实际的效果。⑩ 普通法中的“技艺理性”与“神谕的宣示者”,尽管旨在强调法律职业阶层的独特知识与作用,但同样隐含着诉诸“神秘”或“神圣”,以强化司法合法性的考量。⑪ 但这并不意味这一进路具有了学理上的自足。毕竟,对于真正的学者而非泛泛的“宣传家”来说,这更多的是一种逃避问题的做法,是一种“鸵鸟”战术。我们不能因为看到了现实中的司法对于其基本社会逻辑的偏离,就创造出种种“神话”或“模型”,以试图掩饰这些可能“不和谐”的“音符”;我们也不能因为法院在事实上执行了“立法”甚至是“政治”的职能,以至于危及了司法原初的合法性,就可以对于这些事实抱

⑩ 政治的合法性很大程度上来源于意识形态宣传所带来的“散布性支持”,参见[美]伊斯顿:《政治生活的系统分析》,王浦劬译,华夏出版社 1989 年版,第 298 页。

⑪ 关于柯克的“技艺理性”(artificial reason)和布莱克斯通的“神谕宣示者”(the oracles),在英美法理学中的谱系,参看[美]波斯纳:《法理学问题》,苏力译,中国政法大学出版社 2001 年版,第 11 ~29 页。

着“六合之外,存而不论”[12]的态度。因此,如果要真正对于司法的合法性的问题有所回应,仅仅是“神秘化”的做法是远远不够的,而另一种可能的也是相反的进路,就是直面现实,从司法的真实运作中寻找对于其合法性的解说。这也正是夏皮罗在本书中的选择。

从分析司法的实际功能,尤其是“立法”与“政治”的职能入手,夏皮罗的一个基本论断是,司法与法院的合法性,并不仅仅来自于其作为中立第三人的社会逻辑,这或许构成了一种“社会意义的合法性”,但却并非唯一的合法性。恰恰相反,随着司法的“立法”与“政治”功能的不断强化,司法的另外一种合法性——作为一个具体政权的一部分的法院所具有的潜在的“政治意义的合法性”也愈加凸显。换言之,司法和法院同样可以从法院的“政治”功能中获得合法性的来源,即使“政治”的功能可能很大程度上背离了司法的本来逻辑,但这并不意味着司法合法性的丧失。[13] 相反,它同时也为司法的合法性提供了一种新的论证,即来自于政治制度本身的合法性。在这个意义上,我们甚至会发现,传统法理学中所谓的司法合法性的“危机”或许根本就不存在,更多的只是司法的“社会合法性”与“政治合法性”这两者的“相互补充和彼此支持”,尽管有时也可能产生冲突与抵触(第78页)。

三

提出“政治合法性”的进路,并不是夏皮罗的全部知识贡献。更多的智识启发还体现在他对于许多具体问题的分析之中。有如前述,针对有关司法的四种“神话”,夏皮罗在本书中具体论证了对于司法的四种“现实”的或“政治”的理解,并将其置于不同法系的历史语境中予以细致地分析与展开。因此,以下的部分,我将进一步展示夏皮罗在这些

---

⑫ 《庄子·内篇·齐物论》。

⑬ 关于两种合法性的进一步讨论,参见 J. B. Grossman, “Judicial Legitimacy and the Role of Courts”, *American Bar Foundation Research Journal*, Vol. 9, No. 1, 1984。

具体问题上的阐述所可能带给我们的启发，为了论述的集中，我将把重点放在“司法独立”与“上诉”这两个方面（在我看来，这两个部分也最为集中地体现了对于司法的“政治”理解）。同时本文的评论也并不只限于夏皮罗的理解，为了展现其对于传统法理学所构成的智识挑战，相关知识谱系的清理也同样是必要的。

首先是司法独立。正如夏皮罗所指出的，在有关司法的四个“神话”中，司法独立始终是其中最为核心也最为人们广泛接受的一个。但需要指出的是，作为概念的本身，司法独立的内涵又是极不确定的，它既可以意指司法权相对于立法权、行政权的独立，也包含了作为个体的法官在具体案件中的保持中立；同时独立的对象既来自于政治的方面，也来自于社会的方面，诸如当事人的意志与社会的舆论。而本书所讨论的，更多地集中于司法权与整体的法院系统相对于其他政治权力的独立，尽管也涉及了个案中的法官独立。

为什么要司法独立？与其他的神话一样，司法独立也同样不乏其“神圣”的起源。一个著名的故事是，面对国王詹姆斯一世要求亲临审案的主张，爱德华·柯克爵士断然拒绝了他的要求，其理由是，法官所具有的是一种有别于常人的技艺理性，这一技艺理性只有经过长期特殊训练的法官与法律人才可能掌握，并进而对案件作出审慎的判决。此后，柯克的这一主张被认为是从知识独特性的角度对于司法独立所作出的最初论证。⑭

还有防止专断的职能。一个同样著名的论证是，孟德斯鸠在《论法的精神》中断然地写到：“如果司法权不同立法权和行政权分立，自由也就不存在了。如果司法权同立法权合而为一，则将对公民的生命和自由施行专断的权力，因为法官就是立法者。如果司法权同行政权合而为一，法官便将握有压迫者的力量。”⑮总之，在西方司法的理论史

---

⑭ Sir Edward Coke, Reports Ⅻ, “Prohibitions del Roy”, in Sheppard Steve, *The selected writings and speeches of sir Edward Coke*, Vol. Ⅰ, Liberty Fund, 2003, pp. 478 – 481. 进一步的评论，参见于明：《法律传统、国家形态与法理学谱系——重读柯克法官与詹姆斯国王的故事》，载《法制与社会发展》2007 年第 2 期。

⑮ ［法］孟德斯鸠：《论法的精神》，张雁深译，商务印书馆 1961 年版，第 156 页。

上,司法之所以应当独立,总是与“技艺理性”、防止专制与捍卫自由等“神圣”的观念联系在一起,因此,也成为了几乎是不证自明的普世价值观念之一。

但事实真的如此吗?尽管这些古老的神话与故事,时至今日,依然为主流法学界所津津乐道,但质疑的声音也越来越多。且不论柯克的故事本身是否真实,对于法官是否真的具有某种独特的“技艺理性”,许多当代学者都提出了相反的论证,认为法官所运用的司法理性其实并不具有柯克所言的特殊性,而实质上与日常的实践理性并没有根本的差别。[16] 至于孟德斯鸠的论证,学者们越来越倾向于认为,这实际上是孟德斯鸠对于英国政治的一个错误观察与理解,是一种有意无意的“误读”。他不仅未能正视英国的议会主权对于司法的控制,也未能真正理解普通法的“法官造法”的本质,因而都无法经受经验的检验。[17]

回到本书中,夏皮罗对于司法独立的质疑,则显得更加激进。从司法的合法性危机入手,夏皮罗认为,所谓司法独立的神话,从根本上是“为了平息败诉方的不满而被设计出来的”(第 89 页)。换言之,由于司法在事实上履行的“政治”职能,由国家“强制”赋予的法院与法律,在很大程度上都背离了中立第三人的社会逻辑,因此,为了避免败诉方可能产生的不满,司法独立的神话被精心地设计出来,并被反复地用来告诫败诉方,以消除其对于判决合法性的可能的质疑。在这个意义上,司法独立甚或根本就是一种有意无意的“欺骗”,或是“安慰”,它最初的产生本身就具类似于医学上的“安慰剂”。

但这并非夏皮罗的全部论证。对于司法独立的质疑,更多来自于司法的“政治”功能。在夏皮罗看来,司法的“政治”职能,或者更直接地说,司法的“行政”职能,最大限度地挑战了司法独立的纯粹性。尽管从理论上说,司法的最初功能来源于纠纷解决,但从真实的历史来

---

[16] 参见[美]波斯纳:《法理学问题》,苏力译,中国政法大学出版社 2001 年版,导论,第 1 章。

[17] 参见 Laurence Claus,“Montesquieu's Mistakes and the True Meaning of Seperation”, *Oxford Journal of Legal Studies*, Vol. 25, No. 3, 2005。

看,作为国家代理人的法官,从一开始就担负了与行政官员同样的政治职能。尤其是对于“新征服”的领地,或“新建立”的政权而言,法院与法官的最主要的职能,并不是所谓的纠纷解决,而更多的是一种特殊形式的政治权力的延伸,“是为了使政权重新获取支持”(第 33 页)。历史上的古罗马裁判官、天主教会法庭与英国巡回法院的法官都是如此。甚至不仅是在历史上,时至今日,“许多社会中的法院的重要功能仍是帮助管理乡村”(第 34 页),依然强烈地展示着司法的政治功能。例如,本书所例证的非洲英联邦国家,[18]甚至于当代中国的“马背上的法庭”。[19] 在这些法院中,司法的逻辑首先不是独立,而是对于中央政治权力的服从与推进,因而在本质上从属于“政治”的职能。[20]

还有更为具体的经验论证。有如前述,夏皮罗对于司法独立的“证伪”,主要以英国的经验为例。之所以选择英国,就在于长期以来,“司法独立的观念特别地与英美法院系统的发展联系在一起”(第 90 页)。无论是柯克,还是孟德斯鸠,对于司法独立的论证,几乎都是以英国的经验,尤其是普通法的经验为基础的。但就是对于这样一种司法独立的最初“蓝本”或“理想模型”,夏皮罗却语出惊人,认为这很大程度上来源于对于英国法律史的“一个相当模糊的印象”,甚或是一种“误读”。通过考察 12 世纪以来的英国历史,夏皮罗的基本结论是,普通法法院的“自治”,只在 17、18 世纪短暂地实现过,而除此之外的几个世纪都完全地从属于主权的统治者。所不同的,只是之前忠诚于君主,而之后从属于议会。

---

⑱ T. Hutchison, *Developing Legal Systems In African Commonwealth Nations: Africa and Law*, Madison: University of Wisconsin Press 1999.

⑲ 苏力:《崇山峻岭中的中国法治——从电影〈马背上的法庭〉透视》,载《清华法学》2008 年第 3 期;李晟:《法治的边陲》,载《清华法学》2008 年第 3 期。

⑳ 需要注意的是,此处的论证,在否定司法的“纯洁性”的同时,也为“司法独立”提供了另一种可能的支持。尽管此时的法官更多地代表了中央政权的利益,但对于地方的当事人而言,却可能成为超越地方权贵与地方利益的“独立”的法官。在这个意义上,所谓的司法独立,或许是“一个能使试图打破地方利益关系网的人更满意的体制”(第 35 页)。这里隐含的论证是,真正的司法独立,往往更多地存在于中央政权对于地方利益的“超然独立”之中,却难以有效地针对主权者的本身。

当然，仅仅指出这一点，并不完全是夏皮罗的贡献。实际上，对于普通法的起源，不少学者都曾将其视作英国早期中央集权化努力的一部分，代表了国王权力在地方的延伸，因此，也必然最大限度地忠诚于国王的利益。[21] 而在我看来，夏皮罗与一般观点的分野，更多地体现在对于近现代英国历史的认知之上。尽管与传统观念一样，他同样承认，普通法法院在17、18世纪的英国，曾经达到了相当程度的自治；但他同时清醒地意识到，这一时期的独立依然是有限的，议会主权的理论意味着法院只是"将对君主的忠诚转向了议会"。只不过，这一时期的议会机构的不健全与缺乏能力，以及普通法自身的难以理解，才使得法院短暂地获得了"独立自主"的间歇。很快，随着19世纪议会改革的完成，以及对于法律体系的清理，议会重新成为了具有支配地位的立法者，而法院亦"重新回到了忠诚的下属这一位置"。20世纪之后，行政国家与福利国家的发展，则使得法院的独立地位不可避免地被进一步削弱了。因此，在夏皮罗看来，如果人们试图从英国的经验中获取对于司法独立的支持的话，其结果只能是令人失望的。事实上，这一国家的真正经验只是司法的"依赖性与独立性的微妙混合"，并且"依赖性在某种意义上处于支配的地位"（第176页）。

但即便如此，依然会有人反驳。他们会举出美国的例子，认为美国比英国更完美地践行了孟德斯鸠的三权分立，尤其是权力制衡的理论，因此，在司法独立的问题上，比议会主权的英国更具有"典型性"。[22] 这似乎有道理，但却绝非作者的失误。相反，在夏皮罗这样的政治学家看来，美国的司法实际上更加紧密地从属于政治，因而，也同样无法对于司法独立给出经验上的支持。这一点，从夏皮罗之前有关最高法院与

---

[21] ［比］卡内冈：《法官、立法者与法学教授——欧洲法律史篇》，薛张敏敏译，北京大学出版社2006年版。

[22] 关于此问题的讨论，参看［英］维尔：《宪政与分权》，苏力译，三联书店出版社1997年版。

美国政治的著作中就可以看出。[23] 其他的美国学者,比如罗森伯格(Gerald Rosenberg)其经验研究也都证实了这一点。美国的历史似乎一再证明,在最高法院与国会发生的历次冲突中,更多的结果是法院的屈从,而非独立。只不过,法院在许多时候与国会保持了合作,才使得司法独立似乎成为一种常态。但关键在于,每当法院面临政治的压力时,司法独立却总在人们最需要它的时刻消逝了。因此,在美国,司法独立同样是有限度的,它更多地只能存在于政治压力较小的时期。[24] 在这个意义上,那种将司法视为“最后一道防线”的传统观点,不仅无意义,且充满危险,至少,我们几乎无法想象,它在最后的时刻依然可能保持坚固?!

四

“政治”地理解司法,还有助于我们对于上诉制度的理解。与司法独立一样,在传统法律人的眼中,上诉制度同样具有维系正义与捍卫人权的“神圣”职能。法官个体理性的有限与可能的偏私,往往导致个案裁判的不公,因此,为了及时地纠正可能的错误,保护当事人的合法权益,也为了保证正义的最终兑现,上诉制度的建立似乎就成为了司法运作的一种必然。[25] 反之,上诉制度的存在,也进一步强化了先前的司法“神话”,使人们更加相信司法的公正与完美,相信法官会“把当事人的权利当回事”,相信“正义终将得到实现”。

---

[23] Martin Shapiro, *Law and Politics in Supreme Court: New approaches to political jurisprudence*, The Free Press of Glencoe, 1964; Martin Shapiro, *Supreme Court and Administrative agencies*, The Free Press of Glencoe, 1964.

[24] 罗森伯格分别考察了美国历史上最高法院与国会产生激烈冲突的九个时期,最后的研究表明,其中,只有1893—1897年、1922—1924年、1963—1965年这三个时期,最高法院较好地坚持了司法独立的原则,而其他六个时期则分别完全或部分地屈从与国会。参见G. N. Rosenberg, “Judicial Independence and the Reality of Political Power”, *The Review of Politics*, Vol. 54, No. 3, 1992。

[25] 关于上诉的功能,参见齐树洁:《民事上诉制度研究》,法律出版社2006年版。

但这依然是一种“神话”。的确，上诉的存在，可能最终使得一些败诉方的权利得到救济，或正义得到伸张。但注意，这只是上诉制度所带来的一种客观效果，而无法等同于统治者设置上诉制度的初衷，至少，没有经验的事实可以证实这一点。相反，从司法合法性的进路切入，夏皮罗认为，上诉机制的设置，与司法独立的神话一样，很大程度上是为了安慰诉讼当事人而被设计出来的。为了缓解败诉方可能的不满，也为了避免对于司法合法性的质疑，除了反复地重申法官的中立性之外，还有必要给予败诉方一种诉权，使其相信他的“正义”可以通过诉诸另一名法官而重新获得。甚至即使这种权益未必真的能够兑现，败诉方也依然“能够昂着头离开法庭，并高喊着上诉，然后在无法提起上诉的情况下，慢慢地、私下地、被动地接受他的失败”（第69页）。换言之，上诉的“正义”功能，最初可能出于一种“宽慰”的目的。它不仅可以使败诉方继续认同司法合法性，同时也可以使其多少获得一点“面子”，避免因过于受辱而“下不来台”。

不过，夏皮罗的分析并未就此止步。在他看来，无论是上诉的“正义”功能，还是“宽慰”功能，都仍然未能揭示上诉机制得以设置的根本动因。尽管侧重各有不同，但它们的基本思路都是从诉讼的当事人出发，都是一种“从下往上看”的进路。[26] 这一进路产生的根本原因，同样在于人们仅仅将司法视作“纠纷解决”的工具，仅仅注意了司法的“社会合法性”，而忽视了其同时具有的“政治控制”的职能，与“政治的合法性”。因此，对于“政治”地理解司法而言，我们还应当转换视角，从司法的政治职能入手，“自上而下”地理解最高统治者之所以设置上诉制度所可能具有的“政治统治”的考量。对此，夏皮罗的基本结论是，推动上诉制度得以建立的最根本动因，实质上来源于中央统治者对于地方的等级化控制的需求，而并非仅仅出于对“正义”的追求，或是对于败诉方的“安慰”。

上诉作为政治控制，首先体现在中央政治权威的向下延伸。正如

---

[26] M. Shapiro, “Appeal”, *Law & Society Review*, Vol. 14, No. 3, 1980.

夏皮罗所指出的,如果上诉的目的仅仅是使错误的判决获得纠正,或是“保证对抗一审法官的某些腐败或是专断行为”的话,那么,“上诉到任何一个在权力层面上仅仅高一级的机构就足够了”(第72页)。但历史的经验却表明,几乎所有的上诉都不仅仅停留于上一级机构,而更多的是直达最高的中央统治者。关于这一点,中国古代的“上诉”制度就是很好的例证。[27] 几乎所有重大的刑事案件都要由州、县经府、省,层层上报中央刑部,而死刑案件则最终送交皇帝本人裁决。这些制度的功能无疑都旨在强调最高统治者对于案件进行干预与裁断的权力。在这一过程中,中央的权力经由这些特殊化的个案直接介入最为基层的地方事物之中,也使得最底层的民众可能直接感受到最高权力的“威权”或“仁慈”。这些程序的核心都并非旨在追求正当的程序,或是实现诉讼人的个人正义,而更多的是一种特殊的“施恩”,是显示最高统治权力的一种形式,从而有效地强化了底层民众对于政权合法性的认同与效忠。[28]

其次,作为政治控制的上诉,还可能表现为监督地方官员的“信息机制”。依据韦伯的科层制理论,中央政权对于基层官员的有效控制,必须依赖于网状的等级结构与可选择的“信息渠道”。而在夏皮罗看来,诉讼人对于基层判决提起上诉的“权利”,尤其是当事人诉诸最高统治者的行为,在很大程度上就构成了“一种独立的向中央提供行政下属机构履行情况的信息机制”(第69页)。当然,除此之外,例行的行政报告也可能构成这样一种信息渠道。但需要注意的是,官员的报告不仅出于精练的需要可能导致信息的流失,同时为了隐瞒可能的劣迹,最容易丢失的恰恰是那些失职与不法行为的信息,使得报告的内容往往是“报喜不报忧”。但上诉程序却与之完全不同,上诉的案件不仅较少由地方官员进行选择,而且更多地隐含了官员可能的不法行为。

---

[27] 严格说来,这些制度并非现代意义的“上诉”,但这些上诉的早期形态更有助于我们理解上诉的起源。参见[美]布迪、莫里斯:《中华帝国的法律》,朱勇译,江苏人民出版社2004年版,第4章。

[28] M. Shapiro,“Appeal”, *Law & Society Review*, Vol. 14, No. 3, 1980.

这就好比现代社会中对于“不良”商品或服务的消费者“投诉”,总是比一般的质量检查更能达到监督审查的目的。而考虑到古代社会高昂的信息成本,上诉制度的“信息”功能也往往更为显著。

信息的传递还可能是“自上而下”的。由于并非所有的上诉都可能取得成功,因此,对于地方官员而言,中央政权对于上诉案件的偏好,以及在何种条件下可能对案件作出改判,就成为关乎自身政绩的重要信息;地方官员也必然依据上诉案件所反馈的信息对于未来的司法行为作出相应的调整。这样一种“自上而下”的信息反馈机制,就使得中央政权可以通过改变对于上诉案件的处理来达到控制地方司法的目的。典型的事例,是英国的上诉法院只受理关于法律问题而非事实问题的上诉,从而使得初审法官更加专注于法律问题的解释与论证(第71页)。[29] 甚至上诉的这一信息反馈功能,还有助于我们理解传统中国的法官更倾向于调解,而非审判的原因。其中,一个重要的因素就在于,一旦经过调解达成的解决方案就不再能够提起上诉。[30] 因此,对于那些希望减少上诉率,避免上级过多地关注其司法行为的法官来说,尽可能地促成案件的调解,无疑是更为理性的选择。

上诉的政治功能,同样得到了具体的经验分析。在本书的最后一章,通过对于伊斯兰法的历史考察,夏皮罗细致地论证了上诉机制得以建立的政治动因。在一般观念看来,伊斯兰法是始终未能建立上诉机制的少数法律体系之一。对于上诉组织长期缺乏的原因,传统的观点往往将其归结为卡迪司法对于“立法”与“法律一般化”的拒斥,或是对于司法正义的长期忽略。但深入的历史研究却表明,上述理由都缺乏足够的根据;而伊斯兰国家未能建立上诉机制的真正原因,是伊斯兰的宗教是一种地方性的非等级化的组织形式。作为基层法官的卡迪由地

---

[29] 这当然不是英国上诉法院局限于法律审的唯一原因,英国初审法院的事实认定主要由陪审团完成,并且以言辞的形式进行,都阻碍了上诉法院对于事实问题可能的审查。但反过来,上诉法院的这一选择也进一步强化了初审法官的分工。参见 M. Shapiro, “Appeal”, *Law & Society Review*, Vol. 14, No. 3, 1980。

[30] 参见[美]布迪、莫里斯:《中华帝国的法律》,朱勇译,江苏人民出版社 2004 年版,第 4 章。

方权力机构任命,附从于当地的宗教法学派,而无须服从统一的中央权威。总之,对于地方的等级化政治控制的缺失,使得上诉制度的建立也不再成为一种必要。

不只是伊斯兰的经验。从上诉的政治控制功能出发,我们还可以进一步理解英国的上诉制度姗姗来迟的原因。较之法国等欧陆国家在中世纪后期开启的司法等级化进程,英格兰迟至19世纪才开始着手建立上诉制度。但这并不意味着英国的中央集权落后于欧陆,相反,正是早期普通法法院巡回审判的实践,使得英国对地方的控制,很大程度上通过将初审集中于中央的形式得到了有效的解决,而无需像当时的欧陆国家一样,借助于上诉组织的建立对地方实施监督与控制。[31] 而此后英国最终确立上诉制度的原因,也同样可以从英联邦的扩大与一审法院的日益地方化中获得解说。

在这个意义上,我们也重新理解了司法的整体政治功能,理解了司法对于整合国家权力所具有的意义。无论是英国巡回法院的“送法下乡”,还是欧陆上诉法院的“送案上京”,尽管从表面上看来,“一上一下”,似乎“背道而驰”,但在事实上,却同样体现了中央政权对于地方的权力延伸与渗透。而两者的反差与实践,也再一次地表明,无论司法的时空背景与具体形态有何不同,真正推进司法制度建构与变革的最基本动因,永远来自于其背后所隐藏的强大的政治权力与政治诉求。

五

“政治”地理解司法,对于中国同样具有意义。这在本书中已经有所体现。在论述许多问题的过程中,夏皮罗都曾引证了中国传统司法

---

[31] 关于英国上诉制度的晚熟,及其原因的分析,参看[比]卡内冈:《法官、立法者与法学教授——欧洲法律史篇》,薛张敏敏译,北京大学出版社2006年版;亦参看[美]达玛什卡:《司法和国家权力的多种面孔——比较视野中的法律程序》,郑戈译,中国政法大学出版社2004年版。

的经验。尽管主要是依据美国学者的二手资料,但作者依然提出了一些富有洞识的观点与见解。例如,对于司法中广泛适用调解的原因,夏皮罗的研究表明,这更多的是出于统治者希望尽可能地垄断司法与古代司法资源稀缺之间的矛盾,其根本的考虑依然来自于司法的政治考量,而非传统观点所认为的对于调解的文化偏好(第269页)。此外,前述上诉率对于官员选择调解结案的影响,以及对于上诉的"信息功能"等方面的论述,都在很大程度上体现了"政治"的视角转换对于我们重新理解中国古代的传统司法所可能具有的意义。

不仅对于传统中国,更是对于近现代的中国。首先,"政治"地理解司法,意味着不应当只是将司法视为纠纷解决的工具,还应当更多地关注司法对于政治统治,尤其是对于民族国家的构建所具有的意义。正如夏皮罗所指出的,司法的功能,对于新建立的政权,可能更多的是为了强化中央统治者的政治合法性。司法往往"能够帮助中央权力介入原来地方习惯发挥作用的区域,并将征服者的影响带至乡村"。司法机构,"像医疗机构一样,是权力进入乡村的一个主要途径"(第34页)。而这一点,在近现代的中国,表现得尤为明显。

20世纪以来的中国,经历了数次的变法与改革,其基本的目标是要建立一个新的强有力的国家政权,要将国家进行社会动员的网络或触角向下延伸,要将一个文化共同体的中国改造成一个现代民族国家。在这一历史过程中,法律的制度功能,更多地是要推进对现有社会秩序的全面改造和重新构建。司法,也因此在近代中国不可避免地具有很强的政治色彩,它的功能也并不仅仅限于西方经典理论所界定的纠纷解决,甚至不仅仅是规则之治,而是现代民族国家建立的一个组成部分。[32]

更重要的是,这不仅对于前三十年的新中国是如此,对于后三十年也同样重要。尤其是随着原有的"单位"与"人民公社"等社会控制机

---

[32] 苏力:《为什么送法下乡?》,载氏著:《送法下乡——中国基层司法制度研究》,中国政法大学出版社2000年版;或参见苏力:《现代化视野中的中国法治》,载氏著:《道路通向城市——转型中国的法治》,法律出版社2004年版。

制的退出,在一些基层地区,家族与宗教等非正式社会控制又重新复苏了,与国家的社会控制形成了新的“竞争态势”。[33] 甚至不只是“竞争”。由于传统的宗法礼俗等控制机制在经历了前三十年的“政治洗礼”后,已经无法恢复到原有的形态,根本无法进行有效的社会控制,从而可能导致社会控制的“真空”地带的出现。这些因素的存在,都要求我们更加紧迫地对待司法的政治控制与政治整合的功能。“要把改革当作一种革命”,[34]绝非当年的一句空话。

因此,要真正理解中国近现代的司法,就尤其需要具有一种“政治”的眼光。要理解中国司法,尤其是乡村的基层司法中,所可能存在的不符合经典司法“模型”的特质,或是“缺陷”。要理解西方的司法“模型”或“神话”,在很大程度上是依据纠纷解决的功能所创设出来的,因此,必定无法完全概括作为“政治行动者”的中国基层法院与法官的许多特征与行为。他们往往办事不讲程序,也不注意与当事人保持距离;他们的审判,并不总是依据法律,而较多地考虑国家的政策,乃至舆论导向;甚至他们并不总是消极地司法,而更多地主动出击,积极地对于地方实施治理——这几乎是行政的逻辑了。

这些似乎都违反了作为中立第三人的司法逻辑,以至于其判决的合法性似乎是可质疑的。但司法的政治功能提醒我们,司法的合法性从来不仅仅来自于其社会的逻辑,司法同样具有其“政治的合法性”。作为国家权力的代理人,法官及其司法的权威更多地来自于其是否有效地完成了政治治理的功能,而并非单纯地解决纠纷。对于中国的基层法官而言,首先要考虑的,并不是如何保持“独立”,或坚守“法律”,而更多的是如何有效地实施治理,“保一方平安”,并随时和可能的“准司法”的机构与个人展开竞争,以确立国家“对于一切合法暴力的垄断”(韦伯语)。也正是在这个意义上,我们才能理解中国基层法院持

---

[33] 梁治平:《乡土社会的法律和秩序》,载氏著:《乡土社会的秩序、公正与权威》,中国政法大学出版社1997年版。

[34] 邓小平:《我们把改革当作一种革命》,载《邓小平选集》(第3卷),人民出版社1993年版,第374页。

之不懈地“送法下乡”,才能理解跋涉于崇山峻岭之间的“马背上的法庭”。

其次,“政治”地理解司法,对于当代中国的法学同样具有意义。这很大程度上是由于,本书所批判的有关法院与司法的诸多“神话”,同样存在于中国当下的法理学语境之中,因此,“政治法理学”的视角与进路依然对于中国的法学具有启示,甚至于警醒。本书写作于二十年前,时过境迁,有关法院与司法的“神话”,尽管依然存在,但也大多受到了越来越多的批判,而逐渐沦为了“明日黄花”。正如夏皮罗所意识到的,政治法理学在美国的势微,很大程度上来自于政治学所提供的知识已经融入了正统的法理学,颇有“至今已觉不新鲜”的境遇。[35]“作为政治机构的法院”与“作为政治行动者的法官”,这些政治法理学当年的口号,已经或多或少成为了法学家的一般“共识”。

但这一次,中国的法学界似乎并没有能够顺利地实现“与国际接轨”。时至今日,有关法院与司法的诸多“模型”与“神话”,依然在法理学的市场中占有绝对的份额。无论是“司法独立”,还是“先存规则”,依然在法学院的课堂中被一遍遍地塑造为司法的“金科玉律”,乃至于“天经地义”。“认真对待权利”,“为权利而斗争”,或是“正义的最后一道防线”之类的教条,依然充斥着法律人的头脑,并时不时地流露于嘴边(但较少付诸行动)。为了维系司法与法治的“纯洁”,“远离政治”甚至刻意地回避,依然是法律人在面对司法的真实世界时所惯于选择的战术与姿态。因此,“政治法理学”的一些基本观点与论断,在当下的中国法理学,就并不显得过时或多余;相反,它可能有助于我们打消一些似是而非的教条与“迷信”,头脑清楚地直面司法的现实。

并不只是理论。中国的法学之所以坚守教条,更多地来自于缺乏对经验的敏感,不懂得或不愿意从中国的经验事实去理解司法。面对中国司法实践与西方传统理论的不兼容,首先想到的并不是从经验出发,不是设身处地地理解制度的发生与功能,而是一味地躲进理论的阵

---

[35] 参见 M. Shapiro,“Recent Developments in Political Jurisprudence”, *The Western Political Quarterly*, Vol. 36, No. 4, 1983。

营，简单地把现状视为一个历史的错误。即使谈经验，也更多的是西方的经验，更准确地说，是对于西方经验的一种“模糊印象”，甚至“错误”的概括。他们或是“大量列举外国的司法独立或是司法审查的例子及其辉煌历史”，或是“沉湎于想象中的纯真的司法诞生的那一辉煌时刻”。[36] 因此，仅仅是新的理论或智识资源的引入，并不足以改变中国司法研究的现状。

而在这一点上，夏皮罗的著作或许仍然是有意义的。本书的论证并没有仅仅停留在理论上，而更多地诉诸具体的历史，将理论的命题置于经验的检验与证伪之中。在经验的事实面前，无论是英格兰的“司法独立”，还是欧陆的“先存规则”，以及作为“正义最后防线”的上诉等诸多的西方“故事”与“神话”，都被逐一地“解构”，乃至“去魅”。这些历史经验的论证，尽管并不一定正确，但对于消除这些西方“故事”在中国学术中的“神圣”与“纯洁”，或许已经足够了。它至少说明，中国学者所津津乐道的一些对于西方事例的概括与结论，同样需要不断地接受经验的反思与质疑。尽管本书对于中国的讨论只限于古代，作者也不可能对于当代中国的司法作出深入的分析，但他却展示了经验分析对于司法研究的重要性，再一次地提醒我们，司法的理论与命题从来不只是来自于理论“模型”的建构，甚至根本就不存在一种统一的“模型”，真正的理论只能从具体与细致的经验分析中获得。

---

[36] 苏力：《中国司法中的政党》，载《法律和社会科学》（第1卷），法律出版社2006年版。

附录Ⅲ 英格兰王位世系表（从诺曼征服到斯图亚特）

诺曼王朝(1066—1135 年)

威廉一世	1066—1087 年
威廉二世	1087—1100 年
亨利一世	1100—1135 年
斯蒂芬	1135—1154 年

安茹王朝(1154—1399 年)

亨利二世	1154—1189 年
理查德一世	1189—1199 年
约翰	1199—1216 年
亨利三世	1216—1272 年
爱德华一世	1272—1307 年
爱德华二世	1307—1327 年
爱德华三世	1327—1377 年
理查德二世	1377—1399 年

兰开斯特王朝(1399—1461 年)

亨利四世	1399—1413 年
亨利五世	1413—1422 年
亨利六世	1422—1461 年

约克王朝(1461—1485 年)

爱德华四世	1461—1483 年
爱德华五世	1483 年
理查德三世	1483—1485 年

都铎王朝(1485—1603 年)

亨利七世	1485—1509 年
亨利八世	1509—1547 年
爱德华六世	1547—1553 年
玛丽一世	1553—1558 年
伊丽莎白一世	1558—1603 年

斯图亚特王朝 I(1603—1649 年)

詹姆斯一世	1603—1625 年
查理一世	1625—1649 年

斯图亚特王朝 II(1660—1714 年)

查理二世	1660—1685 年
詹姆斯二世	1685—1688 年
玛丽二世	1689—1694 年
威廉三世	1689—1702 年
安妮	1702—1714 年

附录Ⅳ　中世纪英格兰地图

参考文献

1. 中文

[德]埃利亚斯:《文明的进程——文明的社会起源和心理起源的研究》,王佩莉、袁志英译,上海译文出版社2009年版。

[美]埃特曼:《利维坦的诞生:中世纪及现代早期欧洲的国家与政权建设》,郭台辉译,上海人民出版社2010年版。

[美]安德森:《从古代到封建主义的过渡》,郭方、刘健译,上海人民出版社2001年版。

[英]安德森:《绝对主义国家的谱系》,刘北成、龚晓庄译,上海人民出版社2001年版。

[英]波考克:《古代宪法与封建法:英格兰17世纪历史思想研究》,翟小波译,译林出版社2014年版。

[美]波齐:《国家:本质、发展与前景》,陈尧译,上海人民出版社2007年版。

[美]波齐:《近代国家的发展——社会学导论》,沈汉译,商务印书馆1997年版。

[美]波斯纳:《超越法律》,苏力译,中国政法大学出版社2001年版。

[美]波斯纳:《道德和法律理论的疑问》,苏力译,中国政法大学出版社2001年版。

[美]波斯纳:《法官如何思考》,苏力译,北京大学出版社2009年版。

[美]波斯纳:《法理学问题》,苏力译,中国政法大学出版社2002年版。

[美]伯尔曼:《法律与革命——西方法律传统的形成》,贺卫方、高鸿钧、张志铭、夏勇译,中国大百科全书出版社1993年版。

[英]布兰德:《英格兰律师职业的起源》,李红海译,北京大学出版社2009年版。

[法]布洛赫:《封建社会》,李增洪、侯树栋、张绪山译,商务印书馆2007年版。

陈端洪:《制宪权与根本法》,中国法制出版社2010年版。

陈绪纲:《法律职业与法治——以英格兰为例》,清华大学出版社2007年版。

陈颐:《立法主权与近代国家的建构——以近代早期法国法律为中心》,法律出版社2008年版。

程汉大主编:《英国法制史》,齐鲁书社2001年版。

程汉大、李培峰:《英国司法制度史》,清华大学2007年版。

[德]茨威格特、克茨:《比较法总论》,潘汉典、米健、高鸿钧、贺卫方译,法律出版社2003年版。

[美]达玛什卡:《司法与国家权力的面孔——比较视野中的法律程序》,郑戈译,中国政法大学出版社2004年版。

[美]蒂利:《强制、资本与欧洲国家990—1990》,魏洪钟译,上海人民出版社2007年版。

[美]杜赞奇:《文化、权力与国家——1900—1942年的华北农村》,王福明译,江苏人民出版社1994年版。

冯象:《政法笔记》,江苏人民出版社2004年版。

冯象:《木腿正义》(增订版),北京大学出版社2007年版。

[法]福柯:《安全、领土与人口——法兰西学院演讲系列 1977—1978》,钱翰、陈晓径译,上海人民出版社 2010 年版。

[法]福柯:《必须保卫社会》,钱翰译,上海人民出版社 2004 年版。

[法]福柯:《规训与惩罚——监狱的起源》,刘北成、杨远婴译,三联书店 1999 年版。

[法]福柯:《尼采·谱系学·历史学》,苏力译,载《学术思想评论》第 4 集,辽宁大学出版社 1999 年版。

[法]福柯:《知识考古学》,谢强、马月译,三联书店 1998 年版。

[美]福山:《国家构建——21 世纪的国家治理与世界秩序》,黄胜强、许铭原译,中国社会科学出版社 2007 年版。

[美]弗兰克:《初审法院:美国司法中的神话与现实》,赵承寺译,中国政法大学出版社 2007 年版。

高鸿钧:《英国法的主要特征——一个比较观察》,载《比较法研究》1991 年第 4 期。

高鸿钧:《美国法全球化:典型例证与法理反思》,载《中国法学》2011 年第 1 期。

高鸿钧:《英美法原论》,北京大学出版社 2013 年版。

高其才、左炬、黄宇宁:《政治司法——1949—1961 年的华县人民法院》,法律出版社 2009 年版。

[美]戈登:《控制国家——从古雅典至今的宪政史》,应奇、陈丽微、孟军、李勇译,江苏人民出版社 2008 年版。

[美]格林顿等:《比较法律传统》,法律出版社 2003 年版。

[意]格罗索:《罗马法史》,黄风译,中国政法大学出版社 1994 年版。

宫秀华:《罗马:从共和走向帝制》,高等教育出版社 2006 年版,

[英]哈德森:《英国普通法的形成——从诺曼征服到大宪章时期英格兰的法律与社会》,刘四新译,商务印书馆 2006 年版。

[美]哈斯金斯:《12 世纪的文艺复兴》,夏继果译,上海人民出版社 2005 年版。

[美]哈耶克:《法律、立法与自由》(第1卷),邓正来、张守东、李静冰译,中国大百科全书出版社2000年版。

[美]哈耶克:《自由秩序原理》,邓正来译,三联书店1997年版。

[美]汉密尔顿、杰伊、麦迪逊:《联邦党人文集》,程逢如等译,商务印书馆1997年版。

何海波:《司法审查的合法性基础——英国话题》,中国政法大学出版社2007年版。

何勤华:《西方法学史》,中国政法大学出版社1996年版。

何勤华:《英国法律发达史》,法律出版社1999年版。

贺卫方:《司法的理念与制度》,中国政法大学出版社1998年版。

[美]亨廷顿:《变化社会中的政治秩序》,王冠华、刘为等译,上海人民出版社2008年版。

胡伟:《司法政治》,三联书店(香港)有限公司1994年版。

黄冬娅:《转变中的工商所——1949年后国家基础权力的演变及其逻辑》,中央编译出版社2009年版。

[英]霍布斯:《哲学家与英格兰法律家的对话》,姚中秋译,上海三联书店2006年版。

[美]霍姆斯:《法律的生命在于经验——霍姆斯法学文集》,明辉译,清华大学出版社2007年版。

[美]霍姆斯:《普通法》,冉昊、姚中秋译,中国政法大学出版社2006年版。

[英]吉登斯:《民族—国家与暴力》,胡宗泽、赵力涛译,三联书店1998年版。

蒋孟引主编:《英国史》,中国社会科学出版社1988年版。

[美]卡多佐:《司法过程的性质》,苏力译,商务印书馆2002年版。

[比]卡内冈:《法官、立法者与法学教授——欧洲法律史篇》,薛张敏敏译,北京大学出版社2006年版。

[比]卡内冈:《英国普通法的诞生》,李红海译,中国政法大学出版社2003年版。

[德]卡西尔:《国家的神话》,范进译,华夏出版社1999年版。

[爱]凯利:《西方法律思想简史》,王笑红译,法律出版社2002年版。

[美]考文:《美国宪法的高级法背景》,强世功译,三联出版社1997年版。

[美]兰博约:《对抗式刑事审判的起源》,王志强译,复旦大学出版社2010年版。

冷霞:《英国早期衡平法概论——以大法官法院为中心》,商务印书馆2010年版。

黎敏:《西风检察制度史研究——历史缘起与类型差异》,清华大学出版社2010年版。

李栋:《通过司法限制权力——英格兰司法的成长与宪政的生成》,北京大学出版社2011年版。

李栋:《试述英格兰法律职业共同体的"普通法心智"观念》,载《华中科技大学学报》2009年第1期。

李栋:《英国普通法的"技艺理性"》,载《环球法律评论》2009年第2期。

李栋:《英国宪政革命中的辉格党律师》,载《华东政法大学学报》2011年第5期。

李红海:《普通法的历史解读——从梅特兰开始》,清华大学出版社2003年版。

李红海:《普通法的历史之维》,载《环球法律评论》2009年第2期。

李红海:《早期普通法中的权利诉讼》,载《中外法学》1999年第3期。

李克非、杨军:《中国古代公正执法真人真事集》,中国政法大学出版社2002年版。

李猛:《除魔的世界与禁欲者的守护神:韦伯社会理论中的英国法问题》,载李猛编:《韦伯:法律与价值》,上海人民出版社2001年版。

李云飞:《从高效到超载:中世纪英格兰巡回法庭的兴衰》,载《世界历史》2012 年第 4 期。

李云飞:《中世纪英格兰巡回法庭的运作机制探析》,载《暨南学报》2012 年第 7 期。

李秀清:《日耳曼法研究》,商务印书馆 2005 年版。

[美]利瓦伊:《统治与岁入》,周军华译,上海人民出版社 2010 年版。

蔺志强:“13 世纪英国的国王观念”,载《世界历史》2002 年第 2 期。

蔺志强:《一二五八至一二六七年英国贵族改革运动》,载《历史研究》2004 年第 6 期。

蔺志强:《中古英国的幼主托孤与王权运作——以亨利三世时代早期为主的考察》,载《历史研究》2009 年第 2 期。

刘星:《西方法律思想导论》,法律出版社 2007 年版。

卢建荣:《铁面急先锋——中国古代法官的血泪抗争》,中国政法大学出版社 2012 年版。

马国川:《贺卫方:不走回头路》,载《经济观察报》2008 年 7 月 14 日。

[德]马克思:《德意志意识形态》,载《马克思恩格斯选集》(第 1 卷),人民出版社 1995 年版。

马克垚:《英国封建社会研究》,北京大学出版社 2005 年版。

[英]马特莱:《詹姆斯二世与英国政治》,林东茂译,上海译文出版社 2001 年版。

[英]迈克尔·曼:《社会权力的来源》(第 1 卷),刘北成、李少军译,上海人民出版社 2002 年版。

[英]迈克尔·曼:《社会权力的来源》(第 2 卷),陈海宏等译,上海人民出版社 2007 年版。

[英]梅特兰:《普通法的诉讼形式》,王云霞、马海峰、彭蕾译,商务印书馆 2009 年版。

[英]梅特兰:《英格兰宪政史——梅特兰专题讲义》,李红海译,中

国政法大学出版社 2010 年版。

[法]孟德斯鸠:《论法的精神》,张雁深译,商务印书馆 1961 年版。

孟广林:《英国封建王权论稿——从诺曼征服到大宪章》,人民出版社 2002 年版。

孟广林:《英国中世纪宪政史研究的回顾——访问普利斯维奇教授》,载《史学理论研究》2006 年第 5 期。

孟广林:《中古英国政治史研究的路径选择与中西比较——与牛津大学马蒂科特院士的学术对话录》,载《清华大学学报》2007 年第 1 期。

孟广林:《中古英国政治史研究的新理路——与阿莫诺教授的学术对话录》,载《中国人民大学学报》2007 年第 2 期。

孟广林:《回归或突破——英美史学家有关中世纪英国宪政史研究的新动向》,载《世界历史》2010 年第 6 期。

孟广林:《王在法下的浪漫想象:中世纪英国法治传统的再认识》,载《中国社会科学》2014 年第 4 期。

[英]密尔松:《普通法的历史基础》,李显冬译,中国大百科全书出版社 1999 年版。

[德]尼采:《论道德的谱系》,周红译,三联书店 1992 年版。

[美]诺斯、托马斯:《西方世界的兴起》,厉以平、蔡磊译,华夏出版社 2009 年版。

[英]欧克肖特:《信念论政治与怀疑论政治》,张铭等译,上海译文出版社 2009 年版。

欧树军:《权利的另一个成本:国家认证及其西方经验》,载《法学家》2012 年第 4 期。

欧树军:《国家基础能力的基础》,中国社科出版社 2013 年版。

[美]庞德:《普通法的精神》,唐前红等译,法律出版社 2001 年版。

钱乘旦、陈晓律:《在传统与变革之间——英国文化模式溯源》,浙江人民出版社 1991 年版。

钱乘旦、许洁明:《英国通史》,上海社会科学院出版社 2007 年版。

钱穆:《国史新论》,三联书店 2005 年版。

钱穆:《中国历代政治得失》,三联书店 2005 年版。

强世功:《惩罚与法治——当代法治的兴起(1976—1981)》,法律出版社 2009 年版。

强世功:《法制与治理——国家转型中的法律》,中国政法大学出版社 2003 年版。

强世功:“宪法司法化的悖论”,载《中国社会科学》2003 年第 2 期。

屈文生:《普通法令状制度研究》,商务印书馆 2011 年版。

阮炜:《不民主的希腊》,上海三联书店 2009 年版。

[美]萨维尔:《法律的经济分析》,柯华庆译,中国政法大学出版社 2009 年版。

[葡]桑托斯:《迈向新法律常识:法律、全球化和解放》,刘坤轮译,中国人民大学出版社 2009 年版。

[德]施路赫特:《理性化与官僚化:对韦伯之研究与诠释》,顾忠华译,广西师范大学出版社 2004 年版。

[美]斯托纳:《普通法与自由主义理论》,姚中秋译,北京大学出版社 2005 年版。

苏力:《波斯纳及其他》,法律出版社 2004 年版。

苏力:《崇山峻岭中的中国法治——从电影〈马背上的法庭〉透视》,载《清华法学》2008 年第 3 期。

苏力:《道路通向城市——转型中国的法治》,法律出版社 2004 年版。

苏力:《法官遴选制度的考察》,载《法学》2004 年第 3 期。

苏力:《送法下乡——中国基层司法制度研究》,中国政法大学出版社 2000 年版。

苏力:《也许正在发生——转型中国的法学》,法律出版社 2004 年版。

苏力:《制度是如何形成的》,北京大学出版社 2007 年版。

苏力:《司法中的政党》,载《法律和社会科学》(第 1 卷),法律出版社 2006 年版。

苏力:《审判管理与社会管理》,载《中国法学》2010 年第 6 期。

苏力:《自然法、家庭伦理和女权主义?——〈安提格涅〉重新解读及其方法论意义》,载《法制与社会发展》2005 年第 6 期。

[法]托克维尔:《论美国的民主》(上卷),董果良译,商务印书馆 1991 年版。

[法]涂尔干著:《社会分工论》,渠敬东译,三联书店 2000 年版。

王恒:《柏拉图的"克里特远征"——〈法篇〉与希腊帝国问题》,上海人民出版社 2008 年版。

王觉非:《近代英国史》,南京大学出版社 1997 年版。

王觉非:《欧洲史论》,南京大学出版社 1992 年版。

王禄生:《对本土制度语境下法官职业化的回顾、反思与展望——以三十年法院人事制度改革为分析样本》,载《四川大学学报》2010 年第 2 期。

王绍光:《安邦之道——国家转型的目标与途径》,三联书店 2007 年版。

王绍光:《民主四讲》,三联书店 2008 年版。

王亚新、李谦:《解读司法改革——走向权能、资源与责任之新的均衡》,载《清华法学》2014 年第 5 期。

[美]威格摩尔:《世界法系概览》,何勤华、李秀清、郭光东等译,上海人民出版社 2004 年版。

[美]威廷顿:《司法至上的政治基础——美国历史上的总统、最高法院及宪政领导权》,牛悦译,北京大学出版社 2010 年版。

[德]韦伯:《经济与社会》(第 1 卷),阎克文译,上海人民出版社 2010 年版。

[德]韦伯:《儒教与道教》,洪天富译,江苏人民出版社 2003 年版。

[德]韦伯:《支配的类型》,康乐等译,广西师范大学出版社 2004 年版。

[德]韦伯:《支配社会学》,康乐、简惠美译,广西师范大学出版社 2004 年版。

夏锦文:《当代中国的司法改革:成就、问题与出路——以人民法院为中心的分析》,载《中国法学》2010 年第 1 期。

[美]夏皮罗:《法院——比较法上和政治学上的分析》,张生、李彤译,中国政法大学出版社 2005 年版。

徐昕:《中国司法建设三十年的成就、经验与展望》,载《政法学刊》2009 年第 1 期。

于明:《爱德华. 柯克爵士与英国法学近代化》,载《环球法律评论》2009 年第 2 期。

于明:《法律传统、国家形态与法理学谱系——重读柯克法官与詹姆斯国王的故事》,载《法制与社会发展》2007 年第 2 期。

于明:《法律规则 、社会规范与转型社会中的司法——〈叔向使诒子产书〉的法理学解读》,载《北大法律评论》第 10 卷第 2 辑,北京大学出版社 2009 年版。

于明:《司法审级中的信息、组织与治理——从中国传统司法的"上控"与"审转"切入》,载《法学家》2011 年第 2 期。

于明:《"政治"地理解司法——读夏皮罗〈法院:比较法上与政治学上的分析〉》,载《法律书评》第 9 辑,北京大学出版社 2011 年版。

翟小波:《代议机关至上,还是司法化?》,载《中外法学》2006 年第 4 期。

张文显:《全面推进法制改革,加快法治中国建设——十八届三中全会精神的法学解读》,载《法制与社会发展》2014 年第 1 期。

[英]甄克斯:《中世纪的法律与政治》,屈文生、任海涛译,中国政法大学出版社 2010 年版。

郑戈:《法律与现代人的命运——韦伯法律思想研究导论》,法律出版社 2006 年版。

周威:《英格兰的早期治理——11—13 世纪英格兰治理模式的竞争性选择》,北京大学出版社 2008 年版。

周雪光:《组织社会学十讲》,社会科学文献出版社 2003 年版。

左卫民:《十字路口的中国司法改革:反思与前瞻》,载《现代法学》

2008 年第 6 期。

2. 英文

Adams, G. N. 1926. *Council and Courts in Anglo – Norman England*, Yale University Press.

Baker, J. H. 2007. *An Introduction to English Legal History*, Fourth edition, Oxford Univ. Press.

Beard, C. 1904. *The Office of Justice of the Peace in England: In its Origin and Development*, Burt Franklin.

Becker, J. H. 2003. *The Oxford History of the Laws of England*, Vol. 6, Oxford University Press.

Berman, H. J. 1981. "Courts and the Comparative Historical Method", *The Yale law Journal*, Vol. 91, No. 2.

——. 1994. "The Origins of Historical Jurisprudence: Coke, Seldon, Hale", *Yale Law Journal*, Vol. 103.

Biancalana, J. 1988. "For want of justice: Legal reforms of Henry II", *Columbia Law Review*, Vol. 88.

Bigelow, M. 1879. *Placita Anglo – Normannica: Law Cases Ftom William I to Richard I*, Little, Brown, and Company.

Bolland, W. 1922. *The General Eyre: Lectures Delivered in the University of London at the Request of the Faculty of Law*, Cambridge University Press.

Bowen, C. 1957. *The Lion and the Throne: The Life and Times of Sir Edward Coke*, Brown & Company Ltd.

Brand, P. "Edward I and the Transformation of the English Judiciary", in Paul Brand, *The Making of the Common Law*, Hambledon Press.

——. 1992. *The Origins of the English Legal Profession*, Blackwell Publishers.

Brissaud, J. 1915. *A History of French Public Law*, trans. by J. W. Garner, Little, Brown, and Company.

Brooke, Lord. 1997. "Judicial Independence: Its History in England

and Wales", in Cunningham ed., *Fragile Bastion: Judicial Independence in the Nineties*, Judicial Commission of New South Wales.

Caenegem, R. C. Van. 1988. *The Birth of the English Common Law*, Cambridge University Press.

——. 1991. "Max Weber: Historian and Sociologist", in *Legal History: A European Perspective*, The Hambledon Press.

——. 1997. *Royal Writs in England from the Conquest to Glanvill: Studies in the Early History of the Common Law* (The publications of Selden Society), W. S. Hein.

——. 1990 - 1991. *English Lawsuits from William I to Richard I*, Selden Society.

Cheyney, E. P. 1913. "The Court of Star Chamber", *The American History Review*, Vol. 18, No. 4.

Chrimes, S. B. 1953. *English Constitutional History*, Oxford University Press.

Clanchy, M. 1993. *From Memory to Written Record: England* 1066 - 1307, Wiley - Blackwell.

Claus, L. 2005. "Montesquieu's Mistakes and the True Meaning of Seperation", *Oxford Journal of Legal Studies*, Vol. 25, No. 3.

Cronne, H. A. 1970. *The Reign of Stephen: Anarchy in England*, Weidenfeld & Nicolson, 1970.

Douglas, D. C. 1964. *The Conqueror William*, University of California Press.

Esmein, A. 1914. *A History of Continental Criminal Procedure: with Special Reference to France*, trans. by John Simpson, John Murray, Albemarle Street.

Figgis, J. N. 1922. *The Divine Right of Kings*, Hardpress Publishing.

Fukuyama, F. 2013. "The Decay of American Political Institutions", *The American Interest*, Dec. 08.

Grossman, J. B. 1984. "Judicial Legitimacy and the Role of Courts", *American Bar Foundation Research Journal*, Vol. 9, No. 1.

Hanwalt, B. A. 1979. *Crime and Conflict in English Communities*, 1300 - 1348, Havard University Press.

Harding, A. 1960. *The Origins and Early History of the Keeper of the Peace*, Cambridge University Press.

——. 1973. *The Law Courts of Medieval England*, Allen & Unwin.

——. A. 1975. "Plaints and Bills in the History of English Law", in D. Jenkins ed., *Legal History Studies* 1972, University of Weles.

Harding, A. 2002, *Medieval Law and the Foundations of the State*, Oxford University Press.

Haskins, C. H. 1911. "England and Sicily in the Twelfth Century", *English Historical Review*, Vol, 26, No. 103.

Havighurst, A. F. 1950. "The Judiciary and Politics in the Reign of Charles II", *Law Quartely Review*, Vol. 66.

——. 1953. "James II and the Twelve Men in Scarlet", *Law Quartely Review*, Vol. 69.

Hazard, G. 1962. "The Early Evolution of the Common Law Writs: A Sketch", *American Journal of Legal History*, Vol. 6, No. 2.

Hischl, R. 2004. *Towards Juristocracy: The Origins and Consequences of the New Constitutionalism*, Harvard University Press.

Holdsworth, W. S. 1923. *A History of English Law*, Vol. I, Methuen & Co. Ltd.

——. 1923. *A History of English Law*, Vol. II, Methuen & Co. Ltd.

——. 1927. *A History of English Law*, Vol. V, Methuen & Co. Ltd.

Hollister, C. W. 1986. *Monarchy, Magnates and Institutions in the Anglo-Norman World*, Ronceverte.

Hudson, J. 1994. *Land, Law, and Lordship in Anglo - Norman England*, Oxford at the Clarendon Press, 1994.

——. 1996. *The Formation of The English Common Law: Law and Society of England from Norman Conquest to Magna Carta*, Addison Wesley Longman Limited.

Jolliffe, J. E. A. 1954. *The Constitutional History of Medieval England: From the English Settlement to* 1485, Adam & Charles Black.

——. 1955. *Angevin Kingship*, Adam and Charles Black.

Jones, J. R. 1979. *The Restored Monarchy*, 1660 – 1688, Macmillian, 1979.

Jones, W. J. 1971. *Politics and the Bench: The Judges and the Origins of the English Civil Law*, George Allen & Unwin Ltd.

Kenyon, J. 1972. *The Popish Plot*, Heinemann.

Kern, F. *Kingship and Law in the Middle Age*, Basil Blackwell, 1939.

Lyon, B. 1980. *A Constitutional and Legal History of Medieval England*, Norton.

Landon, M. 1970. *The Triumph of the Lawyers: Their Role in English Politics* 1678 – 1689, Alabama University Press.

Maitland, F. W. 1908. *The Constitutional History of England: A Course of Lecture*, Cambridge University Press.

Mann, M. 1980. "State and Society, 1130 – 1185: An Analysis of English State Finances", in *Political Power and Social Theory*, ed. M. Zeitlin, Vol. 1. Greenwich, Conn. , : JAI Press, 1980.

——. 1986. *The Sources of Social Power*, Cambridge University Press.

McIlwain, C. H. 1913. "The Tenure of English Judges", *The American Political Science Review*, Vol. 7, No. 2.

——. 1910. *The High Court of Parliament and Its Supremacy*, Yale University Press.

Miller, E. 1981. "Government Economic Policies and Public Finance, 1000 – 1500", in *The Fountana Economic History of Europe: The Middle Ages*, William Collins.

Milson, S. F. C. 1976. *Legal Framework of English Feudalism*, Cambridge University Press.

Morgan, E. 1989. *Inventing the People: the Rising of Popular Sovereign in England and America*, W. W. Norton & Company.

Morris, W. A. 1927. *The Medieval English Sheriff to* 1300, The University Press.

Musson, A. 1996. *Public Order and Law Enforcement: The Local Administration of Criminal Justice*, 1294 – 1350, The Boydell Press.

Musson, A. and Ormrod, W. M. 1999. *The Evolution of English Justice: Law, Politics And Society In The Fourteenth Century*, MacMillan Press Ltd.

Palmer, R. C. 1982. *The County Courts of Medieval England*, 1150 – 1350, Princeton University Press.

——. 1993. *English Law in the Age of the Black Death*, 1348 – 1381: *A Transformation of Governance and Law*, University of North Carolina Press, 1993.

Plucknett, T. E. T. 1956. *A Concise History of the Common Law*, Little, Brown.

Pocock, J. G. A. 1987. *The Ancient Constitution and the Feudal Law: A Study of English Historical Thought in the Seventeenth Century*, Cambridge University Press.

Pollard, A. F. 1925. *Factors in American History*, Macmillan.

Pollock, F. & Maitland, F. 1923. *The History of English Law Before the Time of Edward I*, Cambridge Univ. Press.

Powell, E. 1987. "The Administration of Criminal Justice in Late – Medieval England: Peace Sessions and Assizes", in R. Eales and D. Sullivan eds, *The Political Context of Law*, Hambledon Press.

——. 1989. *Kingship, Law, and Society: Criminal Justice in the Reign of Henry V*, Clarendon Press.

Powicke, F. M. 1947. *Henry III and the Lord Edward: The Community of the Realm in the Thirteenth Century*, Vol. 1, Oxford University Press.

——. 1953. *The Thirteenth Century*, 1216 – 1307, The Clarendon Press.

Prest, W. R. 1986. *The Rise of the Barrister: A Social History of the English Bar 1590 – 1640*, Clarendon Press.

Prestwich, M. 1972. *War, Politics and Finance under Edward I*, Faber and Faber.

Putnam, B. H. 1929. "The Transformation of the Keepers of the Peace into the Justice of the Peace 1327 – 1380", *Transactions of the Royal Historical Society*, Fourth Series, Vol. 12.

Ramsay, J. H. 1925. *A History of the Revenues of the Kings of England*, 1066 – 1399, Clarendon Press.

Reedy, W. T. 1966. "The Origins of the General Eyre in the Reign of Henry I", *Speculum*, Vol. 41, No. 4.

Richard, H. G., Sayles, G. O. 1963. *The Governance of Medieval England: From the Conquest to Magna Carta*, Edinburgh University Press.

Rosenberg, G. N. 1993. *The Hollow Hope: Can Courts Bring about Social Change?*, University of Chicago Press.

——. 1992. "Judicial Independence and the Reality of Political Power", *The Review of Politics*, Vol. 54, No. 3, Special issue on Public Law.

Ryan, K. 2005. "Lex Et Ratio: Coke, The Rule of Law, and Executive Power", *The Vermont Bar Journal*, Spring.

Sales, G. O. 1936 – 1971. *Select Cases in the Court of King's Bench*, Selden Society.

Shapiro, M. 1964. *Law and Politics in Supreme Court: New approaches to political jurisprudence*, The Free Press of Glencoe.

——. 1980. "Appeal", *Law & Society Review*, Vol. 14, No. 3, 1980.

——. 1983. "Recent Developments in Political Jurisprudence", *The Western Political Quarterly*, Vol. 36, No. 4.

——. 1993. "The Globalization of Law", *Global Legal Studies Journal*,

Vol. 1.

Skinner, Q. 1978. *The Foundations of Modern Political Thought*, Cambridge University Press.

Skocpol, T. eds. 1985. *Bringing the State Back In*, Cambridge University Press.

Stenton, D. M. 1952 – 1967. *Pleas before the King or his justices*, 1198 – 1202, Selden Society.

——. 1964. *English Justice between the Normand Conquest and the Great Charter, 1066 – 1215*, American Philosophical Society.

Stenton, F. 1979. *The First Century of English Feudalism*, 1066 – 1166, Oxford University Press.

Steve, S. 2003. *The selected writings and speeches of sir Edward Coke*, Liberty Fund.

Strayer, J. 1970. *On The Medieval Origins of The Modern State*, Princeton University Press.

Stubbs, W. 1903. *The Constitutional History of England: in its Origin and Development*, Clarendon Press.

Sutherland, D. W. 1963. *Quo Warranto Proceedings in the Reign of Edward I*, Cambridge University Press.

Sutherland, D. W. 1973. *The Assize of Novel Disseisin*, Oxford University Press.

Theme, C. 1997. *Legislation and Justice*, European Science Foundation: Clarendon Press.

Tilly, C. 1990. *Coercion, Capital and European States 990 – 1990*, Basil Blackwell.

——. ed. 1975. *The Formation of National States in Western Europe*, Princeton University Press.

Tout, T. F. 1924. *Conflicting Tendencies in English Administrative History*, Manchester University Press.

Tubbs, J. W. 2000. *The Commom Law Mind*, The Johns Hopkins University Press.

Turner, R. V. 1968. *The King and His Courts: The Role of John and Henry III in the Adminstration of Justice*, 1199 – 1240, Cornell University Press.

——. 1985. *The Enlish Judiciary In The Age of Glanvill and Bracton, 1176 – 1239*, Cambridge University Press.

Usher, R. 1903. "James I and Sir Edward Coke", *English Historical Review*, Vol. 18, No. 72.

Waldner, D. 1999. *State Building and Late Development*, Conell University Press.

Warren, W. L. 1973. *Henry II*, University of California Press, 1973.

White, A. B. 1933. *Self – government at the King's Command: A study in the Beginnings of English Democracy*, University of Minnesota Press.

Zook, M. 1995. "The Bloody Assizes: Whig Martyrdom and Memory after the Glorious Revolution", *Albion*, Vol. 27.

后　记

“你还是可以写一个英国法律史的题目。”

六年前的一个下午，苏力老师和我说到，在那间洒满阳光的办公室。当时我正在考虑博士论文的选题。我之前的专业是外国法律史，硕士论文写的是英国法学史的题目，进入北大后，专业变成了法理学，博士论文的选题似乎也应当回到当代，回到中国。但苏力的建议却使得我有关英国法律史的研究得以继续，并最终有了今天的这本书。

我理解，苏力老师的这个建议，有考虑到我之前的积累，也考虑到我即将开始的一年在国外的学习，但更重要的，是他对于中国的外国法研究的期待。苏力希望，外国法律史的研究不应当仅仅是外文资料的翻译或重新编排，而应当有中国学者自己的视角与问题。实际上，这也和苏力的一贯追求有关，希望中国的学术产品能够有自己的特色，能够具有真正的国际竞争力，这一点，不仅是对于“本土资源”，也包括“外来资源”的利用和研究。尽管本书远未达到这个期望，但却使我开始思考中国的外法史研究可能具有的理论生长点。

说干就干。在大致确定选题范围后，我按照预定计划来到万里之外的北美小镇伊萨卡(Ithaca),开始在康奈尔大学法学院的学习。当我把我有关英国法律史的研究计划告诉我的合作导师万安黎(Annelise Riles)教授时,她起初还是不太理解一个中国人为什么要去研究遥远的英国中世纪的法律史,但当我把韦伯、马克思、福柯等人的理论资源用来解释这些材料时,这位法学院和人类学系的双聘教授顿时找到了兴奋点,很快理解了我研究的意义,并与我就方法论问题展开了深入的讨论。这也使我隐约感到,中国人的西方法律史研究,应当是有理论追求的,至少较之材料的发掘,在这一领域更有可能与外界展开对话。

借助于法学院图书馆的丰富藏书和电子资源,以及与苏力老师的邮件往来,我很快完成了对论文框架的设计,接下来就是按部就班的翻译、思考、写作。伊萨卡地处纽约州中部、阿巴拉契亚山脉腹地,这种与世隔绝的环境,似乎是专门为读书写作所准备的。我每天大部分时间都在法学院图书馆的 Carrel 中度过,深夜才回到住处。这种生活近乎机械,但每日往返途径的森林、峡谷与瀑布,似乎也足以抵消枯燥与乏味。一个四季的景致变换,使人总有新的发现;即使是长达半年的冬天,冰天雪地的探险也是一种格外特别的体验。如今身处“魔都”,每天面对喧嚣的人和事,不禁会想念那里的宁静。

作为本书主体的博士论文《国家治理中的司法与政治——以英格兰法律社会史为材料》完成于 2011 年。在修订中保持了基本框架,但对于部分篇章作了较大修改。原来的名字太过“论文气”,长且难记,承蒙冯象老师好意,建议书名改为《司法治国》,短小精干,也醒目。“司法治国”,即是对本书主题的精练概括,也意在反思司法究竟能否又何以治国。本书的副标题“英国法庭的政治史”,旨在解释,指出本书的研究对象,以及从政治视角重新审视司法史的意图。此外,在本书之前曾写过两篇相关主题的论文,引发了我对司法与政治问题的最初关注,已发表多年,也作为附录收进,以呈现更完整的思考历程。

我需要感谢很多人。首先感谢苏力和北大法学院的诸位老师。苏力老师是纯粹的学者。对于学术研究,其动力完全源自内心的喜爱;他有自己的学术“野心”,渴望智识上的挑战,并以自己的行动点滴推动中国学术的提升。八年来,太多的言传身教。苏力老师不仅倾力指导了本书的写作,也为它提供了出版的机会,将之纳入“法律与社会文丛”,并应允为之作序。在我看来,这是一篇真正的“理解性”的序言。在北大学习期间,法理学科的张骐、强世功和法律史学科的贺卫方、徐爱国等几位老师,都曾给予我很多关心与帮助。尤其是强世功教授,全程参与了博士论文的开题、指导和答辩,他的鼓励和建议对本书产生了重要影响。强老师还主动提供了本书最初的出版机会,这里需要特别的感谢。

本书的写成,同样感谢何勤华、李秀清、周伟文三位硕士阶段的老师,他们给了我最初的法律史训练。何勤华教授是我的硕士导师,十余年来一直给予我莫大的关心和支持。无论做学问,还是做人做事,何老师的眼界、胸怀与勤奋,都令人敬佩,令我受益无穷。在何老师指导下完成的关于英国法学史的硕士论文无疑构成了本书的基础。正是在李秀清老师的课堂上,我第一次学会学术论文的写作。本书附录中有关柯克故事的论文就来自于课上的作业,也是我第一篇正式发表的论文,并构成本书选题的最初起源。回到华政工作后,李老师更是从工作、生活各方面都给予我无数的关照,让我始终感到温暖。周伟文老师对我的帮助从我还是本科生时就开始了,并给予我最初的写作指导,始终关心我的每一点进步。

冯象教授和夫人利求同老师一直关心本书的出版,多年来在各种线上线下的讨论中给我许多思想的启发。《政法笔记》中有关司法与政治的讨论,最早影响了本书观点的形成。冯老师还亲自为本书“赐名”,无疑要特别致谢。高鸿钧教授、刘星教授主持了我的博士论文答辩,他们对论文的肯定和赞扬给我很大的信心,并对书稿的修改提出许多建设性意见。本书在写作和修改过程中,部分内容还曾得到王人博、於兴中、王志强、赵晓力等前辈师长的关心和指教。当然,还必须感谢康奈尔法学院的万安黎教授及其东亚法研究中心团队的帮助,感谢国家留学基金委,他们提供的优越研究环境,是本书顺利完成的保障。

本书的写作也得益于和年轻朋友的交流。侯猛、凌斌、刘忠、沈明、李斯特、李晟、胡凌、吕翔、岳林等“朱门”师兄弟曾对本书写作提供指导与批评;他们在学术产品上的高产出和高质量,一直是激励我不断努力的动力。章永乐、尤陈俊两位学兄从一开始就关心本书的写作,并对其中一些篇章提出具体的修改意见。本书相关内容,还曾得到聂鑫、田雷、欧树军、咸鸿昌、杨松涛、李栋、王笑红、解锟、徐斌等学友的指点和关心。王帅一、丁晓东、唐勇、王婧等博士同学,与我一同度过燕园时光,也伴随博士论文的写成。梁迎修、巩前明、梁亚滨、姜来、亢超等伊萨卡的小伙伴,见证了本书主体的完成。谢谢你们。

回华政工作后,在本书修订过程中,与陈颐、冷霞、王沛、屈文生、张卓明、李明倩、魏敏、陈越峰、汪强、陆宇峰、王涛等师友就相关内容曾有交流,得到许多启发与鼓励。孙晓鸣是这个学校最称职的学科秘书,义务帮我解决了很多难办的问题。学生刘芸伊帮助修订了书稿的注释体例。本书的部分内容曾以论文形式在《中外法学》《法学家》《清华法学》《法制与社会发展》《南京大学法律评论》《外国法制史研究》等刊物上发表,特别感谢这些刊物和编辑提供难得的发表机会。感谢法律出版社学术分社,感谢高山和韩满春编辑,他们提供的无偿出版和高效工作使本书得以尽快面世。

第一本书,献给我的家人。父母对我的牵挂最多,对这本书也如此,希望他们能喜欢。哥哥与我同在北大读书,又同在华政工作,见证了本书诞生的全过程,并为书名颇费思量。胡娟以她特有的体恤和挑剔,一直支持和激励着我的研究,包括本书。

于　明

2014 年 12 月 31 日

苏州河畔

图书在版编目(CIP)数据

司法治国：英国法庭的政治史：1154～1701 / 于明著. -- 北京：法律出版社, 2015.7(2018.5 重印)
(法律和社会文丛)
ISBN 978-7-5118-8103-8

Ⅰ.①司… Ⅱ.①于… Ⅲ.①法庭－法制史－英国－1154～1701 Ⅳ.①D956.162②D956.19

中国版本图书馆 CIP 数据核字(2015)第 137855 号

司法治国：英国法庭的政治史(1154—1701)
SIFA ZHIGUO：YINGGUO FATING DE ZHENGZHISHI (1154—1701)

于 明 著

责任编辑 韩满春
装帧设计 贾丹丹

出版 法律出版社
总发行 中国法律图书有限公司
经销 新华书店
印刷 三河市龙大印装有限公司
责任印制 陶 松

编辑统筹 学术·对外出版分社
开本 720 毫米×960 毫米 1/16
印张 25.5
字数 337 千
版本 2015 年 9 月第 1 版
印次 2018 年 5 月第 2 次印刷

法律出版社／北京市丰台区莲花池西里 7 号(100073)
网址／www.lawpress.com.cn
投稿邮箱／info@lawpress.com.cn
举报维权邮箱／jbwq@lawpress.com.cn
销售热线／010-63939792
咨询电话／010-63939796

中国法律图书有限公司／北京市丰台区莲花池西里 7 号(100073)
全国各地中法图分、子公司销售电话：
统一销售客服／400-660-6393
第一法律书店／010-63939781/9782
西安分公司／029-85330678
重庆分公司／023-67453036
上海分公司／021-62071639/1636
深圳分公司／0755-83072995

书号：ISBN 978-7-5118-8103-8
定价：60.00 元